V&R

Johannes Huber / Heinz Walter (Hg.)

Der Blick auf Vater und Mutter

Wie Kinder ihre Eltern erleben

Vandenhoeck & Ruprecht

Mit 7 Abbildungen und 5 Tabellen

Bibliografische Information der Deutschen Nationalbibliothek

Die Deutsche Nationalbibliothek verzeichnet diese Publikation in der
Deutschen Nationalbibliografie; detaillierte bibliografische Daten sind
im Internet über http://dnb.d-nb.de abrufbar.

ISBN 978-3-525-40253-5

Weitere Ausgaben und Online-Angebote sind erhältlich unter: www.v-r.de

Umschlagabbildung: Father Sits On Sofa With Children Smoking
And Drinking © Monkey Business Images/shutterstock.com

© 2016, Vandenhoeck & Ruprecht GmbH & Co. KG,
Theaterstraße 13, 37073 Göttingen /
Vandenhoeck & Ruprecht LLC, Bristol, CT, U.S.A.
www.v-r.de

Satz: SchwabScantechnik, Göttingen
Druck und Bindung: ⊕ Hubert & Co GmbH & Co. KG,
Robert-Bosch-Breite 6, 37079 Göttingen

Gedruckt auf alterungsbeständigem Papier.

Inhalt

Zur Psychodynamik des Einzelfalls im therapeutischen Setting

Sensibilisierung für die Kinderperspektive als präventive Maßnahme

Vorwort

Der Blick der Eltern auf das Kind. – Als wir in einem Gespräch am Rande einer Tagung beide das Unbehagen über diese fast ausschließliche Blickrichtung in der einschlägigen Forschung feststellten, war ein Band mit Alternativprogramm beschlossene Sache. Allerdings war uns damals nicht bewusst, auf welch vielschichtiges Terrain wir uns damit begeben würden.

Zunehmend mussten wir erkennen, dass das Programm einer »Perspektive vom Kinde aus« sowohl innerhalb der Scientific Community wie auch in verschiedenen gesellschaftlichen Kontexten zwar durchaus für zentral gehalten wird, bezüglich seiner Umsetzung aber ungeklärte, unscharfe und einander widersprechende Sichtweisen bestehen.

Wir blieben dran, konnten für uns Wichtiges klären. Mit dem einleitenden Überblick und einem bunten Strauß an Beiträgen geben wir das Erarbeitete an die hoffentlich vielen Interessierten weiter – interessiert an der »Perspektive des Kindes«, im Speziellen am Blick des Kindes auf Vater und Mutter.

Wir danken allen beitragenden Autorinnen und Autoren für ihr großes Engagement und ihre Gesprächsbereitschaft, wodurch das Buchprojekt in der vorliegenden Form erst realisiert werden konnte. Im Verlagshaus Vandenhoeck & Ruprecht danken wir der Verlagsbereichsleitung, Günter Presting, und unserer unmittelbaren Ansprechpartnerin, Imke Heuer, für das uns entgegengebrachte Vertrauen, ihre Unterstützungsbereitschaft und Geduld während des Entstehungsverlaufs des Bandes.

Innsbruck und Biel/Bienne,   Johannes Huber
im September 2015   Heinz Walter

Was ich mir wünsche:
Daß er mich an der Hand nimmt.
Daß er mit mir zum Bauern milchholen geht.
Daß er in der Kirche neben mir sitzt.
Daß er sich mitten unter die Bauern setzt
und auf den Tisch haut.
Daß er zum Elternsprechtag geht.
Daß er mir antwortet wenn ich ihn etwas frage.
Daß ich einen Vater habe
den ich herzeigen kann.

Mein Vater war ein Italiener.
Er sprach wenig.
Ging nie fort.
Sperrte sich in seine Werkstätte ein
und schnitzte Barockstühle und Madonnen.
Selbst in der heiligen Nacht
wenn alle Bauernkinder an der Hand ihrer Väter
zur Christmette gingen
blieb er in der verschlossenen Werkstatt
und arbeitete.

Was ich mir noch immer wünsche:
Daß ich ihn endlich treffe.

(Turrini, 1980, S. 12)

Perspektivenwechsel: Kinder blicken in die Richtung von Vater und Mutter

Heinz Walter und Johannes Huber[1]

Es ist die Intention dieses Beitrags, grundlegend Klärendes zur Thematik des vorliegenden Bandes beizutragen. Die Ausführungen leitend ist die Frage, wie man sich dem »Kinderblick« annähern kann, das heißt, was ihn ausmacht, wo und wie er aufzuspüren ist – insbesondere jener in Richtung Vater und Mutter.

Doch vorneweg sagen wir, warum wir es gemäß dem aktuellen Forschungsstand für wichtig halten und auch die beitragenden Autorinnen und Autoren darum gebeten haben, in ihren Ausführungen zwischen »Mutter« und »Vater« als Elternteile zu differenzieren und der Väter-Seite neben der Mütter-Seite – soweit Material hierfür zur Verfügung steht – die auch ihr gebührende Beachtung zu schenken.

Nach einem kurzen Plädoyer dafür, die im Alltag wie in den Sozialwissenschaften vorherrschend thematisierte Blickrichtung »Erwachsene in Richtung Kinder« nicht einseitig beizubehalten, sondern ebenso der Blickrichtung »Kinder in Richtung Erwachsene« systematisch nachzugehen, wenden wir uns der zurzeit dominierenden Untersuchungsform zu, die vorgibt, die »Kinderperspektive« zu ergründen. Wir finden, sie tut es nur in sehr begrenztem Maße; wir fügen unserer exemplarisch geführten Kritik allgemeine Argumente hinzu, die vor allem der sogenannten Neuen Kindheitsforschung entstammen.

Es folgt Ungewöhnliches – Ungewöhnliches für einen Einstieg in ein wissenschaftliches Themenfeld: Kurzbiografien. Es sind Skizzen von drei Zugangswegen zur »Kindsperspektive«, für die sich drei Persönlichkeiten entschieden haben. So unterschiedlich ihre Wege

---

1 Zwischen den beiden Herausgebern fand sowohl im Rahmen der Kontakte mit den an dem Band mitarbeitenden Autorinnen und Autoren wie auch beim Verfassen des einleitenden Beitrags ein intensiver kollegialer Austausch statt. Dies soll auch in der wechselnden Reihung ihrer Namen zum Ausdruck kommen – als Herausgeber, als Beitragsautoren.

sind, so ist ihnen doch gemeinsam: die Ausdauer und Kreativität, mit der sie sie gegangen sind, und die ansteckende Faszination, die von ihrem Suchen ausgeht.

Nach dem ersten Portrait schalten wir uns, von diesem dazu angestoßen, in die gegenwärtig breit geführte Diskussion über Kinderrechte ein, fragen nach deren Realisierung hierzulande.

Abschließend geben wir einen Überblick über die in diesen Band aufgenommenen Beiträge.

Warum dem Vater so breiten Raum geben?

Bereits vor dem Erscheinen des vorliegenden Bandes haben Kolleginnen und Kollegen, die seine Ankündigung auf der Homepage des Verlags entdeckt hatten, gefragt: Wo bleibt die Mutter auf dem Coverfoto? Haben sie nun noch Gelegenheit, im Inhaltsverzeichnis zu blättern, werden sie sich in ihrem kritischen Nachfragen bestätigt fühlen: Da taucht in den Titeln der Beiträge fast nur »Vater« auf! Und jetzt noch das an den Anfang dieser thematischen Einführung gestellte Gedicht – wieder ausschließlich mit dem Vater im Blick.

Das frühe Gedicht des bekannten österreichischen Dramatikers Peter Turrini drückt alles andere als eine Idealisierung oder gar Heroisierung einer väterlichen Gestalt aus. Im Gegenteil: Bei so mancher/manchem Lesenden werden sich aufgrund vergleichbarer Erfahrungen Gefühle von Schmerz und Trauer oder aber ein Mitgefühl einstellen, was dem Autor in seiner Kindheit und Jugend an männlich-wärmender Nähe und kraftvollem Vorbild entgangen sein mag.

Ein belesener Freund gab den Hinweis, dass vergleichbare väterliche Unnahbarkeit auch in Goethes »Dichtung und Wahrheit« zu finden sei. Deutlich in dieser Passage:

»Die alte, winkelhafte, an vielen Stellen düstere Beschaffenheit des Hauses war übrigens geeignet, Schauer und Furcht in kindlichen Gemütern zu erwecken. Unglücklicher Weise hatte man noch die Erziehungsmaxime, den Kindern frühzeitig alle Furcht vor dem Ahnungsvollen und Unsichtbaren zu benehmen, und sie an das Schauderhafte zu gewöhnen. Wir Kinder sollten daher allein schlafen, und wenn uns dieses unmöglich fiel, und wir uns sacht aus den Betten hervormachten und die Gesellschaft der Bedienten und Mägde suchten, so stellte sich, in ungewandtem Schlafrock und also für uns verkleidet genug, der Vater in den Weg und schreckte uns in unsere Ruhestätte zurück. Die daraus entspringende üble Wirkung denkt sich jedermann. Wie soll derjenige die Furcht los werden, den man zwischen ein doppelt Furchtbares einklemmt? Meine Mutter, stets heiter und froh, und andern das gleiche gönnend, erfand eine bessere pädagogische Auskunft. Sie wusste ihren Zweck durch Belohnungen zu erreichen. Es war die Zeit der Pfirschen, deren reichlichen Genuss sie uns jeden Morgen versprach, wenn wir nachts die Furcht überwunden hätten. Es gelang, und beide Teile waren zufrieden« (Goethe, 1811–33/ 1993, S. 12 f.).

Zwei Wortmächtige sehen ihren Vater sich schablonenhaft verhalten – jeweils den dominanten Verhaltenskodex seines gesellschaftlichen Umfelds durch eigenes Handeln bestätigend (»Fleiß«, »Strenge«), in dem eine lebendige Kind-Vater-Beziehung nicht vorgesehen war.[2] Da war Goethes Mutter in ihrem Umgang mit der kindlichen Angst scheinbar freier. Es war ihr möglich, dieser – eigenen Empfindungen und Vorstellungen folgend – »entgegenkommender« zu begegnen. Einfach als Frau und Mutter? Weil der Verhaltenskodex ihres Frankfurter Milieus ihr diesbezüglich mehr Spielraum gewährte? Oder »Mutterliebe« in ihm einen prioritären Platz besaß? Lagen die väterlichen und mütterlichen Verhaltensoptionen in der bürgerlichen Kultur jener Jahre – und bekanntlich nicht nur in ihr – tatsächlich einander so unversöhnbar gegenüber? – Fragen der gestellten Art hatte sich eine genderbewusste Familienforschung in den zurückliegenden Jahren zu stellen, hat sie sich weiterhin zu stellen. Wir

---

2   In der jüngsten deutschsprachigen Literatur begegnet man sehr unterschiedlichen Vaterfiguren: immer noch dem während der NS-Zeit traumatisch verlorenen Vater (z. B. Bachmann, 2008); den allmählich dechiffrierten, sich um den Vater rankenden Mythen und Geheimnissen (z. B. Laher, 2005); der nicht erlösten Suche des nie gekannten Vaters (z. B. Ruchat, 2012); aber auch der feinsinnig gewobenen Hommage an den Vater (z. B. Ortheil, 2009). Brandstädter (2010) führt 85 Bände der Väterliteratur zwischen 1960 und 2008 auf, analysiert sie hinsichtlich Kontext, narrativen Strukturen und Verlaufsformen. Um die »Kindsperspektive« offen zentriert, beschreibt und analysiert Spielmann (2002) einschlägige deutschsprachige Literatur seit 1945.

springen mit ihnen im Rucksack in das Jahr 2015, um einige der
relevanten Agenden kurz aufzuschlagen.

Vatersein wird von im Detail sich damit auseinandersetzenden
Darstellungen wiederholt als ein Kulturphänomen charakterisiert
(z. B. Delaisi de Parseval, 1985) – in Abhebung vom Muttersein, das
Autoren immer wieder als von der Biologie der Frau weitgehend vor-
gezeichnetes Phänomen betrachten. Variiert deshalb Väterlichkeit
über Epochen und Kulturen stärker als Mütterlichkeit?[3]

Wenn es so wäre: Wo sind wir heute damit – bleiben wir bezüglich einer Generalisierung zurückhaltend – in Mitteleuropa angekommen? Könnte man per Zeitmaschine die jemals in einer zurückliegenden Epoche und Kultur Vater Gewesenen zu einem großen
Vätertreff zusammentrommeln und sich wechselseitig das jeweils
von ihnen gelebte und erlebte Vatersein vorführen lassen: Wir gehen
davon aus, dass sich großes Erstaunen über die psychische Konstellation und das Verhalten gegenwärtiger Väter in Deutschland,
Österreich und der Schweiz breitmachen würde. So etwas gab es –
als deutlich zutage tretenden Trend – noch nicht; weder in anderen Weltgegenden noch in früheren Zeiten, auch hierzulande nicht:
Vater gewordene Männer, die glaubwürdig ihren Wunsch zum
Ausdruck bringen, gemeinsame Zeit mit ihren Kindern zu verbringen (Väter gGmbH, 2012; Pro Familia Schweiz, 2011); die sich dies
nicht nur wünschen, die auch das in ihren Möglichkeiten Stehende
tun, dies zu realisieren (Wippermann, Calmbach u. Wippermann,
2009); die hierfür eine Reduktion ihres beruflichen Arbeitspensums
erwirken, gleichzeitig einen geringeren Lohn in Kauf nehmen (Bürgisser, 2011); die sich mit den Müttern der gemeinsamen Kinder um
eine egalitäre Balance zwischen beruflichen Aktivitäten und solchen
im familialen Kontext bemühen (Bürgisser, 2008; Flaake, 2014); die
sich dauerhaft ganztags um die familialen Belange kümmern, während die Partnerin und Mutter einer beruflichen Vollbeschäftigung
nachgeht (Flaake, 2014).

---

3   Harsch (2001, 2008) macht demgegenüber auf einen historisch oft sich wie-
    derholenden Wechsel zwischen ausgeprägt mütterlicher Kindsfürsorge und
    früher außerfamiliärer Betreuung von Kleinkindern sowie dessen Abhän-
    gigkeit vom soziokulturellen und milieuspezifischen Kontext aufmerksam.

Was für die Zusammengetrommelten wohl am überraschendsten wäre: das erkenn- und sichtbare Ausmaß an emotionaler Verbundenheit mit dem Kind/den Kindern;[4] der ausgeprägte Wunsch, den Entwicklungsfortgang des Kindes aus unmittelbarer Nähe mitzuerleben; die Akzeptanz der »Kehrseite«: Verzicht auf so manches andere, das möglich wäre, würden Energie und Zeit nicht dort investiert; die Hinnahme des »kreativen Chaos« im Familienalltag, die eine Aufweichung herkömmlicher Geschlechtsrollen mit sich bringt.

Mit dem letzten Punkt – Labilisierung der Geschlechtsrollen – tangieren wir die Partnerschaft zweier Menschen, die heute Eltern sind oder sein wollen. Vom Gelingen solcher Partnerschaften wird es abhängen, ob – in Anbetracht eines mehrtausendjährigen, füreinander oft verständnislosen Nebeneinanders der Geschlechter – eine von der einzelnen Frau als Mutter wie dem einzelnen Mann als Vater bevorzugte Form der Lebensführung ermöglicht wird (Walter, 2008, S. 25 ff; Kudera, 2002).

Die gelingende elterliche Partnerschaft ist aber ebenso wertvoll für das Kind. Dieses hat unter allen stammesgeschichtlichen Verwandten eine Sonderstellung: Es erweist sich beim Eintritt in die Welt als »physiologische Frühgeburt«, als extrem unreifer »Nestflüchter« (Portmann, 1956). Das hat Konsequenzen: Sein Überleben ist extrem lange von pflegenden Erwachsenen abhängig. Dies allein sollte schon als Begründung ausreichen, um für eine kontinuierliche Betreuung durch beide Elternteile zu plädieren. Unter anderem sind so Ausfälle des einen durch den anderen leichter zu kompensieren (Rass, 2008).

---

4   Den zum fiktiven Vätertreff Zusammengetrommelten soll damit eine emotionale Verbundenheit mit ihren Kindern nicht generell abgesprochen werden. Ihre Lebensbedingungen waren so drastisch andere, dass für zurückliegende Zeiten eine generalisierende Aussage über von Vätern ihren Kindern gegenüber Empfundenes sehr spekulativ bleiben muss; zumal zu allen Zeiten ein interindividuell unterschiedliches Ausmaß an Verdrängung von sonst nicht ertragbarem Kummer in Rechnung zu stellen ist. Man halte sich die Vielfalt unbeeinflussbarer Schicksalsschläge vor Augen: wie Kindersterblichkeit, Tod der Partnerin im Wochenbett, mit Hunger- und Kriegsperioden Zusammenhängendes.

Doch haben die Forschungsschwerpunkte zur Humanentwicklung weitere spektakuläre Zusammenhänge aufgedeckt, die in dem nicht schon intrauterin fortgeschrittenen Ausgereiftsein menschlicher Neugeborener ihren Ursprung haben: Eine Betreuung durch vertraute Erwachsene, die ihnen ab frühestem Alter zuverlässig zur Verfügung stehen, bewirkt weit mehr als deren blankes Überleben. Sie lässt in der Psyche des Heranwachsenden Halt gebende Strukturen entstehen, die als Sicherheitsbasis durch das weitere Leben tragen (Gossmann, 2002; Grossmann u. Grossmann, 2012). Hierbei übernimmt ein mit der Mutter kooperierender Vater in der familialen Triade einen Part, der gemäß wiederholt bestätigter Forschungsergebnisse weit über eine ergänzende oder kompensierende Funktion hinausgeht: die mit der Funktion der Mutter gleichgewichtige väterliche Funktion des »Dritten im Bunde« (Klitzing u. Stadelmann, 2011; Walter u. Hierdeis, 2013; Grieser, 2015).[5] Zunehmend sichtbarer und selbstverständlicher im gesellschaftlichen Alltag wurden Implementierungen und Inszenierungen dieses »Dritten« auch hierzulande erst in den letzten zwanzig Jahren (Walter, 2002, 2012a, 2012b).

Auch der größere Teil der erwähnten Forschungsbefunde sowie der Entwürfe, die deren Bezug zum alltäglich gelebten Leben herstellen, sind sehr jungen Datums (Hierdeis u. Walter, 2013, S. 10 ff.; Walter, 2009; Walter u. Eickhorst, 2012). Eine Familienforschung, die über Mutter-Kind-Dyaden und geschlechtsindifferente »Eltern« hinausgeht, die auch der Väterseite die nötige Aufmerksamkeit schenkt, hat unseres Erachtens immer noch einen deutlichen Nachholbedarf. Einen eben solchen hat der öffentliche Diskurs über Männer- und Väterbelange, der in aller Regel auch heute noch weniger offene Ohren findet als von und auf Frauenseite in den letzten fünfzig Jahren ins Spiel Gebrachtes (Knill, 2015; Theunert, 2012).

---

5   Die familiäre Triade findet ihren intrapsychischen Niederschlag in der Ausbildung einer »triangulären Struktur«. Diese verstehen wir in Anlehnung an den Repräsentanz-Begriff (Kurthen, 2002, S. 617) als Organisationsstruktur, »die zu bestimmten und in ihrer Entwicklung empirisch untersuchbaren interpersonalen und sozialen Handlungsmustern [befähigt bzw. disponiert].«

Wie Kinder ihre Eltern erleben:
die »Perspektive vom Kinde aus«

Ist das Einbeziehen des Vaters in professionellen Auseinandersetzungen mit Familienthemen – theoretisch, forschend wie praxisbezogen – eine entscheidende *Erweiterung einer Sichtweise*, so bedeutet der Schwerpunkt des vorliegenden Bandes einen radikalen *Wechsel der Sicht*: Bislang hat die Aufmerksamkeit fast ausschliesslich dem Blick Erwachsener – vorrangig von Müttern, zunehmend auch von Vätern, Erziehern etc. – auf Kinder gegolten.[6] Eltern sollten und wollten wissen, ob ihr Verhalten dem Kind gegenüber richtig sei, das sie intuitiv oder mit bestimmten Zielen vor Augen an den Tag legen. Zahlreiche empirische Studien sind entsprechend spezifizierten Fragen nachgegangen (z. B. Lukesch, 1975; Schneewind u. Herrmann, 1980).

Wie sich die Erziehenden in ihrem entsprechenden Handeln selbst sehen und erleben, wurde erst später zu einem eigenständigen Forschungsbereich. Beispielsweise werden Väter in den ab Ende der 1990er Jahre entstandenen Väter-Typologien portraitiert (z. B. Rollett u. Werneck, 2002); oder sie portraitieren sich selbst (Fuhrmans, Wenger-Schittenhelm u. Walter, 2015) – beispielsweise bezüglich der Zeit, die sie mit ihrem Kind verbringen, oder bezüglich der »Bereicherung«, die sie durch ihr Vatersein erleben. Trotz des *Selbstbild*-Schwerpunkts[7] bleibt auch hier die »eingefahrene« Blickrichtung erhalten: wieder vom Erwachsenen zum Kind.

---

6   Einschränkend muss gesagt werden, dass diese Aussage insbesondere für die Entwicklungspsychologie und – auch sehr lange – die Familiensoziologie gilt; jene Disziplinen, innerhalb derer man eine »Parteinahme« für das Kind am ehesten erwartet hätte. Hingegen gab es in der mehr als hundertjährigen Geschichte der Psychoanalyse schon bald Positionen, die dem Erleben des Kindes unterschiedliches Interesse entgegenbrachten – wie z. B. Anna Freud, Donald Winnicott, Siegfried Bernfeld, August Aichhorn, Alfred Adler (siehe entsprechende Details bei Walter 2002, S. 53 ff.). Von Sichtweisen, wie sie in gegenwärtig von Psychoanalytikern geführter kindertherapeutischer Arbeit erkennbar werden, können sich Leserinnen und Leser im entsprechenden Beitragsblock ein Bild machen.

7   Auf diesen verweist Matzner (2004) anschaulich schon durch seine Titelwahl: »Vaterschaft aus der Sicht von Vätern«.

Da liegt es nahe, die Blickrichtung einmal umzukehren: dem
Kind Gelegenheit zu geben, seine Wahrnehmung, sein Erleben von
Vater und Mutter zu artikulieren, sein Beziehungserleben zu Vater
und Mutter kundzutun. – Halten wir Ausschau nach hier bereits
empirisch forschend begangenen Wegen, so dominiert derzeit klar
einer. Wenden wir uns deshalb zunächst diesem zu.

Die Sicht der Kinder erfassen? – »Fragt sie doch einfach!«

»In dieser Befragung werden Kinder als Experten und Expertinnen
ihrer eigenen Sache ernst genommen.« – Einer solchen Lese-Ein-
ladung kann jemand, dem die Sicht von Kindern auf ihre Welt, im
Speziellen auf ihre Eltern, ein zentrales Anliegen ist, nicht wider-
stehen. Man findet sie auf der Cover-Rückseite des Berichts »Inklusionsbarometer Hessen 2014« (hessenstiftung – familie hat zukunft,
2014). Dieser ist den sogenannten Breitband-/Panoramastudien
bzw. Surveys zuzuordnen, die sich bemühen, »die Lebenslagen und
Lebenswelten der Kinder in ihrer Breite darzustellen« (World Vision,
2007, S. 391), »ein möglichst umfassendes Bild des Alltagslebens von
Heranwachsenden zu beschreiben« (Maschke, Stecher, Coelen, Ecarius u. Gusinde, 2013, S. 272). Gemäß ihrer Intention liegt es nahe,
in diesen Studien die Heranwachsenden selbst zu Wort kommen zu
lassen, um »als Anwälte der Kinder [zu] versuchen […], die Welt aus
der Perspektive von Kindern zu sehen und dadurch ihre spezifischen
Bedürfnisse zu verstehen« (Word Vision, 2007, S. 11). – Doch die hier
angesprochene Vorstellung, Kinder selbst das Bild ihrer Weltsicht
und ihrer psychischen Verfasstheit[8] zeichnen zu lassen, stößt wiederholt an Grenzen. Im Folgenden skizzieren wir einige uns beson-

---

8   Das »Innenleben« der Kinder wird nur sehr selten gezielt angesprochen
    (wie etwa mit der 67. Frage der 1. World Vision Kinderstudie: »Machen dir
    folgende Dinge oft, manchmal oder so gut wie nie Angst?« plus sieben vor-
    gegebene »Dinge«) und findet bei offenen Fragen gelegentlich sporadischen
    Ausdruck – wie in den »qualitativen Befragungen« von World Vision (2007,
    2010, 2013) oder im Inklusionsbarometer 2011 (hessenstiftung – familie hat
    zukunft, 2012, z. B. S. 37: »Ich trau mich aber nicht, das zu sagen.«).

ders wichtig scheinende, zum Teil mithilfe von kritisch kommentierten Beispielen.[9]

Da sich das methodische Vorgehen der genannten Studien an der hergebrachten Meinungsforschung orientiert, ist das Zu-Wort-kommen-Lassen der Kinder grundsätzlich ein deutlich eingeschränktes. Die Kindersicht ist in ein Korsett erwachsener Vorprogrammierung gespannt: Erwachsene wählen Aspekte der vermeintlichen kindlichen Lebenswelt aus, konkretisieren sie über vermeintlich geeignete Formulierungen in Form von Feststellungen oder Fragen, erwarten *erst jetzt* Stellungnahmen der Kinder mithilfe *vorgegebener* Reaktionsmodi.[10] Die danach in Zahlen zur Verfügung stehenden *Reaktionen* der Kinder werden mithilfe deskriptiver oder schlussfolgernder statistischer Verfahren »verrechnet«.

Im Weiteren führt das Anliegen, in einem »Rundum-Schlag« möglichst viele Einflussfaktoren[11] auf Heranwachsende einzufangen, dazu, dass dem einzelnen Einflussbereich nur eingeschränkt Raum gegeben werden kann. Das gilt für den zumutbaren Umfang der Untersuchungsdurchführung, aus der dann für den einzelnen

---

9 Es ist nicht möglich und auch nicht unsere Absicht, an dieser Stelle einen möglichst vollständigen Überblick über diese Form von Datenermittlung und -sortierung zu geben. Wir konzentrieren uns vor allem auf einige der jüngsten Publikationen. Für einen Überblick siehe Stecher und Maschke (2011).

10 Gelegentlich stießen wir im Rahmen unserer Auseinandersetzung mit Texten zu Panoramastudien auf Hinweise wie diesen: »Der Prozess der Entwicklung eines Kinderfragebogens sollte […] spezifischen explorativen Phasen und Pre-Testungen folgen, die eine Beteiligung der Kinder in weitem Umfang ermöglichen« (Maschke u. Stecher, 2012, S. 328 f.). Dieser Forderung wollten die Autoren in der Studie »NRW-Kids 2001« entsprechen, um »alltagsrelevante Themen der Kinder« mit ihren Forschungsfragen zu »verbinden« (wie?) und »möglichst eindeutige« Frage- und Antwortformulierungen zu finden. – Nach unserer Kenntnis fehlt eine Fortführung der erwähnten Bemühungen in weiteren von den Autoren durchgeführten Untersuchungen. Möglicherweise deshalb, weil unter Beibehaltung des eingeschlagenen Forschungswegs trotz erheblicher Anstrengungen (wie jene von Fattore, Mason u. Watson, 2007) das grundlegende Problem nicht aufzulösen ist.

11 Die Studie »Jugend.Leben« (Maschke et al., 2013) geht beispielsweise auf die folgenden Themenblöcke ein: Familie, Peers, Jugendszenen und Musikstile, Erwachsene als Ratgeber/Vorbild/Vertrauensperson, Schule, Freizeit, Medien, Gesundheit, Finanzen, Politik, Religion, Zukunft.

Bereich bloß beschränkt Informationen zur Verfügung stehen.[12] Das
gilt ebenso für den Darstellungsumfang der Ergebnisse.[13] Solches
mag für einen ersten Einblick in den einen oder anderen in das
»Breitband« aufgenommenen thematischen Schwerpunkt genügen.
Unzulässig verengt wird jedoch im Rahmen einer entsprechenden
»Gleichbehandlung« der Blick auf den elementaren und intimen
Lebensbereich Familie. Sie wird seiner Bedeutsamkeit, seinen viel-
fältigen Aufgaben und seiner Störanfälligkeit nicht gerecht.

Die 73 Fragen beispielsweise, die in der Studie »Kinder in
Deutschland 2007« (World Vision, 2007) gestellt wurden, lassen
sich nur in fünf Fällen dem Beziehungsaspekt »Kind mit Mutter/
Vater« zuordnen. Die erste lautet: »Findest du, dass deine Mutter/
dein Vater ausreichend Zeit für dich hat?«[14] (Fragen 11a, 12). – Wie
eindeutig ist so manche sprachliche Formulierung der Fragen für
die an der Untersuchung teilnehmenden *8- bis 11-jährigen* Kinder?
Wenn zum Beispiel die Autoren ein recht hohes Maß an »ausreichen-
der Zeit« feststellen, liegt es dann nicht nahe, dass die ihre Zeit-Bi-
lanz ziehenden Kinder nicht auch Zeitabschnitte in sie einbezogen
haben, in denen der Elternteil im Verrichten einer anderen Tätig-

---

12 Im Rahmen von Breitbanduntersuchungen eher ungewöhnlich zahlreich
    standen Zinnecker, Georg und Strzoda (1996) für ihre Analyse der »Bezie-
    hungen zwischen Eltern und Kindern aus Kindersicht« acht Variablen aus
    dem »Kindersurvey '93« zur Verfügung. Allerdings können wir hinter den
    (für die Beziehung zu Mutter und Vater getrennt vorgenommenen) Operatio-
    nalisierungen kein einheitliches Konzept erkennen; sie wirken auf uns »bunt
    zusammengewürfelt«. Von den vier auf dieser Basis gewonnenen Familien-
    Clustern werden in der Diskussion nur die beiden einander kontrastreich
    Gegenüberstehenden aufgegriffen.
13 Zudem scheint bei aller Komplexität auch noch ein erheblicher Zeitdruck in
    Richtung Berichterstattung/Publikation zu bestehen, damit die Aktualität des
    Ermittelten erhalten bleibt. Die Studie »Kinder in Deutschland 2007« etwa
    nahm von der Konzeption bis zur Berichtfertigstellung nur sieben Monate
    in Anspruch (S. 391) und wurde noch im selben Jahr publiziert (World Vi-
    sion, 2007).
14 Die vier weiteren Fragen beziehen sich auf die Zufriedenheit mit den von
    den Eltern gewährten Freiheiten (Frage 16), auf Auseinandersetzungen/Streit
    mit den Eltern (Frage 29), auf Reaktionsarten der Eltern, wenn sie »sauer«
    auf das Kind sind (Frage 30) und auf den Wert, den Mutter/Vater »auf Dei-
    ne eigene Meinung« legen (Frage 66).

keit (z. B. Küchen- oder Gartenarbeit) grundsätzlich verfügbar war,
ohne direkten Vis-a-vis-Kontakt? Ist es dann aber – wenn überhaupt – gerechtfertigt, »ausreichend Zeit« mit »Zuwendung« gleich-
zusetzen, wie in der folgenden Zwischenüberschrift geschehen: »Es
passt schon mit der elterlichen Zuwendung« (S. 92).[15] Und ist diese
»rosige« Aussage gerechtfertigt, wenn Kinder von zwei vollzeiter-
werbstätigen Eltern zu 17 %,[16] Kinder von einem alleinerziehenden
erwerbstätigen Elternteil zu 35 % über zu wenig Zeit klagen?[17] Die
ebenfalls in diese Passage des Forschungsberichts eingeflochtenen,
zentralen entwicklungstheoretischen Begriffe »Vernachlässigung«
(S. 94) und »Bindung« (S. 95) muten – ohne jegliche Bezugnahme
auf einschlägige Forschung oder Bezugsliteratur oder eigene entspre-

---

15 In der zweiten Erhebung (World Vision, 2010, S. 87) kommt es zu einer wort-
identischen Wiederholung dieser Zwischenüberschrift. Zu weniger »geschön-
ten« und »schönen« Befunden kommt Roppelt (2003) in ihrer hinsichtlich
des gewählten multimethodalen Zugangs herausragenden Forschungsarbeit.

16 »Kinder, bei denen ein Elternteil erwerbstätig ist, artikulieren zu 6 % und
Kinder, bei denen ein Elternteil vollzeit- und das andere teilzeiterwerbstätig
sind, hingegen nur zu 8 % entsprechende Defizite« (S. 93).

17 Den am deutlichsten ausgefallenen Befund führen die Autoren auf ein »nicht
hinreichend vorhandene[s] institutionelle[s] Betreuungsangebot« zurück
(S. 95). Wie das? Die angesprochenen *erwerbstätigen* Alleinerziehenden müssen doch irgendeine Betreuungsmöglichkeit gefunden haben! Die weiterge-
führte Argumentation, dass eine »stabile Bindung und das Empfinden, mit
dem eigenen Elternteil genügend Zeit verbringen zu können […] insbesondere bei Alleinerziehenden eine verlässliche außerfamiliäre Betreuung fast
schon zwingend« voraussetzt, schafft beim Leser weitere Irritation (S. 95).
Der Befund, dass der Zeitmangel von 29 % der Kinder von arbeitslosen/ge-
ringfügig erwerbstätigen Eltern (beide Eltern, nur einer?!), die potenziell verfügbarer sind, hätte die Chance geboten, die Autoren auf die Spur möglicher
psychischer Barrieren für – hier mit Zeiterfassung gleichgesetzter – »Zuwendung« zu führen. Jedoch wird die Möglichkeit nicht in Betracht gezogen, dass
Kinder die mit einem Elternteil gemeinsam verfügbare Zeit unterschiedlich
erleben. So mag gemäß der im vorliegenden Band von Mathias Franz vertretenen Position der Befund auch dadurch zustande gekommen sein, dass
bei dem Kind und seinem alleinerziehenden Elternteil der abwesende Elternteil »dazwischen steht«, und beim Kind deshalb ein nicht zu stillendes
Bedürfnis nach einem sichernden Elternkontakt besteht.

chende Ausführungen – mehr als Namedropping denn als stimmige
Stützen einer Argumentationslinie an.[18]

Von Maschke und Kollegen (2013) wurde ein Teil aller knapp
6000 von ihnen untersuchten 10- bis 18-Jährigen gefragt, wie sie
bislang erzogen worden seien. Für die vorgegebene Antwortkate-
gorie »sehr nachsichtig« entschieden sich 16 %, für »nachsichtig«
33 %, für »mal so, mal so« 35 %, für »streng« 14 %, für »sehr streng«
2 %. Die Autoren schlussfolgern aus solchem Datenmaterial prompt:
»Dies ist auch ein Indiz dafür, dass der Verhandlungshaushalt in fast
alle Familien eingezogen ist und praktiziert wird« (S. 40).[19] – Was
verstehen die Autoren, was verstehen verschiedene Untersuchungs-
teilnehmer unter »nachsichtiger Erziehung«? Wo besteht für Erstere
ein Bezug zwischen dieser und dem »Verhandlungshaushalt«?! Da
werden quasi zwei alles andere als präzise Begriffe dem Leser – der
erste davor schon den Untersuchungsteilnehmern[20] – »hingeworfen«,
ohne orientierende Anker, auch ohne jeden Bezug zur gerade wieder
heftig entfachten Diskussion um ein »richtiges« elterliches Handeln

---

18 Die prozentualen Verhältnisse kindlicher Zufriedenheit mit der elterlichen
    Zeitverwendung haben sich in den folgenden beiden Erhebungen kaum
    verändert. Ab der zweiten Studie wurden in die Befragung sogar 6-jährige
    Schulkinder miteinbezogen (World Vision, 2010, S. 86 ff.; World Vision, 2013,
    S. 105 ff.).

19 »[…] in fast alle Familien […]«: Nimmt man lediglich die 16 % der »streng«
    oder »sehr streng« antwortenden Kinder zusammen, so sind das hochgerech-
    net gut 510.000 Kinder, wenn die erfasste Stichprobe 3,19 Mio. Kinder im
    Alter von 8 bis 11 Jahren in Deutschland« repräsentiert (S. 395). Von einer
    zu vernachlässigenden Minderheit kann hier nicht gesprochen werden. Und
    wieder: Was bedeutet es für das einzelne Kind, »streng« erzogen zu werden –
    in Abhebung von »nachsichtig«?

20 An der Untersuchung »Kinder in Deutschland 2007« nahmen auch die El-
    tern in Form des Ausfüllens eines kurzen Fragebogens teil, während das
    Kind vom Interviewer zeitlich parallel im häuslichen Umfeld befragt wurde.
    So ist davon auszugehen, dass jeder der an der Untersuchung teilnehmen-
    den Familien auch ein Exemplar des rund 450seitigen Forschungsberichts
    ausgehändigt wurde. – Es schiene uns eine Untersuchung unter verschie-
    densten Aspekten wert, ob und wie dieser Bericht von den Eltern – und den
    Auftraggebern und den die Untersuchung Finanzierenden (!) – rezipiert
    wurde, bei ihnen »ankam«; oder z. B. der rund 200seitige Bericht »Jugend.
    Leben« bei den daran teilnehmenden oder anderen Jugendlichen (Maschke
    et al., 2013).

(Dornes, 2011; Göppel, 2013; Gruen, 2014; Gebauer u. Hüther, 2011, 2014; Hüther u. Nitsch, 2013; Juul, 2009; Largo, 2010; Omer, 2015; Renz-Polster, 2015; Renz-Polster u. Hüther, 2013, Winterhoff, 2013)[21].
Sehr häufig wird in Large-Scale-Untersuchungen das »Wohlbefinden« in verschiedenen Lebenskontexten erfragt.[22] Mitarbeiter des Sozialforschungsinstituts PROSOZ-PROKIDS bedienen sich hierbei eines selbst entwickelten Frage-Antwort-Schemas. So fragten sie beispielweise 1120 Viert- und Siebtklässler: »Welches Kästchen beschreibt am besten, wie du dich meistens in deiner Familie fühlst?« (hessenstiftung – familie hat zukunft, 2014, S. 162). Die Antwortmöglichkeiten werden grafisch vorgegeben: in Form von sieben »Wettersymbolen«, beginnend mit einer »Sonne in wolkenfreiem Himmel« über (zurückhaltend) zunehmende Bewölkung, endend mit einem blitzdurchzuckten Wolkenbruch.[23] In der Ergebnisdarstellung des »Inklusionsbarometers 2014« stößt man dann auf den scheinbar erfreulichen, hier nun verbalisierten Befund: 46 % der im Sommer 2013 an der Untersuchung Teilnehmenden fühlen sich in ihrer Familie »sehr gut«, 29 % »gut«, 13 % »eher gut«, 6 % »weder gut noch schlecht« (wie geht das?!), 4 % »eher schlecht«, 1 % »schlecht«, 1 % »sehr schlecht« (S. 21). Jedoch: Was ist der *Referenzpunkt* für jedes der antwortenden Kinder? Welches Kind hat den Wunsch, ein Interesse, das Bedürfnis (und den Mut), seine Familie »schlecht« darzustellen? Es hat nur *eine* Familie, auch wenn diese – in Relation zu welchem »Ideal« auch immer – mit mehr oder weniger bedeutsam

---

21 Mit den aufgeführten Publikationen wollen wir einen Bezug zu dieser Diskussion herstellen. Das bedeutet nicht, dass wir mir jeder der darin vertretenen Positionen übereinstimmen.

22 Die in der Kindheitsforschung mittlerweile populär gewordene *Child Wellbeing*-Argumentationsrichtung greifen wir im Exkurs »Kinderrechte« noch einmal auf (siehe S. 36 ff.).

23 Der Einsatz von symbolgestützten Visualisierungshilfen (z. B. mittels siebenstufiger Wetterskala oder einer fünfstufigen Smiley-Rangordnung (von »fröhlich/stark lächelnd« bis »tief-traurig«) scheint auf den ersten Blick hilfreich. Wissend um die rege Phantasietätigkeit von Kindern sowie subjektive Vieldeutigkeit von Bildern, Zeichnungen, Teilaspekten von Abbildungen etc. ist es aber fraglich, ob sowohl die Bedeutungskonnotation als auch die trennscharfen (?) Abstufungen tatsächlich zuverlässig das messen, wovon in der Ergebnisdarstellung unhinterfragt ausgegangen wird.

erlebten »Schönheitsfehlern« behaftet sein mag. Da gehört schon viel Verzweiflung und/oder Resignation dazu, deren Verfasstheit mit einem »Dauergewitter« zu symbolisieren.[24] – Das diskussionslose Wiedergeben der Befunde durch die Forscher blendet entscheidendes entwicklungs- und familienpsychologisches sowie psychodynamisches Wissen aus. Die Forscher gehen offensichtlich davon aus, ihr eingangs formuliertes Ziel eingelöst zu haben: »Das Konzept des Inklusionsbarometers sieht vor, dass gewährleistet sein muss, dass die eigene Meinung der Kinder ohne Interpretation von Dritten abgefragt werden kann« (S. 15). – *Einspruch: Es gibt kein seriöses sozialwissenschaftliches Forschen ohne eingehende Interpretation des Vorgefundenen!* – Wenn sich aber bereits Forscher der zitierten Illusion hingeben, wäre es nicht weiter verwunderlich, wenn die Auftraggeber und Rezipienten der Studie die »erfreulichen Untersuchungsergebnisse« kritiklos begrüßten.

Der aus Panoramastudien grundsätzlich zu ziehende Hauptgewinn, ein dichtes Netz an Querverweisen zwischen den verschiedenen Inhaltsbereichen spannen zu können, wird – wenn überhaupt – nur begrenzt realisiert: Der große Aufwand führt in den verschiedenen Phasen des Forschungsvorhabens häufig – und oft auch notwendig – zu einer deutlichen Arbeitsteilung.[25] Auf diese Weise bleiben einzelne Autoren allemal Experten für einzelne thematische Schwerpunkte. So räumen die beiden Projektinitianten »Kinder-

24 Bezogen auf die konkrete Untersuchungssituation könnte dies bedeuten, dass sich ein Kind hier für seine »defizitäre« Familie bis ins Mark *schämt* und aus Selbstschutzgründen – bewusst oder unbewusst – falsche/zu positive/idealisierende Angaben macht. Verwiesen sei in diesem Zusammenhang auch auf die Kindertherapeuten vertraute Erfahrung, dass sich Kinder häufig selbst für die Trennung, ja den (z. B. Unfall-)Tod ihrer Eltern verantwortlich und deswegen schuldig fühlen.

25 Die Aufzählung aller Mitarbeiter einer Large-Scale-Untersuchung wirkt oft wie ein Filmabspann. So werden z. B. neben den fünf Autoren der Studie »Jugend.Leben« (Maschke, Stecher, Coelen, Ecarius u. Gusinde, 2013) noch 16 weitere, in verschiedenen Funktionen dazu Beitragende genannt. Ebenso wird mitgeteilt, wer für welche Einzelkapitel im Untersuchungsbericht die Verantwortung trägt (S. 2).

und Elternsurvey '93«[26] ein, dass die grundsätzlich begrüßenswerte
interdisziplinäre Zusammensetzung des Teams nicht nur unterschiedliche professionelle Stärken, sondern in der Folge auch deutliche Präferenzen hinsichtlich der vorzugsweise zu ermittelnden Daten und
der vorzugsweise vorzunehmenden Auswertungen mit sich brachte
(Zinnecker u. Silbereisen, 1996, S. 15 f.). Das zeigt sich unter anderem
in der Autorenschaft der einzelnen Publikationskapitel: Psychologen
vs. Erziehungswissenschaftler und Soziologen. Wenn diese Experten dann nicht nur auf thematische »Querverbindungen« verzichten
(müssen), sondern ebenso auf Bezüge zu anderweitig Erforschtem,
dann wandelt sich der grundsätzliche Vorteil zu einem kaum auf-
zuwiegenden, gravierenden Nachteil. So verzichten beispielsweise
Maschke und Kollegen (2013) sogar ganz auf eine Zusammenstel-
lung jener Literatur, die – es kann nicht anders sein – während ihrer
Arbeit an »Jugend.Leben« zuvorderst in ihren Köpfen war.

Doch genug der unvermeidbaren und der vermeidbaren Mängel
von Breitbandstudien, der Nachteile jeglichen »quantitativen« For-
schungszugangs generell. Nach so vielen Zahlen, die sich auf große
oder sehr große, betont repräsentative Stichproben beziehen, sind
wir gespannt auf »qualitative« Studien, auf die in zwei der vier im
Zurückliegenden aufgegriffenen Large-Scale-Studies verwiesen wird.

Die Themen des aktuellen Inklusionsbarometers (hessenstiftung –
familie hat zukunft, 2014) bauen »auf den Ergebnissen des qualitativen Inklusionsbarometers Hessen 2011/2012 auf« (S. 12). Es handelte sich dabei um eine Studie mit 67 Jungen und Mädchen mit
einer Einfach- oder Mehrfachbehinderung. Man war auf der Suche
nach »neue[n] und interessante[n] Aspekte[n] zum Thema Lebensqualität behinderter Kinder« (S. 17). Realisiert wurde die Studie über
einen Interviewleitfaden, der für zentrale Lebensbereiche jeweils
Äußerungen der Kinder zu Hilfen, Zugänglichkeiten, Angeboten
und hinsichtlich des Wohlbefindens in ihnen vorsah. Die Ergebnisse
werden in Form einer Fülle von Zitaten präsentiert, die die Auto-

---

26 Diese Studie zeichnet sich unter anderem dadurch aus, dass in ihr nicht nur
   700 zehn bis dreizehn Jahre alte Kinder ausführlich mündlich interviewt wurden, sondern auch deren Mütter wie Väter per Fragebogen um einschlägige
   Auskünfte gebeten wurden.

rinnen zu Subgruppen beschreibend zusammenfassen (z. B. Wunsch
von Behinderung unabhängig; klarer Bezug zur Behinderung), ihre
Auftretenshäufigkeit auch oft beziffern.

»Qualitativ« werden auch die Befragungen genannt, die im Rahmen der 1. World Vision Studie mit zwölf Jungen und Mädchen im
Alter von sechs bis elf Jahren durchgeführt wurden. Ein ausführli-
ches exploratives Interview entlang eines Gesprächsleitfadens[27] und
eine von den Interviewern entwickelte »qualitative Netzwerkana-
lyse« (S. 227) ergaben pro Kind bis zu 60 Seiten Transskript; deren
Kondensierung in zwölf (von den Eltern »freigegebenen« und teilweise auch ergänzten) »Kinderportraits« ergab 120 Druckseiten.
Kurz kommen die Autoren auf ihr »Selbstverständnis als qualitative Forscher« zu sprechen: »Als solche sehen wir unsere Aufgabe
eher darin, die Gewissheiten von Verallgemeinerungen in Frage zu
stellen, und sind damit der bunte Konterpart des quantitativen Stu-
dienteils« (S. 231).[28]

Doch weder das Aufspüren von Neuem noch das Aufspüren von
Spezifischem in Form von »Zufallstreffern« beim *deskriptiven* Grup-
pieren von leitfaden-induzierten Inhalten entspricht Grundsätzen
»qualitativer« Forschung. Für das Aufspüren von Noch-nicht-Ent-
decktem, von Unerwartetem schlagen verschiedene Verfahren »qualitativer«/rekonstruktiver/hermeneutischer Sozialforschung jeweils
mehrstufige Schritte vor, sich *regelgeleitet* auf die Suche zu machen
(Hildenbrand, 2005; Mey u. Mruck, 2010; Lamnek, 2010; Przyborski
u. Wohlrab-Sahr, 2008). Das Generieren von Hypothesen erfolgt
jeweils gemäß klaren methodischen Anleitungen.

Sich am Verfahren der *Grounded Theory* zu orientieren, gibt die
Autorin der Dissertation vor, die den vielversprechenden Titel »Familiäre Erziehung aus Kindersicht. Eine qualitative Studie unter Berück-

---

27 Es bleibt bei diesem allgemeinen Hinweis (S. 227), ohne dass der Leser über
    die Inhalte informiert würde.
28 Ihr weiteres Ziel: Sie wollen »die auf der Basis der qualitativen Befragung ge-
    nerierten Hypothesen in die Konzeption der nächsten World Vision Kinder-
    studie eingehen« lassen (S. 232). Wo und in welcher Form bleibt für den
    Außenstehenden jedoch verborgen. Im Methodenbericht der 2. World Vi-
    sion Studie findet sich kein entsprechender hierauf Bezug nehmender Hin-
    weis (World Vision, 2010, S. 373–379).

sichtigung von Macht in der generationalen Ordnung« trägt. Doch wenn Gerarts (2015) ihre zentralen Einsichten aus einer Viertklässlern aufgegebenen Gruppendiskussion über das Thema »Erziehung«, in die sie noch sechs »weiterführende Fragen« (S. 85) einbrachte, und aus einem mit Vier- bis Siebenjährigen geführten Interview entlang einem 27 Fragen umfassenden Gesprächsleitfaden[29] zieht und abschließend eine »theoretische Anknüpfung der Analyseergebnisse« (S. 149) sucht,[30] so ist das wohl weit entfernt von der Entdeckerfreude der Begründer der Grounded Theory (Glaser u. Strauss, 1967/2010), von dem, was sie damit intendierten, wie sie einer »Kinderperspektive« auf familiale Beziehungen nachgespürt hätten (Strauss 1998; siehe auch Hildenbrand, 2007; Mey u. Mruck, 2011).

Ansätze zu einer selbstkritischen Methodenreflexion finden wir bislang nur auf der »quantitativen Seite«: »Insgesamt lässt sich festhalten, dass die standardisierte Befragung von Kindern zwar durchaus möglich ist, dass wir aber die Qualität der erhobenen Daten bisher nur sehr begrenzt einschätzen können. Oftmals erweist sich die Methodenforschung als ›nachlaufende‹ Forschung« (Emde u. Fuchs, 2012, S. 346). Stecher und Maschke (2011, S. 294) im gleichen Tenor: »Eine umfassende Methodologie der quantitativen Kindheitsforschung und ihrer methodischen Implikationen liegt bislang nicht vor. Hier sehen wir eine wichtige Forschungsaufgabe für die Zukunft.« – Hat sich die Untersuchungsform »Kindersurvey« in dem Verwendungszusammenhang, in dem sie so gut wie ausschließlich zu finden ist, so sattelfest etablieren können, dass es in steigendem Maße gelingt, neue (zunehmend auch international-vergleichend ausgerichtete) Untersuchungswellen zu installieren, Bedenken hinsicht-

---

29 Die Fragen konzentrieren sich auf Konfrontationen des Kindes mit den Eltern (z. B. »Streitest du manchmal mit deinen Eltern? Kannst du mir ein Beispiel sagen?«), auf Konfrontationspotenziale (z. B. »Was darfst du in deiner Familie mitbestimmen?«) und auf elterliche Reaktionen auf (vermeintliches) kindliches Fehlverhalten (z. B. »Wenn du etwas gemacht hast, was deine Eltern nicht gut finden, was machen sie dann?«).

30 Hängt dieses scheinbar nur einer Fülle von gezielten Fragen vertrauende methodische Vorgehen, das sich kaum dem »qualitativen Methodenblock« zuordnen lässt, mit der institutionellen Nähe der Autorin zum World Vision-Arbeitsverbund zusammen?

lich ihrer »Grenzen« (Maschke u. Stecher, 2012, S. 320) jedoch hint-
anzustellen?

Auftraggeber und/oder Financiers[31] sind Ministerien, Wohl-
fahrts-/Hilfsorganisationen und Stiftungen, in deren Agenden »das
Kind« im Zentrum steht, die als Basis ihrer Arbeit aktuelle und
zuverlässige Informationen benötigen; zu deren PR inzwischen auch
entsprechende, weit gestreute Publikationen zählen. Es scheinen sich
relativ überdauernde Allianzen aus Auftraggebern, Financiers und
den die Untersuchung jeweils Ausführenden gebildet zu haben. Zu
den Ausführenden gehören in wissenschaftlichen Einrichtungen
oder in Meinungsforschungsinstituten Tätige. Oft teilen sich die
beiden Gruppen in einer Untersuchung die Arbeit. Wobei in beiden Gruppen neben den »Etablierten« jüngere und ältere Mitarbeiter oft unter extremem Qualifikations- und/oder Zeitdruck ihre entscheidenden Beiträge leisten müssen. Damit mag zusammenhängen,
dass »Werkzeuge« in zeitlich einander folgenden Untersuchungen
(nahezu) unverändert eingesetzt, oft von Arbeitsgruppe zu Arbeitsgruppe weitergegeben werden.

Die angesprochenen Zusammenhänge erklären uns ein Stück weit
auch die Tatsache, dass wir im Rahmen der hier geführten Auseinandersetzung kaum auf »Seitenblicke« der mit dem Survey-Ansatz
Arbeitenden in verwandte Arbeitsfelder gestoßen sind. Keine unseres Erachtens naheliegenden Querverweise konnten wir beispielsweise zur von Psychologen initiierten *Erziehungsstil-Forschung* finden, die in der zweiten Hälfte der 1960er Jahre einsetzte. Auch wenn
die Absicht der Erziehungsstil-Forscher klar von einer Erwachse-
nen-Perspektive bestimmt war – man wollte für Eltern und andere
Erziehende wissenschaftlich fundierte Handlungsempfehlungen
erarbeiten (Lukesch, 1975): Aus pragmatischen Gründen ließ man
sich Fragebögen ebenfalls oft von den per diesem oder jenem »Stil«
erzogenen – und leichter erreichbaren – Kindern ausfüllen. Exemplarisch sei die frühe Arbeit von Stapf, Herrmann, Stapf und Stäcker
(1972) erwähnt, weil sie deutliche Differenzen zu Survey-Strategien
aufzeigt: Es geht ihr um *einen* kindlichen Erfahrungsbereich: die

---

31 Zu den Financiers zählen im gegebenen Zusammenhang auch Konzerne wie
    Shell Deutschland (2002) u. a. m.

erzieherische Beziehung Eltern-Kind. Ziel ist der Nachweis, dass sich die *a priori gesetzten theoretischen Annahmen* empirisch bestätigen. Die zwei Komponenten des elterlichen Erziehungsstils, auf die sich die Autoren beschränken, werden jeweils durch 15 in die *Skalen* »Elterliche Unterstützung« und »Elterliche Strenge« eingehenden *Items* erfasst. Die »Beweislast« liegt nicht nur auf *einer* Feststellung oder Frage.

Uns kam als »Seitenblick« wiederholt auch Peter Gstettners historische Rückschau auf Theorieentwicklungen der deutschsprachigen Entwicklungspsychologie in der ersten Hälfte des 20. Jahrhunderts in den Sinn. Gstettner (1981) weist anhand zahlreicher konkreter Beispiele nach, wie namhafte Vertreter der Disziplin ihre Vorstellung von der »richtigen« Theorie aufrechterhielten, indem sie dieser Entgegenstehendes negierten oder »wegargumentierten«. Vielleicht waren es der Haupt- und der Untertitel seiner Monografie, die unsere Assoziationen auslösten: »Die Eroberung des Kindes durch die Wissenschaft. Aus der Geschichte der Disziplinierung«. Ob im Rahmen realisierter Surveys nicht *auch* Strategien zur Anwendung kamen und kommen, Entscheidungen getroffen wurden und werden, deren Gewinn allemal mehr auf der Seite der Erwachsenen, die sie initiieren und durchführen, denn auf der Seite der untersuchten (man beachte die nicht vermeidbare passive Formulierung) Kinder zu suchen ist? – Wir hoffen, dass das hier nur Angedeutete über die folgenden Abschnitte noch deutlicher wird.

Wann sind Kinderaussagen Kinderaussagen? – Erkenntnistheoretische Schritte in ein tiefschichtiges Themenfeld

Zunächst lässt sich unschwer erkennen, dass Forschung wie auch die Alltagsbeziehung mit Kindern in einen deutlichen Kontext von *Asymmetrie* eingebettet ist, da Kinder gegenüber Erwachsenen in mehrfacher Hinsicht benachteiligt sind: Sie verfügen über weniger (Vor-)Wissen, Erfahrung, Macht und Einflussmöglichkeiten und sind – selbst bei größtmöglich zugestandener »Kindzentrierung« seitens Erwachsener – in ein hierarchisches Abhängigkeitsverhältnis eingebunden. Neben diesen strukturellen Aspekten ist die Ausgangssituation durch ein *sprachliches Kommunikationsproblem* charakterisiert: Kinder werden zwar in eine sprechende Umwelt hineingeboren, eignen sich sprachliche Kompetenz aber erst über einen längeren Entwicklungszeitraum hinweg an. Stehen zu Beginn auf der Kindseite ausschließlich nonverbale Signale im Vordergrund, kommen mit zunehmendem Alter sprachlich-symbolische Botschaften hinzu. Forschung mit Kindern bewegt sich daher in besonderer Weise entlang der Grenze »zwischen dem *Sagbaren,* das beschrieben werden kann, und dem *Unsagbaren,* das nur gezeigt werden kann« (Reichertz u. Soeffner, zit. nach Fuhs, 2012, S. 88).

Ist es möglicherweise dem Nicht-ertragen-Können dieses »Unsagbaren«, des nicht unmittelbar und konkret Verstehen-Könnens kindlicher Signale geschuldet, dass es zu jener sozialen Defizitkonstruktion von Kindern kommt, die Hülst (2012) am Werke sieht, wenn Kindern als potenziellen Informanten nur beschränkte Aufnahme- und Verarbeitungskapazitäten attestiert werden? Vor dem Hintergrund eines als Vergleichsmaßstab herangezogenen erwachsenenzentrierten Kommunikationsverständnisses müssen Kinder zwangsläufig als »defizitär« oder (noch) »unfertig« scheinen.

»Alle Plausibilität spricht hier für die Vermutung, dass kindliche Interaktionen vor allem dann nicht verstanden werden, wenn sie an den restriktiven Bedingungen der formalisierten Erwachsenenkommunikation (Dominanz der Basisregeln, fixierte Bedeutungssysteme, feststehende Werteordnung, rationalistische Weltsicht, keine Akzeptanz der primärprozesshaften – etwa durch Verschiebung und Verdichtung – hervorgebrachten Gestaltbildungen, Bilder, Metaphern, Mythen) gemessen werden und dass ein großer Teil des von Erwachsenen den Kindern entgegengebrachten Unverständnisses auf deren allzu rigidem Festhalten an erwachsenenzentrierten Kommunikationsgewohnheiten und Normalitätsvorstellungen zurückzuführen ist« (Hülst, 2012, S. 65).

Eine weitere Form von Erwachsenenzentrierung findet sich in einem unreflektierten Rückblick auf die eigene (erinnerte) Kindheitsbiografie, indem diese mit dem Erleben von Kindern im Hier und Jetzt gleichgesetzt wird, ohne sich die Verzerrungs- bzw. Fehleranfälligkeit introspektiver Rückschau sowie die Wandelbarkeit zeithistorischer Kontextdimensionen als wesentliche Bestimmungsgrößen von Kindheitserleben zu vergegenwärtigen (Mey, 2013, S. 64 f.).

Will man Aussagen »aus der Perspektive vom Kinde aus« treffen, quasi die passenden Schlüssel für das Aufsperren der verborgenen Kinderwelt finden, so gilt es, sich zunächst der *generationalen Differenz von Erwachsenen und Kindern* – als ein strukturelles Merkmal innerhalb der Kind-Erwachsenen-Beziehung – bewusst zu werden und diese anzuerkennen. Weder können Erwachsene »einfach so« die Kinderperspektive einnehmen, noch lassen sich Kinderaussagen gänzlich isoliert von der kindlichen Bezugnahme auf die es umgebene Erwachsenenwelt verstehen. Das annäherungsweise Verstehen von Kindern kann deren Erfahrungen, Wünsche und Interessen nur *stellvertretend* zum Ausdruck bringen. Stets gilt es mitzudenken, dass wenn Kinder und Erwachsene aufeinandertreffen, eine generationale Ordnung[32] hergestellt wird, die zum Ausgangspunkt für die Rekonstruktion von Kindheit und die Beschreibung der Kinder selbst gemacht werden muss (Heinzel, 2012b, S. 24).

Es stellt folglich eine kontinuierliche Herausforderung dar, das kommunikative Wechselspiel zwischen Jung und Alt auszubalancieren, will man nicht vorschnell der Versuchung erliegen, sich mit einseitigen Blickwinkeln zu begnügen. Es gilt, die Unterschiedlichkeit der generationalen Positionen im Erkenntnisfindungsprozess zu berücksichtigen: Wer spricht aus welcher Position, vor dem Hintergrund welcher zeithistorischen Rahmenbedingungen, individuellen Entwicklungsmöglichkeiten, rollenspezifischen Erwartungen (und Befürchtungen!), persönlichen Interessen etc. Diese (selbst)reflexive Haltung muss im Grunde auf jegliche Form von Erkenntnisbildung Anwendung finden, die sich anschickt, die *subjektive Sicht des Einzelnen bzw. des anderen zu rekonstruieren* (Mey, 2013, S. 66). Die Kindheitsforschung ist dieser anspruchsvollen Aufgabe umso stärker verpflichtet, als bei der Untersuchung von (kleinen) Kindern die Verstehensleistungen von Erwachsenen (Eltern, Pädagogen, Forschern etc.) infolge ungleicher

---

32 So spricht Honig (1999) von der »generationalen Ordnung« als methodologischem Leitbegriff, der international, besonders aber in Deutschland, zu einem Schlüsselbegriff der kindheitstheoretischen Diskussion geworden ist (Honig, 2009, S. 41).

Entwicklungs- und Wissensvoraussetzungen[33] eine (noch) größere
Herausforderung darstellen. Und just an dieser Stelle kristallisiert sich
der Kern des methodischen Problems kinderperspektivischer Forschung heraus: Denn der Versuch, etwas über das Wesen des Kindes
zu erfahren, ist zugleich mit dem Paradoxon konfrontiert, an eine
»Perspektive des Kindes« anknüpfen zu müssen, die man doch eigentlich erst erforschen bzw. kennenlernen will (Honig, Lange u. Leu, 1999,
S. 21). Honig (2009, S. 37) führt hierzu in zugespitzter Weise aus:

»Wie muss eine Theorie der Kindheit konzipiert sein, und wie sind
Einsichten in die Welt der Kinder möglich, wenn dafür der habituelle
Standpunkt des Erwachsenen suspendiert werden muss? [...] Vielleicht
sind Einsichten in die Welt der Kinder gar nicht möglich [...]. Eine empirische Kindheitsforschung, die ihren Namen verdient, muss hinter die
vorgebliche Vertrautheit mit Kindern zurückgehen.«[34]

Das zurückliegend Gesagte macht deutlich, dass das wissenschaftlich ambitionierte Vorhaben der Erfassung der »Kinderperspek-

---

33 Dabei müssen die ungleichen oder fehlenden Wissensvoraussetzungen nicht
    zwangsläufig bzw. exklusiv bei den Kindern, sondern können ebenso in der
    Unkenntnis Erwachsener über die jeweilige »Kinderkultur« liegen.
34 Mit dieser radikalen Perspektivenumkehrung und dem praktischen Bemü-
    hen um eine (Re-)Konstruktion kindlicher Perspektivität wurde eine bis
    dato naturwissenschaftlich-objektiv geprägte Kindheitswissenschaft infra-
    ge gestellt und der Weg hin zu einer am kindlichen Subjekt ausgerichteten
    Sozialwissenschaft beschritten, welche vor allem die Vorstellung eines von
    Erwachsenen vorgegebenen Entwicklungszielpunktes ablehnte (z. B. durch
    Normtabellen oder phasenspezifische Entwicklungsstufenmodelle). Mit an-
    deren Worten: Kinder sollten als Berichterstatter ihrer aktuellen Erfahrun-
    gen, Gefühle und Interpretationen ernst genommen werden, *ohne* dass ihre
    Erfahrungen wiederum unmittelbar und zwingend in ihrer Entwicklungs-
    bedeutsamkeit für den weiteren Lebenslauf des Kindes thematisiert würden
    (Lange, 1999, S. 63); häufig wiederkehrend in der Forderung, Kinder nicht
    als »Werdende«, sondern als »Seiende« zu begreifen. Aus interdisziplinär-
    vergleichender Sicht hat sich diese radikale Perspektivenumkehrung, so Mey
    (2013, S. 53 f.), unter Beteiligung der wissenschaftlichen Disziplinen von So-
    ziologie und Erziehungswissenschaft (und indes *nicht* der Entwicklungspsy-
    chologie als traditioneller Domäne der Kindheitsforschung) vollzogen und
    unter dem Label der sogenannten *Neuen Kindheitsforschung* (»*New Child-
    hood Studies*«) etabliert.

tive« wesentlich durch Faktoren aufseiten der Forschenden beeinflusst wird: durch ihre jeweiligen Fachdisziplinen und theoretischen
Orientierungen, ihre Forschungsfragen und Motive, ihre Haltungen
gegenüber Kindern und Kindheit und nicht zuletzt die Auswahl
der Forschungsmethoden (Heinzel, 2012b, S. 24). All dies gilt es zu
berücksichtigen, wenn Forschung nicht Gefahr laufen will, an den
Kindern vorbeizureden oder nur zu glauben, Kinder zu verstehen
(Mey, 2005, S. 154).

Zur annäherungsweisen Überbrückung der angesprochenen
Generationen- und Perspektivendivergenz sollte jegliches kinder-
perspektivische Forschungsarrangement dafür Sorge tragen, dass
Kinder ermutigt werden und ihnen die Gelegenheit eröffnet wird,
sich in kindgerechter Form auszudrücken. Das heißt, je nach Alter
und sprachlicher Fähigkeit des Kindes können neben kindgerechten
Interviewformen auch »nicht konventionelle« Formen der Datenerhebung zum Einsatz kommen, welche die sprachlichen Äußerungen mit anderen Ausdrucksformen (zum Beispiel Zeichnen, Spielen, Traumreisen etc.) kombinieren (Fuhs, 2012, S. 88).[35] Derartige
methodische Zugänge zu erproben, sieht Hülst (2012, S. 66) viel-
versprechender an, als Kinder den üblichen (d. h. bei Erwachsenen
angewandten) Interviewformen auszusetzen oder sie ungefragt zu
»Objekten« von Beobachtungssettings zu machen. Im Rahmen der
Auswertung ist grundsätzlich Vorsicht gegenüber einer vorschnellen
oder gar standardisierten Interpretation kindlicher Daten geboten:
Ohne die genaue Berücksichtigung des jeweiligen Entstehungszu-
sammenhanges, des konkreten familiär-biografischen, (sub-)kultu-
rellen und regionalen Lebenskontextes des einzelnen Kindes ver-
bietet es sich, weitreichende Aussagen über ein Kind und dessen
(Innen-)Leben zu treffen.[36]

---

35 Mit anderen Worten: Selbst eine noch so (selbst-)reflexiv ausgerichtete Kind-
    heitsforschung kommt mit ihrer »Fixierung auf Verbales« (Mey, 2011, S. 851)
    irgendwann an ihre Grenzen. Mey (2011) gibt einen Überblick über die Ein-
    satzmöglichkeiten qualitativer Forschung im entwicklungspsychologischen
    Kontext der frühen Kindheit.
36 Die aktuellste Sammlung von Forschungszugängen zur kindlichen Perspek-
    tive findet sich bei Heinzel (2012a).

Janusz Korczak (1878–1942): Ein Leben lang auf die Perspektive des Kindes konzentriert

Wir wechseln aus der aktuellen Forschungslandschaft zu weiter zurückliegenden Sondierungen, der »Kindsperspektive« näher zu kommen. Die frühen Annäherungen eines Jean-Jacques Rousseau (1712–1778) und eines Johann Heinrich Pestalozzi (1746–1826) sind wohl die prominentesten unter den in verschiedenen Jahrhunderten unternommenen (Kuhlmann, 2013). Von allen diesen unterscheidet sich eine Sondierung in ihrer Radikalität: der Intensität und Offenheit ihres Suchens, der Art und Vielseitigkeit ihres Argumentierens, ihrem persönlichen Gelebtwordensein.

Wir sprechen von dem vielseitig begabten Polen Janusz Korczak und den von ihm konsequent verfolgten Weg.[37] Trotz politischer und sprachlicher Barrieren ist er bereits seit Mitte der 1960er Jahre, vermehrt in den 1970er Jahren, durch die Übersetzung einzelner seiner Schriften deutschsprachigen Lesern zugänglich geworden. Inzwischen liegt eine 15 Bände umfassende deutschsprachige Gesamtedition von Korczaks erhaltenen Schriften vor (Korczak, 1996 ff.).[38]

Der in Warschau als Arzt ausgebildete und in Berlin und Paris fortgebildete Pädiater wurde (auch) von betuchten Kreisen konsultiert, avancierte bereits in jungen Jahren zum erfolgreichen Journalisten und Schriftsteller. Doch selbst aus gut situiertem Elternhaus kommend, zeigte er bereits in seiner Jugend und als Student deutliches Interesse für materiell und sozial schwache Milieus, insbesondere für die aus diesen kommenden Kinder. Diese lernte er unter anderem in für sie eingerichteten mehrwöchigen Sommerlagern

---

37 Korczaks Biografie besitzt so viele gelebte Facetten, dass jeder Versuch eines Miniportraits wesentliche Abstriche machen muss. Wir hoffen das für unsere Thematik Entscheidende ausreichend zu akzentuieren.

38 Die im Folgenden aufgeführten Zitate entnehmen wir jeweils einem der 15 Bände von *Janusz Korczak, Sämtliche Werke* (SW), die Friedhelm Beiner und Erich Dauzenroth herausgegeben haben. In einem 16. Ergänzungsband stellt Beiner Korczaks »Themen seines Lebens« in einen biografischen Zusammenhang. Einen hilfreichen »Korczak-Einstieg« ermöglichen u. a. Beiner (2008), Dauzenroth (1982), Korczak (2014). Verwiesen sei auch auf den Dokumentarfilm mit einem Zeitzeugen: »Janusz Korczak – Pädagoge, Schriftsteller, Arzt« (Dieter Reifarth 1987, www.filmwerk.de).

näher kennen, in denen er mitarbeitete. Hier wurden sie für ihn zur lebenslangen Herausforderung. Das von ihm ab da verfolgte Anliegen war es, *die Perspektive von Kindern zu ergründen, zu erklären und angemessen erzieherisch darauf zu reagieren* – dies in einem Wechselspiel aus viele Jahre hindurch gelebter, erlebter und kontinuierlich reflektierter Praxis und einer damit kontinuierlich abgeglichenen Theorie, einem damit abgeglichenen Menschenbild.[39]

Die Arbeitshaltung, die Korczak bei seinen in zahlreichen alltäglichen Situationen gemachten Beobachtungen und als in verschiedensten Tätigkeitsfeldern Handelnder einnahm, lässt sich vielleicht am besten als »empathische Nüchternheit« charakterisieren: Nicht irgendwelche vorauslaufenden Vorstellungen des Erziehenden – weder von sich noch vom Kind – stellen eine Beziehung zwischen den beiden her, die der Entwicklung des Kindes guttut. Das konkrete kindliche Wollen, Denken und Fühlen ist zu ergründen. Das aber bedeutet: Der Erwachsene bekommt von Mal zu Mal *vom Kind (oder einer Kindergruppe)* Signale, die er entschlüsseln muss, um entwicklungsfördernd darauf eingehen zu können. Oder noch einmal mit anderen Worten: Der entscheidende Schlüssel, mit dem das Entwicklungspotenzial des Kindes aufzuschließen ist – das, was da ist, und wie konstruktiv daran »anzuschließen« ist –, ist im Besitz des Kindes. So sagt Korczak denn auch: »Ich weiß, wie wenig ich wüsste, wenn mir nicht Kinder erzählten, was sie sehen, was sie hören, wenn sie nicht über das berichteten, was sich ereignet hat, worüber sie nachdenken und an was sie sich erinnern« (Korczak, SW, Bd. 5, S. 209).

1918 formuliert Korczak *grundlegende Voraussetzungen,* um Kindern eine gedeihliche Entwicklung zu ermöglichen. Er proklamiert die »Charta der Grundrechte des Kindes«, formuliert zunächst drei Grundrechte. Diese, insbesondere das erste, bedürfen einer kurzen Erläuterung oder einer Zitatpassage, um Un- oder Missverständnisse zu vermeiden:

---

39 Bezüglich Theoriebildung stellt Korczak wiederholt die in der Medizin seiner Zeit gängige jener der Pädagogik gegenüber, wobei Letztere herbe Kritik erfährt (u. a. SW, Bd. 4, S. 321, Bd. 8, S. 279, Bd. 9, S. 194 f.). Es geht ihm um ein angemessenes Verhältnis von Theorie und Praxis (u. a. SW, Bd. 9, S. 239–242, S. 264–266). Wobei für ihn gilt: »Jede für heute gültige Wahrheit ist nur eine Etappe. Ich ahne durchaus nicht, welche die letzte sein wird« (S. 240).

Das Recht des Kindes auf den Tod

»Aus Furcht, der Tod könnte uns das Kind entreißen, entreißen wir das Kind dem Leben; wir wollen nicht, dass es stirbt und erlauben ihm deshalb nicht zu leben« (SW, Bd. 4, S. 49). »Du musst eben den Mut haben, ein bisschen Angst um sein Leben auf dich zu nehmen« (S. 241). Allemal: »Es ist absolut verboten, allein im Fluss zu baden. Aber es ist nur bedingt verboten, auf Bäume zu klettern« (S. 241).

Das Recht des Kindes auf den heutigen Tag

»Es ist bequem, den heutigen Tag des Kindes im Namen erhabener Parolen für morgen zu missachten« (SW, Bd. 9, S. 242). – Es darf nicht darum gehen, nur die Zukunft des Kindes vor Augen zu haben, den funktionierenden Erwachsenen, und dabei die Kindheit als eigenständigen Entwicklungsabschnitt zu übersehen, der *von zentraler Bedeutung* und deshalb nicht zu überspringen ist. »Lasst uns Achtung haben vor der gegenwärtigen Stunde, dem heutigen Tag. Wie soll es [das Kind] morgen leben können, wenn wir ihm heute kein bewusstes, verantwortungsvolles Leben ermöglichen?« (SW, Bd. 4, S. 404).

Das Recht des Kindes, das zu sein, was es ist

Es geht um das Kind in seiner Einzigartigkeit, das Kind mit seinen Stärken und Schwächen. Deshalb ist der »kein Erzieher, der sich entrüstet und schmollt und der dem Kind grollt, weil es das ist, was es ist, als was es geboren wurde oder wie die Erfahrungen es erzogen haben« (SW, Bd. 9, S. 240). Die entscheidende Frage ist gemäß Korczak, wie das Kind sein kann, nicht wie das Kind sein soll. Auf der einen Seite ist ihm mit Vertrauen in sein selbstbestimmtes Handeln zu begegnen, auf der anderen Seite darf es in seinen kleinen und großen Nöten nicht alleingelassen werden.

Korczak hat nicht nur das einzelne Kind vor Augen. Auch das Zusammenwirken von Kindern in kleinen und vor allem auch großen Gemeinschaften nimmt in seinem von reicher Erfahrung begleiteten Denken einen wesentlichen Platz ein. Er entwickelt eine Reihe konkreter Organisationsstrukturelemente, die insbesondere für seine erfolgreiche Arbeit als Leiter zweier großer Waisenhäuser mit ausschlaggebend sind. Innerhalb dieser nimmt das »Kameradschaftsgericht« – von Korczak in seiner Struktur und seinen Paragrafen detailliert ausgearbeitet – eine besondere Stellung ein. »Wenn ich dem Gericht unverhältnismäßig viel Platz einräume, so in der Überzeugung, dass das Gericht zum Ausgangspunkt der vollen Gleichberechtigung werden könnte« (SW, Bd. 4, S. 273). Denn vor diesem kann nicht nur ein Kind Klage gegen ein anderes Kind erheben, sondern ebenso gegenüber Erwachsenen (einen Erzieher, auch einen extern an einer Schule das Kind unterrichtenden Lehrer).[40]

Auf so manches mehr, wo Korczak Impulse setzte und Spuren hinterließ, kann an dieser Stelle nicht näher eingegangen werden. Stattdessen wenden wir uns dem vierten Grundrecht des Kindes zu, das er erst elf Jahre nach den ersten drei formulierte, es dann aber als das übergeordnete betrachtete:

Das Recht des Kindes auf Achtung

»Achtung und Bewunderung weckt, was groß ist, mehr Raum einnimmt. […] Das Kind ist klein, leicht, es ist weniger. […] Das Gefühl der Ohnmacht erzieht zur Verehrung der Stärke;[41] jeder, nicht nur der Erwachsene, sondern jeder Ältere und Stärkere, kann seine Unzufriedenheit brutal ausdrücken; seine Forderung durch Stärke bekräftigen und Gehorsam erzwingen: Er kann ungestraft Unrecht tun« (SW, Bd. 4, S. 385). Doch Korczak hielt schon als 21-Jähriger fest: »Kinder werden nicht erst zu Menschen, sie sind es bereits, ja sie sind Menschen und keine Puppen; man kann an ihren Verstand appellieren, sie antworten uns, sprechen wir zu ihren Herzen, fühlen sie uns. Kinder sind Menschen, in ihren Seelen sind Keime aller Gedanken und Gefühle, die wir haben, angelegt« (Korczak, SW, Bd. 9, S. 50). So stehen ihnen auch

---

40 Wilhelm Beiner gibt in dem von ihm erarbeiteten Ergänzungsband zu den SW (Bd. 16) auf den Seiten 130 ff. einen Überblick über die von Korczak inaugurierten »Institutionen der Selbstverwaltung«.

41 Diesem fatalen Zusammenhang begegnet man in Korczaks Schriften wiederholt. Als roter Faden durchzieht er die jüngste Schrift Arno Gruens (2014): Er spricht von der »Knechtschaft, der wir uns unterwerfen mussten, die tief in unsere früheste Kindheit zurückreicht und die durch die überwältigende Macht unserer Mütter und Väter hervorgerufen wurde. Die Macht der Eltern über uns erkennen wir nicht, denn in unserer Kultur gelten Mutter und Vater als allwissend, als wohlwollend, weil sie nur das Beste für uns wünschen« (S. 15 f.).

Menschenrechte zu. Denn – so später (1919) – wie im Erwachsenen und Alten ist bereits in dem »Kind, das du geboren hast«, »etwas, das fühlt, fragend forscht – leidet, wünscht, sich freut, liebt, vertraut, hasst – glaubt, zweifelt, an sich zieht und abstößt« (Korczak, SW, Bd. 4, S. 12).

Waren es Korczaks spezifische Erfahrungen in einem kriegs- und krisengebeutelten Polen[42] mit für heutige Mitteleuropäer kaum vorstellbaren wirtschaftlichen und sozialen Verhältnissen, die ihn so zahlreiche in seinen Schriften wiedergegebene Beispiele der Nicht-Achtung von Kindern finden ließen? – Fragen wie diese veranlassen uns, in einem Exkurs unsere Aufmerksamkeit auf die Frage zu lenken, wie es aktuell in Mitteleuropa um die Kinderrechte, die Berücksichtigung von Kinderbedürfnissen bestellt ist.

Exkurs: Kinderrechte im öffentlichen Fokus – sehr widersprüchliche Entwicklungen

Die Lebenswelten und das Befinden von Kindern stehen ohne Zweifel im verstärkten Fokus von politisch Verantwortlichen und der Fachwelt. Allerdings hat erst die massenmediale Berichterstattung über Fälle von Kindesvernachlässigung mit Todesfolge wie die von *Kevin* oder *Lea-Sophie* in der ersten Dekade des neuen Jahrtausends dazu beigetragen, die öffentliche Aufmerksamkeit insbesondere auf die Lebenssituation von Kindern unter schwierigsten psychosozialen Bedingungen zu lenken und hierdurch einer umfassenderen gesellschaftlich getragenen Kinderschutzdebatte zuzuführen (Fegert 2013, S. 183 f.). Seitdem werden früh im kindlichen und familiären Leben einsetzende, präventiv ausgerichtete Angebote auf unterschiedlichen Ebenen der Kinder- und Jugendhilfe und des Gesundheitssystems implementiert (Stichwort »Frühe Hilfen«[43]).

Nationale Gesetzesregelungen (z. B. in Deutschland das Achte Sozialgesetzbuch zur Kinder- und Jugendhilfe[44]) und internatio-

---

42 Korczak hatte als Arzt mehrfach Kriegsdienst zu leisten.

43 So wurde das »Nationale Zentrum Frühe Hilfen« (www.nzfh.de) gegründet und zahlreiche Modellprojekte auf Bundes- und Länderebene ins Leben gerufen (Paul u. Backes, 2008).

44 Vgl. die Publikation »Kinder- und Jugendhilfe. Achtes Buch Sozialgesetzbuch« (Bundesministerium für Familie, Senioren, Frauen und Jugend, 2014a).

nale Kodizes (z. B. die UN-Kinderrechtskonvention[45]) legen Zeugnis davon ab, dass man sich auf struktureller Ebene zum Anwalt der kleinsten und schwächsten Mitglieder einer Gesellschaft macht, wohlwissend zugleich, dass Gesetze allein keine hinreichende Schutzgarantie vor der Missachtung kindlicher Grundrechte bieten können. Denn zwischen der Ratifizierung entsprechender Gesetze/ Konventionen und deren praktischer Umsetzung können bisweilen erhebliche Diskrepanzen bestehen. So zeigt die Erfahrung, dass bei Entscheidungen in Politik, Verwaltung und Rechtsprechung die Position des Kindes bis heute nicht ausreichend Berücksichtigung gefunden hat, und das obwohl die UN-Kinderrechtskonvention in Deutschland bereits im April 1992 in Kraft getreten ist.[46] Nicht zuletzt aus diesem Grund wird seit Längerem die Aufnahme der Kinderrechte ins deutsche Grundgesetz – als leitendes, *über* allen anderen Rechtsnormen stehendes Gesetz – gefordert. Hierdurch würden die Grundrechte von Kindern eine verfassungsgemäße Anhebung erfahren, Kinder als Subjekte (und nicht mehr – wie bisher – nur als bloße »Anhängsel« und »Objekte« ihrer Eltern) anerkannt und mit besonderen Rechten (wie die auf Schutz, Förderung, Beteiligung, Nichtdiskriminierung, Kindeswohlvorrang) ausgestattet (Aktionsbündnis Kinderrechte, 2012, S. 1 f.; Maywald, 2012, S. 168 ff.).

Neben verbesserten Schutzrechten vor unterschiedlichen Gewaltformen geht es somit auch um die Frage, *wie mit Kindern förderliche Beziehungen bestmöglich gestaltet, wie ihre gesellschaftlichen und politischen Beteiligungsmöglichkeiten erhöht werden können.* So haben Kinder gemäß Artikel 12 der UN-Kinderrechtskonvention ein Anrecht darauf, (an)gehört zu werden und ihre Auffassung von der Welt auszudrücken. Dies hat unweigerlich zur Folge, dass Erwachsene auf kindliche Äußerungen reagieren, Bezug nehmen müssen, sich dabei für noch nicht Verstandenes interessieren sollten. Kurzum:

---

45 Vgl. die Publikation »Übereinkommen über die Rechte des Kindes – VN-Kinderrechtskonvention mit Wortlaut und Materialien« (Bundesministerium für Familie, Senioren, Frauen und Jugend, 2014b).
46 Maywald (2012) analysiert, ob und wie Kinderrechte in Familie, Kindergarten und Schule, Kinder- und Jugendhilfe sowie im Gesundheitswesen bislang umgesetzt wurden, und benennt, neben rechtlichen Mängeln und Problemlagen, auch nachahmenswerte Good-practice-Beispiele (S. 121–150).

Erwachsene stehen in der Pflicht, mit Kindern in einen Dialog ein-
zutreten (Krappmann, 2014, S. 14 f.). Hierdurch wird ein kindliches
Grundrecht zur Vorgabe für die Gestaltung von förderlichen Beziehungen, sei es im familiären oder pädagogischen Kontext.[47] An
dieser sensiblen Schaltstelle von gesetzlicher Vorschrift und dessen
praktischer Umsetzung sieht auch das Aktionsbündnis Kinderrechte
(2012, S. 4) eine zentrale, der staatlichen Gemeinschaft zukommende
und verfassungsmäßig ebenso zu gewährleistende *Unterstützungs-
funktion für Eltern in ihrer Erziehungsverantwortung.* Mit anderen
Worten: Staatliche »Unterstützung« sollte nicht erst dann einsetzen,
wenn ein Eingriff in das elterliche Sorgerecht kurz bevorsteht, das
Kind quasi in den sprichwörtlichen Brunnen zu fallen droht. Dieser
positive, Eltern respektierende, wertschätzende und ermutigende
Aspekt wurde unseres Erachtens in der Vergangenheit viel zu lange
vernachlässigt, indem man – vielleicht auch um einen historisch vor-
belasteten Übergriff durch staatliche Kontrolle zu vermeiden – dem
»Hoheitsgebiet« Ehe und Familie alles zutraute, von der Naturwüch-
sigkeit elterlicher Kompetenz ausging und dabei viele Eltern und
ihre Kinder mit all ihren Sorgen und Nöten sich selbst überließ.[48]

Im Zuge der regen Diskussion um Lebenswelten von Kindern
und die für ihre Entwicklung maßgeblich förderlichen Bedingungs-
faktoren hat sich in der jüngeren Kindheitsforschung eine Strö-
mung aufgetan, welche die Lebensqualität und das Wohlbefinden
von Kindern *(Child Well-being)* als konzeptionelle Bestimmungsgrößen zum Schwerpunkt hat. Dabei scheinen sich im deutschen
Raum existente Studien – die meist repräsentativ, zumindest aber

---

47 So widmen sich allein zwei Bände der Verschränkung der Themenfelder Kin-
    derrechte und pädagogische Beziehungen und veranschaulichen die Kom-
    plexität der zugrunde liegenden Thematiken (Prengel u. Winklhofer, 2014a,
    2014b).
48 Aktuelle Rechtsentwicklungen wie das 2012 verabschiedete Bundeskinder-
    schutzgesetz haben zu einer Verschiebung des Verhältnisses von privater/
    elterlicher Verantwortung/Autonomie und öffentlichem/staatlichem Wäch-
    teramt geführt, indem der Kinder- und Jugendhilfe nun ausdrücklich der
    Unterstützungsaspekt für Eltern (durch Information, Beratung, Hilfe etc.)
    zugewiesen wird. Erziehung und Pflege des Kindes bleibt dennoch verfas-
    sungsrechtlich geschütztes Elternrecht und -pflicht (Wabnitz, 2015, S. 8; Frü-
    he Kindheit, 2015).

quantitativ ausgerichtet sind (Betz u. Andresen, 2014, S. 499) – dem im englischsprachigen Kontext bereits längere Zeit etablierten Diskurs inhaltlich wie methodisch anzunähern (Bundesministerium für Familie, Senioren, Frauen und Jugend, 2009; Ben-Arieh, Casas, Frønes u. Korbin, 2014). Neben »objektiv« fassbaren Indikatoren zu Fragen der materiellen Ausstattung, von Gesundheit und Sicherheit, Bildung, des Wohnraums und -umfeldes etc., liegt ein zusehends größer werdender Fokus der Child-Well-being-Bewegung auf der Erhebung der *subjektiven Sicht von Kindern auf ihr Wohlbefinden.*[49] – Mit der folgenden Feststellung ist es keineswegs unser Ansinnen, die Identifikation von Rahmenbedingungen und praktischen Bemühungen zur Steigerung kindlichen Wohlergehens grundsätzlich infrage zu stellen.[50] Doch sei angemerkt, dass durch eine mitunter inflationäre Verwendung des Begriffs »kindliches Wohlbefinden« – bisweilen sogar in inhaltliche Nähe zur »Glücksforschung« gerückt (Bucher, 2014) – unterschwellig die unrealistische Zielvorstellung einer von Frustrationen, Widersprüchlichkeiten, Entbehrungen befreiten Kinderwelt (ohne Schmerzen, Verlust, Trauer, Verzweiflung, Wut etc.) entsteht.[51] Und gerade solch subtile Leidensfaktoren rutschen – so unser Eindruck – in standardisierten Erhebungsformen bereitwillig durch das Raster.

---

49 So lag der Schwerpunkt der 2. World Vision Kinderstudie im Bereich des subjektiven Wohlbefindens (World Vision, 2010).

50 Tag (2009) beschreibt eindrücklich, welche »Eigenlogik« international etablierte Indikatoren eines »guten, gelingenden Aufwachsens« als globale Vergleichsmaßstäbe für die Konstruktion und Verbreitung normativer Muster von Kindheit ausüben. Indikatoren-gestützte Resultate bilden dann die Grundlage für politische Entscheidungen mit Blick auf Bildungs- und Gesundheitsfragen von Kindern.

51 So plädiert etwa Eßer (2014) in einer historischen Übersichtsarbeit zum Wellbeing-Begriff für eine reflexive Perspektive, d. h. einen deutlich vorsichtigeren Umgang damit, wenn es um die Thematisierung des Zusammenhangs von Kindheit, Well-being und Glück geht. In eine ähnliche Richtung argumentieren ebenso Betz und Andresen (2014, S. 501): »Angesichts dieser vielschichtigen Entwicklungen und der Mannigfaltigkeit der Akteure im Feld des Child Well-being verwundert es nicht, dass eine theoretisch konzeptionelle Auseinandersetzung mit dem Konzept und seiner ihm inhärenten, expliziten oder impliziten Normativität […] zu weiten Teilen noch fehlt […] Darüber hinaus gibt es bislang kaum eine kritische Reflexion und Erforschung

Gleichwohl gilt es festzuhalten: Der öffentliche wie private Blick wird zunehmend auf Kinder und ihre Bedürfnislagen gelenkt.[52] Von Kinderfreundlichkeit, Kinderrechten, Kindesschutz und Kindeswohl[53], kindlichem Wohlbefinden, von der Kommunikation mit Kindern »auf Augenhöhe«, vom Prinzip der Partizipation, welches Kindern eine Teilhabe an sie betreffenden Entscheidungen und damit an der »Macht« zugesteht, ist allenthalben die Rede. Diese erfreuliche Entwicklung zollt Kindern und ihren individuellen Bedürfnislagen Respekt und gesteht ihren persönlichen Sichtweisen und Äußerungen einen ganz eigenen, von der Erwachsenenwelt unabhängigen Stellenwert zu.

Auch die Sozialforschung sieht sich bereits seit Längerem dem kinderrechtspolitischen Druck ausgesetzt, denn, so Zinnecker (1999, S. 75), »was für die Kommunikation in der Familie, vor Gericht, beim Jugendamt oder in der Klinik gilt, ist umso mehr für die Kommunikation zwischen Forscher und Kind von Bedeutung – besonders wenn die Forscher sich als Lobbyisten von Kindheit verstehen«. Zudem lassen sich in der Forschungspraxis kinderpolitische Forderungen erfahrungsgemäß schneller umsetzen als etwa im Rechtssystem oder in der institutionellen Alltagspraxis. Die leitende sozialwissenschaftliche Maxime lautet deswegen mittlerweile, *explizit nach*

---

der je kontextbezogenen wissenschaftlich-politischen Ausrichtung der Zugänge zum Well-being […] sowie der Verwendungsweisen des Konzepts in unterschiedlichen, auch praxisorientierten Zusammenhängen.«

52 Dabei gerät bisweilen in Vergessenheit, dass Erwachsene ebenso noch »Kinder« sind, deren intergenerationale Entwicklungsaufgaben sich mit dem Herauswachsen »aus den Kinderschuhen« nicht automatisch erledigt haben. So weist beispielsweise die Schweizer Entwicklungspsychologin Perrig-Chiello (2010; Perrig-Chiello u. Höpflinger, 2001) auf die großen Herausforderungen der sogenannten »Sandwich-Generation« im mittleren Lebensalter hin (40.–64. Lebensjahr; »nicht mehr jung und noch nicht alt«), die sich unter anderem in der bestehenden Fürsorgeverantwortung den eigenen Kindern als auch den eigenen alternden Eltern gegenüber erstrecken.

53 Maywald (2012, S. 92 ff.) beschreibt die Schwierigkeit, sich auf ein einheitliches Verständnis des *rechtlich* unbestimmten, aber als zentraler Bezugspunkt verwendeten Begriffs »Kindeswohl« zu einigen, und legt – zur Vermeidung einer »anything goes«-Haltung – eine Arbeitsdefinition vor, die auf kindlichen Grundbedürfnissen aufbaut (S. 99–104).

der Perspektive von Kindern zu fragen, anstatt nur über Kinder zu forschen (Mey, 2005, S. 151).

Trotz dieser durchaus positiv zu bewertenden Gesamtentwicklung bleibt ein kritischer Blick dennoch vonnöten, ob der gesellschaftspolitischen Thematisierung kindlicher Lebensbelange stets eine ausreichend ernsthafte Verwirklichung folgt. Folgende Beispiele sollen als Indiz für die angebrachte Skepsis bezüglich des öffentlichkeitswirksam allzu gern erweckten Eindrucks einer ausgeprägten Kinderorientierung dienen: Politiker feiern in Pressekonferenzen oder Hochglanzbroschüren (mit stets lachenden Kindergesichtern) den quantitativen Schnellausbau von Kindertageseinrichtungen als krönenden Erfolg, ohne dabei zu nach wie vor ungelösten Qualitätsfragen, wie die nach der zuverlässigen Umsetzung eines kindgerechten Betreuungsschlüssels und einer bestmöglichen Professionalisierung (inklusive angemessenen Entlohnung) von Fachkräften, Stellung zu beziehen. Zu dieser Art von politischem Armutszeugnis gehört ebenso, dass in einem so wohlhabenden Land wie Deutschland statistisch gesehen beinahe jedes fünfte Kind in die Kategorie der sogenannten relativen Einkommensarmut fällt (Kohl, 2013, S. 80).[54] Dabei orientiert sich die staatliche Unterstützung für Familien in prekären Lebenslagen, so eines der zentralen Resultate einer aktuellen Untersuchung, *zu wenig am Bedarf von Kindern* (Andresen u. Galic, 2015, S. 163). Der zu leistende materielle Verzicht beschneidet die individuellen Entscheidungs- und Handlungsspielräume von betroffenen Familien und führt zu einer eingeschränkten gesellschaftlichen Teilhabe.[55] Die Folgen lassen nicht allzu lange auf sich warten: Kinder aus armen Verhältnissen weisen bei Schuleintritt im

---

54 Die Armuts- bzw. Armutsrisikogrenze wird als *relative Einkommensarmut* definiert, wenn einem Kind weniger als 60 % des Mediannettoeinkommens zur Verfügung steht (vgl. hierzu kritisch sowie über die Schwierigkeiten, einen alternativen »Deprivationsindex« zu definieren; Adamson, 2013b, S. 59 ff.).

55 Die Studie von Andresen und Galic (2015) konnte zudem zeigen, dass entgegen der in populären oder auch politischen Diskursen häufig betonten Skepsis gegenüber der kindgerechten Verwendung von staatlichen Transferzahlungen die hier interviewten Eltern ein hohes Maß an Verantwortungsbewusstsein bezüglich der Versorgung und Förderung ihrer Kinder aufweisen und hierfür die eigenen Bedürfnisse und Interessen zum Wohl der Kinder zurückstellen (S. 167 ff.).

Vergleich zu ihren Altersgenossen erhöhte Entwicklungsrückstände auf (z. B. im Bereich der Visuomotorik, Körperkoordination, Konzentrationsfähigkeit und Sprache) und werden zudem selten von präventiven Angeboten (wie z. B. Früherkennungsuntersuchungen, früher Kita-Beginn, Vereinssport oder musische Bildung) erreicht (Groos u. Jehles, 2015, S. 6 ff.). Dauert das Kinderleben in Armut länger an – empirisch ermittelt als Zeitraum zwischen 7 und 17 Jahren –, so wirkt sich dies langfristig negativ auf die spätere Lebenszufriedenheit aus (Kohl, 2013, S. 88 f.).[56]

Vor diesem Hintergrund benötigen insbesondere Kinder aus ökonomisch schlechter gestellten und bildungsfernen Milieus optimale Voraussetzungen, um in den Genuss einer – so letztlich auch das sozial- und bildungspolitisch erwünschte Ziel – kompensatorisch wirksamen pädagogischen Praxis mit »guter Prozessqualität« (d. h. mit einem feinfühligen und entwicklungsförderlichen Umgang mit Kindern) zu kommen. Dies scheint allerdings selbst bei verbesserten strukturellen Rahmenbedingungen (wie kleinere Gruppen und günstigere Erzieher/in-Kind-Relation) nicht automatisch der Fall zu sein (Roßbach, 2011, S. 174). Internationale Projekte konnten zeigen, dass, um mehrfach deprivierte Familien und ihre Kinder wirkungsvoll zu erreichen, früh einsetzende, intensive und langfristig angelegte Fördermaßnahmen durch gut qualifiziertes Personal erforderlich sind; eine »nur« durchschnittliche Kindertagesstätte vermag dies unter den gegenwärtigen Rahmenbedingungen nicht zu leisten (S. 174).[57] Häufig verdichten sich sogar die Problemlagen von armuts-

---

56 Als effektives Instrument zur Bekämpfung von Kinderarmut wird deswegen unter anderem die Einführung einer *Kindergrundsicherung* gefordert, welche alle bisherigen staatlichen Transferleistungen bündeln würde (Stock, Bertram, Fürnkranz-Prskawetz, Holzgreve, Kohli, Staudinger, 2012, S. 427 f.): Da sich diese an den materiellen Bedürfnissen von Kindern ausrichtete und nicht an die äußere Lebensform (wie z. B. den Ehestatus) gekoppelt wäre, würde sie Personen mit tatsächlicher Fürsorgeverantwortung zugutekommen. Hierdurch könnten insbesondere auch Alleinerziehende zumindest finanziell spürbar entlastet werden.

57 Die gesamtdeutsche NUBBEK-Studie zeigte, dass in über 80 % der außerfamiliären Betreuungsformen (Krippe, Kindergarten, Tagespflege) die pädagogische Prozessqualität nur »in der Zone mittlerer Qualität« liegt. Hingegen kommt eine gute pädagogische Prozessqualität in jedem der Betreuungs-

belasteten Familien in »sozialen Brennpunkt«-Kitas, deren Ressour-
cenausstattung den zu bewältigenden Anforderungen selbst bei noch
so motivierten Fachkräften kaum mehr gerecht wird.[58]

Die seit dem PISA-Schock auch die vorschulische Lebensphase
von Kindern durch den schillernden *Kompetenzbegriff* prägende Bil-
dungsdebatte weist Kinder zunehmend als Träger von Human- und
Sozialkapital aus, dessen *langfristiger* Ertrag das Überleben einer
ganzen Wirtschaftsnation gewährleisten soll. Der bildungspolitisch
wie ein Mantra ins frühpädagogische Feld geführte Dreiklang *Bildung, Betreuung und Erziehung* bedeutet für viele Eltern mittlerweile: Wer sein Kind nicht früh und intensiv genug »fördert«, macht
sich am Kind schuldig. Dabei scheinen insbesondere bildungsprivi-
legierte Elterngruppen vor einer emotionalen Ansteckung mit entsprechenden Sorgen um die künftige Bildung und Entwicklung oft

---

settings *in weniger als 10 % der Fälle* vor; eine unzureichende Qualität – mit
Ausnahme der Tagespflege – in zum Teil sogar deutlich mehr als 10 % der
Fälle (Tietze, Becker-Stoll, Bensel, Eckhardt, Haug-Schnabel, Kalicki, Keller u. Leyendecker, 2013, S. 75 ff.). Vor diesem Hintergrund wird die häufig
von politischer Seite zu hörende Formulierung »Der bisherige quantitative
Ausbau im Kitabereich ging nicht zu Lasten der Qualität« zu einer sehr frag-
würdigen Argumentation.

58 Die Kindertagesbetreuung gehört in Deutschland zum System der Kinder-
und Jugendhilfe. Dieser obliegen zahlreiche weitere Aufgaben, wie die Kinder-
und Jugendarbeit, die Familienhilfe (z. B. Erziehungsberatung oder sozialpädagogische Familienhilfe), der Kinderschutz u. a. m. (Bundesministerium
für Familie, Senioren, Frauen und Jugend, 2014a). Eine aktuelle interdiszi-
plinär angelegte Bestandsaufnahme zum Kinderschutz kam zur ernüchtern-
den Einschätzung, dass im Rahmen der herkömmlichen Verfahrenswege
und Fachkräftepraktiken die Kinderperspektive immer noch viel zu wenig
Berücksichtigung findet (Bühler-Niederberger, Alberth u. Eisentraut, 2014).
Kindler (2012) weist in diesem Zusammenhang darauf hin, dass angesichts
von Kinderbefragungen (z. B. um mit Kindern Gespräche über konkrete
Gefährdungserfahrungen zu führen) bei Fachkräften Unsicherheiten infolge einerseits hoher rechtlicher Standards und andererseits fehlender Ausbil-
dungsinhalte ausgelöst werden. Entsprechend sieht er es als vornehmliche
Aufgabe an, Fachkräfte bei ihrer anspruchsvollen Tätigkeit durch Training
und Supervision zu unterstützen, wovon selbst auf dem Gebiet des Kinderschutzes gut informierte Kollegen profitieren (Kindler, 2012, S. 204, 207;
zur Thematik siehe auch Poole u. Lamb, 2003, sowie Zimmermann, Çelik,
Iwanski, Fremmer-Bombik u. Scheuerer-Englisch, 2014).

nicht gefeit zu sein, um diese dann kaskadenhaft auf ihre Sprösslinge zu übertragen: Durch die private Finanzierung von vielerlei Früh-fördermaßnahmen, die von einem florierenden Markt angepriesen werden (z. B. Sprachkurse im Vorschulalter, Intelligenztrainings etc.), versuchen sie ihren Befürchtungen eines antizipierten sozialen Abstiegs ihrer Kinder frühzeitig entgegenzuwirken. Sind die Kinder dann auf der Schule, kommt zur Förderung die private Nachhilfe hinzu, wofür deutsche Eltern jährlich circa eine Milliarde Euro ausgeben (Dohmen, Erbes, Fuchs u. Günzel, 2008, S. 8).[59] Unter diesen Vorzeichen gerät kindliches Leben von Beginn an in den Sog eines von Erwachsenen vordefinierten Verwendungszusammenhanges. Doch was sagt dies über unser Bild von Kindern und unser Vertrauen in deren grundständige Fähigkeit zur Weltentdeckung aus? Über unsere eigene Bereitschaft, sich in »zeitraubende« alltägliche Aushandlungsprozesse mit Kindern immer wieder aufs Neue einzulassen? Der politische Diskurs über Bildungsrahmenpläne, kindliche Kompetenzportfolios etc. darf nicht darüber hinwegtäuschen, dass *für Kinder »Bildungszeit« vor allem Beziehungszeit bedeutet,* die weder per Manual trainiert noch auf eine täglich abzuhakende Quality-Time reduziert oder zur Gänze von der Familie in externe Hände »outgesourct« werden kann.

So erweist sich gerade *Zeitarmut* als das Kardinalsymptom der heutigen »überforderten« (Eltern-)Generation (Bertram u. Deuflhard, 2015), die infolge veränderter gesellschaftlicher Rahmenbedingungen (Beschleunigung, Flexibilisierung, zeitliche Entstrukturierung von Lebensphasen etc.), im Zusammenwirken mit einem deutlich erhöhten Anspruch an das von Familien erzieherisch zu Leistende, sich in einer Art Dauerzustand an »Zeitnot, Überforderung und Erschöpfung« befindet (King u. Busch, 2012, S. 14). Das

---

59 Die Autoren der zitierten Studie analysieren diverse Nachhilfemotive. Dabei spielen schüler-, schul-, arbeitsmarkt- und elternbezogene Gründe eine Rolle, wobei insbesondere arbeitsmarkt- (z. B. Lehrstellenknappheit) und elternbezogene (z. B. »übersteigerte Bildungsaspiration«) Motive eng miteinander verbunden sein können. Nachhilfe wird in erster Linie zur Verbesserung von Noten in Anspruch genommen, wobei nicht unbedingt die Versetzung gefährdet sein muss (z. B. wenn bewerbungs- oder schulempfehlungsrelevante Zeugnisse anstehen) (Dohmen, Erbes, Fuchs u. Günzel, 2008, S. 51).

eigentlich Gewünschte (z. B. Zeit für zielloses familiales Beisammensein und ungerichtete Gemeinsamkeit und Muße zu verbringen) wird dem Dringlichen dauerhaft nachgereiht, verbunden mit einer »Tendenz zur faktischen Abwertung von ›Beziehungsbelangen‹« (S. 18). Entsprechend verwundert es nicht, dass sich die tatkräftigen Bemühungen von vielen Eltern und Fachkräften um behutsame Eingewöhnungsprozesse und einen sensiblen Umgang mit für Kinder schmerzlichen Trennungserlebnissen beim Übergang in familienergänzende Betreuungseinrichtungen (Bailey, 2008) vielfach dem auf Schnelligkeit und Effizienz getakteten Zeitregiment einer globalisierten und entgrenzten Arbeitswelt ausgesetzt sehen und diesem nicht selten zum Opfer fallen.

Die stichprobenhafte Mängelliste könnte zweifellos fortgeführt wurden. Die vorläufige Bilanz lässt jedoch mehr als begründete Zweifel daran aufkommen, wie ernst es der Gesellschaft insgesamt mit der Berücksichtigung von Kinderbedürfnissen tatsächlich ist. Sind es wirklich immer die kindlichen Wünsche, Ängste, Interessen etc., die im Fokus stehen, wenn Erwachsene Kinder (un)mittelbar betreffende Entscheidungen fällen? Wenngleich, zumindest in unserem Kulturkreis, sehr wohl Fortschritte zu verzeichnen sind, so scheinen marktökonomische Beschleunigungs- und Radikalisierungskräfte die zarten Pflänzchen einer sich allmählich durchsetzenden *Sensibilisierung für die Perspektive vom Kinde aus* wieder auszubremsen oder zu überformen (in dem Sinne, dass selbst engagierte Eltern und pädagogische Fachkräfte diesen Kräften auf individueller Ebene immer schwerer etwas entgegenzuhalten vermögen).[60] – Dies mag mit ein erklärender Grund für den vom internationalen Kinder-

---

60 Den Herausgebern ist nicht entgangen, dass trotz oder gerade wegen der skizzierten marktökonomischen Radikalisierung gesellschaftliche »Gegenkräfte« an verschiedenen Stellen mobilisiert werden: sei es auf Basis eines privaten Ehrenamts oder eigens gegründeter Vereine, seien es diverse Stiftungsinitiativen, die sich tatkräftig für die Belange von Kindern und Eltern engagieren. Der öffentliche Diskurs um die Bedürfnisse von Kindern scheint sich dabei zwischen zwei extremen Polen zu bewegen: auf der einen Seite einer idealisierenden Überhöhung und Emotionalisierung des Kindes, auf der anderen Seite einer in vielen gesellschaftlichen Bereichen festzustellenden Marginalisierung und regelrechten Kind-Vergessenheit.

hilfswerk UNICEF[61] vorgelegten Befund sein, dass deutsche Kinder
eine erschreckende (und international einzigartige) Diskrepanz aufweisen: Während sie im Bereich objektiver Indikatoren des Wohlbefindens mit dem 6. Platz in der Spitzengruppe aller Länder liegen,
stürzen sie in der subjektiven Selbsteinschätzung auf den 22. Platz
ab (Bertram, 2013, S. 14)!

Margrit Erni (1921–2010): Ein weit geöffneter Blick des Kindes auf Vater und Mutter

Kurz zurück zu Korczak: Sein Name ist untrennbar mit Anliegen
der Kinderrechte verbunden. Er trat aber ebenso konsequent für
eine bestimmte Art des Forschens und Theoretisierens ein. Blutleere
Systematik, alles zu starren Schablonen Gestanzte hielt er für wert-
los, einer dem Wesen von Kindern angemessenen Praxis abträglich.
Er befürwortete ein stets neues Hinschauen, Hinhören, Hinfühlen,
ein aus dem Kontakt mit jedem Kind und jeder Kindergruppe sich
ergebendes Weiterlernen, Thesenüberprüfen. Diese Haltung hat ihn
zu den von ihm vielerorts mündlich wie schriftlich dargelegten, (in
Polen und Palästina schon zu Lebzeiten) viel beachteten, von ihm
stets als vorläufig betrachteten Ausführungen veranlasst.

   In ähnlicher Offenheit, gleichzeitig mit ähnlich ausgeprägter
innerer Motiviertheit scheint sich Margrit Erni (1965) an ihr For-
schungsvorhaben gemacht zu haben. »Erfahrungen in der Eltern-
schulung« einerseits, aus »jahrelangen Kontakt[en] mit Jugendlichen« andererseits (S. 9) ließen sie die auch in der Schweiz der
1960er Jahre breit geführte Diskussion um eine »Vaterkrise« aufgreifen, fast ausschließlich als ein Versagen der Männer in ihrer väterlichen Funktion und dessen negative Konsequenzen aufseiten der
Heranwachsenden charakterisiert. Sie wollte der Oberflächlichkeit

---

61 Mit der *Report Card 11* hat UNICEF erneut eine Vergleichsstudie zum Wohl-
    befinden von Kindern in 29 der weltweit am höchsten entwickelten Volks-
    wirtschaften vorgelegt, in der zur Erfassung des Wohlbefindens neben ob-
    jektiven Indikatoren Kinder ab 11 Jahren um eine persönliche Einschätzung
    ihrer Lebenssituation gebeten wurden (überblicksartig: Adamson, 2013a).

ungeprüfter Thesen Fundierteres entgegensetzen.[62] Sie wurde damit –
das sei anlässlich des *fünfzigjährigen Jubiläums ihrer Publikation* hervorgehoben – zur *ersten im deutschen Sprachraum zur Väter-Thematik empirisch Forschenden.*

Selbstverständlich hat unser Interesse an Ernis Arbeit unmittelbar mit dem per Titel angekündigten Inhalt zu tun: »Das Vaterbild
der Tochter«[63]; hat aber auch mit dem Zeitpunkt ihrer Entstehung
zu tun: einem Zeitpunkt, zu dem es in für Ernis Fragestellung ein-
schlägigsten Disziplinen weitgehend an klaren Forschungsdirektiven
fehlte. Insbesondere waren die inzwischen recht zahlreich vorliegenden Vorschläge einer regelgeleiteten interpretativen Auseinandersetzung mit vorliegendem (Interview-)Material noch nicht verfügbar
(Mey u. Mruck, 2007).

---

62 Keinen Bezug stellt Erni zwischen ihren Überlegungen und jenen her, die
    Mitscherlich (1953, 1963) hinsichtlich des »unsichtbaren Vaters« und eines
    »Wegs in die vaterlose Gesellschaft« anstellte. Hatte Mitscherlich einen »so-
    ziologischen« Blick auf die »ganze« Gesellschaft, so ging es Erni in erster Li-
    nie um die Entwicklung von Jugendlichen betreffende Aussagen, die auch
    konkrete pädagogische Schlussfolgerungen nahelegen, das heißt unter be-
    stimmten Umständen Anlass zu Prävention oder Intervention geben. Zudem
    bewegten sich Erni und Mitscherlich in jenen Jahren in deutlich zu unter-
    scheidenden Gesellschaften: Mitscherlich in einer, in der »Kriegskinder« und
    Kriegswaisen bereit sein sollten, Verantwortung für das Gemeinwesen zu
    übernehmen, Erni in einer von negativen psychischen Kriegsfolgen relativ
    verschonten Gesellschaft, auf die bezogen sich ihr Schweizer Kollege Land-
    olf (1968) gegen eine »kulturpessimistische Position« (S. 210) wehrte, da er
    beobachten zu können glaubte, »dass nicht eitel Vaterlosigkeit herrscht, son-
    dern im Gegenteil eine neue Väterlichkeit im Entstehen begriffen ist« (S. 11;
    siehe Walter, 2002, S. 19 ff.). – Hätte sich Erni mit ihrem Interesse direkt an
    die sich häufig an den Pranger gestellt fühlenden Väter gewandt, wäre sie
    damit vermutlich wiederholt an der Wand defensiver Rechtfertigungen ab-
    geprallt.

63 Wählte Erni für die Publikation ihres Forschungsberichts auch den Kurztitel
    »Das Vaterbild der Tochter«, so bezog sie ebenso das *Vaterbild des Sohnes* wie
    auch den *Blick auf die Mutter* – vor allem in Gegenüberstellung zu jenem auf
    den Vater – in ihr empirisches Vorgehen, in ihre Auswertungsschritte und
    Ausführungen mit ein.

Mit vier Fragenkomplexen,[64] drei thematisch eng ausgerichteten Fragen und drei Anregungen, spontan Substantive, Verben
bzw. Adjektive zu »Vater« zu assoziieren, wandte sich Erni an 1217
weibliche und 252 männliche Jugendliche zwischen dem 14. und
21. Lebensjahr. Dies, nachdem sie in ihren vorklärenden Literatur-
recherchen weit ausholte, sich auch in der Psychologie und der Pädagogik benachbarten Sozialwissenschaften sowie der Philosophie und
der Theologie sehr breit rund um die Väter-Thematik orientierte.
Wobei sie auch die Meinung vertrat, dass ihre Analyse ohne den
Einbezug tiefenpsychologischer Betrachtungsweisen ungenügend
bliebe.[65] Ihre Kenntnisse einschlägiger Autoren und der von diesen
vertretenen Positionen sind beeindruckend.

Die Untersuchung wurde in 84 Schulklassen durchgeführt. Schon
hier wie in den weiteren Ausführungen begegnet der Leser einer
von Respekt und Wertschätzung den Interviewee gegenüber getragenen Haltung, etwa in Form der »*Betonung der vollen Freiheit,* die
Mitarbeit aufzunehmen oder abzulehnen, sei es ganz oder teilweise«
(S. 51). Das Ziel der Untersuchung wurde wie folgt beschrieben: »Es
geht darum, den Vätern von heute zu zeigen, was die Jugend von
ihnen erwartet. Diese Frage kann uns nur die Jugend selbst beant-
worten.« Die Jugendlichen wurden eingeladen, auf von der Untersuchungsleiterin sukzessiv mündlich vorgetragene Fragen(komplexe)
einzugehen (S. 52). – Wir sehen hier ein methodisches Vorgehen
realisiert, das den Blick des Kindes themenbezogen weit öffnet, der
Perspektive »vom Kinde aus« möglichst unbegrenzten Raum gibt.

Mag die Formulierung eines Fragenkomplexes im ersten Moment
befremden, so hilft die von der Autorin gegebene Erläuterung wei-

---

64 Heute würden wir hier von einem »erzählgenerierenden Stimulus« im Sinne
   des Schütze'schen »Narrativen Interviews« (Hermanns, 1991) sprechen, über
   den dem Interviewten Gelegenheit gegeben wird, im vorgegebenen Rahmen
   über selbst Gewähltes zu erzählen.
65 Vermutlich war es auch diese Überzeugung, die sie zur Erweiterung des Me-
   thodenspektrums in Form spontaner Assoziationsreihen führte.

ter – hier zu Fragenkomplex 5[66] unter der Überschrift »Die Liebe des Vaters zu Kind und Gattin«[67]:

»Die Frage nach der Liebe ist die zentrale Frage, die sich im Grunde jeder personalen Beziehung stellt. Da sie ans Schönste und Tiefste im Menschen rührt, muß sie mit der entsprechenden Behutsamkeit gestellt werden. – Wir wählten daher einen indirekten Weg: Die Frage nach der Liebe des Vaters wurde eingehüllt in die allgemeinere, aber umso lebensnahere Frage nach tiefen Erlebnissen mit dem Vater. – Diese sehr heikle Frage [...] wurde jeweils eingeleitet durch einen besonderen Hinweis [der Untersuchungsleiterin; J. H./H. W.] auf ihren Intimitätscharakter und die verständlicherweise daraus sich ergebenden Hemmungen. – Entgegen aller Erwartung wurde die Frage von 1187 Probandinnen, d. h. von 97 % beantwortet« (S. 163).

Danach erfahren wir: Von positiven Erlebnissen berichten 77 % der Jugendlichen, von negativen 23 %. Erni differenziert weiter: zwischen »Allgemeinurteilen« (z. B.: »Besondere Erlebnisse gäbe es in Mengen. Mir ist aber eines wichtig: Ich brauche an seiner Liebe gar *nichts zu zweifeln*«, S. 165, Herv. i. O.) und »konkreten Detailantworten« (z. B.: »Als ich einmal Mami furchtbar angelogen hatte, half er mir, den Weg wieder *zu ihr* zu finden«, S. 169, Herv. i. O.). Und sie

---

66 »Hattest du je schon ein tieferes Erlebnis mit deinem Vater? Wurde dir bei irgendeiner Gelegenheit die Liebe deines Vaters besonders bewußt? Bei welcher? Oder hattest du auch schon eine Enttäuschung an deinem Vater?« (S. 325).

67 Zu dem Grund, weshalb in der Überschrift dieses Abschnitts auch die »Gattin« auftaucht: Etwa 20 % der Jugendlichen brachten – ohne dazu aufgefordert zu sein – in ihren Detailantworten Beispiele dafür, dass »Gattenliebe die Garantie der Kinderliebe« sei (S. 169 f.). Erni eröffnet den Abschnitt mit der Aussage: »Schon bei der Betrachtung des Vaterbildes [1. Fragenkomplex; J. H./H. W.] [...] ist neben dem Vater auch die Mutter erschienen. Es liegt im Charakter der Vaterbeziehung, dass sie sich nicht nur im Verhältnis Vater-Kind erschöpft, sondern sich durch die Partnerschaft zur Mutter in einer *Dreiheit* darstellt« (S. 163). – Hier verweist die Autorin bereits auf einen Sachverhalt, der erst Jahrzehnte später in seiner Bedeutsamkeit breiter zur Kenntnis genommen wurde (Walter, 2008, S. 27 ff.; Hierdeis u. Walter, 2013, S. 10 ff.), im ersten Abschnitt dieses Beitrags kurz tangiert wird.

differenziert weiter nach drei Alterskohorten (13- bis 15-Jährige, 16-
bis 17-Jährige, 18- bis 20-Jährige), und kommt darüber auch dort zu
interessanten Ergebnissen, wo sie *Unerwartetes* aufgreift, beispielsweise auf eine recht ungleiche Verteilung derjenigen Interviewee, die
spontan erklärten, »noch nie eine Enttäuschung am Vater erlebt zu
haben« (S. 164). Bei den Jüngsten waren es 30 %, bei der mittleren
und der ältesten Gruppe nur 14 % und 11 %.

Erni gibt wiederholt zu verstehen, dass sie zu derlei Zahlen nicht
auf direktem Wege, sondern nur über interpretative Zwischen-
schritte gekommen ist. Dies wird in einer Bemerkung wie der folgenden – allemal vorsichtig formuliert – besonders deutlich: »Alle
diese Akzentuierungen sind bloß als mögliche Interpretationen zu
verstehen, die sich auch auf die Gesamtschau aus allen andern Äußerungen [einer Interviewpartnerin; J. H./H. W.] stützen« (S. 174). Hilfreich erweisen sich im Rahmen ihrer Interpretationen auch immer
wieder die von den Interviewee erbetenen spontanen Assoziationen
zu »Vater«: »Positive Assoziationen bei einem negativen Erlebnisbild
des Vaters deuten wir als *kompensatorische Idealvorstellung,* die sich
als Wunsch aufdrängt« (S. 173, Herv. i. O.).[68]

Insgesamt erfolgte die auf 250 Seiten berichtete Auswertung
nach drei übergeordneten Gesichtspunkten: dem »Erlebnisbild:
Wie wird der Vater erlebt?«, dem »Idealbild: Wie sollte der Vater
sein?« und dem »Leitbild: Wie wirkt sich der Vater aus?« (S. 41) –
Zum letzten: »Wie tief und nachhaltig der Einfluss (des) Leitbil-
des sei und in welchen Problemkreisen er besonders zum Ausdruck komme, wird Aufgabe unserer letzten Untersuchung sein.
Uns interessiert es besonders, ob sich vom Vaterbild aus *Leitlinien*
für die *Persönlichkeitsentfaltung,* die *Berufs-* und *Gattenwahl* [...]
abzeichnen« (S. 42).

---

68 »Die wertvollsten Dienste leisteten [...] die *Assoziationsketten,* weil die Tiefe
     oder Oberflächlichkeit des Erlebens und des Erlebnisses in ihnen am besten
     zum Ausdruck kam und am wenigsten von Intelligenz und altersmäßig be-
     dingter Sprachgewandtheit abhängig zu sein scheint« (S. 55).

Versucht man sich eine Vorstellung von dem Aufwand[69] zu machen, dieses Programm anhand der Aussagen von 1469 Jugendlichen zu realisieren, führt man sich ferner die Arbeitsmittel vor Augen, die heute für ein derartiges Forschungsprojekt zur Verfügung stehen, Erni aber nicht zur Verfügung standen, so resultiert daraus Respekt und Bewunderung für den langen Atem dieser Forscherin.[70]

Unsere positive Einschätzung von Ernis »Gesamtschau« – sie nennt es so – vom »Vaterbild der Tochter« drücken wir so aus: Wir können uns auch 50 Jahre nach deren Publikation so manchen Vater einer Tochter vorstellen, die auf ihre Pubertät zugeht oder in ihr unterwegs ist, dem Erni dabei helfen kann, sich ein »verstehendes« Bild von der inneren Verfasstheit seines Kindes zu machen. – Bedauernd stellen wir fest, dass es nach dem Erscheinen der Monografie unseres Wissens nicht zu jenen Echos gekommen ist, die sie

---

69 Dieser große Aufwand hinderte Erni nicht daran, an geeigneter Stelle auch auf die psychische Not ihrer Interviewee hinzuweisen – auch mit Vorschlägen zu deren Minderung. Zum Beispiel: »Es scheint, dass sich Eltern verschiedentlich nicht Rechenschaft geben, dass der Jugendliche aus dem Kreis der Familie hinauswachsen *muss.* [...] Der Egoismus in dieser besitzen wollenden Liebe kommt den Eltern wohl selten zum Bewusstsein« (S. 109). Oder: »Man muss sich hier dringend die Frage stellen, ob es richtig sei, die *Aufklärung hinsichtlich der geschlechtlichen Rolle des Vaters* bis zur Pubertät zu verschieben [...]. Wäre die Latenzzeit vorher nicht geeigneter, ruhig dieses Wissen aufzunehmen und zu verarbeiten? Dann, wenn das Kind normalerweise noch nicht mit dem Einbruch der eigenen Geschlechtlichkeit zu ringen hat« (S. 119). Schon bevor durch den zweiten Fragenkomplex auch die Mutter unmittelbar ins Gespräch gebracht wird, wird ihr mögliches Gatekeeping angesprochen: »Der Vorrang in der Beziehung zum Kleinkind verpflichtet die Mutter, zum Vater hin *Vermittlerin* zu sein. [...] Sie kann die Mittlerrolle [...] auch ablehnen und das Kind nur für sich erziehen« (S. 75).

70 Das volle Ausmaß des Aufwands lässt erst dieser Hinweis erkennen: »Es ließen sich Kategorien feststellen, die [...] nur bei der 1. Altersgruppe sich zeigten und dann zurücktraten; demgegenüber zeichneten sich auch Tendenzen ab, die sich erst in den beiden oberen Alternsgruppen klar manifestierten. So sahen wir uns mehr als einmal veranlasst, unter einem neuen Gesichtspunkt nachträglich noch einmal das ganze Material durchzuarbeiten« (S. 55).

unseres Erachtens unter anderen Voraussetzungen hätte auslösen können:[71]

- Sie hätte den Blick öffnen können für Alternativen zur nahezu ausschließlichen Dominanz quantitativer Forschungsmethoden in den Sozialwissenschaften – insbesondere in der Psychologie – jener Jahre.
- Auch der Nachweis, dass man zur komplexen Thematik »Väter« sehr wohl überzeugende empirische Forschung realisieren kann, kam offensichtlich zu früh. So früh, dass sie sogar im ersten Überblick über deutschsprachige Väterforschung unerwähnt blieb (Nickel u. Köcher, 1987).
- Inwieweit die von Erni gegebenen Impulse zur systematischen Erforschung des kindlichen Blicks auf Vater und Mutter auch nach 50 Jahren immer noch wegweisend sein können, mögen die Leserinnen und Leser nach der Lektüre des vorliegenden Bandes selbst entscheiden.

Mit Daniel Stern (1934–2012) nach vorne schauen

Noch einmal Korczak: 1913 veröffentlichte er »Bobo« (SW, Bd. 3, S. 7–25). Es ist der Versuch, das Erleben eines Neugeborenen in seinem ersten Lebensjahr in Worte zu fassen. Fast 80 Jahre später stellte ein weiterer Autor solch ein kühnes Unterfangen vor: Daniel Stern (1990/2014) lieh dem Säugling »Joey« seine Erwachsenensprache, damit dieser sein bis in das vierte Lebensjahr reichende »Tagebuch eines Babys« schreiben konnte.[72] Auf diese Weise lässt uns der Autor in fünf »Welten« schauen, aus denen Joey jeweils mehrere erlebte Episoden und die in ihnen gemachten Erfahrungen berichtet: »Die Welt der Gefühle«, »Die Welt der direkten Kontakte«, »Die Welt der Gedanken«, »Die Welt der Wörter« und »Die Welt der Geschichten«. Bis Joey schließlich auch in die letzten beiden findet, ist es ein langer Weg.

---

71 Margrit Erni (1921–2010) war nach 1965 noch mehrfach erfolgreiche Buchautorin. Von 1968 bis 1984 unterrichtete sie als Dozentin und Professorin das Fach Psychologie. Zudem nahm sie als geschätzte Vortragende Einfluss auf verschiedene psychosoziale Tätigkeitsfelder der Schweiz.

72 Seine kreative Schreibweise bescherte Stern ein großes Publikum: Die deutsche Taschenbuchausgabe erreichte im Oktober 2014 die 23. Auflage.

Stern konnte beim Komponieren des Tagebuchs – anders als Korczak – auf eine Fülle von Forschungsbefunden zurückgreifen. Selbst legte er, nachdem er »einige Jahre sowohl als Psychoanalytiker wie auch als Entwicklungspsychologe« gearbeitet hatte, 1985 mit der Monografie »The Interpersonal World of the Infant« eine beeindruckende Bestandsaufnahme von einschlägigen Befunden und Theorieansätzen vor (Stern, 1985/2010, S. 15)[73]. Ihr Ziel waren möglichst detaillierte Vorstellungen über die Entfaltung des »Selbst« und der »Wirklichkeit« des Säuglings. Sterns besondere Leistung bestand in einem Zusammenbringen des »beobachteten« und des »klinisch rekonstruierten« Säuglings:

»Gegenüber dem von der Entwicklungspsychologie beobachteten Säugling[74] ist ›ein anderer Säugling‹ in der klinischen Praxis [...] von den psychoanalytischen Theorien rekonstruiert worden.[75] [...] Wenn wir [...] die Entwicklung des frühkindlichen Selbstempfindens erkunden wollen, können wir auf keinen dieser beiden Ansätze verzichten. Der

---

73 Das Werk erschien 1985 in den USA, lag erst 1992 in deutscher Übersetzung vor. Im Jahr 2000 war es in 15 Sprachen übersetzt. Ebenfalls in diesem Jahr ergänzte es der Autor um eine »Neue Einleitung«, die ab der neunten deutschsprachigen Auflage (2007) dort mitenthalten ist. Wir zitieren aus der zehnten Auflage (2010). Der Autor geht in der »Neuen Einleitung« auf kritische Einwände ein, stellt eine eigene »Kritische Neubetrachtung ausgewählter Aspekte« an, führt eine weiterführende Diskussion ausgewählter Kapitel und spricht die für ihn besonders richtungsweisenden Themen an.

74 Stern bezieht sich mit dieser Aussage auf die zahlreichen Ergebnisse aus Beobachtungsstudien mit Säuglingen, die ab den 1970er Jahren dank einer entwickelten Videotechnik möglich wurden. Gemäß dem »wissenschaftlichen Ehrenkodex« jener Jahre blieb deren Befunddarstellung jedoch im »rein Deskriptiven«.

75 Mit dieser Aussage ist das Aposteriori-Vorgehen im Rahmen psychoanalytischer Theoriebildung angesprochen: Aus »Erinnerungen, Reinszenierungen in der aktuellen Übertragungssituation und Deutungen« in der Begegnung Therapeut – Patient wird der »rekonstruierte Säugling«, der »Patienten-Säugling«, wiedererschaffen (Stern, 2010, S. 30). – Unter den um 1980 existierenden psychoanalytischen Richtungen fand unter anderem jene Sterns besonderes Interesse, die die »central position of empathy in psychoanalysis« betonte (Ornstein, 1979; Kohut, 1979), die so auch den erwachsenen Zugang zur »Kindsperspektive« erleichtern sollte.

klinisch rekonstruierte Säugling haucht dem beobachteten subjektives Leben ein« (S. 29 f.).

Eingangs stellt er die ihn zentral beschäftigenden Fragen: »Wie erlebt der Säugling das ›Zusammensein‹ mit einem anderen Menschen?[76] Wie wird dieses Zusammensein in Erinnerung behalten, vergessen oder psychisch repräsentiert? Wie könnte im Fortgang der Entwicklung die ›Bezogenheit auf andere‹ erlebt werden? Kurz, welcher Art interpersonaler Welt oder Welten erschafft das Kind?« (S. 15).

Seine Antworten bündelt Stern in einem je eigenen »Empfinden« eines »Selbst«. Einem »Empfinden des auftauchenden Selbst« (ab Geburt) lässt er ein »Empfinden eines Kern-Selbst« (2.–6. Lebensmonat) folgen, diesem ein »Empfinden eines subjektiven Selbst« (7.–9. Lm.), diesem ein »Empfinden eines verbalen Selbst« (15.–18. Lm.). Es handelt sich um eine qualitativ jeweils andere *eigene Subjekthaftigkeit* und *Subjekthaftigkeit des Anderen*. Diesen Verfasstheiten für ein rasches Verständnis jeweils beschreibend Konturen zu geben, scheint uns hier nicht einlösbar; zumal die ersten drei genannten ja »außerhalb der Bewusstheit [bleiben] und nicht verbalisiert [werden]« (S. 48).

Hier zunächst so viel: Jedes hinzukommende »Empfinden« stellt sich nach Stern – von Kind zu Kind variierend – in den oben aufgeführten Lebensmonaten ein. Dies jeweils aufgrund weiterer Fähigkeiten, die das Kind in seinem Entwicklungsfortgang hinzugewinnt, die aber keineswegs nur mit Reifungsschritten erklärbar sind. Dem Ursprung dieser Fähigkeiten widmet Stern weit ausholende Überlegungen. Eine »alte« Art des Selbstempfindens wird durch eine neu hinzukommende keineswegs vollständig ersetzt.[77] Im »Selbstempfinden, wie es sich in interpersonalen Begegnungen äußert«, sieht Stern ein »Hin und Zurück zwischen den Erfahrungsweisen in [...] den verschiedenen Selbstempfindungen« gegeben (S. 52).[78] Wobei

---

76 Das »Zusammensein« setzt Stern in Anführungszeichen, weil er sich die Frage stellt, ob es von Anfang an überhaupt ein »Selbst« und einen »Anderen« gibt.

77 So etwa »bleibt die Kern-Bezogenheit erhalten. [...] Sie bildet das basale Urgestein der interpersonalen Beziehungen« (S. 180).

78 So sieht Stern denn auch in der seit 2000 von ihm vertretenen Theorieversion die ersten drei »Empfindungen« sich synchron entfalten (Stern, 2010, S. XX, Abb. 2.2).

Affekte »in der frühen Kindheit sowohl das primäre *Medium* als auch das primäre *Thema* der Kommunikation darstellen« (S. 190). Deren vielseitige Ausdrucksmöglichkeiten sind Mimik, Gestik, Körperhaltung und verschiedenste nicht-verbale akustische Äußerungsformen.

»Erst wenn Säuglinge wahrnehmen können, dass andere Personen sich in einem inneren Zustand befinden [...], der demjenigen ähnlich ist, den sie gerade in sich selbst wahrnehmen, wird ein gemeinsames subjektives Erleben, wird Intersubjektivität möglich« (S. 179). Mit 15 bis 18 Monaten taucht dann ein sprachliches Empfinden des Selbst und des Anderen auf:

»Dem Zusammensein mit dem Anderen erschließt sich eine Vielzahl neuer Möglichkeiten. Auf den ersten Blick scheint die Sprache für die Erweiterung des interpersonalen Erlebens von uneingeschränktem Vorteil zu sein. [...] Tatsächlich aber ist die Sprache ein zweischneidiges Schwert. [...] Sie treibt einen Keil zwischen zwei simultane Formen interpersonalen Erlebens: die Form, wie Interpersonalität gelebt, und die Form, wie sie verbal dargestellt wird« (S. 231).

Mit anderen Worten: »Die Sprache erzwingt einen Zwischenraum, der die gelebte interpersonale Erfahrung und die sprachlich repräsentierte voneinander trennt« (S. 258). »In der Regel ist die nonverbale Botschaft diejenige, die eigentlich gemeint ist, die verbale hingegen die ›protokollarische‹« (S. 255).[79]

Diesem »zweischneidigen Schwert« sollte in Zukunft von allen Aufmerksamkeit geschenkt werden, denen die »Perspektive vom Kinde aus« ein Anliegen ist – Forscher ebenso wie alltäglich mit

---

79 Largo (2010) verleiht diesem bedeutenden Sachverhalt mit folgenden Worten Nachdruck: »Zwischenmenschliche Beziehungen werden weniger mit Worten als mit den Mitteln der nonverbalen Kommunikation hergestellt. [...] Die ganze Palette unserer Gefühle, wie Freude, Trauer, Misstrauen, Erstaunen und Furcht, bringen wir mit der Mimik zum Ausdruck. [...] Wenn wir reden, ist für unser Gegenüber oft weniger der Inhalt der Mitteilung von Bedeutung als vielmehr die Art und Weise, wie wir sprechen. [...] Decken sich der Inhalt des Gesagten und der Ausdruck der Stimme nicht, erscheint uns zumeist die Art und Weise des Sprechens glaubwürdiger als der Inhalt« (S. 35 ff.).

Kindern im Austausch Stehende. Und zwar nicht nur, wenn die Kinder den eben geschilderten Übergang passieren. Denn der nonverbale Ausdruck, die »Körpersprache bleibt [...] während der ganzen Kindheit und selbst im Erwachsenenalter von Bedeutung« (Largo, 2010, S. 35). Neue Untersuchungsarrangements eröffnen hier neue Forschungsmöglichkeiten: In den letzten Jahren sind neuartige interpretative Verfahren entwickelt worden, die die systematische Analyse von simultan verbal und nonverbal Kommuniziertem erlauben (Bohnsack, 2011; Tuma, Schnettler u. Knoblauch, 2013).

Die technischen Voraussetzungen hierfür, die zunehmend verfeinerte Videographie, standen bereits ab den 1970er Jahren zur Verfügung; lösten jenen Boom der erst dadurch möglich gewordenen Säuglingsforschung aus, die – gepaart mit seinem psychoanalytischen Hintergrund und Dank seiner Kreativität – Stern entscheidende Zugangswege zur Lebenserfahrung des Säuglings öffnen ließ. Das für diese Erfahrung elementare Fundament – die Beziehung zu Mutter und Vater – gehört auch nach 1985 zu Sterns zentralen Forschungsinteressen (Stern, 1995; Stern u. Bruschweiler-Stern, 1998). Und er fokussierte ihm zentral wichtig Scheinendes (Stern, 2004): Was sind die entscheidenden Momente und Qualitäten der Begegnung zwischen zwei Menschen? Auch dort ist es wieder ein technologischer Fortschritt, der seine Erkenntnismöglichkeiten deutlich erweitert hat: Ab der »Dekade des Gehirns« kann er auf Informationen zurückgreifen, die mithilfe von Hirnscans und bildgebenden Verfahren gewonnen wurden (Rass, 2012; Schore, 2007).

Einen anderen »technologischen Fortschritt« scheinen inzwischen so manche Eltern zu schätzen: Apps, die ihnen mitteilen, ob ihr Kind sich bezüglich unterschiedlichster »Messlatten« altersgerecht entwickelt, die ihr Baby – neuester Fortschritt: in Echtzeit (!) – mit anderen Kindern in der Datenbank vergleichen können (Hänssler, 2015).[80] Solches elterliche Handeln, das ein Kind zum *Objekt* macht, steht in krassem Widerspruch zu Einsichten, wie sie Janusz Korczak, Margrit Erni und Daniel Stern durch beharrliches Forschen gewonnen

---

80 Das löst assoziative Bezüge zu den komplizierten Diagnoseapparaturen für in Serien produzierte Autos aus; auch zu manchem Werbeslogan ihrer Hersteller: »Das Beste oder nichts.«

haben. Deren eine zentrale der Kinderarzt Remo Largo (2013) in dem von Reinhard Kahl mit ihm geführten Interview »Der Vorteil, verschieden zu sein« sehr deutlich zum Ausdruck bringt (S. 77–106). Es ist ein Vorteil, den auch der Neurobiologe Gerald Hüther (2015) sieht – für jedes Mitglied einer menschlichen Gemeinschaft, ebenso für diese gesamthaft; dies, wenn »deren Mitglieder einander als autonom denkende Subjekte begegnen« (S. 184).

»Jedes Kind hat bereits vorgeburtlich hochkomplexe Beziehungsmuster in seinem Gehirn herausgebildet und stabilisiert, die bei keinem anderen Neugeborenen entstanden sind. Deshalb kommt jedes Kind mit ganz besonderen Fähigkeiten, Talenten und Begabungen, Vorlieben und Erwartungen, Bedürfnissen und Interessen zur Welt« (S. 116). »Manches aber haben alle Kinder in ähnlicher Weise erlebt und in ihrem sich entwickelnden Gehirn in Form ähnlicher Beziehungsmuster verankert. Alle machen sich irgendwie bemerkbar, wenn es ihnen nicht gut geht, wenn sie Hunger haben, wenn sie frieren oder müde sind. Alle suchen nach Schutz und Geborgenheit. Alle wollen in ihrer Einzigartigkeit beachtet, gesehen werden und alle haben diese unglaubliche Freude am eigenen Entdecken und Gestalten« (S. 117).[81]

Aber »sogar eineiige Zwillinge sind niemals völlig gleich, haben eigene Vorlieben und Bedürfnisse, besondere Talente und Begabungen, subjektive Erwartungen und deshalb auch einen jeweils eigenen Blick auf ihre nur von außen betrachtet identisch erscheinende Lebenswelt« (S. 113).

Der *jeweils eigene Blick* eines Kindes auf seine Lebenswelt, seine soziale Lebenswelt, seine Mutter und seinen Vater, wird in Zukunft der *Ausgangspunkt* der Erforschung der »Perspektive vom Kinde aus« sein müssen. Was keineswegs ausschließt, dass man in bestimmten Kindergruppen Gemeinsamkeiten dieses Blicks entdeckt.

---

81 Eine Freude, die mit einem sehr aktiven »Sich-ins-Zeug-Legen« gepaart ist, wie es Stern (2010) – einen noch nicht zwei Monate alten Säugling vor Augen – anschaulich so beschreibt: Er »macht sich eifrig daran, verschiedenartige Erfahrungen zueinander in Beziehung zu setzen. Seine sozialen Fähigkeiten arbeiten mit kraftvoller Zielstrebigkeit auf die Sicherung sozialer Interaktionen hin« (S. 49).

Zum Aufbau des Bandes

Die Vielfalt möglicher Zugänge zum im vorliegenden Band verhandelten Thema schlägt sich auch in den aufgenommenen Beiträgen nieder.

Unmittelbar aus der Praxis und für die Praxis kommen drei Beiträge, deren Verfasser die Intention verfolgen, auf die Veränderbarkeit von Alltagssituationen zu verweisen.

Den Anfang macht *Birgit Langebartels,* Mitarbeiterin am Kölner »rheingold institut für Kultur-, Markt- und Medienforschung«. Ins Detail gehende, dem Gesprächsgegenüber viel Raum gebende Tiefeninterviews sind die von »rheingold« bevorzugte Herangehensweise an komplexe gesellschaftliche Phänomene. Der vorliegende Beitrag basiert auf Interviews, die die Autorin mit Kindern und deren Eltern geführt hat. Die Ergebnisse der Untersuchung verweisen auf Zusammenhänge, die in anderen Darstellungen trotz vergleichbarer Intention keine Erwähnung finden. Dies war nach deren spätem Entdecken der Grund für uns, die Autorin noch um eine Skizze der Methode und der damit aufgespürten Befunde zu bitten.

Mark Riklin berichtet von einer innovativen Methode im Bereich der Väterbildungsarbeit: der Generierung von »Vätergeschichten«. Über diesen narrativen Ansatz gelingt es, in einem kreativ inszenierten Setting Angesprochene zu spontanen, erinnerungsbasierten Erzählungen über den eigenen Vater zu veranlassen. Die berührenden, lebendigen wie erfahrungsgesättigten Vätergeschichten heben vor allem die positiv erlebten Seiten von Väterlichkeit ans Tageslicht. *Andreas Borter* verdeutlicht den Stellenwert dieses Ansatzes im Bereich der Väterarbeit und ordnet ihn in den gegenwärtigen Gleichstellungsdiskurs ein.

Julia Scholl präsentiert zentrale Ergebnisse ihrer Bachelor-Arbeit, für die sie im Jahr 2012 an der Katholischen Hochschule Nordrhein-Westfalen prämiert wurde. Über leitfadenbasierte Interviews und Kinderzeichnungen nähert sich die Autorin der Frage an, was sich Kindergarten- und Grundschulkinder von ihren Vätern wünschen und welche Vorstellungen sie von ihren Vätern haben. Neben empirischen Befunden zur zentralen Bedeutung der Vaterbeziehung aus Kindersicht formuliert Julia Scholl Schlussfolgerungen für die väter-

bezogene Arbeit in Bildungseinrichtungen. Aufgrund seiner for-
schungs- wie praxisorientierten Ausrichtung steht ihr Beitrag an der
»Nahtstelle« zu der folgenden Gruppe von Aufsätzen.

Wie unterschiedlich wissenschaftlich-methodische Zugänge zur
Erschließung der kindlichen Perspektive ausfallen können, zeigen
die fünf im Block *Forschungszugänge* gruppierten Beiträge. Das bei-
tragsübergreifende methodische Repertoire umfasst qualitativ-offene
Untersuchungen, videobasierte Kinderbeobachtungen in Verbindung mit einem projektiven Testverfahren sowie eine vorstruktu-
rierte multiperspektivische Erhebung. Darüber hinaus wird der
nonverbalen Ausdrucksform von Kinderzeichnungen besonderes
Augenmerk geschenkt.

Johannes Huber und Bernd Traxl greifen in ihrem Beitrag das
gestiegene gesellschaftliche Bewusstsein für den erzieherischen
Einfluss von Männern/Vätern auf Kinder auf. Mit einer in Österreich durchgeführten Pilotstudie gehen sie der Frage nach, welche
Bedeutung männlichen Fachkräften im Kindergarten aus Kindersicht zukommt und inwieweit es mögliche »Verbindungslinien«
zwischen persönlichen Vatererfahrungen und der Art und Weise
kindlicher Kontaktgestaltung mit männlichen Pädagogen (»public
fathers«) gibt. Das methodische Repertoire der Studie umfasst einerseits videobasierte Direktbeobachtungen von Kindern, andererseits
projektive Testverfahren zur Erschließung der »kindlichen Innen-
welten«. Die Resultate lassen erkennen, welch große Relevanz insbesondere für Jungen die Beziehung zu männlichen Erziehern haben
kann, nicht zuletzt vor dem Hintergrund des alltäglichen Kontakt-
mangels mit ihren Vätern.

Diana Baumgartens Beitrag – der einzige soziologischer Prove-
nienz – untersucht im Rahmen der Sekundäranalyse von Daten aus
drei Schweizer Forschungsprojekten, wie Kinder ihre Beziehung
zum Vater wahrnehmen. Für ihre Analysen stand der Autorin ein
breites Spektrum an Aussagen von Söhnen und Töchtern im Alter
zwischen 6 und 21 Jahren zur Verfügung, die über offene Interviews
gewonnen wurden. Die Ergebnisse unterstreichen einerseits die zentrale Bedeutung, die Kinder der im gemeinsamen Alltag erfahrenen
Vaterbeziehung einräumen, zeigen andererseits, wie selbstbewusst
und kritisch Kinder ihre Beziehungen zum Vater entwerfen. Bei

einigen Kindern scheint sich zudem eine »geschlechterdichotome Zuordnung« Bahn zu brechen, in der – selbst bei diesbezüglich gegebener Offenheit des Vaters – die Mutter als die für »Beziehungs- und Gefühlsfragen« Zuständige gilt.

Alba Polo analysiert aus psychoanalytisch-sozialkonstruktivistischer Perspektive das Vatererleben weiblicher Adoleszenter. Mit ihrer Dissertation, deren Resultate sie im vorliegenden Beitrag in komprimierter Form wiedergibt, leistet sie ein Mehrfaches: Sie schließt eine Forschungslücke zur Bedeutung des Vaters für die Identitätsbildung heranwachsender Frauen, verbindet qualitative Forschungszugänge mit genuin psychoanalytischen Konzepten (vor allem dem Konzept der »Übertragung«) und rückt damit letztlich unbewusste Beziehungsdimensionen der Tochter-Vater-Beziehung in den Fokus einer empirischen Untersuchung. Die Ergebnisse zeigen – in Abgrenzung zur Kindheit – das »spezifisch Neue« der Bedeutung des Vaters in der weiblichen Adoleszenz und können der Autorin zufolge das nachweisen, was die Psychoanalyse als zentrale Entwicklungsaufgabe der Adoleszenz konzeptualisiert hat: den »Untergang des Ödipuskomplexes«.

Der Beitrag von *Mathias Graf, Joulios Liacopoulos und Heinz Walter* ist ein Beispiel dafür, wie mit Hilfe eines standardisierten Untersuchungsprozedere ein differenziertes Bild bezüglich des wechselseitig wahrgenommenen Beziehungserlebens von Vater, Mutter und Kind innerhalb einer Familie erfasst werden kann. Dass das SFB-Verfahren trotz seiner Durchführungsökonomie »nur noch wenig eingesetzt wird«, sieht Fritz Mattejat in einer persönlichen Mitteilung vom 26.08.2014 in dessen theoretischem Hintergrund begründet: »Wahrscheinlich weil er doch etwas zu komplex ist. Er passt glaube ich nicht so gut in eine Zeit, wo alles ganz schnell mit knackigem Ergebnis gehen soll.« Zwei interpretativ kombinierte Untersuchungsergebnisse, welche die »emotionale Randposition des Vaters« geradezu als konstitutiv für das Sozialgebilde Familie ausweisen, werden in den zeitgenössischen Diskurs um eine verstärkte emotionale Einbindung der Väter in ihre Familie eingeordnet.

Heike Drexler und Rita Balakrishnan geben in ihrem entwicklungspsychologisch fundierten Beitrag einen Einblick in die Thematisierung von Eltern in den Zeichnungen von Vorschulkindern. Die

Autorinnen plädieren für einen bedachtsamen Umgang bezüglich der Verwendung von Kinderzeichnungen zur Erschliessung kindlicher Bedeutungsstrukturen: Neben profunden Kenntnissen über die Entwicklung der Symbolisierungs- und Zeichenfähigkeit eines Kindes bedarf es weiterer kontextspezifischer Zusatzinformationen (über den Entstehungshintergrund des Bildes, zum kulturellen Hintergrund und zur aktuellen Familiensituation des Kindes, mögliche Auslöser für die Bildentstehung etc.), um zu einem tiefergehenden Verständnis kindlicher Darstellungsabsichten im Allgemeinen und der kindlichen Elternsicht im Speziellen zu kommen.

Vier Psychotherapeuten demonstrieren einen weiteren Zugang zur Erschließung der kindlichen Beziehungswahrnehmung von Vater und Mutter: Anders als sozialwissenschaftlich-empirische Studien (mit ihren häufig nur punktuellen Einmalerhebungen) erlauben im therapeutischen Langzeitprozess gewonnene Erfahrungen einen *tiefgehenden Einblick in die Psychodynamik des Einzelfalls*. Die Autoren sehen sich einem psychoanalytischen Ansatz verpflichtet und implizieren damit ein Plädoyer für einen an der subjektiven kindlichen Innenwelt sich orientierenden und verstehenden Zugang. Das szenische Verstehen der Übertragungs-/Gegenübertragungs-dynamik wird dabei zu einem Schlüssel für die Erschließung (unbewusster) kindlicher Perspektivität, welche die Beziehungsdynamik zu Vater und Mutter – in einem triadisch-ganzheitlichen Verständnis – beinhaltet.

Bernd Traxl beschreibt am Beispiel der psychoanalytischen Behandlung eines zu Therapiebeginn elfjährigen Jungen, wie sehr das Erleben eines Kindes von den elterlichen Biografien beeinflusst wird. Über die Rekonstruktion der traumatischen Vorgeschichte von Mutter und Vater wird anschaulich nachvollziehbar, welch determinierende Kraft stark konflikthafte und vor allem traumatische Erlebnisse generationsübergreifend ausüben können bzw. wie sich diese unweigerlich im psychischen Binnenraum eines kleinen Kindes – gleichsam einem Fremdkörper – »festsetzen«. Anstatt von früh an den »Glanz im Auge der Mutter« zu erleben, verinnerlichen Kinder das Trauma ihrer Eltern und können die damit einhergehenden Spannungen nur noch über symptomatisches Verhalten nach außen abführen.

Arne Burchartz stellt die Behandlung eines zu Therapiebeginn zwölfjährigen Mädchens mit einer schweren Angststörung vor. Entlang einer dichten wie empathischen Beschreibung des Therapieverlaufs gewinnt der Leser einen tiefen Einblick in den – zunächst misslingenden – Aufbau seelischer Beziehungsrepräsentanzen des Kindes im Kontext der »Beziehungsmatrix« von Vater, Mutter und Kind. Der Fall unterstreicht die aus Kindessicht essenzielle Bedeutung der triangulierenden Funktion des Vaters bereits von Geburt an. Unterbleibt diese dauerhaft, kann das Kind in einem Zustand chronifizierter Angst verbleiben und seine Sicht auf Vater und Mutter nicht zu einer altersentsprechenden »ganzheitlichen Objektwahrnehmung« entwickeln.

Beate Kunze schließt mit einem anregenden Kommentar die umfangreiche Behandlungsbeschreibung von Arne Burchartz ab.

Hans Hopf widmet sich in seinem Beitrag Träumen, die Töchter von ihren Vätern haben. Nach einführenden Erläuterungen zum Wesen und zur Funktion von Träumen beschreibt der Autor am Beispiel von drei Fallgeschichten, wie sich über das Traumgeschehen zentrale Entwicklungs- und Beziehungskonflikte mitteilen können. Dabei wird deutlich, wie sehr sich die weibliche psychosexuelle Identität (ebenso wie die männliche) im Beziehungsdreieck von Kind, Vater und Mutter entwickelt. Zugleich sensibilisiert der Autor für einen bedachtsamen Umgang mit Traumberichten: Um Träume von Kindern und Jugendlichen tiefgreifend verstehen zu können, bedarf es umfangreicher Kenntnisse, unter anderem über deren Lebensgeschichte, den Stand ihrer Entwicklung und die hintergründigen familiendynamischen Konflikte.

Den Abschluss des Bandes bilden wieder zwei praxisorientierte Beiträge, welche mehrere bedeutsame Aspekte beleuchten: Zum einen sensibilisieren sie dafür, dass die *Berücksichtigung der Kinderperspektive als eine unverzichtbare präventive Maßnahme* zu begreifen ist, will man den Anspruch, das Kindeswohl zu verfolgen, wirklich in die Tat umsetzen. Zum anderen verdeutlichen sie, dass die Berücksichtigung der Kinderperspektive selbst dann immer noch möglich wie auch nötig ist, wenn dem Kind Vater oder Mutter als Bezugspersonen nicht mehr unmittelbar zur Verfügung stehen.

Matthias Franz illustriert am Beispiel des von ihm entwickelten bindungsorientierten Präventionsprogramms für alleinerziehende Mütter (»wir2«), wie innerhalb dieses Mutter-Kind-Settings die Bearbeitung des Vaterbildes der Mutter für ihre Wahrnehmung kindlicher Bedürfnisse von entscheidender Bedeutung ist. Dabei wird deutlich, dass eine Erschwerung des Kontakts des Kindes zum Vater im Dienste der Abwehr von Trauer und Enttäuschung der Mutter über den eigenen Vater stehen kann. Das bindungsorientierte Präventionsprogramm arbeitet somit innerhalb eines »triadischen Bezugsrahmens«, der stets Kind, Mutter *und* Vater umfasst.

Sabine Brunner führt – ausgehend von Artikel 12 der UN-Kinderrechtskonvention bezüglich des Rechts des Kindes auf freie Meinungsäußerung – in das Instrument der »Kinderanhörung« ein, welches bei gerichtlichen oder behördlichen Verfahren zum Einsatz kommt, um ein Kind geeignet zu informieren sowie seine Meinung und seine Anliegen zu erfassen. Anlass hierfür können unterschiedlichste Fragen im Bereich des Kinderschutzes, bei Trennung und Scheidung der Eltern, bei Verwaltungsverfahren (wie etwa Asylverfahren oder Adoption) und anderes mehr bieten. Die Autorin konzentriert sich vor allem auf praktische Durchführungsaspekte (Vorbereitung und konkreter Umgang mit dem Kind, altersgerechte Gesprächsführung, Wirkung auf Kinder etc.).

Literatur

Adamson, P. (2013a). Report Card 11. In H. Bertram (Hrsg.), Reiche, kluge, glückliche Kinder? Der UNICEF-Bericht zur Lage der Kinder in Deutschland (S. 26–51). Weinheim u. Basel: Beltz Juventa.

Adamson, P. (2013b). Kinderarmut in reichen Ländern – eine Vergleichsstudie. In H. Bertram (Hrsg.), Reiche, kluge, glückliche Kinder? Der UNICEF-Bericht zur Lage der Kinder in Deutschland (S. 52–64). Weinheim u. Basel: Beltz Juventa.

Aktionsbündnis Kinderrechte (2012). Kinderrechte ins Grundgesetz. Formulierungsvorschlag des Aktionsbündnisses Kinderrechte (Deutsches Kinderhilfswerk, Deutscher Kinderschutzbund und UNICEF Deutschland in Kooperation mit der Deutschen Liga für das Kind) für die Aufnahme der Kinderrechte ins Grundgesetz. Zugriff am 30.04.2015 unter http://www.kinderrechte-ins-grundgesetz.de/fileadmin/content_media/projekte/Themen/Kinderrechte/Formulierungsvorschlag_KR_ins_GG-2012–11–14-js.pdf

Andresen, S., Galic, D. (2015). Kinder. Armut. Familie. Alltagsbewältigung und Wege zu wirksamer Unterstützung. Gütersloh: Verlag Bertelsmann Stiftung.

Bachmann, C. H. (2008). Freiheitsberaubung. Eine Vatersuche: Die Spur führt nach Auschwitz. Kröning: Asanger.

Bailey, A. K. (2008). Verlust: Ein vernachlässigtes Thema in der Forschung zur außerfamiliären Betreuung. Psyche – Zeitschrift für Psychoanalyse, 62 (2), 154–170.

Beiner, F. (2008). Was Kindern zusteht: Janusz Korczaks Pädagogik der Achtung. Gütersloh: Gütersloher Verlagshaus.

Ben-Arieh, A., Casas, F., Frønes, I., Korbin, J. E. (Eds.) (2014). Handbook of Child Well-Being. Theories, Methods and Policies in Global Perspective. Dordrecht: Springer Netherlands.

Bertram, H. (2013). Reiche Kinder, kluge Kinder: Glückliche Kinder? In H. Bertram (Hrsg.), Reiche, kluge, glückliche Kinder? Der UNICEF-Bericht zur Lage der Kinder in Deutschland (S. 7–25). Weinheim u. Basel: Beltz Juventa.

Bertram, H., Deuflhard, C. (2015). Die überforderte Generation. Arbeit und Familie in der Wissensgesellschaft. Opladen, Berlin u. Toronto: Barbara Budrich.

Betz, T., Andresen, S. (2014). Child Well-being. Potenzial und Grenzen eines Konzepts. Zeitschrift für Pädagogik, 60 (4), 499–504.

Bohnsack, R. (2011). Qualitative Bild- und Videointerpretation. Die dokumentarische Methode (2., durchges. u. akt. Aufl.). Opladen u. Farmington Hills: Budrich (UTB).

Brandstädter, M. (2010). Folgeschäden. Kontext, narrative Strukturen und Verlaufsformen der Väterliteratur 1960 bis 2008. Bestimmung eines Genres. Würzburg: Königshausen & Neumann.

Bucher, A. (2014). Was Kinder glücklich macht. Kurzbericht über zwei umfangreiche Kindersurveys. Frühe Kindheit, 04/14, 6–13.

Bühler-Niederberger, D., Alberth, L., Eisentraut, S. (Hrsg.) (2014). Kinderschutz. Wie kindzentriert sind Programme, Praktiken, Perspektiven? Weinheim u. Basel: Beltz Juventa.

Bürgisser, M. (2008). Väter in egalitärer Partnerschaft – Voraussetzungen, Chancen, Schwierigkeiten und Wirkungen. In H. Walter (Hrsg.), Vater – wer bist du? Auf der Suche nach dem »hinreichend guten« Vater (S. 98–123). Stuttgart: Klett-Cotta.

Bürgisser, M. (2011). Beruf und Familie vereinbaren – aber wie? Väter erzählen. Bern: hep.

Bundesministerium für Familie, Senioren, Frauen und Jugend (BMFSFJ) (2014a). Kinder- und Jugendhilfe. Achtes Buch Sozialgesetzbuch. Zugriff am 24.04.2015 unter http://www.bmfsfj.de/BMFSFJ/Service/publikationen,did=3578.html

Bundesministerium für Familie, Senioren, Frauen und Jugend (BMFSFJ) (2014b). Übereinkommen über die Rechte des Kindes. VN-Kinderrechtskonvention im Wortlaut mit Materialien. Zugriff am 24.04.2015 unter http://www.bmfsfj.de/BMFSFJ/Service/publikationen,did=3836.html

Bundesministerium für Familie, Senioren, Frauen und Jugend (BMFSFJ) (Hrsg.) (2009). Wissenschaftliche Bestandsaufnahme der Forschung zu »Wohlbefinden von Eltern und Kindern.« Monitor Familienforschung, Ausgabe 19. Zugriff am 10.08.2015 unter https://www.bmfsfj.de/RedaktionBMFSFJ/Broschuerenstelle/Pdf-Anlagen/Monitor-Familienforschung-Ausgabe-19,property=pdf,bereich=bmfsfj,sprache=de,rwb=true.pdf

Dauzenroth, E. (1982). Vierzig Jahre nach seinem Tod – Internationale Korczak-Rezeption. In F. Beiner (Hrsg.), Janusz Korczak. Zeugnisse einer lebendigen Pädagogik. Referate des ersten Wuppertaler Korczak-Kolloquiums (S. 30–33). Heinsberg: Agentur Dieck.

Delaisi de Parseval, G. (1985). Was wird aus den Vätern? Künstliche Befruchtung und das Erlebnis der Vaterschaft. Weinheim: Beltz.

Dohmen, D., Erbes, A., Fuchs, K., Günzel, J. (2008). Was wissen wir über Nachhilfe? – Sachstand und Auswertung der Forschungsliteratur zu Angebot, Nachfrage und Wirkungen. Erstellt im Auftrag des Bundesministeriums für Bildung und Forschung. Berlin.

Dornes, M. (2011). Erziehungsnotstand? Mythen und Fakten. In R. Kißgen, N. Heinen (Hrsg.), Familiäre Belastungen in früher Kindheit. Früherkennung, Verlauf, Begleitung, Intervention (S. 17–48). Stuttgart: Klett-Cotta.

Emde, M., Fuchs, M. (2012). Datenqualität in standardisierten Interviews mit Kindern. In F. Heinzel (Hrsg.), Methoden der Kindheitsforschung. Ein Überblick über Forschungszugänge zur kindlichen Perspektive (2. Aufl., S. 335–349). Weinheim u. Basel: Beltz Juventa.

Erni, M. (1965). Das Vaterbild der Tochter. Eine psychologisch-pädagogische Untersuchung bei 13–20jährigen Mädchen und einer kleinen Vergleichsgruppe von Knaben. Einsiedeln: Benzinger.

Eßer, F. (2014). »Das Glück das nie wiederkehrt«. Well-being in historisch-systematischer Perspektive. Zeitschrift für Pädagogik, 60 (4), 505–519.

Fattore, T., Mason, J., Watson, E. (2007). Children's Conceptualisation(s) of Their Well-Being. Social Indicators Research, 80 (1), 5–29.

Fegert, J. M. (2013). Kinderschutz vor Ausbeutung, Misshandlung, sexuellem Missbrauch und Vernachlässigung. Vom philantrophischen Engagement zur politischen Agenda. In H. Bertram (Hrsg.), Reiche, kluge, glückliche Kinder? Der UNICEF-Bericht zur Lage der Kinder in Deutschland (S. 178–191). Weinheim u. Basel: Beltz Juventa.

Flaake, K. (2014). Neue Mütter – neue Väter. Eine empirische Studie zu veränderten Geschlechterbeziehungen in Familien. Gießen: Psychosozial.

Fonagy, P., Gergely, G., Jurist, E. L., Target, M. (2004). Affektregulierung, Mentalisierung und die Entwicklung des Selbst. Stuttgart: Klett-Cotta.

Frühe Kindheit – die ersten sechs Jahre (2015). Kind – Eltern – Institutionen – Staat. Deutsche Liga für das Kind, 18 (3).

Fuhrmans, F., Wenger-Schittenhelm, H., Walter, H. (2015). KOVI – Das Konstanzer Väterinstrument. In D. Richter, E. Brähler, J. Ernst (Hrsg.), Diagnostische Verfahren für Beratung und Therapie von Paaren und Familien (S. 241–245). Göttingen: Hogrefe.

Fuhs, B. (2012). Kinder im qualitativen Interview – Zur Erforschung subjektiver kindlicher Lebenswelten. In F. Heinzel (Hrsg.), Methoden der Kindheitsforschung. Ein Überblick über Forschungszugänge zur kindlichen Perspektive (2. Aufl., S. 80–103). Weinheim u. Basel: Beltz Juventa.

Gebauer, K., Hüther, G. (2011) (Hrsg.). Kinder brauchen Wurzeln. Neue Perspektiven für eine gelingende Entwicklung (6. Aufl.). Ostfildern: Patmos.

Gebauer, K., Hüther, G. (2014) (Hrsg.). Kinder brauchen Vertrauen. Entwicklung fördern durch starke Beziehungen. Neuausgabe. Ostfildern: Patmos.

Gerarts, K. (2015). Familiäre Erziehung aus Kindersicht. Eine qualitative Studie unter Berücksichtigung von Macht in der generationalen Ordnung. Wiesbaden: Springer VS.

Glaser, B. G., Strauss, A. L. (1967). The Discovery of Grounded Theory: Strategies for Qualitative Research. New York: de Gruyter. Deutsch (2010): Grounded Theory. Strategien qualitativer Forschung (3. Aufl.). Bern: Huber.

Göppel, R. (2013). Haben Kinder und Jugendliche heute größere emotionale Defizite und psychosoziale Störungen als früher? In F. Dammasch, M. Teising (Hrsg.), Das modernisierte Kind (S. 52–83). Frankfurt a. M.: Brandes & Apsel.

Goethe, J. W. (1811–33/1993). Dichtung und Wahrheit. Eine Auswahl. Stuttgart: Philipp Reclam jun.

Gossmann, M. (2002). Der Vater im Erleben des Kindes als Teil des Entwicklungsprozesses. Eine selbstpsychologische Annäherung. In H. Walter (Hrsg.), Männer als Väter: sozialwissenschaftliche Theorie und Empirie (S. 811–852). Gießen: Psychosozial.

Groos, T., Jehles, N. (2015). Der Einfluss von Armut auf die Entwicklung von Kindern. Ergebnisse der Schuleingangsuntersuchung. Gütersloh: Bertelsmann-Stiftung.

Grossmann, K., Grossmann, K. E. (2012). Bindungen – das Gefüge psychischer Sicherheit (5., vollst. überarb. Aufl.). Stuttgart: Klett-Cotta.

Grieser, J. (2015). Triangulierung. Gießen: Psychosozial.

Gruen, A. (2014). Wider den Gehorsam. Stuttgart: Klett-Cotta.

Gstettner, P. (1981). Die Eroberung des Kindes durch die Wissenschaft. Aus der Geschichte der Disziplinierung. Reinbek: Rowohlt.

Hänssler, B. (2015). Vermessene Kindheit. Süddeutsche Zeitung. Wochenendausgabe 18./19. 07. 2015.

Harsch, H. (2001). Wie Kinder aufwuchsen. Zur Geschichte und Psychodynamik der Doppelbemutterung. Psyche – Zeitschrift für Psychoanalyse, 55 (4), 358–378.

Harsch, H. (2008). Psychoanalytische Überlegungen zur 4000jährigen Geschichte der frühen außerfamiliären Betreuung. Psyche – Zeitschrift für Psychoanalyse, 62 (2), 109–117.

Heinzel, F. (Hrsg.) (2012a). Methoden der Kindheitsforschung. Ein Überblick über Forschungszugänge zur kindlichen Perspektive (2. Aufl.). Weinheim u. Basel: Beltz Juventa.

Heinzel, F. (2012b). Qualitative Methoden der Kindheitsforschung. Ein Überblick. In F. Heinzel (Hrsg.), Methoden der Kindheitsforschung. Ein Überblick über Forschungszugänge zur kindlichen Perspektive (2. Aufl., S. 22–35). Weinheim u. Basel: Beltz Juventa.

Hermanns, H. (1991). Narratives Interview. In U. Flick, E. von Kardorff, H. Keupp, L. von Rosenstil, S. Wolff (Hrsg.), Handbuch der qualitativen Sozialforschung (S. 182–185). Weinheim: Psychologie Verlags Union.

hessenstiftung – familie hat zukunft (Hrsg.) (2012). Inklusionsbarometer Hessen 2011. Ergebnisse des Erhebungsjahres 2011. Herten: PROSOZ.

hessenstiftung – familie hat zukunft (Hrsg.) (2014). Inklusionsbarometer Hessen 2014. Ergebnisse des Erhebungsjahres 2013. Herten: PROSOZ.

Hierdeis, H., Walter, H. (2013). Der Dritte im Bunde? – Vatersein, Vaterschaft, Väter in der Psychotherapie. In H. Walter, H. Hierdeis (Hrsg.), Väter in der Psychotherapie. Der Dritte im Bunde? (S. 1–34). Stuttgart: Schattauer.

Hildenbrand, B. (2005). Fallrekonstruktive Familienforschung. Anleitung für die Praxis (2., durchges. Aufl.). Wiesbaden: VS Verlag für Sozialwissenschaften.

Hildenbrand, B. (2007). Mediating Structure and Interaction in Grounded Theory. In A. Bryant, K. Charmaz (Eds.), The SAGE Handbook of Grounded Theory (pp. 511–536). Thousand Oaks, CA: Sage.

Honig, M.-S. (1999). Forschung »vom Kinde aus«? Perspektivität in der Kindheitsforschung. In M.-S. Honig, A. Lange, H. R. Leu (Hrsg.), Aus der Perspektive von Kindern? Zur Methodologie der Kindheitsforschung (S. 33–50). Weinheim: Juventa.

Honig, M.-S. (2009). Das Kind der Kindheitsforschung. Gegenstandskonstitution in den childhood studies. In M.-S. Honig (Hrsg.), Ordnungen der Kindheit. Problemstellungen und Perspektiven der Kindheitsforschung (S. 25–52). Weinheim u. München: Juventa.

Honig, M.-S., Lange, A., Leu, H. R. (1999). Eigenart und Fremdheit. Kindheitsforschung und das Problem der Differenz von Kindern und Erwachsenen. In M.-S. Honig, A. Lange, H. R. Leu (Hrsg.), Aus der Perspektive von Kindern? Zur Methodologie der Kindheitsforschung (S. 9–32). Weinheim: Juventa.

Hülst, D. (2012). Das wissenschaftliche Verstehen von Kindern. In F. Heinzel (Hrsg.), Methoden der Kindheitsforschung. Ein Überblick über Forschungszugänge zur kindlichen Perspektive (2. Aufl., S. 52–79). Weinheim u. Basel: Beltz Juventa.

Hüther, G. (2015). Etwas mehr Hirn, bitte. Eine Einladung zur Wiederentdeckung der Freude am eigenen Denken und der Lust am gemeinsamen Gestalten. Göttingen: Vandenhoeck & Ruprecht.

Hüther, G., Nitsch, C. (2013). Wie aus Kindern glückliche Erwachsene werden. Aktualisierte Neuausgabe. München: Gräfe und Unzer.

Juul, J. (2009). Grenzen, Nähe, Respekt. Auf dem Weg zur kompetenten Eltern-Kind-Beziehung. Weinheim: Beltz.

Kindler, H. (2012). Fachlich gestaltete Gespräche mit Kindern im Kinderschutz: Ein Forschungsüberblick. In W. Thole, A. Retkowski, B. Schäuble (Hrsg.), Sorgende Arrangements. Kinderschutz zwischen Organisation und Familie (S. 203–216). Wiesbaden: VS Verlag für Sozialwissenschaften.

King, V., Busch, K. (2012). Widersprüchliche Zeiten des Aufwachsens – Fürsorge, Zeitnot und Optimierungsstreben in Familien. Diskurs Kindheits- und Jugendforschung, 7 (1), 7–23.

Klitzing, K. von, Stadelmann, S. (2011). Das Kind in der triadischen Beziehungswelt. Psyche – Zeitschrift für Psychoanalyse, 65 (09/10), 953–972.

Knill, I. (2015). Wieso die Männerbewegung eine Zukunft haben muss. Männerzeitung, 57, 16–19.

Kohl, S. (2013). Armut von Kindern im Lebensverlauf. Ursachen und Folgen für das subjektive Wohlbefinden. In H. Bertram (Hrsg.), Reiche, kluge, glückliche Kinder? Der UNICEF-Bericht zur Lage der Kinder in Deutschland (S. 78–92). Weinheim u. Basel: Beltz Juventa.

Kohut, H. (1979). Die Heilung des Selbst. Frankfurt a. M.: Suhrkamp.

Korczak, J. (1996 ff.). Sämtliche Werke. 16 Bände. Editiert von Friedhelm Beiner und Erich Dauzenroth. Gütersloh: Gütersloher Verlagshaus.

Korczak, J. (2014). Wie man ein Kind lieben soll. Hg. von E. Heimpel u. H. Roos (16. Aufl.). Göttingen: Vandenhoeck & Ruprecht.

Krappmann, L. (2014). Vorwort: Die Qualität pädagogischer Beziehungen, gegründet in den Rechten der Kinder. In A. Prengel, U. Winklhofer (Hrsg.), Kinderrechte in pädagogischen Beziehungen. Band 2: Forschungszugänge (S. 11–15). Opladen u. a.: Barbara Budrich.

Kudera, W. (2002). Neue Väter, neue Mütter – neue Arrangements der Lebensführung. In H. Walter (Hrsg.), Männer als Väter: sozialwissenschaftliche Theorie und Empirie (S. 145–186). Gießen: Psychosozial.

Kuhlmann, C. (2013). Einführung in die Geschichte und Aktualität pädagogischer Theorien. Wiesbaden: Springer VS.

Kurthen, M. (2002). Repräsentanz. In W. Mertens, B. Waldvogel (Hrsg.), Handbuch psychoanalytischer Grundbegriffe (2. Aufl., S. 615–618). Stuttgart: Kohlhammer.

Laher, L. (2005). Folgen. Innsbruck: Haymon.

Lamnek, S. (2010). Qualitative Sozialforschung (5. Aufl.). Weinheim: Beltz.

Landolf, P. (1968). Kind ohne Vater. Ein psychologischer Beitrag zur Bestimmung der Vaterrolle. Bern: Huber.

Lange, A. (1999). Der Diskurs der neuen Kindheitsforschung. Argumentationstypen, Argumentationsfiguren und methodologische Implikationen. In M.-S. Honig, A. Lange, H. R. Leu (Hrsg.), Aus der Perspektive von Kindern? Zur Methodologie der Kindheitsforschung (S. 51–68). Weinheim: Juventa.

Largo, R. H. (2010). Lernen geht anders. Bildung und Erziehung vom Kind her denken. Hamburg: edition Körber-Stiftung.

Largo, R. H. (2013). Wer bestimmt den Lernerfolg: Kind, Schule, Gesellschaft? Weinheim: Beltz.

Lukesch, H. (Hrsg.) (1975). Auswirkungen elterlicher Erziehungsstile. Göttingen: Hogrefe.

Maschke, S., Stecher, L. (2012). Standardisierte Befragungen von Kindern. In F. Heinzel (Hrsg.), Methoden der Kindheitsforschung. Ein Überblick über Forschungszugänge zur kindlichen Perspektive (2. Aufl., S. 320–334). Weinheim u. Basel: Beltz Juventa.

Maschke, S., Stecher, L., Coelen, T., Ecarius, J., Gusinde, F. (2013). Appsolutely smart! Ergebnisse der Studie Jugend. Leben. Bielefeld: W. Bertelsmann.

Matzner, M. (2004). Vaterschaft aus der Sicht von Vätern. Wiesbaden: VS Verlag für Sozialwissenschaften.

Maywald, J. (2012). Kinder haben Rechte! Kinderrechte kennen – umsetzen – wahren. Weinheim u. Basel: Beltz.

Mey, G. (2005). Forschung mit Kindern – Zur Relativität von kindangemessenen Methoden. In G. Mey (Hrsg.), Handbuch Qualitative Entwicklungspsychologie (S. 151–184). Köln: Kölner Studien Verlag.

Mey, G. (2011). Qualitative Forschung in der Entwicklungspsychologie der frühen Kindheit: Ansätze und Verfahren. In H. Keller (Hrsg.), Handbuch der Kleinkindforschung (4. Aufl., S. 846–879). Bern: Huber.

Mey, G. (2013). »Aus der Perspektive der Kinder«. Ansprüche und Herausforderungen einer programmatischen Konzeption in der Kindheitsforschung. Psychologie & Gesellschaftskritik, 37 (3–4), 53–71.

Mey, G., Mruck, K. (2007). Qualitative Research in Germany: A Short Cartography. International Sociology, 22 (2), 138–154.

Mey, G., Mruck, K. (2010) (Hrsg.). Handbuch Qualitative Forschung in der Psychologie. Wiesbaden: VS Verlag für Sozialwissenschaften.

Mey, G., Mruck, K. (2011) (Hrsg.). Grounded Theory Reader (2., akt. u. erw. Aufl.). Wiesbaden: VS Verlag für Sozialwissenschaften.

Mitscherlich, A. (1953). Der unsichtbare Vater. Ein Problem für Psychoanalyse und Soziologie. Kölner Zeitschrift für Soziologie und Sozialpsychologie, 7, 188–201.

Mitscherlich, A. (1963). Auf dem Weg zur vaterlosen Gesellschaft. Ideen zur Sozialpsychologie. München: Piper.

Nickel, H., Köcher, E. M. T. (1987). West germany and the german-speaking countries. In M. E. Lamb (Ed.), The father's role. Cross-cultural perspectives (pp. 89–114). Hillsdale, N. J.: Lawrence Erlbaum.

Omer, H. (2015). Wachsame Sorge. Wie Eltern ihren Kindern ein guter Anker sind. Göttingen: Vandenhoeck & Ruprecht.

Ornstein, P. H. (1979). Remarks on the central position of empathy in psychoanalysis. Bulletin of the Association of Psychoanalytic Medicine, 18, 95–108.

Ortheil, H.-J. (2009). Die Erfindung des Lebens. München: Luchterhand.

Paul, M., Backes, J. (2008). Frühe Hilfen zur Prävention von Kindesmisshandlung und -vernachlässigung. Das Nationale Zentrum Frühe Hilfen im Rahmen des Aktionsprogramms des Bundesministeriums für Familie, Senioren, Frauen und Jugend. Monatsschrift Kinderheilkunde, 7, 156, 662–668.

Perrig-Chiello, P. (2010). In der Lebensmitte. Die Entdeckung der zweiten Lebenshälfte (4. Aufl.). Zürich: Neue Zürcher Zeitung.

Perrig-Chiello, P., Höpflinger, F. (2001). Zwischen den Generationen. Frauen und Männer im mittleren Lebensalter. Zürich: Seismo.

Poole, D. A., Lamb, M. E. (2003). Investigative Interviews of Children (2nd ed.). Washington: American Psychological Association.

Portmann, A. (1956). Zoologie und das neue Bild vom Menschen. Reinbek: Rowohlt.

Prengel, A., Winklhofer, U. (Hrsg.) (2014a). Kinderrechte in pädagogischen Beziehungen. Band 1: Praxiszugänge. Opladen u. a.: Barbara Budrich.

Prengel, A., Winklhofer, U. (Hrsg.) (2014b). Kinderrechte in pädagogischen Beziehungen. Band 2: Forschungszugänge. Opladen u. a.: Barbara Budrich.

Pro Familia Schweiz (2011). Was Männer wollen! Studie zur Vereinbarkeit von Beruf und Privatleben. Zugriff am 04.08.2015 unter: http://www.nationalerzukunftstag.ch/fileadmin/files/pdf/Was_Maenner_wollen.pdf

Przyborski, A., Wohlrab-Sahr, M. (2008). Qualitative Sozialforschung. Ein Arbeitsbuch. München: Oldenbourg.

Rass, E. (2008). Vater-Kind-Mutter: Die Bedeutung des Vaters für das Kind bei einer depressiven Erkrankung der Mutter. In H. Walter (Hrsg.), Vater – wer bist du? Auf der Suche nach dem »hinreichend guten« Vater (S. 150–174). Stuttgart: Klett-Cotta.

Rass, E. (Hrsg.) (2012). Allan Schore: Schaltstellen der Entwicklung. Eine Einführung in die Theorie der Affektregulation mit seinen zentralen Texten. Stuttgart: Klett-Cotta.

Renz-Polster, H. (2015). Kinder verstehen. Born to be wild: Wie die Evolution unsere Kinder prägt. München: Kösel.

Renz-Polster, H., Hüther, G. (2013). Wie Kinder heute wachsen. Natur als Entwicklungsraum. Ein neuer Blick auf das kindliche Lernen, Fühlen und Denken. Weinheim: Beltz.

Rollett, B., Werneck, H. (2002). Die Vaterrolle in der Kultur der Gegenwart und die väterliche Rollenentwicklung in der Familie. In H. Walter (Hrsg.), Männer als Väter. Sozialwissenschaftliche Theorie und Empirie (S. 323–343). Gießen: Psychosozial.

Roppelt, U. (2003). Kinder – Experten ihres Alltags? Eine empirische Studie zum außerschulischen Alltag von 8–11-jährigen Kindern aus dem Bleiweißviertel, Nürnberg. Frankfurt a. M.: Europäischer Verlag der Wissenschaften.

Roßbach, H.-G. (2011). Langfristige Auswirkungen außerfamilialer frühkindlicher Betreuung. In R. Kißgen, N. Heinen (Hrsg.), Familiäre Belastungen in früher Kindheit. Früherkennung, Verlauf, Begleitung, Intervention (S. 169–178). Stuttgart: Klett-Cotta.

Ruchat, A. (2012). Schattenflug. Zürich: Limmat.

Schneewind, K. A., Herrmann, T. (Hrsg.) (1980). Erziehungsstilforschung. Theorien, Methoden und Anwendung der Psychologie elterlichen Erziehungsverhaltens. Bern: Huber.

Schore, A. N. (2007). Affektregulation und die Reorganisation des Selbst. Stuttgart: Klett-Cotta.

Shell Deutschland (2002). 50 Jahre Shell Jugendstudie. Von Fräuleinwundern bis zu neuen Machern. Berlin: Ullstein.

Spielmann, M. (2002). Aus den Augen des Kindes. Die Kinderperspektive in deutschsprachigen Romanen seit 1945. Innsbruck: Institut für Germanistik.

Stapf, K. H., Herrmann, T., Stapf, A., Stäcker, K. H. (1972). Psychologie des elterlichen Erziehungsstils. Komponenten der Bekräftigung in der Erziehung. Bern: Huber.

Stecher, L., Maschke, S. (2011). Die quantitative Kindheitsforschung als Beitrag zur Vermessung der Kindheit. Diskurs Kindheits- und Jugendforschung, 3, 281–298.

Stern, D. N. (1985/2010). The Interpersonal World of the Infant. New York: Basic Books. Deutsch: (2010). Die Lebenserfahrung des Säuglings. Mit einer neuen Einleitung des Autors (10., erw. Aufl.). Stuttgart: Klett-Cotta.

Stern, D. N. (1990). Diary of a Baby. New York: Basic Books. Deutsch: (2014). Tagebuch eines Babys. Was ein Kind sieht, spürt, fühlt und denkt (23. Aufl.). München: Piper.

Stern, D. N. (1995). The Motherhood Constellation. New York: Basic Books. Deutsch: (1998) Die Mutterschaftskonstellation. Stuttgart: Klett-Cotta.

Stern, D. N. (2004). The Present Moment in Psychotherapy and Everyday Life. New York: W.W. Norton. Deutsch: (2005) Der Gegenwartsmoment. Veränderungsprozesse in Psychoanalyse, Psychotherapie und Alltag. Frankfurt a. M.: Brandes & Apsel.

Stern, D. N., Bruschweiler-Stern, N. (1998). The Birth of a Mother. How Motherhood Experience changes you forever. New York: Basic Books. Deutsch (2014): Geburt einer Mutter. Die Erfahrung, die das Leben einer Frau für immer verändert. Frankfurt a. M.: Brandes & Apsel.

Stock, G., Bertram, H., Fürnkranz-Prskawetz, A., Holzgreve, W., Kohli, M., Staudinger, U. M. (Hrsg.) (2012). Zukunft mit Kindern. Fertilität und gesellschaftliche Entwicklung in Deutschland, Österreich und der Schweiz. Frankfurt a. M. u. New York: Campus.

Strauss, A. L. (1998). Grundlagen qualitativer Sozialforschung. Datenanalyse und Theoriebildung in der empirischen soziologischen Forschung (2. Aufl.). Paderborn: Fink.

Tag, M. (2009). Ungleiche Kindheiten aus globaler Perspektive. Internationale Indikatoren und die Konstruktion von Kindheit. Diskurs Kindheits- und Jugendforschung, 4, 471–486.

Theunert, M. (Hrsg.) (2012). Männerpolitik. Was Jungen, Männer und Väter stark macht. Wiesbaden: VS Verlag für Sozialwissenschaften, Springer Fachmedien.

Tietze, W., Becker-Stoll, F., Bensel, J., Eckhardt, A., Haug-Schnabel, G., Kalicki, B., Keller, H., Leyendecker, B. (Hrsg.) (2013). Nationale Untersuchung zur Bildung, Betreuung und Erziehung in der frühen Kindheit (NUBBEK). Weimar/Berlin: Verlag Das Netz.

Tuma, R., Schnettler, B., Knoblauch, H. (2013). Videographie. Einführung in die interpretative Videoanalyse sozialer Situationen. Wiesbaden: Springer VS.

Turrini, P. (1980). Ein paar Schritte zurück. Gedichte. München: AutorenEdition.

Väter gGmbH (2012). Trendstudie »Moderne Väter«. Wie die neue Vätergeneration Familie, Gesellschaft und Wirtschaft verändert. Zugriff am 04.08.2015 unter: http://vaeter-ggmbh.de/wp-content/uploads/2013/01/130124_Trendstudie_Einzelseiten_FINAL.pdf

Wabnitz, R. J. (2015). Kinderrechte, Elternrechte und staatliches Wächteramt. Frühe Kindheit, 03/15, 6–11.

Walter, H. (2002). Deutschsprachige Väterforschung – Sondierungen in einem weiten Terrain. In H. Walter (Hrsg.), Männer als Väter. Sozialwissenschaftliche Theorie und Empirie (S. 13–78). Gießen: Psychosozial.

Walter, H. (2008). Das Echo der Vatersuche. In H. Walter (Hrsg.), Vater, wer bist du? Auf der Suche nach dem »hinreichend guten« Vater (S. 9–44). Stuttgart: Klett-Cotta.

Walter, H. (2009). Väter auf ihren Wegen begleiten. Von Visionen über Pioniertaten zur notwendigen gesellschaftlichen Wahrnehmung und Unterstützung. In K. Jurczyk, A. Lange (Hrsg.), Vaterwerden und Vatersein heute: neue Wege – neue Chancen! (311–325). Gütersloh: Bertelsmann Stiftung.

Walter, H. (2012a). Väter – bis hierher. Und wie weiter? In H. Walter, A. Eickhorst (Hrsg.), Das Väter-Handbuch. Theorie, Forschung, Praxis (S. 671–700). Gießen: Psychosozial.

Walter, H. (2012b). Väter heute, Väterforschung heute – alles gehetzt? In H. Prömper, M. M. Jansen, A. Ruffing (Hrsg.), Männer unter Druck: ein Themenbuch (S. 85–123). Opladen u. a.: Barbara Budrich.

Walter, H., Eickhorst, A. (Hrsg.) (2012). Das Väter-Handbuch. Theorie, Forschung, Praxis. Gießen: Psychosozial.

Walter, H., Hierdeis, H. (Hrsg.) (2013). Väter in der Psychotherapie. Der Dritte im Bunde? Stuttgart: Schattauer.

Winterhoff, M. (2013). SOS Kinderseele. Was die emotionale und soziale Entwicklung unserer Kinder gefährdet – und was wir dagegen tun können. München: C. Bertelsmann.

Wippermann, C., Calmbach, M., Wippermann, K. (2009). Männer: Rolle vorwärts, Rolle rückwärts? Identitäten und Verhalten von traditionellen, modernen und postmodernen Männern. Opladen u. a.: Barbara Budrich.

World Vision Deutschland e. V. (2007) (Hrsg.). Kinder in Deutschland 2007. 1. World Vision Kinderstudie. Frankfurt a. M.: Fischer.

World Vision Deutschland e. V. (2010) (Hrsg.). Kinder in Deutschland 2010. 2. World Vision Kinderstudie. Frankfurt a. M.: Fischer.

World Vision Deutschland e. V. (2013) (Hrsg.). Kinder in Deutschland 2013. 3. World Vision Kinderstudie. Weinheim u. Basel: Beltz.

Zimmermann, P., Çelik, F., Iwanski, A., Fremmer-Bombik, E., Scheuerer-Englisch, H. (2014). Befragung von Kindern im Kinderschutz. Entwicklungspsychologische Grundlagen und Interviewverfahren. In D. Bühler-Niederberger, L. Alberth, S. Eisentraut (Hrsg.), Kinderschutz. Wie kindzentriert sind Programme, Praktiken, Perspektiven? (S. 155–171). Weinheim u. Basel: Beltz Juventa.

Zinnecker, J. (1999). Forschen für Kinder – Forschen mit Kindern – Kinderforschung. Über die Verbindung von Kindheits- und Methodendiskurs in der neuen Kindheitsforschung zu Beginn und am Ende des 20. Jahrhunderts. In M.-S. Honig, A. Lange, H. R. Leu (Hrsg.), Aus der Perspektive von Kindern? Zur Methodologie der Kindheitsforschung (S. 69–80). Weinheim: Juventa.

Zinnecker, J., Georg, W., Strzoda, Ch. (1996). Beziehungen zwischen Eltern und Kindern aus Kindersicht. Eine Typologie. In J. Zinnecker, R. K. Silbereisen (Hrsg.), Kindheit in Deutschland. Aktueller Survey über Kinder und ihre Eltern (S. 213–227). Weinheim: Juventa.

Zinnecker, J., Silbereisen, R. K. (1996). Kindheit in Deutschland. Aktueller Survey über Kinder und ihre Eltern. Weinheim: Juventa.

Aus der Praxis, für die Praxis

Verborgene Botschaften von Heranwachsenden

Eine Skizze der rheingold-Methode und wie sie die Welt von Kindern und Eltern entschlüsselt

Birgit Langebartels

Es vergeht kein Tag ohne mediale Berichterstattung darüber, wie es um unsere Kinder bestellt ist. Diese Meldungen weisen ein sehr breites Spektrum auf: Es ist die Rede von kleinen Tyrannen, die ihre Umgebung drangsalieren, überforderten Geschöpfen, die wehrlos den gesteigerten Anforderungen ihrer Eltern und denen der Kultur ausgesetzt sind, kranken Kindern, die sich nicht mehr ausreichend bewegen und adipös ihre gesamte Freizeit vor dem Computer verbringen oder depressiven Kindern, die traurig die Welt an sich vorbeiziehen lassen. – Doch sagen uns derlei Schlagzeilen über von Erwachsenenaugen einseitig Wahrgenommenem tatsächlich etwas über die innere Verfassung von Heranwachsenden und deren Ursachen?

Am Kölner rheingold-Institut für Kultur-, Markt- und Medienforschung findet seit nunmehr 25 Jahren eine Untersuchungsmethode Anwendung, die das Ziel verfolgt, den Hintergrund von Oberflächenphänomenen zu durchleuchten und so zunehmend zu verstehen. Die Qualität dieser morphologischen Forschung steht und fällt nicht mit der Zahl der explorierten Fälle, sondern mit der Güte und Tiefe der Exploration und ihrer analytischen Durchdringung.

Im Folgenden stelle ich zunächst unser auf der Morphologischen Psychologie von Professor Wilhelm Salber, Universität zu Köln, basierendes Untersuchungsprozedere in seinen Grundzügen vor. Danach erläutere ich anhand einer in jüngster Zeit durchgeführten Kinderstudie Sichtweisen, die uns seine Anwendung eröffnet hat.

Methode zur Erfassung des Seelischen

Um in Erfahrung zu bringen, wie sich Kinder fühlen und welchen Blick sie auf ihre Eltern haben, bedarf es einer angemessenen

Methode. Der psychologische Blick erfordert einen unkonventionel-
len, das heißt teilnahmsvollen und tiefen Zugang zu menschlichen
Motivlagen wie den Sehnsüchten und Ängsten, die uns in unserem
Alltag bewegen. Forschungsinstrumente wie standardisierte Fragebögen oder standardisierte Interviews leisten diesen Zugang zum Menschen nicht. Sie pressen ihn in vorgegebene Fragen und Antwortka-
tegorien. Sie dienen dazu, möglichst schnell und effizient Meinungen
oder Präferenzen in nackte Zahlen zu überführen. Damit beschnei-
den sie aber den lebendigen Ausdrucksspielraum. Das wirkliche
Leben ist nicht so klar, eindimensional und glatt, wie es die Daten
in Statistiken suggerieren. Es ist vielmehr bestimmt durch Widersprüche, Übergänge und Zwischentöne und paradoxe Verhältnisse.

Wenn wir bei »rheingold« sagen, dass wir »die Menschen auf die
Couch legen«, steht das für einen anderen Weg, Menschen – und
insbesondere Kinder – zu verstehen: Ein Psychologe nimmt sich
mindestens zwei Stunden Zeit für ein Tiefeninterview und tritt mit
dem Interviewee eine gemeinsame »Forschungsreise« an, bei der
auch peinliche und unerwünschte, sowie unbewusste Wirkungs-
kräfte beleuchtet werden, die unser Leben mitbestimmen. Wie im
psychoanalytischen Setting wird ein Raum angeboten, in dem Menschen unzensiert alles zur Sprache bringen können, was sie bewegt
und was ihnen zum jeweiligen Thema einfällt. Anfangs bewegen sich
diese Einfälle in der Regel eher auf einer oberflächlichen und ratio-
nalisierenden Ebene. Diese Ebene einfacher und sozial erwünschter
Erklärungen lässt sich nur durchdringen, indem die Interviewten
immer wieder motiviert werden, ausführlich und minutiös ihren
konkreten Lebensalltag zu beschreiben: Was war das für ein Tag, an
dem man sich glücklich oder unglücklich gefühlt hat? Welche Bilder
oder Stimmungen verbindet man mit der Atmosphäre zu Hause?
Wie sah die letzte Situation aus, in der man mit Mutter oder Vater
gestritten oder sich sehr wohl gefühlt hat?

Der Psychologe übernimmt dabei den Part der Reiseleitung. Er
hakt nicht einfach Antwort für Antwort ab, sondern bewegt sich
mit und lässt sich auch auf oft dramatische Schicksalswendungen
oder befremdende Alltagsprobleme ein, die im Interview ausgebrei-
tet werden. Gleichzeitig versucht er von seinem psychologischen
Konzept und Verständnis her, den Interviewprozess so zu intensi-

vieren, dass die noch verdeckte »andere Seite«, die möglicherweise unbewussten Widersprüche und Spannungen, ebenso zur Sprache kommen. Neben den konkreten Erzählungen achtet er auch auf die Atmosphäre während des Interviews, auf die Gesprächsdynamik, auf die Mimik und Fehlleistungen des Interviewee. Das ermöglicht ihm, die geheime Logik und den tieferen Sinnzusammenhang besser zu erkennen, der zwischen den Zeilen anklingt und mitschwingt.

Um zu erfahren, wie es unseren Kindern geht, reicht es weder aus, nur die Eltern zu interviewen, noch, sich nur auf die Kinder zu beziehen. Eltern und Kinder sind nur als ein System, im Sinne einer gemeinsamen Wirkungseinheit, zu verstehen. Sie sind beide zu befragen. Das, was man über die Gefühle, Anforderungen, Wünsche und Befürchtungen der Eltern erfährt, muss in einen Zusammenhang gebracht werden mit dem, was die Kinder bewegt. Dazu müssen auch diese zu Wort kommen.

Um Antworten auf unsere Fragen zu erhalten, ließen wir Kinder in einer Zeit von bis zu zwei Stunden all das erzählen, woran sie Freude haben, wovor sie sich fürchten, was ihnen auf der Seele brennt, was ihre Wünsche und Sehnsüchte sind. Die Kinder wurden gebeten, ihren Alltag, vom Aufwachen bis zum Einschlafen, detailliert zu beschreiben – immer mit der Ermunterung, dass alles wichtig ist und nichts Falsches gesagt werden kann. Zugleich beobachteten wir ihr Verhalten und arbeiteten mit kreativen Explorationsmethoden wie zum Beispiel der Herstellung von Collagen sowie mit projektiven Verfahren (u. a. dem Scenotest), um den Kindern die Möglichkeit zu geben, auch nicht leicht Auszusprechendem Ausdruck zu verleihen.

In der Untersuchung, auf die ich mich im Folgenden beziehe und kurze Interviewpassagen daraus zitiere, gingen wir den Erlebensbeschreibungen von 28 Kindern im Alter zwischen 8 und 15 Jahren nach. Im Anschluss daran setzten wir diese in einen psychologischen Zusammenhang mit dem, was wir in den letzten zwei Jahren durch weitere 200 Tiefeninterviews über Kinder, Eltern und Familien gelernt haben. Was Kinder und Eltern von dem erzählten, was sie bewegte, bezogen wir aufeinander und konnten über den hergestellten Zusammenhang Rückschlüsse darauf ziehen, wie es Kindern heute geht.

Verunsicherte Eltern verhalten sich widersprüchlich

Vor allem in den vielen Gesprächen, die wir in den vergangenen
Jahren mit Eltern geführt haben, wird deutlich, dass Kinder heute
mehr denn je Ausdrucksform ihrer Eltern geworden sind. Kinder
sind das Projekt ihrer Eltern. Die Eltern fühlen sich verantwortlich für das Gelingen oder Scheitern ihrer Kinder. Sie haben das
Gefühl, mit beeinflussen zu können, aber auch zu müssen. Das, was
unsere Kultur verspricht: alle Möglichkeiten offen zu haben, alles
erreichen zu können, sollen die Kinder realisieren. Sie sollen die
Multi-Optionalität stellvertretend für uns leben. Sie sollen vorzeig-
bar sein, in allen Bereichen brillieren, gleichzeitig uneingeschränkt
Kind sein dürfen.

Die Kehrseite des »Alles ist machbar« zieht jedoch eine starke
Verunsicherung und eine damit verbundene Überforderung der
Eltern nach sich: Wie das eigene Leben gestalten? Wie das Leben
mit dem Kind gestalten? Tut man nicht genug, fördert man das Kind
nicht ausreichend und macht sich schuldig an ihm. Greift man zu
sehr ein, raubt man seinem Kind die Kindheit und macht sich ebenso
schuldig. – Was bedeutet das für die Kinder, denen es aufgegeben
ist, in und mit diesen Widersprüchen zu leben?

Instabil erlebte Ordnungen

In den Alltagsbeschreibungen der Kinder wird deutlich, dass viele
von ihnen über große finanzielle und materielle Möglichkeiten verfügen und auch Eltern haben, die sich in hohem Maße um die kindlichen Belange kümmern. Vielen Kindern scheint es zuerst einmal
an nichts zu fehlen. Zugleich spüren diese aber einen Mangel auf
ganz anderer Ebene: Wenn sie von ihrem Alltag erzählen, wird sehr
rasch deutlich, dass ihnen in vielen ihrer Lebensbereiche erkennbare Ordnungen fehlen. Ihre generellen Lebensordnungen erleben
sie als labil.

Der Alltag der Kinder ist nur noch wenig durch klare Routinen
und Regeln bestimmt. Variable Arbeitszeiten der Eltern, deutliche
Reduktion von familiären, religiösen und gesellschaftlichen Ritua-
len tragen dazu bei, dass feste Abläufe weniger geworden sind und

somit haltgebende Struktur wegfällt. Vater und Mutter haben kein klares Rollenbild mehr. Eltern sind durch ein sich auflösendes Männer- und Frauenbild in eine Rollendiffusion geraten, Zuständigkeiten und Ansprechpartner sind oft nicht klar geregelt. Beide Eltern sind für alles zuständig. Dies führt zu Unklarheiten für die Kinder und Konkurrenz unter den Eltern. Die Eltern werden von den Kindern oft als nicht verlässlich erlebt.

»Morgens stehe ich immer auf und wecke meinen Vater, sonst verschläft der, meine Mutter ist schon bei der Arbeit.«

»Eigentlich ist meine Mutter mittwochs immer früher da, weil wir keinen Langtag haben, aber dann kommt ihr doch oft was dazwischen.«

Ferner sind die Eltern unsicher geworden, wie stark sie als Eltern und richtungsweisender Erwachsener ihren Kindern gegenübertreten sollen und dürfen. So schwanken sie oft zwischen kumpelhaftem Freund, strengem Erzieher und kindlichem Erwachsenen.

»Schlimm ist, wenn die Eltern so cool sein wollen.«

»Manchmal sitzen meine Eltern da und sind sich am Streiten, das ist wie im Kindergarten. Da fragt man sich schon, wer eigentlich die Kinder sind.«

Kinder sind oft regelrecht erschrocken darüber, wenn die Stimmung plötzlich kippt und die Mutter oder der Vater wie aus dem Nichts streng werden.

»Ich weiß dann manchmal nicht, warum meine Mutter plötzlich so meckert, vorher war noch alles okay und plötzlich kriegt die einen Ausraster.«

Auch Trennungserlebnisse und Patchworkfamilien führen dazu, dass Kinder ihre Situation als fragil und brüchig wahrnehmen. Wenn nicht in der eigenen Familie, so erleben doch sehr viele von ihnen zumindest im Freundeskreis das Auseinanderbrechen von

Familien. Dies schwebt wie ein Damoklesschwert über ihnen. Sie
sind hellhörig und empfindlich geworden: Ein Streit zwischen den
Eltern könnte auch zum Auseinanderbrechen der eigenen Familie führen.

»Ich werde lieber nicht patzig, sonst trennen sich meine Eltern noch
wegen mir.«

Eltern sind psychisch oft nicht präsent

Auch wenn Eltern physisch anwesend sind, sind sie psychisch doch
oft ganz woanders, sind mit ihren Gedanken abwesend. Indem
Eltern der Erwartung an sich selbst gerecht werden wollen, möglichst viel Zeit mit ihren Kindern zu verbringen, zugleich auch anderen Anforderungen und Möglichkeiten nachkommen wollen, treffen
sie selten eine klare Entscheidung für oder gegen eine gemeinsame
Zeit mit dem Kind. So spielen sie mit ihm und checken zugleich ihre
E-Mails, lesen vor und sind in Gedanken bereits bei den Forderungen des nächsten Tages. Das zerreißt die Eltern, gibt ihnen kaum
Raum, sich auf die Kinder voll und ganz einzulassen. Die Kinder
beklagen sich, dass sie ihre Eltern mitunter kaum noch zu fassen
kriegen. So wachsen sie in einem sphärischen Nebel von Anwesenheit und gleichzeitiger Abwesenheit ihrer Eltern auf.

»Mein Vater ist zwar da, sagt aber nie was.«

»Meine Eltern sitzen abends oft noch mit dem Laptop am Tisch und
arbeiten.«

Durch diese oszillierenden Erfahrungen wird das Leben für die Kinder zutiefst unberechenbar. Auf eine Stabilisierung durch die Eltern
können sie kaum noch zurückgreifen. Aber Kinder sehnen sich nach
Berechenbarkeit und Verlässlichkeit, um ein Grundvertrauen auf-
bauen zu können. – An den Kindern sehen wir das zugespitzt, was
sich allgemein in unserer Gesellschaft abzeichnet: »Die Menschen
stellen sich unbewusst die Frage, wie sie zu einer Leitlinie finden
können, die eine klarere Ausrichtung in ihr Leben bringt. Sie wol-

len wissen, was wirklich wichtig ist und welche Sinnperspektive man den eigenen Kindern in der Erziehung vermitteln soll« (Grünewald, 2006, S. 13).

Kinder als Systemstabilisatoren

Kinder erleben es wiederholt als ihren insgeheimen Auftrag, das labile Familiensystem zu stabilisieren, fühlen sich unbewusst dafür verantwortlich, dass die Familie zusammenhält. Sie beschreiben wie selbstverständlich, dass sie in hohem Maße dazu beitragen, dass der familiäre Alltag funktioniert. Neben der ganz praktischen Stabilisierung des Alltags versuchen die Kinder, auch auf der emotionalen Ebene zu stabilisieren. Auffällig ist, wie empfindlich sie auf Störungen in der Familie reagieren. Sie haben ein sensibles Frühwarnsystem entwickelt, wenn Krach droht, der das System Familie ins Wanken bringt.

»Meine Mama wird oft laut, dann schreit die so, wenn der was nicht passt oder wenn die sich mit Papa streitet.«

»Ich würde mir wünschen, dass meine Mama ruhiger ist, nicht so viel rumschreit und dass Papa mehr Zeit für mich hat.«

»Ich wünsche mir, dass meine Mutter nicht mehr so oft traurig ist. Die hat oft ein trauriges Gesicht, gefragt habe ich sie aber noch nicht, weil ich Angst habe, Ärger zu bekommen.«

»Ich liebe es, wenn mir mit der Familie in den Urlaub fliegen. Mama und Papa geht es dann auch immer gut.«

Sie beschwichtigen, werden zu Vermittlern und Mediatoren, wirken beruhigend auf die Eltern ein, ermahnen sie, haben Verständnis, trösten und deeskalieren oder werden selbst laut, um die Eltern wieder in ihre Elternrolle zu zwingen. Dadurch übernehmen die Kinder schon in jungen Jahren eine sehr erwachsene Position. Mitunter fungieren sie als Alltagstherapeuten ihrer Eltern und fühlen sich dafür verantwortlich, die traurige Mutter aufzubauen oder den enttäuschten Vater zu besänftigen. Kinder übernehmen dann die Elternrolle; was ihnen nicht gerecht wird. – Diese Aufgabe der familiären Systemstabilisierung stellt heute oft die zentrale Überforderung der Kinder dar.

Absichern durch Freunde und Netzwerke

Die eben beschriebene Überforderung durch die Aufgabe der familiären Systemstabilisierung führt dazu, dass Kinder und Jugendliche sich auf kleine Kreise von Bezugspersonen und Themen fokussieren, sich kaum Gedanken um »große Themen« machen und sich weniger engagieren. Sie suchen Zusammenhalt bei ihresgleichen, sichern sich unverbindlich mehrfach ab. Viele Freunde in vielen Netzwerken werden dazu genutzt, parallel mit Eltern und Freunden – oft virtuell – verbunden zu sein. Auch in alltägliche kleine Entscheidungen wie zum Beispiel die der Farbe der Schnürsenkel werden zwanzig Freundinnen miteinbezogen; erst dann kann die Entscheidung getroffen werden. In einer Flut von Freundschaften haben die Kinder einen losen Zusammenhalt etabliert, der ihnen Sicherheit und zugleich Entbundenheit gewährleistet.

Oft sitzen Jugendliche zusammen und scheinen nur indirekt miteinander über ihre Smartphones zu kommunizieren. Zugleich liegen sie aber zusammen auf dem Bett und haben fast zärtlichen Körperkontakt. In ihren Freundschaften haben sie eine Art Parallelfamilie etabliert, die Halt und Sicherheit gibt.

»Wenn ich aufwache, gehe ich direkt auf WhatsApp und abends sagen wir uns da alle noch Gute Nacht.«

»Ich kann meine Freunde immer und überall erreichen, das ist mir echt wichtig, auch wenn sich meine Eltern oft darüber aufregen, dass mein Handy immer bimmelt.«

Auch Computerspiele sind in diesem Zusammenhang neu zu bewerten: Die im Alltag vermisste Stabilität wird dann in Computerspielen aufgesucht, in denen feste und nachvollziehbare Frames und Ordnungen herrschen, man gemeinsam für das Gute und gegen das Böse kämpfen kann. Computerspiele sind somit keine grenzenlosen Erweiterungen der Realität, sondern ein Angebot, sich in einem festen Rahmen zu bewegen. Indem ich ein Computerspiel wie eine Parallelwelt neben meiner realen installiere, schaffe ich mir hier eine Welt mit Überschreitungsmöglichkeiten, aber auch mit klaren Regeln. Werden diese nicht eingehalten, folgen Konsequenzen. Das schafft Sicherheit und Berechenbarkeit. In der Eindeutigkeit von Freund und Feind verschwimmen die Grenzen nicht wie im realen Alltag – in dem man alle mögen sollte. Hier kann ich mich mit meinen Freunden im Team – auch mal politisch inkorrekt – gegen die Gegner richten.

Die Sehnsucht nach einer verlässlichen Welt, die eine kindliche Unbeschwertheit erlaubt, manifestiert sich auch in den Träumen vieler Kinder, berühmt zu werden, zu Superstars zu avancieren, die von allen bewundert und vor allem versorgt werden. Castingshows und steile Youtube-Karrieren stehen beispielhaft für einen Entwicklungsraum ohne Grautöne: Entweder gelingt es, einen glanzvollen Aufstieg hinzulegen oder es droht der Absturz ins Bodenlose. Zwischen Superstar und Loser gibt es in der Phantasie Heranwachsender kaum noch Zwischenstufen. Diese immense Kippeligkeit der Entwicklungs(alp)träume führt dazu, dass Heranwachsende sich davor scheuen, eine klare Richtung in ihrer Entwicklung einzuschlagen. Oft meiden sie lange Zeit entschiedene Festlegungen. Mitunter bremsen sie sich auch im Hinblick auf eine offen ausgelebte Pubertätsrevolte aus. Sie fürchten, als rebellisches Kind das Familiensystem zusätzlich zu belasten.

Die konkreten Entwicklungswünsche der Kinder speisen sich aus zwei Sehnsüchten: zum einen, groß rauszukommen, und zum anderen, einen sicheren Hort zu haben.

So möchten sie beispielsweise »eine berühmte Youtuberin werden«, »als Fantasy-Autorin bekannt und beliebt sein«, »auf der Bühne stehen und ein erfolgreicher Musiker sein«, »Germanys next Topmodel werden«, »der beste Skateboarder oder Longboardfahrer sein«, »ein Held mit Superkräften wie Spiderman sein«, »anderen Leuten helfen, um auf der ganzen Welt berühmt zu werden«.

Die Sehnsucht nach einem sicheren Hort wird deutlich in Wünschen wie »immer ein Dach über dem Kopf haben«, »ein Auto mit gutem Navi, das einen sicher zum Ziel bringt«, »Familie haben«, »ein eigenes Haus oder eine Wohnung haben«, »keine Geldsorgen haben«, »Freunde, Privatsphäre, Sicherheit«, »dass man keine Angst haben muss«, »Eltern, die immer die Wahrheit sagen und auf die Kinder aufpassen«, »einfach glücklich sein und geliebt werden«.

Beiden Sehnsüchten zugrunde liegt der tiefe Wunsch, gesehen, respektiert und geliebt zu werden – und nach Eltern, die wieder den Mut und die Möglichkeit haben, ihre Elternrolle anzunehmen.

Denn Eltern sind extrem verunsichert und sehen sich in der Not, überhöhten Ansprüchen unserer Kultur gerecht werden zu müssen. Sie leben in einer Gesellschaft, in der Turboeffizienz und Glückmaximierung die Berechtigung und Bewertung allen Tuns zu sein scheinen. So brauchen gerade auch Eltern die Erlaubnis, wieder mal Fehler machen zu dürfen, um den Mut zu finden, ihre Elternrolle anzunehmen und mit weniger Ängsten in eine wirkliche Beziehung zu ihren Kindern treten zu können.

Literatur

Grünewald, S. (2006). Deutschland auf der Couch: eine Gesellschaft zwischen Stillstand und Leidenschaft. Frankfurt a. M. u. New York: Campus.

»Vätergeschichten«

Sich erzählend dem Vater nähern

Mark Riklin und Andreas Borter

Beide haben schon so manches an bis dahin nicht Realisiertem auf den Weg gebracht: Mark Riklin, Anstoßer und Umsetzer verschiedenster kreativer Initiativen, Andreas Borter, Fachexperte bei *maenner.ch*, Dachverband der Schweizer Männer- und Väterorganisationen.

Im Folgenden geht es um »Vätergeschichten«. Mark Riklin erzählt, wie er sich diesem narrativen Ansatz genähert und ihn weiterentwickelt hat. Andreas Borter verdeutlicht dessen gegenwärtig gesehenen Stellenwert in der Väterarbeit von *maenner.ch*, unter besonderer Berücksichtigung der Gleichstellungsperspektive.

(H. W. / J. H.)

Fingerabdrücke von Kind-Vater-Beziehungen

Mark Riklin

Herisauer Obstmarkt um die Mittagszeit. Zwei gemütliche Ohrensessel möblieren den öffentlichen Platz – ein Wohnzimmer an der frischen Luft, von der Frühlingssonne geflutet. Zwei Gastgeber laden Passantinnen und Passanten ein, ihre persönlichen Erinnerungen an ihre Väter, ihre Großväter oder an ihr Vatersein zu schildern. Ein Geschichtensammler hört aufmerksam zu, macht Notizen, fasst zusammen und bedankt sich für das Gehörte.

Geschichtenarchiv

Im Idealfall werden die Vätergeschichten noch am selben Abend in paraphrasierter Form verschriftlicht, solange sie noch »warm« sind. Auf Wunsch werden die Szenen den Erzählenden zum Gegenlesen gesandt, bevor sie in anonymisierter Form unter *vaetergeschichten.ch* geschaltet werden. Ein Beispiel:

»Dass mein Vater immer diese farbigen Hände hatte? Viel zu viele
Farbtupfer fanden den Weg auf die beiden großen Handoberflächen
und seine Fingernägel. 9- oder 10-jährig war ich, als ich ihm anbot,
seine Fingernägel mit Aceton zu putzen. Mein Dätti sollte sich nicht
schämen müssen mit seinen schönen Händen. So bildeten wir einen
länger anhaltenden Bund. Vater legte nach getaner Arbeit seine Hände
auf das Lavabo [Waschbecken; MR], und ich reinigte jeden seiner Finger – ein sprachloses Miteinander. Genüsslich nahm er sich Zeit, mir
seine Hände anzuvertrauen. Es schien, als ließe er seinen Tag Revue
passieren. Eine Nähe entstand, von der ich auch später noch zehrte.«
(Tochter, geb. 1944, Kommunikationsfachfrau; Vater, geb. 1906, Maler-
meister. Jahre: 1953/54)

Knapp 200 Vätergeschichten haben in den letzten zwei Jahren den
Weg ins Archiv für Vätergeschichten gefunden. In kleinen Städten
und ausgewählten Unternehmen waren sie unterwegs, die mobilen
Schreibstuben, um Menschen auf ihren Vater oder ihr Vatersein
anzusprechen.

Positive Debatte über Vatersein

»Vätergeschichten« ist ein auf mehrere Jahre angelegtes Projekt von
maenner.ch, dem Dachverband der Schweizer Männer- und Väterorganisationen. Erstmals erprobt und umgesetzt wurde das Projekt im
Rahmen einer Pilotphase in der Ostschweiz rund um den 6. Schweizer Vätertag am 3. Juni 2012 im öffentlichen Raum in kollegialer
Zusammenarbeit mit *FamOS* (Familien Ost-Schweiz), in Unternehmen mit Unterstützung des Eidgenössischen Büros für Gleichstellung von Frau und Mann *(EBG)* im Rahmen der Finanzhilfen nach
dem Gleichstellungsgesetz – mit dem Ziel, der aktuellen Debatte
über Vaterschaft und Vatersein einen sichtbaren Rahmen zu geben.
   »Vätergeschichten« verfolgt einen narrativen Ansatz: Sowohl in
der Öffentlichkeit als auch in Betrieben soll Väterlichkeit anhand
kleiner Geschichten veranschaulicht werden. Zudem zeigt sich,
dass darüber ein Gegenpol zu problemorientierten Darstellungen
von Väterlichkeit entsteht und so in unserer Gesellschaft eine positive Debatte über Vatersein an Raum gewinnen kann. Biografisch

Rekonstruiertes korrigiert stereotype Bilder, zeigt die Vielfalt von Väterlichkeit und kann anregen, sich Zeit fürs Vatersein zu nehmen.

Selbstversuch in vier Schritten

Am Anfang meiner Reise zu den Vätergeschichten steht eine Spurensuche im Selbstversuch: vier Schritte in Richtung einer erwachsenen Kindersicht auf Vater und Mutter.

Schritt 1: Einnisten lassen der Frage nach szenischen Erinnerungen an meine Eltern über einen längeren Zeitraum. Stichwortartiges Auflisten von dem, was das innere Erlebnisarchiv ans Tageslicht befördert.

Schritt 2: Sichtung des Geschichtenschatzes aus je 30 bis 40 Szenen. Gewichtung der Blitzlichter aufgrund der emotionalen Bedeutung. Ausformulierung ausgewählter Szenen in fünf bis sechs Sätzen.

Schritt 3: Zusammenfügen und Übereinanderlegen der Geschichten. Suche nach Mustern, Fäden und Knotenpunkten im Geschichtenteppich.

Schritt 4: Wertschätzung und Würdigung dieses Erinnerungsschatzes aus der Kindheit. Zurückbringen der Geschichten zu meinen Eltern: ans Sterbebett meiner Mutter, in einem zehnseitigen handgeschriebenen Brief an meinen Vater.

Zaungast am Rande der Szene

Was mir bei dieser Beschäftigung bewusst wird: wie reichhaltig mein Schatz an Vater- und Muttergeschichten ist; in welch anregender Umgebung ich mit meinen fünf Geschwistern aufwachsen durfte; und wie leicht es mir fällt, meine Erinnerungen in einzelnen Szenen voneinander abzugrenzen.

Was meine Vatergeschichten betrifft, fällt mir insbesondere auf, wie oft ich in diesen Szenen Zaungast bin, meinen Vater beobachtend. Ein Beispiel aus den 1970er Jahren:

»Ich (10) sitze unterm Schreibtisch meines Vaters (40) und durchsuche seinen Papierkorb nach Verwertbarem: Ausschusspapier, Kugelschreiber, halb vertrocknete Leuchtstifte. Mein Vater spricht in sein

Diktafon. Während der Pausen zwischen den einzelnen Sätzen saugt er genüsslich an seiner Tabakpfeife und pafft den Rauch über sein handgeschriebenes Manuskript hinweg. Die Schreibstube füllt sich mit einem angenehmen Duft, dem Duft meiner Kindheit.«

Mein Vater war durch seine wissenschaftliche Tätigkeit stark absorbiert, oft abwesend, physisch und/oder geistig. Selbst in den Ferien war er vor allem mit Aristoteles, Platon oder Donato Giannotti beschäftigt. So folgte uns jeden Sommer ein anderer Philosoph an unseren Ferienort und beanspruchte einen Großteil seiner Aufmerksamkeit.

Das Auflisten meiner Vätergeschichten rückt die andere Seite der Medaille in den Mittelpunkt: Mir wird bewusst, wie oft ich teilhaben durfte an seinem Leben; wie oft ich meinen Vater in seinem Element, in seinen Leidenschaften als Forscher, Buchautor, Musiker, Kunstliebhaber oder Alpinist erleben durfte. Diese offene und neugierige Haltung dem Leben gegenüber war von ansteckender Wirkung, sodass ich heute »Ausflüge in die Neugierologie« anbiete.

Einladendes Erzählset

Auf der Grundlage dieses Selbstversuchs mache ich mich gemeinsam mit Cornel Rimle, Präsident von *ForumMann,* auf den Weg, Vätergeschichten einzufangen – vom Kindergarten bis zum Pflegeheim, vom Marktplatz bis zur Tankstelle, quer durch die Gesellschaft.

An allen Orten wird ein einladendes Erzählset aufgebaut, das sich deutlich von einem Informations- oder Verkaufsstand unterscheidet, als Eyecatcher Interesse weckt und Fragen aufwirft, dadurch den Schritt vorbeiziehender Passanten verlangsamt. Zwei Gastgeber stehen bereit, um Antworten auf offene Fragen zu geben und auf die Grundidee der »Vätergeschichten« aufmerksam zu machen.

In der Bahnhofshalle Romanshorn bleibt eine Frau während des Aufstellens des Mobiliars stehen und erkundigt sich, ob das Tischchen zwischen den zwei Klappstühlen zu kaufen sei, es würde bestens in ihre Wohnung passen. Eine andere Frau entscheidet sich, einen Zug auszulassen, um auf einem Stuhl Platz zu nehmen. Mit geschlossenen Augen sucht sie nach einer geeigneten Vatergeschichte. Plötzlich höre ich sie sagen: »Jetzt habe ich sie!«

»In einer Nebenbucht von Rio de Janeiro, kurz vor Weihnachten. Um Mitternacht weckt mich mein Vater mit dem Satz: ›Es blüht wieder eine!‹ Zusammen gehen wir nach draussen in die heiße Nacht. An der Hauswand entdecke ich eine Königin der Nacht, die eine große weiße Blüte geöffnet hat. Nur für diese eine Nacht. Diesen vergänglichen Moment der Schönheit werde ich nie vergessen.« (Tochter, geb. 1942, Therapeutin für Bioenergetik; Vater, geb. 1896, Agronom. Jahr: 1946)

Im Laufe des Geschichtensammelns hat sich ein methodisches Vorgehen in sieben Schritten herauskristallisiert:

Schritt 1: Einführen
Interessierte Passantinnen und Passanten werden in Grundidee und Kontext der »Vätergeschichten« eingeführt. Eine große Mehrheit zeigt sich begeistert, und trotzdem will nur eine Minderheit erzählen, sich mit einem eigenen Beitrag exponieren. Geschichten über Väterlichkeit und Vatersein haben etwas Privates, etwas Intimes. In wenigen Worten legen sie eine Kind-Vater-Beziehung offen, lassen tief ins Innenleben von Vätern, Töchtern und Söhnen blicken.

Schritt 2: Eröffnen
Wer sich darauf einlässt, findet sich in Kürze in der eigenen Kindheit wieder. Entscheidend für das Hervorlocken einer Vatergeschichte ist die Schlüsselfrage, vergleichbar mit dem Eröffnungszug in einer Schachpartie. Als offener neutraler Erzählstimulus dient eine einzige Frage: »Wenn Sie an Ihren Vater denken: Gibt es etwas, was Sie nie vergessen werden? Ein Erlebnis, ein Ereignis, eine Szene?« Verblüffend schnell haben die meisten Erzählenden eine konkrete Szene vor sich, können fast schon auf Knopfdruck eine Geschichte abrufen, aus dem Stegreif! Szenen werden wachgerufen, Erinnerungen rekonstruiert, das Kopfkino in Gang gesetzt.

Schritt 3: Zuhören
Die Kunst des narrativen Interviews besteht darin, den Geschichtenträger erzählen zu lassen, möglichst ohne ihn im Erzählfluss zu unterbrechen, Pausen auszuhalten, das Erzählte nonverbal zu bestätigen. Aufmerksam beobachtet der Geschichtensammler das

Bild, welches auf seiner inneren Leinwand entsteht. Insbesondere achtet er

a) auf die Protagonisten, die im Mittelpunkt stehen (Sohn und Vater, Tochter und Vater),
b) auf die Handlung zwischen den Akteuren (beobachtend, teilnehmend) und
c) die Bühne des Alltags (inkl. Ausstattung), auf der die Szene spielt.

Schritt 4: Nachfragen

Sobald der Erzählende seinen Erzählbogen geschlossen hat, zieht der Zuhörende solange an der Geschichte, bis das Bild im Kopf scharf gestellt ist: Kleine Details werden geklärt, wichtige Begriffe und Schlüsselformulierungen notiert, um die Geschichte später möglichst detailgetreu aufschreiben zu können.

Schritt 5: Abschließen

Wer im Erzählsessel Platz genommen hat, steht meist nicht mehr freiwillig auf, eine Geschichte ruft die nächste. Da hilft: Sobald das spontan Erzählte »rund« scheint, bittet der Zuhörende darum, die Geschichte nochmals zusammenfassen zu dürfen. Letzte Anpassungen werden gemacht, Kontextangaben (Jahrgänge und Berufe der Protagonisten sowie das Jahr der Szene) ergänzt, Gegenlesen offeriert und Fragen der Veröffentlichung geklärt. Abschliessend wird die Geschichte gewürdigt und anerkannt, ohne sie zu bewerten.

Schritt 6: Verfassen

Wenige Stunden später wird die Vätergeschichte in paraphrasierter Form verschriftlicht, vom Geschichtensammler in dessen eigenen Worten verdichtet, ohne den Inhalt zu verfremden. Die Szene wird aus der Ich-Perspektive, meist in der Gegenwart formuliert und durch einen prägnanten Titel ergänzt. Auf Wunsch wird die Geschichte zum Gegenlesen zugestellt, bevor sie im digitalen Geschichtenarchiv *vaetergeschichten.ch* freigeschaltet wird.

Schritt 7: Zustellen

Wer sich hin und wieder von einer solchen Geschichte überraschen lassen will, kann mit dem Eintrag seiner Mailadresse ein kostenlo-

ses Geschichten-Abo bestellen (http://www.vaetergeschichten.ch/
fahrstunde).

Episodenfilm

In der Summe sind die gesammelten Väterszenen eine Art Episoden-
film, der auf bildhafte, sinnliche und überraschende Weise zeigt, wie
vielfältig Väterlichkeit und Vatersein in unserer Gesellschaft gelebt
wurde und wird.

Neben punktuellen einmaligen Erlebnissen werden immer wieder auch kleine Rituale berichtet, die sich über einen längeren Zeitraum erstrecken: dem Vater abends entgegenrennen, sich ans Bein
klammern und so nach Hause getragen werden; gemeinsam Milch
holen und auf dem Weg die Sterne erklärt bekommen; sich vor dem
Ins-Bett-Gehen necken und auskitzeln.

Auffallend selten sind Berichte über negative, etwa traurige und
belastende Erlebnisse und Erfahrungen (weniger als zwanzig Prozent). Sowohl die Schlüsselfrage als auch das journalistische Rollen-
skript und Erzählsetting im öffentlichen Raum scheinen mehrheitlich positive Erinnerungen hervorzulocken.

Stark durch Beziehung

elternbildung.ch, ein Portal für Eltern und Fachpersonen, vermittelt in seiner aktuellen Kampagne »Stark durch Beziehung« die
wichtigsten Grundlagen, die ein Kind von Anfang an braucht, um
die Herausforderungen und Entwicklungsaufgaben der folgenden
Jahre zu meistern. Werden diese Beziehungsdimensionen als Raster über die Vätergeschichten gelegt, werden auch dort einzelne
Facetten von Väterlichkeit sichtbar: Kontakt und körperliche Nähe,
Geborgenheit und Verlässlichkeit, Zuwendung und Zwiegespräch,
sichere Bindung, Vertrauen in meine Fähigkeiten, Anerkennung
meiner Einzigartigkeit, anregende Entwicklungsumgebung, Orientierung. – Hier das Beispiel einer Vätergeschichte, die wohl der
Dimension »Geborgenheit und Verlässlichkeit« zugeordnet werden kann:

»Kalt ist es draußen, es liegt meterhoher Schnee, harter Schnee. Ein Tag, an dem die meisten Kinder im Zürcher Oberland auf die Bretter wollen, hinauf auf den Farner. Aus dem Keller steigt der Duft von Parafin. Noch vor dem Mittagessen hat mein Vater das ›Bügeleisen‹ eingeheizt. Der Entscheid, welchen Wachs er mir heute auf die Bretter schmelzen will, ist schnell gefasst: Toko 5 und Toko 3. Ganz zum Schluss wickelt er noch ein kleines Stückchen Toko Silber in einen Stoffresten, drückt es mir in die Hand und meint lachend: ›Für alle Fälle – falls es doch noch wärmer wird.‹« (Tochter, geb. 1950, Übersetzerin und Lehrerin; Vater, geb. 1924, Disponent. Jahr: Anfang der 1960er Jahre)

Unscheinbarkeiten des Alltags

Die Vaterszenen sind eine Art Gucklöcher in Beziehungs- und Lebensgeschichten, die auf direktem Weg ins Alltagsleben von Kindern und deren Vätern führen. Die Illustratorin Corinne Bromundt stöbert ausgiebig im Archiv. Was ihr entgegenkommt, ist »ein Stimmungsgemälde aus unaufgeregten, alltäglichen Situationen, die Beziehungen zwischen Kindern und ihren Vätern beschreiben – eine Art Erinnerungsspuren oder anders ausgedrückt: Fingerabdrücke von Kind-Vater-Beziehungen.«

Der Zauber der Geschichtensammlung liege darin, so Bromundt weiter, dass es alltägliche Begebenheiten seien, aus Erwachsenensicht oft Selbstverständlichkeiten, die eine so große Erinnerungskraft entfalten: »Dass diese Unscheinbarkeiten mancherorts Jahre der Hektik, den Stress des Erwachsenwerdens, den Einstieg in die Berufswelt, das Sich-Einfinden in verschiedensten Lebensrollen, Aufgaben und Herausforderungen überdauert haben, versetzt mich in Staunen!«

Wer in die Vätergeschichten eintaucht, kann fast nicht anders, als an die eigenen Geschichten erinnert zu werden. In den fremden Geschichten spiegeln sich sehr oft die eigenen. Oder in den Worten von Corinne Bromundt:

»Ich wurde in die eigene Kindheit zurückversetzt und war verblüfft, dass ich einige vertraute Szenen entdeckte, von denen ich dachte, sie wären nur in unserer Familie zu finden. So kann auch ich mich erinnern, wie wir uns an Vaters Bein klammerten und uns von ihm wie von einem

Riesen durchs Haus tragen ließen, als er von der Arbeit kam. Man könnte denken, die Geschichten seien auf der Spur eines gemeinsamen Kulturgutes, einer allgemeinen Familienkultur.«

Wandernde Geschichten

Das Archiv für Vätergeschichten bildet die Basis für verschiedenste Spielarten, wie der Geschichtenfundus wieder in die Gesellschaft eingespeist werden kann. Ein paar weitere Möglichkeiten aus dem Ideenkoffer (kurze Veranschaulichungen von im Folgenden Erwähntem auf Youtube unter *https://www.youtube.com/watch?v=ddeL-4Z90gU*):

- *Wandernde Geschichten:* Immer wieder erzählen Geschichtenträger, dass ihre Geschichten weitergewandert sind: an den Familientisch oder als Wertschätzung zurück zu den Vätern, beispielsweise zum Geburtstag.
- *Stolper-Geschichten:* Vätergeschichten werden im Alltag »ausgelegt«: als gezielt eingesetzte Postkarten, als Tisch-Sets in Restaurants, als Aushang am stillen Örtchen, als Fortsetzungsserie in einer Zeitungsrubrik (siehe *maennerzeitung.ch*), an einer Wäscheleine im öffentlichen Raum (z. B. zu einem Quartiersfest), auf dem Screen in der Eingangshalle eines Unternehmens.
- *Auditive Geschichten:* Vätergeschichten sind im öffentlichen Raum abrufbar in Form »sprechender Briefkästen«, Hörstationen oder Rohrgeflüster, mittels Geschichtentelefon oder Poetophon der Geschichtenerzählerin Mo Keist.
- *Kleinst-Veranstaltungen:* Ausgewählte Vätergeschichten werden als Rohstoff für einen Poetry Slam, ein Theaterstück oder ein Playback-Stück verwendet.

Lesungen an überraschenden Orten

Lesungen funktionieren meist nicht im luftleeren Raum, sondern erfordern einen Anknüpfungspunkt. Mögliche Aufhänger sind thematische Tagungen im Bereich Väterarbeit (vgl. »Väterarbeit im europäischen Vergleich«, Unna 2013), Elternbildung (vgl. »Stark durch Beziehung«, Gossau 2013), Storytelling (vgl. »Partizipatives Storytelling«, Luzern 2012), Ausstellungen (vgl. »Das schwache Geschlecht«, Kunstmuseum Bern 2013) sowie (inter)nationale Gedenktage (vgl. »World Storytelling Day« am 20. März, »Schweizer Vätertag« am ersten Sonntag im Juni).

So wurde das Geschichtenarchiv am 7. Schweizer Vätertag (2. Juni 2013) mit einer Lesung eröffnet und der Öffentlichkeit zugänglich gemacht. Im Rahmen einer Sonntagsmatinée las ein Schauspieler-Duo ausgewählte Szenen (1940 bis 2012) aus der Sammlung, musikalisch umrahmt von einem Akkordeonisten. Als symbolischer Schauplatz diente eine Wochenbettstation, wo neben Kindern und Müttern auch Väter auf die Welt kommen. Gastgeberin war die Geburtenabteilung des Spitals Herisau, Veranstalter das Amt für Gesellschaft, Departement Inneres des Kanton Appenzell Ausserrhoden.

Eine zweite Lesung fand im März 2014 in einer fahrenden Zugskomposition der Regionalbahn »Thurbo« statt. Reisende wurden via Lautsprecher-Durchsage vom Lokführer auf die Möglichkeit hingewiesen, beim »Bildungskondukteur« per Handzeichen kostenlos einen Kopfhörer zu bestellen, um an der heutigen Lesung teilzunehmen. Ein Live-Erzähler wanderte durch die einzelnen Abteile und rezitierte Kostproben aus dem Geschichtenarchiv in sein Mikrophon. Die Lesung endete mit dem Hinweis, die Lektüre auf dem Smartphone fortzusetzen, welches Interessierte mittels QR-Code direkt mit *vaetergeschichten.ch* verband. Per Handzeichen konnte zudem ein Geschichtensammler ins eigene Abteil gebeten werden, um eine neue Vatergeschichte aufzunehmen.

»Vätergeschichten« als eine neue Facette im Gleichstellungsdiskurs

Andreas Borter

Der Dachverband der Schweizerischen Männer- und Väterorganisationen *männer.ch* (http://www.maenner.ch) hat sich in den letzten Jahren in seiner Projektarbeit intensiv darum bemüht, neue Zugänge zu Gleichstellungsthemen zu erarbeiten und zu erproben, so zum Beispiel als Träger des Großprojekts »der Teilzeitmann« (http://www.teilzeitmann.ch). Anstoß hierfür war die Einschätzung, dass Vieles, was in der Gleichstellungsarbeit an Instrumenten bisher erprobt worden ist, weder die gewünschte Breitenwirkung noch die erhoffte Nachhaltigkeit erzielt hat. Dies auch deshalb, weil gleichstellungsorientierte Angebote für die Zielgruppe Männer/Väter bisher in erster Linie als Maßnahmen zur Umsetzung von bereits vordefinierten Gleichstellungszielen konzipiert worden sind. Männer und Väter waren bei deren Erarbeitung kaum einbezogen. Auch wurden Fragen nach Werten und Normen, welche den herkömmlichen Vater- und Mutterbildern zugrunde liegen, bisher kaum zur Sprache gebracht. Der Diskurs blieb damit zu stark an der Oberfläche. In der Arbeit mit »Vätergeschichten« zeigt sich nun ein Weg, um nochmals auf tradierte Elternrollen zurückzuschauen und damit weitere und tiefere Dimensionen aufzumachen. Es können so Ansätze erprobt werden, welche auch »Urbilder« von Väterlichkeit sichtbar machen und welche die Möglichkeit eröffnen, diese zu bearbeiten und gegebenenfalls zu transformieren.

Wenn dabei Väter unter anderem als Helden und Abenteurer, als Beschützer und Begleiter auftauchen, bringt Erinnerungsarbeit unter Umständen auch Vorstellungen von Väterlichkeit zum Vorschein, welche zunächst mit den Forderungen an zeitgemäßes partnerschaftliches Vatersein nicht kompatibel sind, welche rasch die Ängste vor einer Rückkehr zu patriarchalen hegemonialen Formen von Vaterschaft wachrufen könnten. Wohl deshalb findet der Ansatz in Gleichstellungskreisen nicht überall Gehör und löst hier auch Kontroversen bezüglich der Relevanz dieses Vorgehens für die Arbeit an Rollenfragen aus.

Die Arbeit mit »Vätergeschichten« bringt aber auch Bilder des versagenden, des verletzenden oder des abwesenden Vaters ans Tageslicht. Zwar haben wir uns entschieden, derartige Bilder durch unser methodisches Vorgehen weniger zu evozieren und in erster Linie die positiven und weiterführenden Aspekte väterlichen Handelns zu zeigen. Und doch ist sie auch da, diese negative Seite des Vaters. Auch sie will gehört, gesehen und auch ausgehalten werden. Die Sammler der »Vätergeschichten« sind auch damit konfrontiert, sind hier besonders gefordert, damit sorgfältig und verantwortungsvoll umzugehen.

Die Arbeit mit »Vätergeschichten« löst die vorhandenen Spannungsfelder nicht auf, sondern lässt sie zunächst einmal stehen. Die

Erinnerungsarbeit will auch nicht gleich wieder in neue Konzepte und Anweisungen münden. Sie zollt den ans Licht kommenden Väterbildern zunächst einmal einfach den vollen Respekt und traut ihnen zu, dass sie von selbst Reflexionsprozesse auslösen. Ohne den Anspruch auf therapeutische Arbeit zu haben, meinen wir, mit den »Vätergeschichten« wichtige Prozesse in Gang zu bringen, welche letztlich auch gleichstellungspolitisch von Relevanz sein werden. Damit bleiben wir in unserem Vorgehen dem in der Väterarbeit leitenden ressourcenorientierten Ansatz treu, welcher von einer Haltung der Wertschätzung und der Anerkennung ausgeht und welcher dem Gegenüber die Stärke zutraut, seine Emanzipationsprozesse selbst zu gestalten.

Solch anerkennende Haltung wirkt sich auch im direkten Kontakt mit den erzählenden Personen aus. Wir als Zuhörende schaffen bewusst eine Atmosphäre des Vertrauens und der Zuwendung, welche oft »verschlossene Türen« öffnet. Auf diese Weise kommen für die Erzählenden in ihren Väterbildern immer wieder auch für sie selber überraschende Aspekte zum Vorschein. So erleben sie nicht selten intensive Momente der Dankbarkeit für den väterlichen Beitrag oder auch Gefühle der Trauer über Verpasstes oder Erlittenes. Staunend entdecken die Erzählenden die Bedeutung und Nachhaltigkeit einzelner erlebter »Vatermomente«. Als Geschichtensammler stellen wir dafür den tragenden Rahmen zur Verfügung und vermitteln die nötige Sicherheit, um auch Tieferliegendes ans Licht zu holen.

Bei der Arbeit mit »Vätergeschichten« erleben wir, dass diese auch für die Arbeit mit spezifischen Zielgruppen und auch im Kontext von Unternehmen neue Möglichkeiten eröffnen. So haben wir in den letzten Jahren im Auftrag mehrerer Schweizer Kantone Gesprächskreise für Väter mit Migrationshintergrund durchgeführt. Dabei hat sich die Arbeit mit »Vätergeschichten« als äußert hilfreich und weiterführend gezeigt, um die kulturellen Hintergründe des Vaterbildes zur Sprache zu bringen und daraus Konsequenzen für die Gestaltung der Vaterrolle im neuen Umfeld der Schweiz zu ziehen.

In einem Pilotprojekt mit »Vätergeschichten« in bisher sechs ganz unterschiedlichen Unternehmen hat sich überall gezeigt, dass der Ansatz sehr grundlegende Fragen über die Werthaltungen eines

Betriebs in Sachen Vaterrolle und Vereinbarkeit von Beruf und Familie zur Sprache bringt. Für die betriebsinterne Arbeit mit »Vätergeschichten« ist deshalb die Zustimmung der obersten Führungsetage nötig, und die Bereitschaft von Vorgesetzten, sich auf eine stärker emotionale Ebene einzulassen, sich durch die »Vätergeschichten« möglicherweise auch stören zu lassen. Wenn sich zum Beispiel Mitarbeitende einer großen Kommunikationsfirma in der Mittagspause in der Eingangshalle auf ein rotes Sofa setzen und – statt über Aspekte der Arbeit oder über Autos zu sprechen – sich über die bereitliegenden Kopfhörer andächtig die »Vätergeschichten« von Frauen und Männern aus ihrer Firma anhören, kann da schon Einiges in Bewegung geraten …

Als Sammler und Redakteure von »Vätergeschichten« sind wir bemüht, ganz besonders auch auf die Stimmungen und auf die »leisen Töne« in den Schilderungen zu achten: So sollen zum Beispiel auch Gegenstände und sinnliche Wahrnehmungen rund um den Vater beschrieben werden. Seine Ausstrahlung, seine Emotionen, seine Reaktionen, seine Möglichkeiten und Grenzen sollen ebenfalls sichtbar und neu erlebbar werden.

Wir sind uns bewusst, dass wir als »Empfänger« der Geschichten durchaus selbst unsere leitenden Wertmaßstäbe einbringen und mit der Art unseres Zuhörens auch steuernd Einfluss nehmen. Wir erachten es daher als besonders wichtig, dass in den »Vätergeschichten« gerade auch die Dimension des empathischen und des emotional engagierten Vaters zu Wort kommt. Durch traditionelle gesellschaftliche Rollenbilder sind diese Aspekte bisher oft verschüttet. Wir sind überzeugt, dass gerade in ihnen ein Potenzial zur Neugestaltung der Vaterrolle steckt. Wenn durch die Erinnerungsarbeit mittels »Vätergeschichten« der Wert und die Vielfalt der väterlichen Beiträge neu bewusst und erlebbar gemacht werden kann, wird dies dazu ermutigen und beflügeln, im eigenen Mutter- oder Vatersein neue Facetten zuzulassen und im Alltag zu erproben.

Was wünschen sich Kinder von ihren Vätern?

Impulse für die väterbezogene Arbeit
in Kindergarten und Grundschule

Julia Scholl

Väter und ihre Rolle in Familie und Erziehung genießen momentan
eine gesteigerte Aufmerksamkeit in der öffentlichen Wahrnehmung.
In den unterschiedlichsten gesellschaftlichen Bereichen werden neuartige Facetten des Vater-Seins thematisiert. Doch welche Vorstellungen und Wünsche haben eigentlich die Kinder im Hinblick auf
ihre Väter? Der folgende Beitrag nimmt Bezug auf eine qualitative
Studie aus dem Jahr 2011. Nach einer einführenden Skizze zur Vaterrolle in Gesellschaft und im Bildungssektor werden die Vorgehensweise und zentralen Ergebnisse der Studie sowie daraus abgeleitete
Schlussfolgerungen für die sozialpädagogische Praxis vorgestellt.
Hierdurch soll ein vertiefter Einblick in die kindliche Erlebniswelt
ermöglicht werden (Scholl, 2011).

Neue Ansprüche ans Vater-Sein – Die Vaterrolle in Bewegung

Die Vaterrolle hat sich in den vergangenen Jahren wesentlich gewan-
delt. Wie mittlerweile an vielen Stellen zu lesen ist, möchte der
moderne Mann und Vater nicht mehr länger nur die traditionelle
Rolle des Ernährers einnehmen. Er möchte vielmehr ebenso in der
Betreuung und Erziehung der Kinder aktiv beteiligt sein, um so dem
gegenwärtig existierenden Idealbild des »ernährenden Erziehers« zu
entsprechen. Dass Vaterschaft gegenwärtig attraktiv ist, zeigt unter
anderem eine Studie des Deutschen Jugendinstituts im Auftrag der
Bertelsmann Stiftung aus dem Jahr 2008, in der 92,7 % der kinder-
losen Männer im Alter zwischen 25 und 30 Jahren eine Vaterschaft
bejahen (Zerle u. Krock, 2008). Diese Entwicklung wird von einer
Vielzahl gesellschaftlicher Bereiche unterstützt und gefördert. So
wurde von politischer Seite mit der Einrichtung des Gesetzes zum
Elterngeld und zur Elternzeit (BEEG) versucht, die Vereinbarkeit von

Familie und Beruf auch für Väter zu verbessern und deren Beteiligung an der Erziehung der Kinder zu ermöglichen. Auch im Bildungssektor hat der Wandel der Vaterrolle zu einem veränderten
Handlungsbedarf geführt. Aufgrund ihrer familiennahen Stellung
kann die Familienbildung eine sehr bedeutsame Unterstützungs-
funktion für Eltern ausüben, insbesondere in der frühen Kindheit,
in der sich elementare Entwicklungen der Persönlichkeit vollzie-
hen. Wenngleich die Familienbildung sich traditionell nur an Frauen
beziehungsweise Mütter richtete, gibt es mittlerweile bereits eine
Vielzahl von Konzepten, Befragungen und Angeboten, die die Interessen und Wünsche der Väter berücksichtigen und aufgreifen. Die
kindliche Perspektive steht dabei leider fast immer im Hintergrund.

Mein Papa und ich – Eine Studie aus Kindersicht

Doch gerade die Kinder als unmittelbar Betroffene und Betei-
ligte sollten in diesem Zusammenhang unbedingt mit in den Blick
genommen und ihre individuelle Wahrnehmung ihrer Lebenswelten berücksichtigt werden. Das Ziel der hier vorgestellten explorativen Untersuchung war es, kindliche Sichtweisen auf Väter mithilfe
unterschiedlicher Methoden sichtbar zu machen, um anschließend
Anregungen für die sozialpädagogische Praxis ableiten zu können.
Die konkreten Forschungsfragen lauteten:
- Wie erleben Kinder die Beziehung zu ihrem Vater?
- Was schätzen Kinder besonders an seiner Person?
- Welche Faktoren verspüren sie als positiv, welche als negativ in
  der Beziehungsgestaltung?
- Wie stellt sich die väterliche Verfügbarkeit im Vergleich zur müt-
  terlichen dar?
- Beeinflusst das Alter der Kinder diese Empfindungen?
- Wo liegen die Gemeinsamkeiten, wo die Unterschiede in ver-
  schiedenen Altersgruppen?
- Unterscheiden sich Jungen und Mädchen in ihrer Wahrneh-
  mung?
- Was wünschen sie sich für den Kontakt zum Vater?
- Wie können Erzieher/-innen und Lehrer/-innen diese Wünsche
  in der sozialpädagogischen Praxis unterstützen?

Um sich diesen Forschungsfragen anzunähern, wurden für die Studie vorwiegend Methoden aus der qualitativen Sozialforschung eingesetzt, die nicht standardisiert und normativ-vergleichend angelegt sind. Das zentrale Forschungsinstrument war ein Leitfadeninterview mit verschiedenen Schlüsselfragen zur Familiensituation, zu elterlicher Berufstätigkeit, väterlichen Aktivitäten etc. Diese Vorgehensweise ermöglichte es den Kindern, als Forschungssubjekt und Experten ihrer Lebenswelt selbst zu Wort zu kommen, wodurch ein wesentlich anschaulicheres Bild der kindlichen Perspektive erhoben wurde. Zusätzlich wurde ein bildnerisch-kreatives Verfahren als weitere wichtige kindliche Möglichkeit der Kommunikation und Interaktion (Schäfer, 1989, S. 108) integriert, um unbewusste oder bewusste Wünsche an die Väter zum Ausdruck bringen zu können. Konkret handelte es sich in dieser Studie um den von Luitgard Brem-Gräser entwickelten Test »Familie in Tieren« (Brem-Gräser, 2006) sowie eine Variation dieser Anordnung von Kos und Biermann, die »Verzauberte Familie« (Kos u. Biermann, 1995). Im Sinne einer Methoden- und Perspektiventriangulation wurden die an der kindlichen Perspektive ausgerichteten Erhebungsinstrumente um einen Fragebogen für Väter ergänzt.

Befragt wurden in der vorgestellten Studie insgesamt 21 Kinder. Dabei handelte es sich um zehn Vorschulkinder einer Kindertageseinrichtung im Alter zwischen fünf und sechs Jahren (sechs Jungen, vier Mädchen) sowie elf Grundschüler einer dritten Klasse im Alter zwischen acht und zehn Jahren (sechs Jungen, fünf Mädchen). Der Einbezug zweier unterschiedlicher Altersgruppen geschah gezielt im Hinblick auf eine mögliche Entwicklungsabhängigkeit der kindlichen Sichtweise in Bezug auf das Verhältnis zum Vater und sich gegebenenfalls daraus abzuleitender unterschiedlicher Handlungsbedarfe für die sozialpädagogische Praxis. Um Aussagen über eine eventuell geschlechtsspezifische Abhängigkeit der kindlichen Wahrnehmung des Vaters machen zu können, wurde in beiden Altersgruppen eine ungefähre Gleichverteilung von Jungen und Mädchen angestrebt.

Die leitfadengestützte Befragung wurde im Einzelsetting durchgeführt, das einen vertrauensvollen Rahmen und damit günstige Voraussetzungen bot, um kindliche Wünsche zum Ausdruck zu bringen. Die nach Möglichkeit offen gehaltenen Fragen gewährten einen

hohen Informationsfluss (Delfos, 2011, S. 157). Die verwendeten
Leitfragen lauten:
- Wie sieht deine Familie aus?
- Was arbeiten Mama und Papa?
- Wann geht Papa zur Arbeit/wann kommt er nach Hause?
- Findest du es gut/schlecht, dass Papa arbeiten geht?
- Was machen du und Papa, wenn er zu Hause ist?
- Was machst du am liebsten mit Papa?
- Was kann Papa besonders gut/nicht so gut?
- Wenn du und Papa Tiere wärt, welche wären das? Warum?
- Was können die Tiere gut/nicht so gut?
- Wenn du dir für dich und deinen Papa etwas wünschen könntest,
  ganz egal was, was wäre das?

Anschließend wurde das bildnerische Verfahren eingesetzt und die
Kinder gebeten, sich selbst und ihre Väter als Tiere zu zeichnen.
Der Einbezug dieser kreativen und phantasieanregenden Methode
gewährte einen Einblick in die kindliche Wunsch- und Vorstellungs-
welt (Trautmann, 2010, S. 77). Die Kinder wurden abschließend
gebeten, die dargestellten Tiere mit Eigenschaften zu verknüpfen,
die sie mit ihnen verbinden.

    Das Auswertungsprozedere der Kinderinterviews orientierte sich
an der »Globalauswertung«. Dieses Verfahren ist dazu angelegt, eine
»breite, übersichtsartige und zügige Auswertung von Dokumenten«
(Bortz u. Döring, 2009, S. 331) zu ermöglichen. Im Gegensatz zu
einer qualitativen Inhaltsanalyse bildet hierbei kein elaboriertes
Kategoriensystem die Basis der Auswertung, sondern unter Verwendung von Zitaten, Bildmaterial, Feldnotizen und Postskripten
erfolgt eine qualitative Fallcharakterisierung sowie Gesamtschau
aller Ergebnisse. Die Analyse der Kinderzeichnungen basierte größtenteils auf der Vorgehensweise zur inhaltlichen Deutung des Test-
verfahrens »Familie in Tieren« nach Brem-Gräser (2006). Zusätzlich wurden Aspekte der Entwicklung der Kinderzeichnung nach
Richter (1997) sowie Möglichkeiten der Analyse und Bewertung
von Kinderzeichnungen nach Schoppe (1991) berücksichtigt. Die
Väter-Fragebögen wurden als begleitendes Erhebungsinstrument
quantitativ-statistisch ausgewertet.

Zentrales Ergebnis – Kinder erleben die Vaterbeziehung als bereichernd

Als grundlegende Erkenntnis bei der Auswertung der Studie zeigte sich, dass die teilnehmenden Kinder die Beziehung zu ihrem Vater durchgängig als positiv und bereichernd bezeichneten. Gerne verbringen sie Zeit mit ihm und verknüpfen mit seiner Person zahlreiche schätzenswerte Eigenschaften. Diese stehen vor allen Dingen im Zusammenhang mit spielerischen Aktivitäten und Gestaltungsangeboten – bei den Jüngeren eher kognitiv geprägt (z. B. Karten- und Brettspiele), die Älteren schätzen mehr die körperliche Orientierung, am häufigsten bei gemeinsamen sportlichen Aktivitäten:

»Papa und ich spielen am liebsten Fußball. Ich bin nämlich in einer Fußballmannschaft und Papa auch. Darum trainieren wir oft zusammen.« (Konrad, 8 Jahre)

Die Bevorzugung spielerischer Unternehmungen mit den Vätern spiegelte sich ebenfalls in den Aussagen der Kinder zu den väterlichen Eigenschaften wider, die das Zusammensein für sie persönlich zu etwas ganz Besonderem machten. Sehr häufig wurden in diesem Zusammenhang die humorvollen und witzigen Seiten der Väter erwähnt, an vorderster Stelle wurde ihr Talent zum Ausgelassen-Sein immer wieder beschrieben:

»Am Papa mag ich am allerliebsten, dass der so viel Quatsch mit uns macht. Wir müssen dann immer ganz laut lachen … Manchmal muss Mama sich dann sogar die Ohren zuhalten.« (Frida, 5 Jahre)

Auch die während der Interviews entstandenen Zeichnungen der Kinder von sich und ihren Vätern in Form von Tieren zeigten deutlich ihre positive Wahrnehmung. So wurden den als Tiger, Bär oder Hund dargestellten Vätern neben den bereits erwähnten spielerischen Qualitäten auch andere charakterliche Merkmale, wie beispielsweise Stärke, Feingefühl, Verspieltheit, Geduld und Gutmütigkeit, zugeschrieben. Bei der Auswahl der gezeichneten Tiere zeigte sich häufig eine Präferenz für »liebe« Tiere der gleichen Art (z. B.

großer Hund und kleiner Hund). Diese Tatsache spricht vermutlich für eine wahrgenommene Zugehörigkeit und Familienähnlichkeit (siehe Abbildung 1). Bei einem Vergleich der von den Kindern zugeordneten Fähigkeiten der gezeichneten Tiere mit dem Merkmalskatalog der »Familie in Tieren« zeigte sich eine deutliche Übereinstimmung. Das Merkmal der emotionalen Nähe war dabei stark ausgeprägt (Brem-Gräser, 2006, S. 40 ff.).

Abbildung 1: Annika, 6 Jahre (groß: Vater als Hund, klein: Annika als Hund)

Väterliche Erwerbstätigkeit – Die einschränkende Komponente in der Kind-Vater-Beziehung

Eine deutliche Einschränkung in der begrüßten Gestaltung des familiären Alltags erlebten die Kinder durch die väterliche Berufstätigkeit. Die Tatsache, dass alle Väter der befragten Kinder in Vollzeit arbeiteten, schätze der Großteil als negativ ein: Zwei Drittel aller Kinder empfanden die väterliche Erwerbstätigkeit als sehr umfangreich und bewerteten sie als einschränkende Größe für die Beziehungsgestaltung, was durch Faktoren wie zusätzlich anfallende Heimarbeit, Schicht- oder Bereitschaftsdienst verstärkt wurde. Gleichwohl akzep-

tierte ein Drittel von ihnen die Berufstätigkeit des Vaters auch als
finanziell notwendig:

»Es ist schon okay, wenn Papa arbeiten geht. Schließlich machen alle
Erwachsenen das, sonst hat man kein Geld und ist arbeitslos.« (Ida,
8 Jahre)

Die Väter, die im Fragebogen noch eine mittlere Zufriedenheit im
Hinblick auf die gemeinsam verbrachte Zeit ausdrückten, beurteilten
die Vereinbarkeit von Familie und Beruf als mäßig bis schlecht und
gaben an, nur wenige Stunden am Tag gemeinsam mit ihren Kindern verbringen zu können (durchschnittlich 2,8 Stunden). Vor diesem Hintergrund herrschte bei allen teilnehmenden Kindern im Alltag eine deutliche Dominanz der Mütter vor, die so allerdings nicht
den Vorstellungen der Kinder entsprach. Sie favorisierten vielmehr
ein Modell, in dem beide Eltern zu gleichen Teilen ihre Betreuung
übernehmen, vergleichbar einem »Halbtagsjob«:

»Morgens geht der Papa ganz früh auf die Arbeit. Dann ist Mama da und
wir machen es uns nochmal ganz gemütlich [...]. Nach dem Kindergarten holt der Papa mich ab, denn dann ist die Mama dran mit arbeiten.
Da freue ich mich sehr und laufe immer ganz schnell zum Papa, der
hat dann nämlich ganz viel Zeit zum Spielen [...].« (Justus, 6 Jahre)

Diese Aussage könnte ein Indiz für die Annahme sein, dass Vater
und Mutter jeweils individuelle Funktionen für ihre Kinder einnehmen. In einigen Familien schien eine gute Regelung hinsichtlich
einer ausgewogenen Verteilung der mütterlichen und väterlichen
Verfügbarkeit bereits gefunden worden zu sein:

»Mama und Papa haben beide Zeit für mich, obwohl sie arbeiten gehen.
Freitags, wenn Mama arbeiten muss, ist Papa sogar den ganzen Tag
zu Hause. Dafür muss er dann Samstag ins Geschäft. Und sonntags
machen wir immer was zusammen. [...] Das finde ich super!« (Anna,
9 Jahre)

Geschlechtsspezifische Wahrnehmung – Keine wesentlichen Unterschiede bei Jungen und Mädchen

Die Ergebnisse der Interviews zeigten, dass es zunächst keine grundlegenden Unterschiede in der Wahrnehmung und zugeschriebenen Bedeutung des Vaters zwischen beiden Geschlechtern gab. Mädchen schienen der Anwesenheit des Vaters eine ebenso große Bedeutung beizumessen wie die Jungen. Beide favorisierten gleichermaßen spielerische Aktivitäten mit dem Vater. Bezüglich der konkreten kindlichen Spielpräferenzen bevorzugten die Jungen allerdings eher kognitiv ausgerichtete Spiele (wie Karten- oder Brettspiele), wohingegen die Mädchen motorische Aktivitäten (wie laufen oder fangen) vorzogen. Dieses Phänomen ist besonders im Kindergartenalter ausgeprägt. In der Grundschule nehmen bei den Jungen die körperlichen Aktivitäten und Spiele wieder eine zentrale Rolle ein, besonders in Form von Fußball. Bei den Mädchen sind sportliche Tätigkeiten auch weiterhin gefragt, jedoch nicht mehr in der Deutlichkeit wie im Elementarbereich. Allerdings zeigt sich bei ihnen jetzt ein deutlich facettenreicheres Beschäftigungsrepertoire mit dem Vater:

»Ich mache mit Papa alle möglichen Dingen zusammen. Am liebsten machen wir was mit Sport. Wir gehen oft zusammen schwimmen oder Rad fahren. Manchmal sind wir aber auch einfach draußen im Garten unterwegs.« (Lina, 10 Jahre)

Die Ergebnisse zeigen darüber hinaus, dass Väter für ihre Söhne wichtige Bindungspersonen und Identifikationsfiguren darstellen. So wählten viele der Jungen bei den Tierzeichnungen große und starke Tiere für die Darstellung von sich und ihrem Vater (siehe Abbildung 2):

»Kinder sind immer kleiner als der Vater. Ich möchte das aber nicht … ich bin lieber groß, dann kann ich auch Sachen machen, die Papa immer macht.« (Konrad, 8 Jahre)

Abbildung 2: Anton, 6 Jahre (Vater als Panther, Anton als Leopard)

Die Auswertung zeigte jedoch auch, dass sich die Kind-Vater-Beziehung nicht nur auf die Vater-Sohn-Beziehung beschränkt, sondern ebenso stets das Tochter-Vater-Verhältnis mitberücksichtigen muss.

Altersspezifische Entwicklungstendenzen – Einheitliches Empfinden bezüglich der Vaterrolle

Vergleicht man die Resultate der Untersuchung beider Altersgruppen, so wird deutlich, dass das unterschiedliche Alter der Kinder keinen maßgeblichen Einfluss auf die kindliche Wahrnehmung des Vaters hatte. Die an manchen Stellen tendenziell zu beobachtende »Verschiebung« der Perspektive konnte den entwicklungsbedingten Fähigkeiten zugeschrieben werden: So waren beispielsweise die teilnehmenden Grundschüler bei der Auswahl und Zeichnung der Tiere nicht nur in der Lage, diese abstrakter darzustellen, sondern wählten diese auch bewusster aus charakterlich zugeordneten Gründen aus. Manche väterliche Eigenschaften, die bei den Jüngeren noch eine wichtige Rolle spielten, traten bei den Älteren in den Hintergrund:

»Klar kann Papa auch total lustig sein, aber beim Fußball spielen haben wir dafür keine Zeit. Das ist ein verdammt ernster Sport.« (Konrad, 8 Jahre)

»[…] wenn der dann verliert, der Papa, dann macht der immer so eine komische Grimasse und fällt fast vom Stuhl […]. Das ist vielleicht komisch.« (Annika, 6 Jahre)

Ein interessanter Unterschied ließ sich allerdings bei den Tierzeichnungen beobachten, als die Grundschulkinder eine erstaunlich hohe Übereinstimmung bei der Darstellung der Väter in Gestalt eines Hundes aufwiesen. Dieses Phänomen war bei den Vorschülern so noch nicht zu erkennen, dort gab es vielmehr ein großes Spektrum an ausgewählten Tieren. Die den Tieren jeweils zugeordneten Charakterzüge zeigten im Grundschulalter, zusätzlich zu den übereinstimmenden Eigenschaften, ebenfalls andere Schwerpunkte wie Fleiß und Selbstbewusstsein, die in dieser Lebensphase eine wichtige Rolle spielen. Trotz dieser Unterschiede war bei beiden Altersgruppen festzustellen, dass sie ausschließlich positive Eigenschaften bei den dargestellten Vater-Tieren benannten. Die markantesten Übereinstimmungen waren charakterliche Merkmale wie Stärke, Verspieltheit, Gutmütigkeit und Geduld. Diese wesentlich übereinstimmenden Grundzüge in den Antworten könnten für ein altersübergreifend einheitliches Empfinden der Vaterrolle sprechen.

Was Kinder sich wünschen – Mehr Zeit mit Papa

Die Antwort fast aller Kinder auf die Frage, was sie sich von ihrem Vater wünschen, lautete: Zeit! Sie wollten sowohl generell mehr gemeinsame Zeit mit ihm verbringen als auch in Form von besonderen Aktivitäten, wie zum Beispiel einem schönen Ausflug oder einem Kinobesuch. Allerdings war auch hier festzustellen, dass ein Großteil der Kinder die finanzielle Notwendigkeit väterlicher Berufstätigkeit als Voraussetzung für mehr gemeinsam verbrachte Zeit in Verbindung brachte. Bereits für die Gruppe der Vorschulkinder stellte dies einen wichtigen Aspekt dar, der sich bei den Grundschülern noch steigerte.

»Ich würde mir wünschen, dass wir ganz reich sind. Denn erst dann kann Papa zu Hause bleiben und wir könnten ganz viel zusammen unternehmen.« (Anna, 9 Jahre)

Zusammengefasst zeigen die zuvor dargestellten Ergebnisse der Studie, dass die heutigen Väter von Kindern beiderlei Geschlechts als wichtige Bezugs- und Bindungsperson wahrgenommen werden. In diesem Zusammenhang wird zugleich deutlich, dass die Vereinbarkeit von Familie und Beruf heutzutage nicht mehr nur die Mütter, sondern zunehmend auch die Väter betrifft. Allerdings gibt es an dieser Stelle noch viel zu tun. Aktuelle Daten des Statistischen Bundesamtes (2013, S. 1 f.) zeigen, dass seit Einführung des Elterngeldes zwar auch immer mehr Väter Elternzeit in Anspruch nehmen, jedoch handelt es sich dabei durchschnittlich um einen beschränkten Zeitraum von nur drei Monaten. Der kindliche Alltag ist folglich weiterhin noch stark von den Müttern geprägt. Trotzdem zeigen die Ergebnisse der Studie, dass es für Kinder einen bedeutsamen Unterschied auszumachen scheint, ob Vater oder Mutter etwas mit ihnen gemeinsam macht. In zahlreichen von den Kindern beschriebenen Spielsituationen ist zu erkennen, dass viele Väter im gemeinsamen Spiel selbst wieder zum Kind werden und diesen daher oft auf Augenhöhe begegnen (Thomä, 2009, S. 9). Dieses Verhalten macht es den Kindern leichter, sich mit dem Vater und den von ihm gezeigten Verhaltensweisen zu identifizieren. Die beschriebenen »qualitativen Unterschiede« ermöglichen den Kindern spezifische Erfahrungen, die sie in ihrer persönlichen Entfaltung bestenfalls voranbringen.

Väterarbeit in Kindergarten und Grundschule – Anschlussfähig und adressatengerecht

Im Hinblick auf Anregungen für die sozialpädagogische Praxis lassen sich aus den gewonnenen Erkenntnissen zunächst einige grundsätzliche Aspekte zusammentragen, die ein solides Fundament für eine gelungene Väterarbeit in Bereich der frühkindlichen Bildung schaffen können. Um eine bestmögliche Entwicklung der Kinder zu erreichen, sollte man stets darum bemüht sein, eine gute Übereinstimmung zwischen den inneren Bedürfnissen der Kinder und den

sie umgebenden äußeren Lebensbedingungen herzustellen. An diesem Anspruch sollte sich auch die Väterarbeit orientieren. Um einen
nachhaltigen Effekt für die Kind-Vater-Beziehung zu bewirken, ist
es nicht nötig »Großprojekte« oder besondere Events zu initiieren.
Vielmehr unterstreichen die Befragungsergebnisse, dass Kinder sich
einen stärkeren Einbezug der Väter in ihren Lebensalltag wünschen.
An dieser Stelle sollte deswegen ebenso ein Blick auf das »Alltagsver-
mögen« der Väter geworfen werden, sprich den ihnen zur Verfügung
stehenden Ressourcen in Form von Kompetenzen, Neigungen und
Stärken. Werden diese bei der Planung von Angeboten systematisch
berücksichtigt und einbezogen, werden die Väter durch die Nutzung
ihrer besonderen Fähigkeiten auch in anderen Bereichen in ihrem
Wert bestärkt, so auch im Kontakt mit ihren Kindern.

Neben der Stärkung des väterlichen Engagements bleibt es dennoch von zentraler Bedeutung, die Familie als Ganzes im Blick zu
behalten. So wird in der vorgestellten Studie von einer klaren Mehrheit der Kinder die Anwesenheit *beider* Elternteile erwünscht. Für
die praktische Arbeit bedeutet dies, dass sowohl Vater als auch Mutter einer spezifischen Ansprache bedürfen, was für den Ansatz einer
differenzierten Elternarbeit spricht.

Nicht alle Kinder verfügen über einen leiblichen Vater. Bedingt
durch Trennung, Tod oder andere Umstände kann es zum Fehlen
des Vaters kommen. Gerade für solche Kinder ist es wichtig, dass an
dieser Stelle eine verlässliche männliche Bezugsperson, ein »sozialer Vater« (z. B. ein Stief- oder Großvater) in Erscheinung tritt, der
das Kind regelmäßig in die Einrichtung bringt oder an Veranstal-
tungen teilnimmt.

Der Elementarbereich – Ideale organisatorische und konzeptionelle Struktur

Gerade der Elementarbereich bietet sich aufgrund seiner organisa-
torischen und konzeptionellen Struktur für eine solche väter- und
familienorientierte Arbeit sehr gut an. Zu keinem anderen Zeitpunkt
lassen sich Eltern so gut in die Arbeit mit Kindern integrieren wie im
Kindergarten. Zudem kann eine bereits im Elementarbereich gefes-
tigte Bindung zwischen Kind und Vater hilfreich sein, um den tran-

sitionsbedingten Veränderungen beim Übergang in die Grundschule sicherer gegenüberzustehen. Vielfältige Chancen und Zukunftspotenzial bietet in diesem Zusammenhang sicherlich auch die gegenwärtige Erweiterung vieler Kindertageseinrichtungen zu sogenannten »Familienzentren«, in denen – neben den klassischen Aufgaben der Bildung und Betreuung von Kindern – ebenso Beratungs- und Unterstützungsdienstleistungen für die Eltern angeboten werden. Diese anspruchsvolle Aufgabe gelingt vor allen Dingen durch Vernetzungen mit anderen Organisationen im sozialpädagogischen Umfeld. Auf diesem Weg ist es Kindertageseinrichtungen möglich, sich bereits früh für Mütter und auch Väter von jüngeren Kindern zu öffnen, indem sie beispielsweise mit einer Familienbildungsstätte kooperieren, die Angebote in den Räumen der Kindertagesstätte durchführen. Eine derartig frühe Ansprache senkt besonders für Väter die »Hemmschwelle«, gemeinsame Aktivitäten mit ihren Kindern wahrzunehmen. Erste konkrete Umsetzungsmöglichkeiten bestehen bereits vor der Geburt. So können Väter beispielsweise zusammen mit ihrer Partnerin an Geburtsvorbereitungskursen teilnehmen, die sie vorab etwa durch ein angeleitetes Ertasten des Kindes in Beziehung zu ihm treten lassen. Eine weitere Idee ist das Angebot von eigenständigen Kursen für werdende Väter, in denen die wichtigsten Entwicklungsschritte, speziell zugeschnitten auf väterliche Bedürfnisse, vermittelt werden. Auch nach der Geburt gibt es Möglichkeiten, den Kind-Vater-Kontakt durch entsprechende Angebote zu unterstützen. Eine ansprechende Form stellen hierbei spielerische Unternehmungen dar, die Kinder laut den Ergebnissen der Studie mit ihren Vätern besonders schätzen. Dies könnten PEKIP- oder Pikler-Kurse sein, aber auch Aktivitäten wie Babymassagen oder Schwimmkurse.

Ein erster Schritt – Väter direkt ansprechen

Eine einfache, aber wirkungsvolle erste praktische Maßnahme hinsichtlich eines stärkeren Einbezugs der Väter ist die unmittelbare Ansprache. So können beispielsweise Informations- oder Einladungsschreiben explizit an *beide* Elternteile gerichtet werden. Auf diese Weise wird die neutralisierende Anrede als »Eltern« umgangen, die Männer schnell dazu verleitet, sich nicht angesprochen zu fühlen und die Verantwortung an die Mutter zu übertragen. Eine geschlechterdifferenzierte Ansprache könnte einen solchen Rückzug eindämmen helfen. Gerade in »frauendominierten« Bildungsbereichen ist es wichtig, dass Väter sich eingeladen und willkommen fühlen, um auf diesem Gebiet eine der Mutter ähnliche Selbstverständlichkeit zu erlangen. Ein erster Berührungspunkt könnte bereits bei der Anmeldung des Kindes in der Kindertageseinrichtung entstehen. Bei dieser Gelegenheit wird der Vater aktiv miteinbezogen und gleichzeitig entstünde die Möglichkeit eines väterlichen »Kompetenzscreenings«. An dieser Stelle werden beispielsweise Hobbys, Neigungen, Fähigkeiten und Interessen thematisiert. Die so gewonnenen väterlichen Ressourcen können später bei der Planung von Aktivitäten und Angeboten berücksichtigt und für ihre Durchführung genutzt werden. Derart lässt sich sowohl der von den Kindern gewünschten elterlichen und vor allem väterlichen Nähe entsprechen als auch das bestehende Bildungsangebot erweitern.

Spezielle Angebotsstrukturen – Für und mit Vätern

Im Hinblick auf die Gestaltung von Angeboten zeigte die Studie – wie berichtet –, dass Kinder besonders spielerische Aktivitäten mit ihrem Vater bevorzugen. Ein regelmäßiger Spieletreff für Väter und Kinder könnte diesen Aspekt aufgreifen und zugleich ein Anknüpfungspunkt sozialpädagogischer Väterarbeit darstellen. Wichtig in diesem Zusammenhang ist eine terminlich günstige Einordnung, sodass auch (Vollzeit-)berufstätige Väter Gelegenheit finden, solch ein Angebot wahrzunehmen. Bei dieser Gelegenheit verbringen Vater und Kind nicht nur Zeit miteinander, sondern erfahren spielerisch Neues übereinander und haben die Möglichkeit, anderen Kindern und Vätern zu begegnen und sich auszutauschen. Als methodischer Input könnten die Treffen inhaltlich reihum von den teilnehmenden Vätern vorbereitet werden, die dabei ihre jeweiligen Stärken einbringen. Eine weitere Praxisanregung, die besonders den gewünschten Alltagsbezug aufgreift, ist die Veranstaltung eines Papa-Frühstücks oder -Mittagessens. Entstanden ist die Idee durch die Erwähnung einiger Kinder von einem gemeinsamen Essen während der Mittagspause, was sie als potenziell schönes Erlebnis

beschrieben. Eine Umsetzung dieses Gedankens im Kindergarten-
bereich böte Vätern die Gelegenheit, Einblicke in den Alltag ihrer
Kinder zu bekommen und aktiv daran teilzunehmen.

Ganztagsschulen – Sozialpädagogische Anknüpfstelle im Primarbereich

Aufgrund des eigenständigen Erziehungsauftrags der Schulen sind
die Partizipationsmöglichkeiten der Eltern in diesem Bildungsbe-
reich eher eingeschränkt. Ein Ansatzpunkt jedoch, der den Erzie-
hungs- und Betreuungsaspekt mit dem schulischen Bildungsauftrag verknüpft, ist das Modell der Ganztagsschule. Die mit dieser
Schulkonzeption zunehmende Tagesbetreuung während der Schul-
zeit erweitert die sozialpädagogischen Wirkungsmöglichkeiten und
bietet die Möglichkeit, über die Kinder hinaus stärker die Eltern
anzusprechen und mit einzubeziehen. So wäre es durchaus denkbar, Kursangebote zu gestalten, die die Kinder gemeinsam mit ihren
Eltern wahrnehmen und dort gemeinsame Zeit verbringen können.
Auch könnten Eltern gebeten werden, eigene Angebote in der Offenen Ganztagsschule (OGS) durchzuführen. Dabei sollten sportliche
Betätigungen vermehrt Berücksichtigung finden, da die an der Studie teilnehmenden Grundschüler gerade diese Aktivitäten mit ihren
Vätern als bevorzugt angaben. So wäre es gut möglich, dass es Väter
gibt, die Kontakte zu verschiedenen Sportvereinen haben, sodass
an dieser Stelle eine weitere Vernetzung erfolgen könnte. Der Einbezug der Eltern in den kindlichen Lebensalltag stellt dabei erneut
die wichtigste Komponente dar, um die Eltern-Kind-Beziehung zu
stärken und zu unterstützen.

Vatersein erfahrbar machen – Unterschiedliche Facetten aufzeigen

Der Grundgedanke, der bei allen praktischen Anregungen nicht aus
den Augen verloren werden sollte, ist, dass es nicht darum geht, Väter
auf traditionell männliche Rollenerwartungen zu reduzieren, sondern das Vatersein facettenreich erfahrbar zu machen. So kann man
neben typisch männlichen Aktivitäten, bei denen Väter sich relativ

sicher fühlen dürften, auch einmal geschlechtsübergreifende oder
sogar eher weiblich konnotierte Tätigkeiten anbieten. Neben Camping-Wochenenden oder Familienfußballturnieren könnte beispielsweise gemeinsames Pizzabacken auf dem Angebotsplan stehen. Ein
Perspektivenwechsel bzw. die Berücksichtigung sowohl der väterlichen als auch der kindlichen Sichtweise sind an dieser Stelle hilfreich,
um die Entwicklung adressatengerechter Angebote zu unterstützen.
Der Phantasie sind an dieser Stelle keine Grenzen gesetzt, wobei die
Interessen und Ideen der Kinder den Ausschlag geben sollten. Denn
die vorgestellte Studie zeigt, egal wie alt, Kinder haben viel zu sagen –
man muss ihnen nur zuhören.

Literatur

Bortz, J., Döring, N. (2006). Forschungsmethoden und Evaluation für Human-
    und Sozialwissenschaftler. Heidelberg: Springer.
Brem-Gräser, L. (2006). Familie in Tieren. Die Familiensituation im Spiegel der
    Kinderzeichnung. Entwicklung eines Testverfahrens. München: Reinhardt.
Delfos, M. (2011). »Sag mir mal …« Gesprächsführung mit Kindern (4–12 Jahre).
    Weinheim: Beltz.
Kos, M., Biermann, G. (1995). Die verzauberte Familie. Ein tiefenpsychologischer Zeichentest. München: Reinhardt.
Richter, H.-G. (1997). Die Kinderzeichnung. Entwicklung – Interpretation –
    Ästhetik. Berlin: Cornelsen.
Schäfer, G. (1989). Spielphantasie und Spielumwelt. Spielen, Bilden und Gestalten als Prozesse zwischen Innen und Außen. Weinheim: Juventa.
Scholl, J. (2011). Mein Papa und ich: Was sich Vor- und Grundschulkinder von
    ihren Vätern wünschen. Eine qualitative Studie und Empfehlungen für die
    sozialpädagogische Praxis. Aachen: Bachelor-Thesis im Fachbereich Sozialwesen, Katholische Hochschule Nordrhein-Westfalen, Abteilung Aachen.
Schoppe, A. (1991). Kinderzeichnung und Lebenswelt. Neue Wege zum Verständnis des kindlichen Gestaltens. Herne: Verlag für Wissenschaft und Kunst.
Statistisches Bundesamt (2013). Väter beziehen immer häufiger, aber auch immer
    kürzer Elterngeld. Pressemitteilung Nr. 411 vom 6. Dezember 2013. Zugriff
    am 11.02.2015 unter https://www.destatis.de/DE/PresseService/Presse/Pressemitteilungen/2013/12/PD13_411_22922.html
Thomä, D. (2009). Der Vater – ein Meister der Kniebeuge. Ein Plädoyer für die
    aktive Vaterschaft. Frühe Kindheit, 12, 6–9.
Trautmann, Th. (2010). Interviews mit Kindern. Grundlagen, Techniken, Besonderheiten, Beispiele. Wiesbaden: VS Verlag für Sozialwissenschaften.
Zerle, C., Krok, I. (2008). Null Bock auf Familie? Der schwierige Weg junger
    Männer in die Vaterschaft. Gütersloh: Bertelsmann.

Forschungszugänge – eine Auswahl

»Public Fathers«?

Welche Bedeutung kommt männlichen Fachkräften im Kindergarten zu? Kinder geben Antworten

Johannes Huber und Bernd Traxl

Nach dem PISA-Schock Anfang des neuen Jahrtausends stehen die öffentlichen Bildungssysteme auf dem Prüfstand. Der zu einer gängigen Phrase mutierte Dreiklang von *Betreuung, Bildung und Erziehung* ist im bildungspolitischen Diskurs mit vielfältigen hoffnungsvollen Erwartungen assoziiert. Zwei Merkmale stechen in diesem gesellschaftspolitischen Diskurs unseres Erachtens besonders hervor: Der *Fokus auf die frühen Entwicklungsjahre von Kindern* und der *(kompensatorische) Bildungsauftrag öffentlicher Institutionen* für die ihnen anvertrauten (Kleinst-)Kinder. Wissend, welch entscheidende Grundlagen in den frühen Jahren eines Kindes für die sprachliche, motorische und sozial-emotionale Entwicklung angelegt werden, und angesichts gesellschaftlich unverändert fortbestehender bzw. wieder zunehmender sozial-ökonomischer Ungleichheiten sind insbesondere elementarpädagogische Institutionen dazu aufgerufen, diejenigen Erziehungs- und Bildungsdefizite ausgleichen, deren eigentliche Ursachen die elterlichen Bezugspersonen häufig nicht mehr aus eigener Kraft in der Lage sind zu beheben. Um diesen deutlich erhöhten Anforderungen an die pädagogische Praxis gerecht werden zu können, erwartet man sich von einer auf akademischem Niveau erfolgenden Professionalisierung frühpädagogischer Fachkräfte ein substanzielles Mehr an diagnostischer und interventionsbezogener Handlungskompetenz.

Im Zusammenhang mit der hier – zugegebenermaßen nur sehr kursorisch – angesprochenen Professionalisierungsdebatte genießt das Thema »(Mehr) Männer in Kindertagesstätten« einen zunehmenden[1],

---

1   Das »Männerthema« ist aus der erziehungs- und sozialwissenschaftlichen Forschung und Praxisreflexion mittlerweile nicht mehr wegzudenken, sowohl im Kontext familiärer Beziehungen als auch bzgl. elementarpädagogischer und schulischer Institutionen (vgl. Aigner u. Rohrmann, 2012; Aigner

wenngleich nicht ganz unumstrittenen Stellenwert. Vielfach miss-
verstanden suggeriert es, dass die bloße physische Anwesenheit von
Männern als pädagogische Fachkräfte zu so etwas wie einem Quali-
fikationsmerkmal wird. Abgesehen davon, dass es (wie hier noch zu
berichten sein wird) aus der täglichen Beobachtungspraxis begrün-
deten Anlass zu der Annahme gibt, dass die Geschlechterkomposi-
tion von Fachkräfteteams sehr wohl eine, wenngleich äußerst subtile »Wirkung« auf Kinder ausübt, werden sich nur wenige Experten
zu solch einer essenzialistischen Schnellschuss-Rhetorik veranlasst
sehen. Vielmehr, so unser Eindruck, scheint allein das Ansinnen,
über Männer in der Erziehung und Bildung (insbesondere von kleinen Kindern) forschen zu wollen, im akademischen geschlechter-
theoretischen Diskurs schnell einem geschlechterpolitischen »Gene-
ralverdacht« ausgesetzt zu sein. Die dahinter verborgene Befürchtung
könnte darin bestehen, dass über den Bedeutungsdiskurs von Männern in Kitas eine als überwunden geglaubte hegemoniale »(Re-)
Naturalisierung« des männlichen Geschlechts letztlich durch die
Hintertür doch wieder eingeführt und die qualifizierte Arbeit von
Erzieherinnen entwertet wird. Zur Komplexität dieser vielschichtigen Thematik gehört ebenso die Erfahrung, dass männlichen Pädagogen in Kindertagesstätten allzu gerne die Rolle bzw. Funktion von
»Ersatzvätern« zugeschrieben wird; insbesondere für Kinder von
alleinerziehenden Müttern, deren Erfahrungshintergrund – häufig
ohne genaue Kenntnis der konkreten Lebensumstände – vorschnell
mit »Vaterlosigkeit« bzw. einem Entbehrungserleben assoziiert wird.
An diesem Beispiel wird zudem offenbar, wie leichtfertig im Alltag
Grenzüberschreitungen bzw. -verwischungen getätigt werden, indem
eine auf Intimitäts- und Solidaritätsbeziehungen basierende Fami-
lienstruktur mit der einer (bezahlten) pädagogischen Betreuung in
einer außerfamiliären Institution gleichgesetzt wird.

u. Poscheschnik, 2011; Matzner, 2012; Walter u. Eickhorst, 2012). So wid-
meten sich neben einschlägigen Forschungsarbeiten in den letzten Jahren
mehrere praxisorientierte Zeitschriften dem Thema Väter/Männer in der
Betreuung, Bildung und Erziehung von (kleinen) Kindern: vgl. frische BÖE
84/2014, Kompakt Spezial 10/2013, Frühe Kindheit 5/2013, TPS 4/2013, Kinder in Europa 11/2012, TPS 9/2011.

Die Innsbrucker Wirkungsstudie (W-INN) – Einblicke in eine multimethodale Kindergartenstudie

Im vorliegenden Beitrag möchten wir uns anhand einer eigens durchgeführten multimethodalen empirischen Studie der Fragestellung annähern, welche Bedeutung männlichen Fachkräften im Kindergarten aus Kindersicht tatsächlich zukommt, und inwieweit es unter Umständen Verbindungslinien zwischen den persönlichen Vatererfahrungen von Kindern und denjenigen mit ihren »öffentlichen Vätern« *(Public Fathers)* in Gestalt männlicher Pädagogen im Kindergarten gibt. Hierzu werden insbesondere die beobachtbaren Verhaltensreaktionen der Kinder gegenüber männlichen und weiblichen Fachkräften als direkte Zeugnisse ihrer emotionalen Bezogenheit verstanden und diskutiert. Trotz des gestiegenen gesellschaftlichen Bewusstseins für den erzieherischen Einfluss von Männern auf Jungen und Mädchen besteht in der Tat noch erheblicher empirischer Forschungsbedarf, insbesondere wenn es um die Analyse interaktiver Bezüge zwischen Fachkräften und Kindern in vorschulischen Einrichtungen geht. Bisherige Studien fokussierten fast ausschließlich auf das mittels Interview oder Fragebogen selbst berichtete Verhalten von männlichen und weiblichen Fachkräften, ohne allerdings die konkrete wechselseitige Interaktionspraxis von Fachkräften und Kindern zu beobachten (Rohrmann, 2009).

Das Forschungsinteresse der *Innsbrucker Pilotstudie zur Wirkung männlicher Kindergartenpädagogen* (Innsbrucker Wirkungsstudie W-INN; Projektleitung: Prof. Dr. Josef Christian Aigner[2]) besteht darin, erste differenzierte Hinweise auf die mögliche »geschlechtsspezifische« Wirkung von gemischtgeschlechtlichen und rein weiblichen Fachkräfteteams auf Kinder im Kindergarten zu sammeln. Dabei sollte die potenzielle Bedeutung der Fachkräfte unterschiedlichen Geschlechts jeweils für Jungen und Mädchen speziell in den Blick genommen werden. Für die Mitarbeit an der Pilotstudie konnten insgesamt zehn Kindergartengruppen aus den Bundesländern

---

2 Neben dem Projektleiter und den Autoren dieses Artikels sind weitere Projektmitarbeiter Laura Burkhardt und Gerald Poscheschnik. Die Studie wurde dankenswerterweise vom Österreichischen Sozialministerium finanziert (BMASK).

Tirol und Salzburg gewonnen werden. Fünf dieser Gruppen wurden von gemischtgeschlechtlichen Fachkräfte-Teams und fünf ausschließlich von weiblichen Erzieherinnen betreut. Neben der grundsätzlichen Schwierigkeit, etwas über die teilweise subtilen Wirkungen des Geschlechts einer Fachkraft auf Kinder auszusagen (Brandes, 2011), erwies sich der in der W-INN-Studie realisierte Einsatz unterschiedlicher Erhebungsmethoden zur Untersuchung der projektierten Fragestellungen als herausfordernder und zugleich gewinnbringender Weg.[3]

Die methodische Vorgehensweise

Das »Herzstück« der Studie bildeten die videobasierten Aufnahmen des Kindergartenalltags. Hierzu wurden möglichst viele Situationen eines typischen Tagesablaufs videographiert (z. B. Bring- und Abholsituationen, Morgenrituale, Ruhe- und Besinnungsphasen, Bewegungseinheiten, geleitete Gruppenspiele und freie Spielsituationen). Dabei wurde insbesondere das Interaktionsverhalten zwischen Fachkräften und Kindern erfasst.[4] Die Auswertung der Videodaten erfolgte mittels eines je eigenen Analyseverfahrens (»Rating«) für die Fachkräfte und für die Kinder. Diese wurde von einer trainierten, das heißt vorab auf ihre Beobachterübereinstimmung hin geprüften Ratinggruppe von mehreren Studierenden vorgenommen, welche keinerlei Kenntnisse über die dem Projekt zugrundeliegenden Forschungshypothesen hatte.

Für die Beurteilung des in diesem Artikel im Vordergrund stehenden *Verhaltens der Kinder* wurden deren bindungsbezogene Verhaltenstendenzen gegenüber der Hauptfachkraft sowie deren Spiel- und Sozialverhalten als zentrale beobachtungsleitende Kategorien verwendet. Die bindungstheoretisch fundierten Beobachtungskate-

---

3 Eine ausführliche Projektbeschreibung findet sich bei Aigner, Burkhardt, Huber, Poscheschnik u. Traxl (2013).

4 Aus ressourcentechnischen Gründen konnte der Kamerafokus stets nur auf *eine* von in der Regel zwei Fachkräften bzw. die gruppenanleitende Hauptfachkraft gelegt werden. Zukünftigen Forschungen bleibt es vorbehalten, das wechselseitige Zusammenspiel von zwei (oder mehr) Fachkräften untereinander als auch mit den Kindern im elementarpädagogischen Alltag zu analysieren.

gorien nahmen Anlehnung an das »Attachment Q-Sort«-Verfahren (Ahnert, Eckstein-Madry, Supper, Bohlen u. Suess, 2012) und bezogen sich dabei auf folgende inhaltliche Dimensionen:

- *Bedarf nach Sicherheit* (Beispielitem: »Wenn sich die Erzieherin/ der Erzieher weit entfernt, dann folgt das Kind nach und setzt sein Spiel dort fort, wohin sie/er gegangen ist.«)
- *Unterstützung bei Exploration* (Beispielitem: »Das Kind fordert häufig Hilfe bei der Erzieherin/dem Erzieher ein.«)
- *Freude am Körperkontakt* (Beispielitem: »Das Kind ruht sich gerne auf dem Schoß der Erzieherin/des Erziehers aus.«)
- *Einsatz negativer Kommunikationssignale* (Beispielitem: »Das Kind weint, um die Erzieherin/den Erzieher dazu zu bringen, das zu tun, was es will.«)
- *Interesse an Kommunikation und affektivem Austausch* (Beispielitem: »Wenn die Erzieherin/der Erzieher lacht oder etwas gut findet, was das Kind getan hat, dann macht es das immer wieder.«)
- *Streben nach exklusiver Aufmerksamkeit* (Beispielitem: »Das Kind will im Zentrum der Aufmerksamkeit der Erzieherin/des Erziehers stehen.«)

Da der gewählte Kamerafokus auf der gruppenanleitenden Hauptfachkraft lag, zielte die videoanalytische Auswertung *nicht* auf eine Bindungsdiagnostik im klassischen Sinne ab (hierfür hätte jeweils ein einzelnes Kind über einen längeren Zeitraum beobachtet werden müssen), sondern auf das Aufspüren von im Umfeld der Fachkraft sich einstellenden Verhaltenstendenzen der Kinder. Es handelt sich hierbei dennoch um einen dyadischen Fokus, in dem *die vom jeweiligen Kind selbst initiierten Verhaltensaktionen* (als Indikator für seine Bereitschaft und Offenheit, mit der Fachkraft zu interagieren) gegenüber einer spezifischen Fachkraft im Zentrum der Aufmerksamkeit stehen.

Ergänzend zu ausgewählten Fachkraft-Kind-Dyaden wurde das Spiel- und Sozialverhalten einzelner Kinder in der Kindergartengruppe mittels vier selbst konstruierter, bipolarer Rating-Skalen beurteilt. Hierbei interessierten uns mögliche Unterschiede oder Gemeinsamkeiten in den Verhaltenstendenzen von Kindern in gemischtgeschlechtlichen *versus* rein weiblich geführten Fachkräfte-

Teams. Die siebenstufige Rating-Skala umfasste folgende inhaltliche Dimensionen:

- *Konzentration/Fokussierung versus Fluktuation:* Das Kind kann längere Zeit konzentriert bei einer Tätigkeit bleiben, oder es wechselt von einer Tätigkeit zur anderen.

- *sozial-räumliche Mobilität versus Immobilität:* Das Kind nutzt den ganzen Raum und hat einen weiten Aktionsradius, oder es bleibt vorwiegend an seinem Platz.

- *soziale Integration versus Isolation:* Das Kind wirkt »kooperativ«, indem es soziale Interaktionen eingeht, oder es hat kaum Bezug zu anderen Kindern und ist meist alleine beschäftigt.

- *Introversion versus Extraversion*[5]: Das Kind verhält sich eher ruhig und angepasst, oder es gerät durch einen »lauten« und nach außen gerichteten Stil in den Mittelpunkt (z. B. durch Konflikte mit anderen Kindern oder der Fachkraft).

Zur Ergänzung der Videodatenerhebung wurde mit einzelnen Kindern ein in der Forschung wie auch kindertherapeutischen Praxis bewährtes projektives Verfahren eingesetzt. Im Rahmen der sogenannten »Mac Arthur Story Stem Battery« (Emde, Wolf u. Oppenheim, 2003) wird Kindern im Einzelsetting mittels Playmobilfiguren der Anfang einer kurzen Geschichte erzählt (»Geschichtenstamm«), welche sie dann weitererzählen und/oder spielen sollen. Jeder der eingesetzten Geschichtenstämme impliziert eine spezifische Konfliktdramatik (wie z. B. Umgang mit physischer Verletzung, Eifersucht, Verbote der Eltern, Loyalitätskonflikte etc.), welche die Kinder einlädt, sie aufzugreifen und die Geschichte von sich aus zu vervollständigen. Als Material werden in dem Testverfahren (neben weiteren Materialien und Figuren) *immer* eine Vater- und eine Mutterfigur sowie eine mit dem Geschlecht des teilnehmenden Kindes übereinstimmende Kinderfigur zur Verfügung gestellt. Zentrale Annahme dieses Verfahrens ist, dass die von den Kindern spontan produzierten Geschichtenergänzungen Abbilder von deren unbe-

---

5   Wir verstehen diese Dimension nicht als Persönlichkeitsmerkmal, sondern zunächst als auf der »Verhaltensoberfläche« sichtbare (Re-)Aktionsbereitschaft eines Kindes.

wussten Beziehungsmodellen (»Repräsentanzen«) darstellen und auf diese Weise einen vertieften Einblick in ihre »inneren Welten« geben. Diese teilstandardisierten Erzählsituationen wurden ebenso gefilmt, um eine detaillierte Auswertung durch die Projektmitarbeiter/-in mittels eines bereits existierenden Ratingbogens zu ermöglichen.

An alle pädagogischen Fachkräfte sowie Eltern wurden zusätzlich Fragebögen ausgeteilt. Die Fachkräfte wurden unter anderem zu ihrer beruflichen Qualifikation und Erfahrung befragt und um eine Verhaltensbeurteilung einzelner Kinder gebeten (Verhaltensbeurteilungsbogen für Vorschulkinder, VBV 3–6, Döpfner, Berner, Fleischmann u. Schmidt, 1993). Der Eltern-Fragebogen diente zur Erhebung von Informationen über die familiäre Hintergrundsituation (z. B. über den sozioökonomischen Status und die erzieherische Aufgabenaufteilung der Eltern) sowie für eine Verhaltensbeurteilung des Kindes (ebenso mittels VBV 3–6).

Die Beschreibung der Stichprobe

Die Gesamtstichprobe der W-INN-Studie bestand aus 22 pädagogischen Fachkräften, 206 Eltern und 163 Kindern. Die detaillierteren Untersuchungen konzentrierten sich allerdings nur auf eine kleinere Auswahl von Pädagogen und Pädagoginnen sowie Kindern aus der Gesamtstichprobe. So wurden von allen befragten pädagogischen Fachkräften fünf Männer und fünf Frauen in ihrem konkreten erzieherischen Verhalten beobachtet. Von den zahlreichen Kindern wurden wiederum nur 30 sogenannte Zielkinder (15 Jungen, 15 Mädchen) in ihrem Verhalten im Kindergartenalltag als auch mittels des projektiven MSSB-Verfahrens genauer untersucht. Für die Testdurchführung war es von Bedeutung, dass die Kinder zwischen vier und sechs Jahre alt waren, keine Entwicklungsbeeinträchtigungen aufwiesen und die deutsche Sprache ausreichend beherrschten. Daneben war die motivationale Komponente von entscheidender Bedeutung. Für die Auswahl eines Kindes als »Zielkind« entschied letztes Endes vor Ort ein wechselseitiger Abstimmungsprozess zwischen Untersuchern, Kindern und Fachkräften.

Eine Grundannahme der W-INN-Pilotstudie bestand unter anderem darin, dass die Quantität und Qualität des Kontaktverhaltens

von Jungen und Mädchen gegenüber männlichen und weiblichen
Fachkräften im Kindergarten in nicht unwesentlichem Maße durch
die familiäre Alltagspräsenz respektive Nichtverfügbarkeit von
Vätern vermittelt wird. Das würde bedeuten, dass Kinder mit wenig
Vatererfahrung oder gar von Vaterlosigkeit betroffene Kinder in
unserer Stichprobe durch ein irgendwie »anders geartetes« Kontaktverhalten im Vergleich zu solchen Kindern, bei denen von einer weit-
gehenden Verfügbarkeit von Vätern ausgegangen werden kann, auffallen müssten. Aus psychoanalytischer Sicht ist die »Übertragung«
von spezifischen (möglicherweise unbefriedigten) und ursprünglich
familiären Bindungspersonen geltenden Beziehungswünschen von
Jungen und Mädchen auf außerfamiliäre Bezugspersonen in jedem
Falle in Betracht zu ziehen und, glaubt man den Berichten von erfahrenen Praktikern, auch häufig beobachtbar.

Bei der »Messung« väterlicher An- versus Abwesenheit handelt es sich methodisch jedoch um ein anspruchsvolles Unterfangen, will man sich nicht nur auf bloße quantitative Verfügbarkeiten
(z. B. Zeitbudgets) beschränken, sondern qualitative Dimensionen
»väterlichen Engagements« als auch im Verborgenen (d. h. nicht
im direkten Vater-Kind-Interaktionskontakt) stattfindende Für-
sorgebeiträge oder verschiedene Erlebensperspektiven (Erwach-
senenberichte, Kinderauskünfte) berücksichtigen (Day u. Lamb,
2004). Für unsere Stichprobe erhofften wir uns – wenngleich nur
im Rahmen sehr grober Indikatoren – über die per Fragebogen
erhobenen Daten bezüglich der Verteilung von Fürsorgeaufga-
ben zwischen Müttern und Vätern eine Varianz hinsichtlich unterschiedlicher »Verfügbarkeitsgrade« von Vätern (und Müttern). Bis
auf wenige Ausnahmen wachsen alle Kinder der Gesamtstichprobe
mit ihren leiblichen Elternteilen im gemeinsamen Haushalt auf und
die untersuchten Familien erweisen sich – entgegen unserer anfänglichen Hoffnung – als in hohem Maße »traditionell« oder zumindest
»semi-traditionell«. Das bedeutet, die Väter arbeiten durchschnittlich 40 Wochenstunden oder mehr, die Mütter gehen entweder keiner Erwerbstätigkeit nach oder weisen deutlich geringere Arbeitszeiten auf. Diese »strukturellen Indikatoren« finden ihre logische
Entsprechung in den Selbstberichten von Müttern und Vätern hinsichtlich ihrer anteilsmäßigen Übernahme von alltäglichen Fürsor-

geaufgaben: In den von uns untersuchten Familien sind es de facto immer noch die Mütter, welche den »Löwenanteil« der häuslichen Betreuungsarbeit leisten, weswegen bei den untersuchten Kindern von einer vergleichbaren Ausgangslage hinsichtlich der Erfahrungen mit einer (semi-)traditionellen Aufgabenteilung der Eltern auszugehen ist.

Beobachtbare Verhaltenstendenzen von Jungen und Mädchen gegenüber männlichen und weiblichen Fachkräften

Für die 30 ausgewählten »Zielkinder« wurde – wie berichtet – das Kontaktverhalten gegenüber männlichen und weiblichen Fachkräften mittels eines bindungstheoretisch fundierten Beobachtungsverfahrens beurteilt. Die getrennte Analyse der 15 Mädchen und 15 Jungen unserer Stichprobe hinsichtlich der genannten Verhaltensdimensionen ergaben in Abhängigkeit vom Geschlecht der Fachkraft sehr bedeutsame Unterschiede: Während Mädchen ihre Kontaktverhaltensweisen über männliche und weibliche Fachkräfte überwiegend gleichmäßig verteilen (mit der Ausnahme von »Explorationsassistenz« und »Interesse an Kommunikation und affektivem Austausch«, die von ihnen häufiger gegenüber männlichen Kindergärtnern geäußert werden), zeigen sich im Verhalten der Jungen deutliche Differenzen im Umgang mit männlichen und weiblichen Fachkräften: Jungen suchen in nahezu allen (!) genannten Verhaltensdimensionen häufiger Anschluss und Kontakt zu männlichen Fachkräften. In den Bereichen von »Interesse an Kommunikation und affektivem Austausch«, »Freude am Körperkontakt« sowie »Streben nach exklusiver Aufmerksamkeit« waren die gefundenen Unterschiede – trotz kleiner Stichprobe – sogar statistisch signifikant. Die Verhaltensdimension »Streben nach exklusiver Aufmerksamkeit« wird von uns als intensiver Wunsch der Jungen nach Kontaktherstellung bzw. -aufrechterhaltung mit einer männlichen Fachkraft interpretiert.[6] Der »Einsatz

---

6   Im ursprünglichen bindungstheoretischen Verständnis wird diese Verhaltensdimension als ein Zeichen für Bindungsunsicherheit im Sinne eines fehlenden Vertrauens des Kindes in die zuverlässige und wiederkehrende

negativer Kommunikationssignale« wurde in unserer videobasierten Beobachtungsanalyse kaum registriert.

Die Beobachtung, dass die Verfügbarkeit einer männlichen Fachkraft für Jungen eine vergleichsweise größere Relevanz besitzt, wird durch eine zusätzliche Forschungsperspektive gestützt. Ergänzend zu den ausgewählten Fachkraft-Kind-Dyaden wurde – wie berichtet – das Spiel- und Sozialverhalten der Kinder beurteilt, um erste Hinweise auf mögliche Unterschiede oder Gemeinsamkeiten *in Abhängigkeit von der Fachkräfte-Zusammenstellung* (Tandem Mann/Frau oder rein weibliches Team) festzustellen. Die Analyse des entsprechenden Datenmaterials zeigte, dass Jungen in gemischtgeschlechtlichen Fachkräfte-Teams ein deutlich höheres Maß an Extrovertiertheit an den Tag legen, während sie sich in weiblich geführten Gruppen signifikant introvertierter verhalten. Darüber hinaus imponieren Jungen in gemischtgeschlechtlichen Fachkräfte-Konstellationen mit einer tendenziell größeren Mobilität (d. h. mehr Raum einnehmend, sich mehr bewegend und damit weniger inaktiv usw.), während sie sich bei weiblichen Fachkräfte-Teams statischer (d. h. mehr am selben Platz verbleibend), »angepasster« verhalten. Für Mädchen sind im Gegenzug erneut keine derartigen »Effekte« der Fachkräfte-Zusammensetzung feststellbar.

Die bisherige Darstellung der Studienergebnisse beschränkt sich auf das konkret beobachtbare Verhalten von Jungen und Mädchen in ihrem alltäglichen Kindergartenumfeld, mit speziellem Fokus auf die pädagogische Fachkraft sowie das pädagogische Tandem.

Einblick in die »inneren Welten« der Kinder – Wie stellen Jungen und Mädchen ihren Vater und ihre Mutter im projektiven Testverfahren dar?

Bevor die sogenannten elterlichen »Figurenrepräsentanzen« im Einzelnen präsentiert werden, muss zu Beginn eine grundlegende erkenntnistheoretische Frage im Rahmen des projektiven Geschichtenergänzungsverfahrens aufgegriffen werden: Handelt es sich bei

Verfügbarkeit einer Bindungsperson interpretiert (Ahnert, Eckstein-Madry, Supper, Bohlen u. Suess, 2012).

den im Spiel dargestellten Beziehungsabläufen sowie der (Nicht-)
Bewältigung von Konfliktszenarien tatsächlich um eine »wahrheits-
getreue« Darstellung von *in Realität* erfahrenen Ereignissen, oder
können diese nicht ebenso als *Abbild der kindlichen Wunsch- bzw.
Phantasiewelt* aufgefasst werden? Bretherton (2006, S. 38) äußert sich
hierzu eindeutig, indem sie beide Verständnisebenen als mögliche
Erklärungsfolien in integrativer Weise heranzieht. So sei es einerseits
denkbar, dass das vom Kind im Spiel Dargestellte gewohnte Inter-
aktionsstrategien widerspiegle, zugleich sei es andererseits plausibel, das szenisch-narrative Material als Ausdruck von Wünschen,
Hoffnungen und Befürchtungen der Kinder zu interpretieren. Mit
anderen Worten: Phantasie und Wirklichkeit »verschwimmen« in
den von Kindern produzierten Geschichten und werden nicht als
künstlich zu trennende Analyseebenen aufgefasst. In diesem Sinne
sind auch die folgenden Ergebnisse zu verstehen.

Für jedes Kind wurde neben formalen (z. B. Kohärenz) und
inhaltlichen (z. B. Vorliegen interpersoneller Konflikte, morali-
scher oder einfühlsamer Themen) Auswertungskategorien jeweils
pro Geschichtenstamm erfasst, ob die Mutter und/oder der Vater
im Geschichtenverlauf positiv, negativ, disziplinierend (im Sinne
positiv konnotierter »Grenzsetzungen«) und empathisch dargestellt
wird, um abschließend einen *Summenwert* über die verschiedenen
Geschichten zu bilden.[7] Im direkten Vergleich der Figurenrepräsentanzen von Vater und Mutter konnten wir beeindruckende Unterschiede feststellen:[8]

Betrachtet man zunächst die Häufigkeiten der jeweiligen Kodes
der Figurenrepräsentanzen, so werden Mütter insgesamt deutlich
»ausgewogener« dargestellt. Das heißt, bei ihnen ist einerseits die
Anzahl von ausbleibenden Kodierungen (d. h. wenn keine Einschätzung zu der im Spiel dargebotenen Szene abgegeben werden konnte)
durchgehend geringer, andererseits weisen ihre Summenwerte in

---

7 Die Auswertung orientierte sich am englischsprachigen Auswertungsmanu-
al von Robinson, Mantz-Simmons, Macfie und Kelsay (2002). Der maximal
mögliche Summenwert über alle verwendeten Geschichtenstämme hinweg
betrug in unserer Erhebung sieben.
8 Von unseren 30 »Zielkindern« standen für die Auswertung der MSSB-Daten
28 (14 Jungen, 14 Mädchen) zur Verfügung.

nahezu allen Kodes eine größere Spannweite auf, was als Hinweis auf eine größere Beziehungsvielfalt angesehen werden kann. Kontrastiert man die Häufigkeitsnennungen der »guten« (positiven, empathischen) mit den »bösen« (disziplinierenden, negativen) Figurenrepräsentanzen, so fällt auf, dass Mütter im Vergleich zu Vätern von ihren Kindern sowohl häufiger »gut« als auch »böse« dargestellt werden. Besonders imponiert der Fakt, dass der Kode für eine negative väterliche Figurenrepräsentanz so gut wie überhaupt nicht vergeben wurde.

Väter dürfen/können – so scheint es – aus Sicht der Kinder nicht als (auch) »unangenehme« Bezugspersonen in Erscheinung treten. Die untersuchten Kinder, so ließe sich dieses Ergebnis interpretieren, haben ein starkes Bedürfnis, das Bild des in Wirklichkeit alltagsfernen Vaters zu schützen, ihn zu idealisieren und halten mögliche negative Eindrücke, die sie aus ihrer realen Erfahrung mit ihm zweifelsohne in Verbindung bringen könnten, vom inneren Vaterbild fern. Die alltagpräsente Mutter hingegen wird in ihrer Ganzheit szenisch zur Schau gestellt, wird sowohl »gut« als auch »böse« repräsentiert. Die Kinder können sich an ihr alltäglich »abarbeiten« und ihre eigene Wunschwelt mit dem real Gegebenen allmählich in Einklang bringen. Doch gelten diese zunächst übergreifenden Befunde für Jungen und Mädchen gleichermaßen?

Analysiert man die 14 Jungen und 14 Mädchen bezüglich oben genannter Kriterien im Speziellen, so lässt sich Folgendes festhalten: Mädchen stellen ihre Mütter in den Geschichtenstämmen insgesamt häufiger positiv und empathisch sowie negativ und disziplinierend – und damit in einem *deutlich umfassenderen* Beziehungsspektrum – als die Jungen dar (der Unterschied bzgl. der positiven und empathischen Figurenrepräsentanzen ist – trotz kleiner Stichprobe – sogar statistisch signifikant). Zudem gibt es bei Mädchen weniger Kodierungsenthaltungen infolge von Nichtbeurteilbarkeit des szenisch Dargebotenen im Rahmen des Ratingprozesses. Die von den Jungen produzierten Geschichten weisen bezüglich der mütterlichen Figurenrepräsentanzen im Gegenzug geringere (oder häufig sogar ausbleibende) Kodierungshäufigkeiten auf, sowohl in den »guten« als auch »bösen« Ausprägungen der Figurenrepräsentanzen (vgl. Abbildung 1).

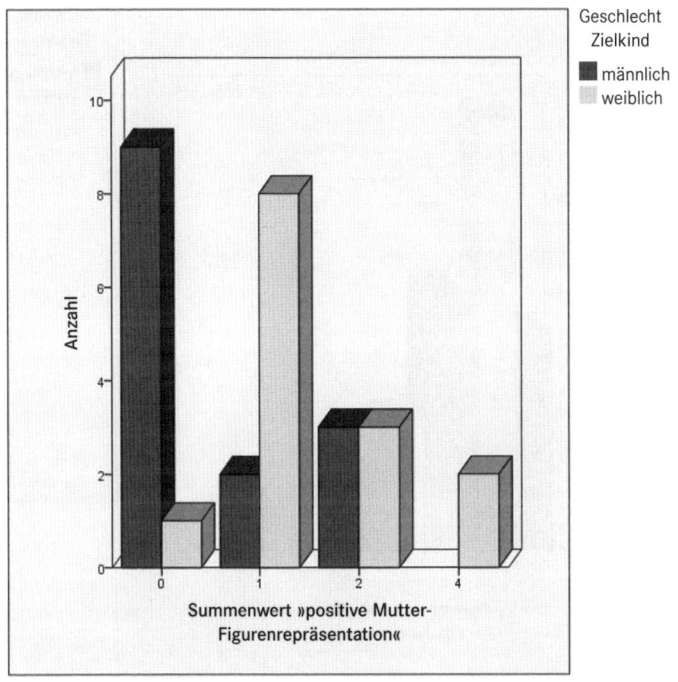

Abbildung 1: Häufigkeiten positiver Repräsentanzen von Mutterfiguren (N = 28; 14 Jungen, 14 Mädchen)

Etwas anders gestaltet sich das Bild bezüglich der im Spiel symbolisierten väterlichen Beziehungsfigur. Mädchen zeigen hier in den von ihnen produzierten Geschichten insgesamt geringere (sowie mehr ausbleibende) Kodierungshäufigkeiten auf. Die bezüglich der mütterlichen Figurenrepräsentanzen noch eher »zurückhaltenden« Jungen weisen an dieser Stelle im Gegenzug häufiger positive sowie empathische Kodierungen (und vergleichsweise weniger Kodierungsenthaltungen) auf (vgl. Abbildung 2). Jungen und Mädchen stimmen allerdings überein, dass sie bezüglich der väterlichen Beziehungsfigur kaum mit negativen und wenig disziplinierenden Kodierungen »zu Buche schlagen«.

Die in den Befunden zum Ausdruck kommende »Vater-Sohn-Konstellation« beziehungsweise, bei ansonsten vergleichsweise reduzierter Darstellungshäufigkeit und -breite, höhere symboli-

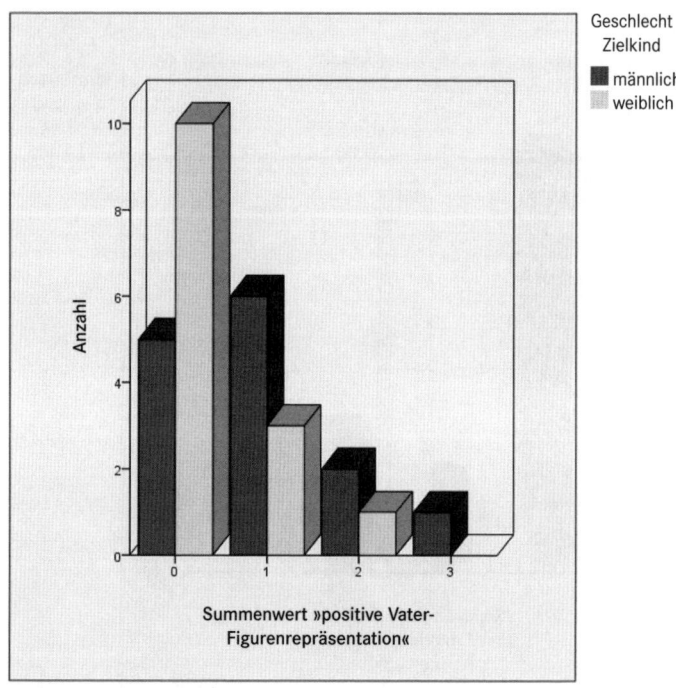

Abbildung 2: Häufigkeiten positiver Repräsentanzen von Vaterfiguren
(N = 28; 14 Jungen, 14 Mädchen)

sche Antwortbereitschaft der Jungen gegenüber der Vaterfigur ist
aus zweierlei Gründen bemerkenswert: Zum einen kontrastiert sie
erheblich mit der bei *allen* Kindern (also auch Töchtern) festzustellenden alltäglichen Vaterentbehrung und könnte deswegen als
eine tief liegende »Vatersehnsucht« (Aigner, 2013) verstanden werden. Mädchen nehmen die in den Geschichten inszenierten Bezugspersonen anscheinend der Realität entsprechender wahr, indem sie
Häufigkeit und Breite ihrer symbolischen Antwortbereitschaft eher
an die gegebene Alltagsverfügbarkeit von Mutter und Vater kop-
peln. Zum anderen finden wir an dieser Stelle erneut eine gleichgeschlechtliche bzw. »männlich-dyadische« Konstellation, welche
eine Parallelität zum berichteten, häufigeren Kontaktverhalten von
Jungen gegenüber männlichen Kindergärtnern aufweist. Aufgrund
der kleinen Stichprobengröße kann auf gruppenstatistischer Ebene

zwar kein empirischer Bezug vom kindlichen Kontaktverhalten im Kindergarten zu den väterlichen und mütterlichen Beziehungsrepräsentanzen hergestellt werden. Gleichwohl lässt diese Koexistenz von zwei ähnlichen Phänomenen aus unterschiedlichen Beziehungskontexten (Kindergarten *versus* Familie) eine zugrunde liegende, verbindende Entwicklungsdynamik plausibel erscheinen.

Qualitative Einzelfallanalysen

Die beschriebenen quantitativen Auswertungsschritte erfuhren eine Ergänzung durch qualitative Fallanalysen. In diesen »case-studies« wurden alle erhobenen Daten auf Individualebene zusammengeführt, wodurch für 21 »Zielkinder« (zehn Mädchen und elf Jungen) je ein umfassendes Datenblatt aus den verschiedenen Erhebungsinstrumenten angelegt werden konnte. Dieses Vorgehen ermöglichte eine einzelfallorientierte Betrachtungsweise. Auf Einzelfallebene waren für uns besonders jene Jungen[9] interessant, die auf nur sehr wenig reale Vatererfahrung in den Familien zurückgreifen konnten und auch sonst wenig Kontakt zu männlichen Bezugspersonen hatten (allesamt Informationen, die aus dem Elternfragebogen ermittelt wurden). Die Väter dieser Kinder waren beruflich stark beansprucht und somit kaum ins familiäre Geschehen involviert. Der Kontakt zu den Kindern konzentrierte sich auf wenige Stunden in der Woche. So ergaben sich zeitlich-intensive Mutter-Kind-Beziehungen, eine starke dyadische Verbundenheit, aber dementsprechend auch mehr Konflikte und Schwierigkeiten. Die »alleingelassenen« Mütter mussten in diesen Fällen fast die gesamten Erziehungsaufgaben leisten, es kostete sie nach eigenen Aussagen viel Kraft und sie fühlten sich teilweise überfordert. Die elterliche Beziehung schien vielfach belastet. Es waren kaum trianguläre Strukturen[10] vorhanden. Aufgrund

---

9 Wir beziehen uns in der folgenden Beschreibung auf zwei ausgewählte Einzelfallstudien von Jungen. Die Datenlage in der Stichprobe erlaubte leider keine Einzelfallanalysen von Mädchen mit wenig realer Vatererfahrung.

10 Trianguläre Strukturen bedeuten in diesem Zusammenhang die Möglichkeit zu einem gelebten Austausch in einem Dreieck real anwesender Personen. Sie entsteht auf der Grundlage der triadischen Kompetenz aller Beteiligten. Das heißt, dass zwei Personen nicht nur in einer Zweiersituation dyadisch

unserer anfänglichen Überlegungen waren wir deswegen gespannt,
wie diese Kinder sich gegenüber den männlichen Fachkräften im
Kindergarten verhalten würden. Die Auszüge aus den Beschreibun-
gen der videoanalytischen Auswertungsgruppe verdeutlichen den
offensichtlichen Kontaktwunsch der beiden Jungen zu den männlichen Fachkräften:

»Er sitzt gerne bei der männlichen Fachkraft (auch auf dem Schoß
usw.).« »Ständig am Betreuer dran.« »Großes Bedürfnis nach körperlicher Nähe (zu männlicher Fachkraft).« »Zielkind ist sehr auf die Fachkraft bezogen und benötigt auffallend viel Aufmerksamkeit und Zuwendung.« »Er sucht den Kontakt zur männlichen Fachkraft, scheint dessen
Nähe zu genießen – auch den Körperkontakt (sitzt zwischen den Beinen
der Fachkraft).« »Sehr anhänglich. Ständig bei der Fachkraft. Motorisch
recht aktiv (läuft, hüpft …).« »Das Zielkind ›klebt‹ an der Fachkraft. Es
[…] ›ringt‹ immer wieder um die Aufmerksamkeit der Fachkraft, auf
die es sich vollständig fokussiert hat. Dabei scheut es auch nicht davor
zurück, andere Kinder aktiv abzudrängen (wegschubsen usw.), um die
Fachkraft ›für sich‹ zu haben.«

In den Auswertungen der Videos hat sich – wie berichtet – diese
qualitative Einschätzung der Rater auf Gruppenebene bestätigt. Das
Bindungsverhalten gegenüber männlichen Fachkräften war bemerkenswert. Es zeigte sich vor allem ein starkes Bedürfnis nach Körperkontakt, nach Anwesenheit und Nähe, nach Unterstützung bei Aufgaben und beim Spiel sowie nach Kommunikation und affektivem
Austausch in der Beziehung zu männlichen Fachkräften. Die fragebo-
genbasierten Einschätzungen der männlichen Fachkräfte bestätigten
die beobachtete Anhänglichkeit und »Abhängigkeit« einiger Jungen.
    Im Kontrast dazu konnte beispielsweise bei einem Jungen paral-
lel die Beziehung zur weiblichen Fachkraft beurteilt werden, da *beide*
Fachkräfte eines gemischtgeschlechtlichen Tandems eine Verhaltensbeurteilung mittels Fragebogen abgaben. Diese fiel bei diesem Jungen
als sehr konflikthaft und auffällig aus, weshalb die weibliche Fachkraft

---

aufeinander bezogen sind, sondern ihre Beziehung zu einem Dritten hin
öffnen und diesen gleichberechtigt einbeziehen können (Grieser, 2011).

den Jungen wohl auch mittels des Verhaltensbeurteilungsinstruments (VBV; Döpfner, Berner, Fleischmann u. Schmidt, 1993) als »oppositionell-aggressiv« einstufte und ihn folgendermaßen beschrieb: »Führerrolle, sucht Aufmerksamkeit, schimpft und mault, erzählt Fantasiegeschichten, Wutausbrüche, leicht ablenkbar, lügt oder schwindelt, unsicher, auf Achse, beleidigt Grenzen, verteidigt sich, trotzig, schreiend, lutscht Daumen, nervöse Bewegungen.« Wir konnten sehen, dass sich die Verhaltensbeurteilung der männlichen Fachkraft und seine beobachtbaren Interaktionen mit dem Jungen davon jedoch deutlich unterschieden. Es gab eine auffallende Diskrepanz zwischen der Suche nach körperlicher Nähe und Kommunikation zur männlichen Fachkraft und der konflikthaften, schwierigen Beziehung zur weiblichen Fachkraft. Eine ähnliche Tendenz ist im Familiengeschehen wahrzunehmen, wenn die Beziehung zur Mutter als eher konflikthaft und schwierig beschrieben wird, während der (allerdings weitgehend abwesende) Vater nichts davon zu berichten weiß. Das Verhalten der Fachkräfte mag zweifelsohne auch deren unterschiedlichen »Persönlichkeiten« geschuldet sein, wir glauben hier dennoch auch einen relevanten geschlechtstypischen Faktor beobachten zu können, wenn nämlich die familienbedingten Übertragungstendenzen[11] der Kinder unterschiedliche Interaktionsstile und Verhaltenseinschätzungen bei männlichen und weiblichen Fachkräften provozieren. Was die inneren Repräsentanzen der Jungen betrifft, wie sie sich im projektiven Geschichtenerzählverfahren zeigen, dominieren eher dyadische, harmonische Interaktionsformen, kaum konflikthafte Themen (wie Wettbewerb oder Rivalität) sowie eine Tendenz zur Vermeidung. Diese Verarbeitungsstruktur sowie die Bedeutung der Vaterfiguren in den Geschichten sind insofern bemerkenswert, als sich das Bedürfnis nach konfliktfreien, harmonischen und dyadischen Beziehungen zu responsiven, insbesondere männlichen Erwachsenen auch im realen Kindergartenalltag beobachten lässt. Die erwähnten Merkmale wie

---

11 Als Übertragungsphänomene werden in der Psychoanalyse Verzerrungen des Erlebens innerhalb einer Beziehung bezeichnet. Diese Erlebens- und Verhaltensmuster und die dabei auftretenden Gefühle, Wünsche und Phantasien stammen aus früheren Erfahrungen mit wichtigen Bezugspersonen und werden in aktuellen Beziehungen reaktiviert (Mentzos, 2005).

mangelnde Konfliktfähigkeit, fehlende Triangulierung und das starke Bedürfnis nach dyadischen, responsiven Beziehungen weisen auf Entwicklungsschwierigkeiten hin, die durch einen realen Vatermangel in der Familie bedingt sein können (Hopf, 2014). In der Zusammenschau von familiären Strukturen, Beobachtungsdaten, Verhaltenseinschätzungen und der Analyse des Geschichtenerzählverfahrens zeichnet sich bei diesen Jungen eine Erlebnis- und Verhaltenstendenz ab, die wir deshalb nicht zuletzt mit einem realen Vaterdefizit und einem daraus resultierenden »Vaterhunger« (Herzog, 1982) in Verbindung bringen, der sich übertragungsbedingt in den Interaktionen zu den männlichen Fachkräften zeigt.

Sind männliche Erzieher aus Sicht der Kinder »Ersatzväter«? – Zusammenfassung und Diskussion

Die Ergebnisse der Studie offenbaren deutliche geschlechtsspezifische Effekte zwischen pädagogischen Fachkräften und Kindern. So lassen sich sowohl in der Videoanalyse als auch im projektiven Verfahren klare Anzeichen für einen »Mann-Junge-Effekt« erkennen (im Übrigen ebenso in mehreren Fragebogen-Antworten, die hier aus Platzgründen im Detail nicht wiedergegeben werden konnten). Warum es hierzu kommt beziehungsweise worin dieser genau besteht, kann mit der W-INN-Studie noch nicht hinreichend erklärt werden. Eine Ursache könnte allerdings sein, dass männliche pädagogische Fachkräfte schon allein aufgrund ihrer unterrepräsentierten Alltagspräsenz, zusätzlich zur fehlenden Alltagsverfügbarkeit von Vätern in den Familien, für Kinder den Status des »Besonderen« oder »Exotischen« erlangen und damit tendenziell anziehender wirken. So konnten wir deutlich beobachten, dass es die Kinder selbst sind, die von sich aus einen »Unterschied« zwischen männlichen und weiblichen Fachkräften machen. Für Jungen ist dabei in bemerkenswerter Weise zu beobachten, dass sie *dimensionsübergreifend* häufiger Kontaktverhalten zu männlichen Fachkräften suchen bzw. aufrechterhalten, was auf ein grundlegendes Bedürfnis nach gleichgeschlechtlichem Austausch und Identifikation schließen lassen könnte.

Ob Mädchen ein ebensolches Bedürfnis nach Austausch und Identifikation mit gegengeschlechtlichen (erwachsenen) Bezugspersonen nicht gleichfalls haben, ist damit keineswegs ausgeschlossen und könnte sich möglicherweise auf anderen Erhebungswegen als den von uns gewählten manifestieren. Unsere Studienergebnisse zeigen jedoch über die verschiedenen Datenerhebungsmethoden hinweg, dass Mädchen *weniger sichtbar* auf das Geschlecht der einzelnen Fachkraft als auch des pädagogischen Tandems ansprechen, während es im Gegenzug geradezu die Jungen sind, die von einem Mann im Kindergartenteam teilweise wie magnetisch angezogen werden. Das gemischtgeschlechtliche Fachkräfteteam scheint besonders für Jungen eine anregende und aktivierende Wirkung (im Sinne von sozialer Mobilität und Extrovertiertheit) auszuüben. Auf Gruppenvergleichsebene lässt sich zwar infolge des Mangels an validen Daten zur alltäglichen Vaterentbehrung kein statistischer Zusammenhang zum ausgeprägten Kontaktverhalten von Jungen gegenüber männlichen Fachkräften feststellen; auf Einzelfallebene liegen aber hinreichend Belege dafür vor, dass – zumindest für bestimmte Jungen – diese »Verbindungslinie« sehr wohl existiert. Die pädagogische Fachkraft stellt dabei aus ihrer professionellen Selbstsicht heraus keinen Ersatzvater (respektive eine Erzieherin auch keine Ersatzmutter!) dar; solch eine (über-)identifikatorische Haltung wäre vielmehr als bedenklich einzustufen (Breitenbach u. Bürmann, 2014). Versucht man jedoch, von außen sich der vermuteten Perspektive von Kindern anzunähern und ihre individuellen und altersgemäßen Bedürfnisse zu erschließen, so verschiebt sich die Sicht der Dinge etwas. Es scheint in solchen Fällen durchaus zu einer »Übertragung« der ursprünglich dem Vater geltenden Kontaktbedürfnisse auf außerfamiliäre Bezugspersonen zu kommen.

Dieser Befund könnte deswegen von großer entwicklungsmäßiger Relevanz sein, weil die im projektiven Verfahren ermittelten Beziehungsrepräsentanzen der Jungen bezüglich ihrer im Alltag präsenten Mutter – im Vergleich zu Mädchen – deutlich weniger positiv ausfallen. Es drängt sich die Frage auf, an wen sich die Jungen mit ihren – zudem häufig weniger eindeutig zur Schau gestellten – Kontaktbedürfnissen eigentlich hinwenden können. In einem Entwicklungsalter, in dem sich Jungen und Mädchen, besonders im Kindergarten, mit Vorliebe voneinander separieren und unter Gleichaltrigen die überbetonte *Präferenz für das Gleichgeschlechtliche* zur Abgrenzung von »allem Weiblichen« phasenweise vorherrscht (Rohrmann, 2008), könnten männliche pädagogische Fachkräfte für Jungen als ein willkommener »Übergangsraum« für eine gelungene Integration von männlichen und weiblichen Anteilen dienen. Im Übrigen ein Entwicklungsschritt, der für Jungen ohne die hinreichende Alltagspräsenz männlicher Bezugspersonen nur schwer zu bewältigen ist (Hopf, 2014). Jungen lassen sich, dafür geben unsere Ergebnisse deutliche Hinweise, von feinfühligen männlichen Fachkräften scheinbar leichter in einer einladenden und kontaktstiftenden Weise »abholen«. Bei entsprechend gendersensibler Ausbildung männlichen und weiblichen Fachpersonals kann dieser »Mann-Junge-Effekt« gerade dazu genutzt werden, um korrigierende und modifizierende pädagogische Anreize zu setzen, die sich für bestimmte Jungen als entwicklungsförderlich erweisen könnten.

Für Mädchen gestaltet sich der familiäre und Kindergartenalltag anders: Die Mutter ist als gleichgeschlechtliche Bezugsperson einerseits alltäglich verfügbar und wird im projektiven Verfahren entsprechend in ihren positiven wie negativen Repräsentanzen ausgewogen und »ganzheitlich« abgebildet. Auch im Kindergarten bieten sich genügend gleichgeschlechtliche Kontakt- und Identifikationsmöglichkeiten mit Erzieherinnen. Der Kontakt mit männlichen Pädagogen, wenn denn vorhanden, scheint sie – wie berichtet – besonders zum Einfordern von Explorationsunterstützung sowie zum affektiven Austausch anzuregen. Insofern greift es auch zu kurz, mögliche Vorteile von männlichen pädagogischen Fachkräften für Kinder ausschließlich auf Jungen zu beschränken.

Zukünftigen Studien bleibt es vorbehalten, die Ergebnisse dieser Pilotstudie in vertiefenden Analysen (mit größerer Stichprobe sowie gegebenenfalls Längsschnittdesign) zu überprüfen und zu diversifizieren.

Literatur

Ahnert, L., Eckstein-Madry, T., Supper, B., Bohlen, U., Suess, G. (2012). AQS [German]: Der Attachment Q-Sort nach deutscher Übersetzung und Erprobung. Unveröffentlichtes Arbeitsmaterial des Arbeitsbereichs Entwicklung der Fakultät Psychologie der Universität Wien.

Aigner, J. C. (2013). Der ferne Vater. Zur Psychoanalyse von Vatererfahrung, männlicher Entwicklung und negativem Ödipuskomplex (3. Aufl.). Gießen: Psychosozial.

Aigner, J. C., Burkhardt, L., Huber, J., Poscheschnik, G., Traxl, B. (2013). Zur Wirkung männlicher Kindergartenpädagogen auf Kinder im elementar-pädagogischen Alltag. »W-INN« – Wirkungsstudie Innsbruck. Wien: Bundesministeriums für Arbeit, Soziales und Konsumentenschutz (BMASK).

Aigner, J. C., Rohrmann, T. (Hrsg.) (2012). elementar. Männer in der pädagogischen Arbeit mit Kindern. Opladen u. a.: Barbara Budrich.

Aigner, J. C., Poscheschnik, G. (2011) (Hrsg.). Themenheft »psychosozial«: Kinder brauchen Männer, 34. Jg. (IV), Nr. 126. Gießen: Psychosozial.

Brandes, H. (2011). Was bringen Männer in Kitas ein? Zum Stand wissenschaftlicher Forschung zu geschlechtsspezifischem Erziehungsverhalten. In J. C. Aigner, G. Poscheschnik (Hrsg.), Themenheft »psychosozial«: Kinder brauchen Männer (34. Jg. [IV], Nr. 126, S. 21–29). Gießen: Psychosozial.

Breitenbach, E., Bürmann, I. (2014). Heilsbringer oder Erlösungssucher? Befunde und Thesen zur Problematik von Männern in frühpädagogischen Institutionen. In J. Budde, C. Thon, K. Walgenbach (Hrsg.), Männlichkeiten. Geschlechterkonstruktionen in pädagogischen Institutionen (S. 51–66). Opladen u. a.: Barbara Budrich.

Bretherton, I. (2006). Konstrukt des inneren Arbeitsmodells. Bindungsbeziehungen und Bindungsrepräsentationen in der frühen Kindheit und im Vorschulalter. In K. H. Brisch, K. E. Grossmann, K. Grossmann, L. Köhler (Hrsg.), Bindung und seelische Entwicklungswege (2. Aufl., S. 13–46). Stuttgart: Klett-Cotta.

Day, R. D., Lamb, M. E. (Eds.) (2004). Conceptualizing and measuring father involvement. Mahwah, NJ: Erlbaum.

Döpfner, M., Berner, W., Fleischmann, T., Schmidt, M. (1993). Verhaltensbeurteilungsbogen für Vorschulkinder (VBV). Weinheim: Beltz Test.

Emde, R. N., Wolf, D. P., Oppenheim, D. (Eds.) (2003). Revealing the inner worlds of young children. The MacArthur Story Stem Battery and parent-child narratives. New York: Oxford University Press.

frische BÖE – Bundesverband Österreichischer Elternverwalteter Kindergruppen (2014). Männer in der Kinderbetreuung: gewünscht, gebraucht, gefürchtet? Juni 2014/Nr. 84.

Frühe Kindheit (2013). Männer in der Erziehung. Deutsche Liga für das Kind. 16. Jg., Nr. 5. Berlin.

Grieser, J. (2011). Architektur des psychischen Raumes. Die Funktion des Dritten. Gießen: Psychosozial.

Herzog, J. M. (1982). On father hunger: The father's role in the modulation of aggressive drive and fantasy. In St. H. Cath, A. R. Gurwitt, J. M. Ross (Eds.), Father and child. Developmental and clinical perspectives (2nd ed., pp. 163–174). Boston: Little, Brown and Co.

Hopf, H. (2014). Die Psychoanalyse des Jungen. Stuttgart: Klett-Cotta.

Kinder in Europa (2012). Jungen, Väter und Männer in der frühen Bildung. Netzwerk »KINDER in Europa«. 11/2012, Ausgabe 23. Berlin: Das Netz.

Kompakt Spezial (2013). MAIK. Männer & Frauen in der Kita – gemeinsam für Kinder. Dokumentation der Fachtagung vom 2. Juli 2013. 10/2013.

Matzner, M. (2012). Männliches Vorbild, Bezugsperson, Autorität und Erzieher. Zur Bedeutung männlicher Lehrkräfte für die Entwicklung und Bildung von Jungen. In H. Walter, A. Eickhorst (Hrsg.), Das Väter-Handbuch. Theorie, Forschung, Praxis (S. 189–216). Gießen: Psychosozial.

Mentzos, S. (2005). Neurotische Konfliktverarbeitung. Einführung in die psychoanalytische Neurosenlehre unter Berücksichtigung neuer Perspektiven. Frankfurt a. M.: Fischer.

Robinson, J., Mantz-Simmons, L., Macfie, J., Kelsay, K., The MacArthur Narrative Working Group (2002). MacArthur Narrative Coding Manual. Unpublished manuscript. University of Colorado Health Sciences Center, Denver.

Rohrmann, T. (2008). Zwei Welten? Geschlechtertrennung in der Kindheit: Forschung und Praxis im Dialog. Opladen: Budrich UniPress.

Rohrmann, T. (2009). Gender in Kindertageseinrichtungen. Expertise im Auftrag des Deutschen Jugendinstituts, München.

Theorie und Praxis der Sozialpädagogik (TPS) (2013). Schwerpunkt: Männer und Frauen in der Kita. Nr. 4/2013. Seelze: Friedrich Verlag.

Theorie und Praxis der Sozialpädagogik (TPS) (2011). Schwerpunkt: Väter in Kitas. Nr. 9/2011. Seelze: Friedrich Verlag.

Walter, H., Eickhorst, A. (Hrsg.) (2012). Das Väter-Handbuch. Theorie, Forschung, Praxis. Gießen: Psychosozial.

Wie sehen Kinder und Jugendliche die Beziehung zu ihrem Vater?

Eine Sekundäranalyse kindlicher Sichtweisen und Deutungsmuster in Interviews aus drei Forschungsprojekten

Diana Baumgarten

Von Beginn an habe ich in meiner Forschung Interviews mit Kindern[1] und Jugendlichen zu ihren subjektiven Sichtweisen auf Familie geführt. Wie in vielen anderen Untersuchungen stand die Beziehung zum Vater dabei nicht im Vordergrund, sondern war ein zu untersuchender Aspekt von mehreren. Dies ist insofern symptomatisch, als Analysen und Konzeptualisierungen der Vater-Kind- bzw. Kind-Vater-Beziehung[2] als eigenständiger zentraler Forschungsinhalt bislang selten zu finden sind. Aussagen aus der Perspektive von Vätern auf die Beziehung zu ihren Kindern lassen sich am ehesten in Studien finden, die sich mit subjektiven Vaterschaftskonzepten beschäftigen, so etwa in der Vätertypologie von Matzner (2004) oder den Deutungsmustern von Väterlichkeit bei Wolde (2007). Eine Untersuchung von lebensgeschichtlichen Erzählungen aus der Perspektive von Kindern und Jugendlichen findet sich zum Beispiel bei Sander und Vollbrecht (1985).

Gerade in jüngster Zeit scheint sich jedoch eine neue Sichtweise auf Familie bzw. auf die Beziehungen zwischen den einzelnen Familienmitgliedern (interpersonelle Intimität) zu etablieren. Im englischsprachigen Raum wird diese Entwicklung als »intimate turn« bezeichnet (vgl. Gabb, 2010). Befeuert wird diese Entwicklung durch die Vervielfältigung familialer Lebensformen bei einer gleichzeitigen Intensivierung des Begehrens nach emotionaler Inti-

---

1 Die Bezeichnung »Kinder« bezieht sich nachfolgend auf das Generationenverhältnis Vater – Kind und nicht auf die Alters- und Entwicklungsphase »Kindheit«. Es können damit also 6- wie 21-jährige Kinder gemeint sein.
2 Diese Bezeichnung werde ich immer dann verwenden, wenn es mir explizit um die Perspektive der Kinder auf Väter geht.

mität (Maihofer, 2014). Meine eigene Untersuchung (Baumgarten,
2012) schließt sich einerseits dieser neuen Sichtweise auf Familienbeziehungen an und versucht andererseits einen Beitrag zu einem
differenzierteren Verständnis der Beziehung, die Väter zu ihren
Kindern haben, zu leisten und damit dem Mangel an wissenschaftlichen Erkenntnissen darüber entgegenzuwirken. Mein Fokus lag auf
der Rekonstruktion subjektiver Sichtweisen von Vätern und ihren
jugendlichen Kindern, auf ihre Beziehung zueinander und der Art
und Weise, wie sie diese Beziehung gestalten. Grundlage dafür war
ein qualitatives Sample von acht Vätern und ihren acht jugendlichen Kindern im Alter von 16 bis 21 Jahren. Waren in meinen
bisherigen Ausführungen des gewonnenen Interviewmaterials die
Sichtweisen der Väter zentral, werde ich gemäß dem Schwerpunkt
dieses Bandes im vorliegenden Text die Sichtweisen der Kinder auf
ihre Väter ins Zentrum rücken. Der Verzicht auf eine Rückbindung
der Aussagen der Kinder an die ihrer Väter/Eltern ermöglicht es,
losgelöster von der Erwachsenen- bzw. Elternperspektive über das
Gesagte zu reflektieren und die Beschreibung der kindlichen subjektiven Vorstellungen, Deutungsmuster und normativen Bezüge
ins Zentrum zu stellen.

Bindung oder Beziehung?

Auffallend in der Auseinandersetzung mit Beziehungskonzepten ist
die oftmals unscharfe Verwendung der Begriffe *Beziehung* und *Bindung*. Um nicht selbst Gefahr zu laufen, diesbezüglich missverständ-
lich zu sein, lege ich kurz mein Verständnis der beiden Begriffe dar:
Angelehnt an Gahtleitner (2009) sowie Schuster und Uhlendorff
(2009) verstehe ich unter *Bindung* eine Art (Lern-)Konzept oder
internales Arbeitsmodell, welches sich aufgrund früherer Interak-
tionserfahrungen (vor allem mit Mutter und/oder Vater oder auch
anderen Bezugspersonen) entwickelt hat. Diese auch Bindungsrepräsentationen genannten Modelle werden im Verlauf eines Lebens
weiterentwickelt und umorganisiert. Unter *Beziehung* verstehe ich
im Unterschied dazu die auf diesen Arbeitsmodellen basierenden
sozialen Kontakte zu anderen Menschen (z. B. in Partnerschaften,
im Generationenverhältnis, am Arbeitsplatz), die in ihrer Quali-

tät verschieden sein können. Insofern meinen die beiden Begriffe
inhaltlich Unterschiedliches und zielt auch das Erkenntnisinteresse
der jeweiligen Forschung auf Verschiedenes: Ist es in der (entwicklungspsychologischen) Bindungsforschung die Analyse von Bin-
dungsmustern und Qualität von Bindungen, ist es in der soziologischen Forschung die Frage nach subjektiven Konzepten und den
Konstruktionsprozessen derselben.

Methodischer Hintergrund

Um die Vielfalt individueller Sichtweisen zu erfassen und verschiedene Orientierungen, Normalitätsvorstellungen und Relevanzset-
zungen zu verstehen, liegen qualitative Verfahren auf der Hand (vgl.
Eggebeen, 2002).

Grundsätzlich sind Kinder und Jugendliche kompetente Inter-
viewpartner/-innen hinsichtlich ihres Lebens und ihrer soziokultu-
rellen Umwelt. Sie darin als eigenständige Personen ernst zu nehmen,
bedeutet jedoch auch, beim Erheben und Auswerten mit spezifischen
Schwierigkeiten konfrontiert zu sein. Aus methodischer Perspektive
gibt es bislang nur wenige systematisch aufgearbeitete Standards oder
Regeln für qualitative Interviews mit Kindern. Diese sind nicht einfach aufzustellen, da die methodischen Anforderungen je nach Fragestellung der Forschenden und Alter der Kinder sehr unterschiedlich ausfallen (Fuhs, 2000). Abstraktionsniveau und Differenziertheit
der Befragung müssen in jedem Fall dem Stand der mentalen Entwicklung und der Ausdrucksfähigkeit des interviewten Kindes entsprechen. Auch sollten die Modalitäten der Interviewdurchführung
(Ort, Dauer, Anzahl der Fragen etc.) altersadäquat sein. Ausführliche Informationen zum Sprachgebrauch in Interviews mit Kindern
(Syntax, Zeitform, Vokabular) und dem Formulieren von Fragen lassen sich bei Lamb und Poole (1998) finden. Je nach Forschungsinteresse, aber vor allem wenn es um eine Einschätzung und kritische
Reflexion der zu befragenden Kinder geht, sollten diese über hinreichend sprachliches Ausdrucksvermögen verfügen. Gerade in Interviews mit jüngeren Kindern sind die Antworten in der Regel kurz
gehalten und wenig erklärend. Perspektivische Aussagen oder rück-
blickende Einschätzungen können kaum erwartet werden. Gleich-

wohl sind auch Kinder in der Lage, über ihre Lebenswelt und Sozial-
erfahrungen Auskunft zu geben (vgl. Krüger u. Grunert, 2001). Eine
der wenigen existierenden Regeln lautet, keine narrativen Interviews
mit Kindern unter zehn Jahren zu führen, da diese sehr offene Inter-
viewvariante hohe Anforderungen an die Verbalisierungsfähigkeit
und Reflexionskompetenz stellt (vgl. u. a. Grunert u. Krüger, 2006).
Meine Erfahrung hat gezeigt, dass die Erzählkompetenz mit einem
Alter von 15 Jahren sprunghaft ansteigt.

Zur Beantwortung der Frage, wie Väter und ihre jugendlichen
Kinder ihre Beziehung zueinander sehen und auf welche Art und
Weise sie diese Beziehung gestalten, habe ich semistrukturierte Leit-
fadeninterviews mit acht Vätern und ihren acht jugendlichen Kin-
dern im Alter von 16 bis 21 Jahren geführt. Thematisch war der
Kinderleitfaden in Fragen zum Alltag, zur Beziehung zum Vater, zu
Idealvorstellungen von Eltern sowie zur Mutter-Kind-Beziehung
unterteilt. Leitfadeninterviews sind »gleichsam die klassische Erhebungsmethode für die Erfassung subjektiver Theorien« (König, 2002,
S. 59, zit. nach Matzner, 2004, S. 179). Durch die Strukturierung des
Erzählraums werden relevante Themen im Interviewverlauf vorgegeben, ohne bereits eine klare Reihenfolge festzulegen. Dies ermöglicht
einerseits die Vergleichbarkeit der Erzählinhalte und bietet andererseits hinreichend Raum für die Entfaltung der Erzählung. Die Ähn-
lichkeit dieser Erhebungsmethode mit einem Alltagsgespräch hat
sich gerade für die Befragung von Kindern als förderlich erwiesen.
Ausgewertet wurden die Interviews mithilfe eines rekonstruktiv-her-
meneutischen Verfahrens, welches sich an der dokumentarischen
Methode (Bohnsack, 2007; Nohl, 2006) orientiert und Elemente aus
der Gesprächs- und Positioning-Analyse (Lucius-Hoene u. Deppermann, 2004) integriert. Bei dieser Art der Rekonstruktion geht es
sowohl um das Nachvollziehen des subjektiv gemeinten Sinns und
impliziter Wissensbestände als auch darum, Handlungspraxen als
zu überindividuellen kollektiven Orientierungen zugehörig kennt-
lich zu machen (vgl. Meuser, 2003).

Qualitative Interviews mit Kindern und Jugendlichen habe ich
auch in vorangegangenen Projekten geführt. Im Projekt »Eltern-
paare mit egalitärer Rollenteilung: Die Langzeitperspektive und die
Sicht der Kinder« waren dies 70 strukturierte Leitfadeninterviews

mit Kindern im Alter von 10 bis 21 Jahren.[3] Ziel des Projekts war es, die Wahrnehmungen, Erfahrungen und Beurteilungen von Kindern des elterlichen Rollenmodells und der Eltern-Kind-Beziehung zu erheben. Hierfür wurden rund hälftig Kinder aus Familien mit einer partnerschaftlichen und Kinder aus solchen mit traditioneller Arbeitsteilung befragt. Ausgewertet wurden diese Daten mithilfe der qualitativen Inhaltsanalyse (Mayring, 2002).

Im transdisziplinären Projekt »Kinder und Scheidung: Der Einfluss der Rechtspraxis auf familiale Übergänge« stand die Frage nach der Realität und Lebenslage von Eltern und Kindern im Scheidungsverfahren, speziell nach der Partizipation von Kindern in Form von Anhörungen, im Zentrum.[4] Hierfür wurden neben einer Aktenanalyse, Experteninterviews mit Richterinnen und Richtern und einer schriftlichen Befragung geschiedener Eltern auch Interviews mit betroffenen Eltern und Kindern geführt. Drei der insgesamt 42 Leitfadeninterviews mit Kindern im Alter von 5 bis 20 Jahren habe ich selbst geführt und war an der Auswertung des gesamten Samples substanziell beteiligt. Die Auswertung des Interviewmaterials erfolgte ebenfalls mittels qualitativer Inhaltsanalyse.

Empirische Ergebnisse – drei zentrale Themen in den Sichtweisen von Kindern

Die Einladung zum vorliegenden Beitrag bietet die Möglichkeit, die qualitativen Daten aus allen drei Projekten heranzuziehen und miteinander zu verzahnen. Die Gelegenheit zu einer solchen Sekundäranalyse gibt die große Nähe der jeweiligen Forschungsinteressen und der Erhebungsmethoden. In den somit insgesamt 120 Interviews wurden Kinder – wenn auch nicht überall als zentrales Thema – explizit zu ihrem Vater, wie sie ihn bzw. die Beziehung zu ihm wahrnehmen, befragt. Dies erfolgte stets mittels – unter-

---

3   Projektlaufzeit 2003–2005, Leitung: Dr. Margret Bürgisser. Das Projekt fand im Rahmen des Schweizerischen Nationalen Forschungsprogramms 52 »Kindheit, Jugend und Generationenbeziehungen im gesellschaftlichen Wandel« (NFP 52) statt.

4   Projektlaufzeit 2004–2006, Leitung: Dr. Heidi Simoni und Prof. Dr. Andrea Büchler. Das Projekt fand ebenfalls im Rahmen des NFP 52 statt.

schiedlich stark strukturierten – Interviewleitfäden. Die Zusammenführung der unterschiedlichen Datensorten ist insofern nicht ganz unproblematisch, als auf Interviewpassagen, die auf eine inhaltsanalytische Auswertung zielten, sinnrekonstruktive Methoden nicht angewandt werden können (vgl. Notz, 2005). Aus diesem Grund bilden die Kinderinterviews aus Baumgarten (2012) die Grundlage der folgenden Ausführungen, an welche ich Passagen aus den anderen beiden Untersuchungen ergänzend herantrage.[5]

Die Darstellung der kindlichen Sichtweisen und Deutungsmuster erfolgt entlang der drei Themenschwerpunkte: »Beziehungsqualität aus Sicht der Kinder«, »Bedeutung gemeinsamer Kontakte mit dem Vater aus Sicht der Kinder« sowie »Kommunikation mit dem Vater aus Sicht der Kinder«. Fragen zu den beiden ersten Themen waren in allen drei Projekten zentrale Bestandteile des Interviewleitfadens. Das dritte Thema – Kommunikation – wurde ebenfalls, allerdings nur kurz, angesprochen. Der in den Ausführungen beschriebene Stellenwert, den der Austausch mit dem Vater aus Sicht der Kinder hat, wurde aus den direkt darauf bezogenen als auch aus anderen Fragen über den Vater induktiv aus dem Material herausgearbeitet.

Die Qualität der Kind-Vater-Beziehung aus Sicht der Kinder

Wie bereits angeklungen, wurde in den einzelnen Projekten unterschiedlich nach der Sicht der Kinder auf ihre Beziehung zum Vater gefragt. Solche Fragen, die direkt auf die Einschätzung der Beziehung durch die Kinder zielen, lauten: »Wie würdest du die Beziehung zu deinem Vater beschreiben?«, »Woran merkt man deiner Meinung nach, dass die Beziehung zum Vater gut ist?«, »Wie stellst du dir eure Beziehung in Zukunft vor?« oder auch »Hat sich das Verhältnis zwischen dir und deinem Papi seit der Trennung verändert?«. Eher indirekt formulierte Fragen sind z. B.: »Wie würdest du deinen Vater beschreiben?« und »Was machst du gerne mit ihm, was weniger?«. Nun kann die Qualität der Beziehung von strukturellen Bedingun-

---

5   Gemäß der Typisierung qualitativer Sekundäranalysen von Heaton (2004, S. 38) ist die Zusammenführung mehrerer Primärstudien mit dem Ziel, eine größere Stichprobe zu erhalten, als »Amplified Analysis« zu bezeichnen.

gen (z. B. leben Vater und Kind in der Herkunftsfamilie zusammen oder sehen sie sich periodisch, wie es in Scheidungsfamilien oft der Fall ist) wie intrapersonellen Bedingungen (z. B. Selbstanspruch des Vaters, die Beziehung aktiv zu gestalten) abhängen. Jenseits davon dokumentiert sich in den Aussagen der Kinder ein differenziertes Verständnis für die Beschaffenheit ihrer Beziehung zum Vater. Es gibt Kinder, die diese als *grundsätzlich gut* einschätzen.

»Ja, ich habe das Gefühl, wir haben eine gute Beziehung. Das ist nicht irgendwie gestört. Und ich würde jetzt auch nicht irgendwie mehr wollen. Also, dass wir da völlig nur noch wie Kumpels sind oder so. Ich habe es gerne, wenn es ein wenig Distanz hat. Aber andererseits auch nicht zu viel.« (Raoul, 17 Jahre)[6] (Baumgarten, 2012, S.157)

Konstitutiv für die Zufriedenheit mit dem Ist-Zustand ist eine Ausgewogenheit zwischen Nähe und Distanz. Auch die Abgrenzung von anderen Beziehungen ist wichtig. Der Vater ist kein Peer; die Beziehung zu ihm hat einen anderen Status.

»Ich würde sagen, unsere Beziehung ist sehr, sehr offen […] und ähm, ich würde sagen, es ist auch eine sehr feste Beziehung.« (Timo, 16 Jahre) (Baumgarten, 2012, S.159)

»Fest« und »offen« werden hier als weitere Qualitätsmerkmale genannt. Dass die Kind-Vater-Beziehung stabil und vertrauensvoll ist, ist Teil ihres Verständnisses. Ebenso gehört dazu ein positiv empfundenes, nicht problembelastetes Zusammensein. Negativer Bezugshorizont ist ein Verhältnis, in dem sich Vater und Kind oft streiten.

»Eigentlich sehr gut. Es ist eigentlich auch so locker, wir haben es gut zusammen und eigentlich fast nie Streit. Ja, es gibt immer wie-

---

6   Um eine bessere Lesbarkeit zu erhalten, wurden die Zitate an einigen Stellen sprachlich geglättet. Weitestgehend beibehalten wurden die Schweizer Wortwahl und Satzstellung. Die Angaben in Klammern enthalten den anonymisierten Namen der Interviewperson sowie ihr Alter.

der mal Meinungsverschiedenheiten, aber so richtig Streit haben wir eigentlich fast nie. Ich meine, wir wohnen ja auch zusammen, das ist auch nicht so gewöhnlich, dass die Tochter beim Vater lebt und der Sohn bei der Mutter. Und ich bin damals auch zu ihm gezogen, aus dem Grund, weil ich mit meinem Vater besser ausgekommen bin.« (Julie, 16 Jahre)

In den Zitaten kommt eine Zufriedenheit der Kinder mit der Beziehung zum Ausdruck. Sie fühlen sich wohl in der Anwesenheit des Vaters und er ist ihnen emotional wichtig.

Es gibt aber auch solche Kinder, die ihre Beziehung zum Vater als »durchzogen« bezeichnen.[7] Dies dokumentiert sich ebenfalls auf sprachlicher wie inhaltlicher Ebene.

»Durchzogen. Also meistens haben wir's eigentlich gut, aber es kann dann auch wieder mal eine Phase geben, wo wir eben zwei Wochen lang eigentlich etwas Abstand voneinander nehmen. Aber so funktioniert das eigentlich recht gut. [...] es ist ein gutes Verhältnis, einfach eigentlich recht distanziert [...].« (Nolan, 17 Jahre) (Baumgarten, 2012, S. 160)

Das Zusammensein mit dem Vater ist hier immer wieder von Zeiten mit größerem Abstand zueinander gekennzeichnet. Die Kinder wissen um gute Momente – »meistens«, kennen aber auch die, in denen der Vater für sie unberechenbar ist oder sie sich ihm weniger nahe fühlen.

»Nein, es ist einfach, bei ihm weiß man einfach nie. Manchmal kann er Sprüche machen und ist gut drauf, manchmal ist er wieder so schrecklich drauf. Nachher, wenn ich etwas Blödes sage, fängt er an zu fluchen und so. Einfach er hat so ein Ungewisses, ja.« (Julia, 19 Jahre)

---

7   Aussagen über desolate Kind-Vater-Beziehungen finden sich keine im Sample. Dies ist mehrheitlich durch Rekrutierungsverfahren, die auf Freiwilligkeit beruhen, bedingt. Es ist davon auszugehen, dass dysfunktionale Familien auf derartige Aufrufe zur Interviewteilnahme nicht reagieren. Nicht volljährige Kinder müssen über ihre Eltern/Erziehungsbevollmächtigten rekrutiert werden.

Als Erklärung für diese Art der Beziehungsqualität wird auf bestimmte Charakterzüge bzw. spezifisches Verhalten des Vaters zurückgegriffen, welche die Kinder als irritierend erfahren. Anders als die vorangegangen zitierten Kinder fühlen sich diese Kinder nicht immer wohl im Zusammensein mit dem Vater.

Findet die Thematisierung der Kind-Vater-Beziehung auf der Ebene gemeinsamer Erlebnisräume statt, sticht zunächst die große Bandbreite der von den Kindern benannten Situationen ins Auge. Von Basteln, Spielen oder Fernsehen über gemeinsames Einkaufengehen bis hin zu den unterschiedlichsten (Sport-)Aktivitäten ist alles dabei.

»Diskutieren. Und sonst auch einkaufen gehen. Und sonst auch Sport halt, weil er sehr sportlich ist.« (Andrea, 18 Jahre)

»Also, wir gehen zum Beispiel einmal pro Woche zusammen ins Fitness. Und das ist wirklich lässig. Das spornt auch ein wenig an. Wir können zwar schon nicht die gleichen Übungen machen. Ich mache ein bisschen mehr als er. Aber doch, dass wir etwas zusammen machen, und so [...]. Das ist auch ein Austausch über verschiedene Sachen, die gerade laufen. Und irgendwie mit ihm hab ich überhaupt kein Problem.« (Amon, 18 Jahre)

»Schwimmen gehen, Velo fahren, alles, was man draußen machen kann.« (Lorraine, 6 Jahre)

»Irgendwie über Politik diskutieren und Wirtschaft. Ins Kino gehen. Oder Kunst. Ich gehe mit ihm in Kunstausstellungen. Ich mache vieles mit ihm. Mit ihm gehe ich einfach mehr weg als mit meiner Mutter. Und vor allem können wir auch über andere Sachen reden als mit meiner Mutter.« (Tobias, 15 Jahre)

Dabei zeigt sich, dass viele der Aktivitäten eher außerhalb des Alltags, im Freizeitbereich stattfinden. Diese *Aktivitäts-Norm* für Väter (vgl. Baumgarten, 2012, S. 180) stellt kein neues Phänomen dar (vgl. Starrels, 1994; Kay, 2009). Entspricht sie doch auch dem gegenwärtig gesellschaftlich vorgesehenen Möglichkeitsraum väterlichen Verhaltens. Die Brisanz liegt im Stellenwert, den das gemeinsame Tun für

Väter und Kinder hat. Diesem wurde in den Diskussionen um die
Verteilung von Fürsorge- und Erziehungsarbeit in Familien bislang
zu wenig Beachtung geschenkt. Nicht zuletzt, weil die außerhäuslich
stattfindenden Aktivitäten der Väter mit ihren Kindern als *Flucht*
vor der anstrengenden repetitiven Fürsorgearbeit gedeutet wurden.
Ich möchte nicht bestreiten, dass dieses einen legitimen Movens der
Väter darstellen mag. Im Anschluss an Harrington (2009) geht es mir
jedoch darum, jenseits der Debatte um die Ungleichverteilung von
Hausarbeit zu zeigen, wie sehr Väter dieses Tun als ihr spezifisches
Engagement für ihre Kinder begreifen. Und dass auch die Kinder
sich bei diesen gemeinsamen Aktivitäten emotional mit ihrem Vater
verbunden fühlen und in Austausch mit ihm kommen.

Zusammenfassend lassen sich in den Aussagen der Kinder unterschiedliche subjektive Vorstellungen von Beziehungsqualität finden.
Innerhalb dieser verleihen sie ihrer Wertschätzung für die Beziehung
Ausdruck, formulieren aber auch Wünsche und problematisieren
unangenehme Aspekte.

Die Bedeutung gemeinsamer Kontakte mit dem Vater aus Sicht der Kinder

Wie soeben angeklungen, steht bei der Analyse der Beziehung zwischen Eltern und ihren Kindern u. a. die Frage im Raum, ob die
Beziehung vor allem im Alltag oder im Rahmen spezieller Freizeit-
aktivitäten gelebt wird. Wobei es sehr häufig nicht um eine intendierte Beziehungsgestaltung »doing relationship« geht, vielmehr um
das Neben- und Miteinander in gemeinsamer Präsenz (bspw. beim
Kochen) und der Vielzahl der sich in diesem Rahmen ergebenden
beiläufigen Gespräche und Austauschmöglichkeiten. Wobei der Kontakt in der Freizeit oft organisierter und weniger spontan ist. In allen
drei Projekten wurden unterschiedliche Fragen zum Alltag mit dem
Vater an die Kinder adressiert. Diese zielten sowohl auf Alltagsrou-
tinen, wie etwa die Fragen: »Wie sieht ein normaler Wochentag/ein
Wochenende mit deinen Eltern bei dir aus?«, »Wann und wie oft bist
du mit deinem Vater bzw. deiner Mutter zusammen?«. Gleichzeitig gab es auch Fragen, die auf spezifische Vater-Kind-Momente im
Alltag zielten, wie zum Beispiel: »Gibt es etwas, was ihr regelmäßig

miteinander macht?«, »Gibt es etwas, was der Papi besonders gut kann?« oder auch »In welchen Momenten suchst du Rat oder Hilfe bei deinem Vater?«.

In allen hier einbezogenen Studien dokumentiert sich in den Aussagen der Kinder die große Bedeutsamkeit, die die gemeinsam verbrachte Alltagszeit hat.

»Ich habe das Gefühl, das hat damit zu tun, dass er früher wirklich viel da gewesen ist, dass sie sich's ja geteilt haben und ja, irgendwie habe ich doch sehr viele Erinnerungen, die ich mit ihm habe. Und also, wenn ich jetzt so meine Freunde anschaue, die haben eigentlich gar keine wirkliche Beziehung zum Vater und das ist deutlich anders bei mir. Also ich glaube, ich kenne ihn auch relativ gut.« (Vera, 18 Jahre) (Baumgarten, 2012, S. 80 f.)

Die viele gemeinsam verbrachte Zeit gewährleistet nicht nur eine hohe Ansprechbarkeit und mentale Verfügbarkeit des Vaters, sondern stellt in Form eines Erinnerungsschatzes quasi die Grundlage der Beziehung dar. Besonders deutlich wird dies in den unterschiedlichen Aussagen von Kindern aus Familien mit partnerschaftlicher bzw. traditioneller Arbeitsteilung. Bei Letzteren finden sich wiederholt Aussagen, in denen sich ihr Bedauern, einen Abend- oder Wochenend-Vater zu haben, ausdrückt.

»Ja, das finde ich einfach etwas schade, dass man den Vater nur am Wochenende sieht und sonst die Woche durch einfach nicht so viel.« (Tim, 12 Jahre)

Den Kindern ist bewusst, dass ein im Alltag anwesender Vater nicht nur die Möglichkeit böte, Eindrücke und Ereignisse unmittelbar mit ihm zu besprechen und zu verarbeiten, es würde auch die Beziehung zu ihm verändern. Sie imaginieren sich diese als »enger« und »fester«. Vergleichshorizont hierfür ist die Kind-Mutter-Beziehung.

»Ich denke, ich würde mehr noch auf ihn dann halt irgendwie Beziehung, vielleicht fester jetzt. Ich würde ihn auch mehr sehen sicher und mehr Sachen mit ihm mehr machen.« (Akulina, 17 Jahre)

»Ich denke, die Beziehung wäre sicher besser, wobei sie gut ist. Aber sie wäre sicher noch besser, also enger. Die ich mit der Mami natürlich jetzt habe.« (Benjamin, 20 Jahre)

Das Bedürfnis nach mehr Alltagszeit mit dem Vater zeigt sich auch bei den Trennungs- und Scheidungsfamilien. Hier sind es vor allem Kinder aus Familien mit alleinigem Sorgerecht der Mutter, von denen sich rund die Hälfte eine stärkere Präsenz des Vaters in ihrem Leben wünscht.

»Eh, vielleicht möchte ich ihn ein wenig mehr sehen, etwa so oft, wie ich die Mama sehe. Das wäre gerecht.« (Laura, 8 Jahre)

Auch wenn es vordergründig um die gerechte Verteilung von Aufenthaltszeit zu gehen scheint, drückt sich auch hier ein Bedürfnis nach gleich starker Präsenz beider Elternteile im Leben dieser Kinder aus. Ein besonderes Merkmal der Kind-Vater-Beziehung in Trennungs- und Scheidungsfamilien ist, dass diese in einem festgelegten Rhythmus (z. B. an jedem zweiten Wochenende) stattzufinden hat. Diese starke Reglementierung empfinden die Kinder als einschränkend und hinderlich.

»Wenn er gleich hier irgendwo in der Siedlung wohnen würde, dann wäre es kein Problem, dann würde ich jeden Tag oder jeden zweiten, dritten Tag zu ihm gehen.« (Tom, 14 Jahre)

Insgesamt zeigt sich in den Aussagen der Kinder deutlich, wie sehr sie *Anwesenheit des Vaters* und *Beziehungsintensität* konstitutiv miteinander verknüpfen. Mehr Zeit im Alltag mit dem Vater verspricht eine Zunahme an gemeinsamen Aktivitäten, an Austausch und generell an Beziehungsintensität. Insofern positionieren sie sich souverän als bewusst und kritisch gegenüber den aktuellen Bedingungen, innerhalb derer die Beziehung zum Vater stattfindet.

Was den Kindern an der Kind-Vater-Kommunikation wichtig ist

Wie erwähnt, gab es in allen drei Projekten ähnliche Fragen zur Vater-Kind-Kommunikation, z. B. »Über welche Dinge unterhältst du dich [auf gar keinen Fall] mit dem Papi?«. Hauptanliegen war, mehr über die inhaltliche Themensetzung zu erfahren, im Falle des Scheidungsprojekts auch darüber, inwieweit Väter mit ihren Kindern über die Trennung/Scheidung sprechen. Die Antworten auf diese Frage sind oft in Form von Drei-Wort-Sätzen à la »Über Schule, Fussball und so.« gehalten. Was genau die Kinder am Austausch mit ihrem Vater schätzen und welchen Stellenwert dieser für sie hat, darüber lieferte diese Frage kaum Material. In der Auswertung des meiner Untersuchung (2012) zugrunde liegenden Materials und vor allem auch im Projekt zur elterlichen Rollenteilung hat sich gezeigt, dass die Kinder ihre Kommunikation mit dem Vater im Interview vor allem dann thematisieren, wenn sie danach gefragt werden, was sie am liebsten mit ihm machen (»Was machst du am allerliebsten mit dem Papi?«) oder im Umgang mit ihm am meisten schätzen.

In den Antworten auf diese Fragen dokumentiert sich der hohe Stellenwert, den die Kommunikation mit dem Vater für viele Kinder hat.

»Wenn ich irgendwelche Projekte in der Schule habe, was Kunst anbelangt, ich kann fast drauf gehen, ich würde heimgehen und zu allererst mit dem Vater drüber reden, weil er einfach immer gute Inputs hat und so. Also, das ist eigentlich wirklich, was ich fast am meisten schätze.« (Vera, 18 Jahre) (Baumgarten 2012, S. 86)

»Sonst rede ich mit ihm, wenn ich ein Problem habe. [...] Und auch, wenn ich sonst ein Problem habe, wenn mich irgendetwas aufregt, was bei mir noch recht oft vorkommt, oder mit der Schule, dann rede ich mit ihm darüber. Also ja, ich tobe mich eher aus. Und er holt mich dann wieder runter und sagt dann ganz klar: Ja aber schau! Er zeigt mir immer noch die andere Seite.« (Nora, 16 Jahre) (Baumgarten 2012, S. 111)

In beiden Zitaten wird deutlich, wie sehr sie den Austausch über
eigene Interessen, Anliegen und Probleme schätzen. Dabei heben
sie sehr unterschiedliche Kompetenzen hervor, über die der Vater
verfügt (Input geben, beruhigen) und die ihnen in diesem Zusammenhang besonders wichtig sind. Ihnen liegt viel an der Meinung
des Vaters; er ist für ihre Belange ein wichtiger Ansprechpartner.

Darüber hinaus lässt sich die geschlechterstereotype Zuteilung
privat-persönlicher Inhalte an die Mutter und beruflich-öffentli-
cher Themen an den Vater feststellen. Dies trifft auf Mädchen wie
Jungen zu.

»Mit meiner Mutter kann ich eher über so Beziehungssachen reden.
Also sie fragt auch eher. Mein Vater fragt da eigentlich nicht wirklich.
Er fragt so ansatzweise, aber ich weiche dann vielleicht doch ein biss-
chen aus.« (Valeria, 21 Jahre) (Baumgarten 2012, S.110)

»Ja, also irgendwie, wenn es um Gefühle geht, würde ich jetzt nicht zu
ihm gehen. […] Also als ich verliebt gewesen bin, wäre ich jetzt nie zu
ihm gegangen. […] Das wäre wie irgendwie peinlich.« (Raoul, 17 Jahre)
(Baumgarten 2012, S.156)

Aus nicht weiter explizierten Gründen wird die Mutter bei den Themen Intimbeziehung und Emotionen bevorzugt. Ein Vater scheint
diesbezüglich nicht die entsprechenden Kompetenzen zu besitzen,
was sich beispielhaft daran ablesen lässt, dass die Mutter richtig
fragt, währenddem der Vater dies nur »so ansatzweise« tut. Hieran wird deutlich, wie die Kinder ihren Eltern qua Geschlechts-
gruppe spezifische Kompetenzen als Mann bzw. Frau zuordnen.
Wie die Auswertung der Väterinterviews gezeigt hat, halten sie sich
selbst dann an diese Zuordnung, wenn Väter dezidiert signalisieren, dass sie auch für typisch weibliche Themen Ansprechpartner
sein möchten.

Wie sehr Geschlechtergrenzen wirken, kommt besonders im Zitat
einer 16-Jährigen zum Ausdruck:

»Auf der einen Seite ist es eigentlich eine sehr nahe Beziehung, weil
ich mit ihm wirklich über alles reden kann. Aber auf der anderen Seite

ist sie auch immer wieder etwas entfernt, also mit Abstand, weil ja, sicher mal die Tatsache, er ist ein Mann, ich bin eine Frau. Das ist sicher mal was. Und ja, er ist mein Vater.« (Nora, 16 Jahre) (Baumgarten 2012, S.113)

Die »sehr nahe« Beziehung ist einer permanenten Einschränkung unterworfen, die sich aus ihrem unterschiedlichem Geschlecht sowie den verschiedenen Positionen im Familiengefüge, Vater – Tochter, ergibt. Implizit enthalten ist die Aussage, dass es diese Hindernisse in der Beziehung zwischen Mutter und Tochter weniger gibt und dort somit ein anderes Maß an Nähe möglich ist. Letztlich zeigt sich in solchen Aussagen, wie stark Geschlecht als Strukturkategorie in unserer Gesellschaft verankert ist. Dies nicht nur auf der Ebene von Normen oder Zuschreibungen, sondern auch auf der des Denkens, Fühlens und Handelns.

Die Kinder sprechen den Vater hingegen gezielt an, wenn es um Themen wie Sport, Politik oder Musik geht.

»Also eben, Diskussionen führe ich noch gerne mit ihm, weil er ist einfach so etwas ein Konterpartner, der etwas eine andere Meinung hat zum Teil.« (Lukas, 18 Jahre)

»So zum Beispiel über Sport rede ich vor allem mit dem Vater.« (Timo, 16 Jahre) (Baumgarten 2012, S.164)

»Politik, […] dann gibt's jeweils noch gute Diskussionen. Ja, über Musik reden wir auch viel.« (Nolan, 17 Jahre) (Baumgarten 2012, S.164)

Hier ist ihnen der Vater ein Gegenüber, mit dem sie sich austauschen und an dessen Meinung sie ihre eigene schärfen können. Anhand des Sprachduktus dokumentiert sich, wie wichtig (»noch gerne«, »noch gute Diskussionen«) und vertraut ihnen das Sprechen mit ihm über diese Themen ist.

Auch bei der Untersuchung der Trennungs- und Scheidungssituationen hat sich gezeigt, dass viele Väter aktiv mit ihren Kinder darüber sprechen und die Kinder dies sehr schätzen. Indem die Väter versuchen, die Gründe für die Trennung zu erklären, und sich dabei nicht scheuen, ihrer Traurigkeit und Trauer Ausdruck zu verleihen, helfen sie den Kindern, ihren Umgang mit der Situation in Worte zu fassen und sich über ihre Gefühle dazu zu äußern.

»Ja, er hat mich gefragt, ob es mich beschäftige, die Sache mit der Scheidung. Ich habe ihm gesagt, dass es das manchmal tue, manchmal nicht. Eben, über die Scheidung und so. Er hat immer gesagt, dass sie oft gestritten haben. Er hat mich gefragt, ob mich das beschäftige und so.« (Sandro, 12 Jahre)

Auch bei diesem Thema kann es der Fall sein, dass die Väter zwar die Bereitschaft zu einem Austausch kundtun, diese Möglichkeit aber von den Kindern nicht angenommen wird.

In den Aussagen der Kinder wird auch deutlich, dass für sie die Kommunikation mit dem Vater dann gelungen ist, wenn sie eine echte und ernst gemeinte Anteilnahme an ihren Anliegen spüren.

»Er kommt dann auch viel auf mich zu, wenn er irgendwie das Gefühl hat, es geht mir nicht gut. […] Aber ähm sonst ist er manchmal auch gekommen und hat gefunden: ›Komm, jetzt gehen wir mal zusammen laufen. Erzählst du mir mal. Wenn du nicht erzählen willst, dann ist egal, aber dann gehen wir einfach raus.‹ So ja.« (Kathrin, 19 Jahre) (Baumgarten 2012, S. 82)

Es ist die Bereitschaft des Vaters, sich auf sein Kind als ernstzunehmendes Gegenüber einzulassen, die zählt. Dies eröffnet die Möglichkeit, *mit allem* zu ihm zu kommen.

»Wir haben mit ihm eigentlich sehr gut über alles reden können. Besser als mit der Mami zum Teil. Er ist jetzt noch ein bisschen so. Er tut immer so philosophieren und die Mami will dann immer gerade meine Psyche analysieren und das geht mir wirklich auf den Geist. Weil sie das einfach nicht kann. Und das probiert mein Papi nicht, sondern er erzählt einfach seine Meinung dazu, oder. Und das ist mir viel lieber, als wenn mir jemand einreden will, was ich jetzt machen soll und was für mich das Beste ist.« (Antonia, 17 Jahre)

Dabei geht es auch nicht darum, sofort eine Lösung parat zu haben. Vielmehr suchen die Kinder den ernsthaften Meinungsaustausch im Sinne einer weiteren/anderen Perspektive auf das Problem. Dies hilft ihnen, ihren eigenen Umgang damit zu überdenken und mögliche andere Lösungswege zu entwickeln.

Zusammenfassend zeigt sich, wie wesentlich Meinungsaustausch und Kommunikation mit dem Vater für die Kinder sind. Das Gefühl, eine *gute Beziehung* zum Vater zu haben, hängt für sie unmittelbar damit zusammen.[8] Auch Ruppert und Schneewind (1995, S. 173) gingen bereits davon aus: »Wer sich mit seiner Mutter oder seinem Vater emotional verbunden fühlt, redet auch gern mit ihnen. Gabb (2010, S. 123) spricht in diesem Zusammenhang von »spontaneity of intimacy«. Hierfür spielt der gemeinsame Alltag, den die Kinder mit dem Vater verbringen, eine wesentliche Rolle. Denn je mehr die Kinder davon mit dem Vater haben, desto besser funktioniert die Alltagskommunikation und desto besser fühlen sich Kinder in der Familie (Klöckner, Beisenkamp u. Hallmann, 2004). Auch lässt sich feststellen, dass das beziehungsstiftende Moment der Kommunikation für Töchter tendenziell wichtiger zu sein scheint als für Söhne. Doch selbst wenn sich Jungen weniger über persönliche und emotionale Themen mit dem Vater austauschen, schätzen sie ihn als Fachexperten und Gegenüber für einen Meinungsaustausch. Der insgesamt hohe Stellenwert der gemeinsamen Kommunikation bleibt also unabhängig von der Themenwahl erhalten.

Viele bisherige Studien beschäftigen sich primär mit der Kommunikation in der Mutter-Kind-Beziehung. Dass Kommunikation und Austausch auch wesentliche Elemente der Vater-Kind/Kind-Vater-Beziehung sind, bleibt dabei ausgeblendet. Hieran wird deutlich, dass zukünftige Forschung zu Vätern bzw. Vaterschaft von der Engführung entlang Mutterschaft wegkommen muss. Nur so wird es gelingen, Väter nicht immer schon als kommunikativ defizitär aufzufassen bzw. den Austausch der Kinder mit ihren Vätern nicht als weniger wichtig zu begreifen.

8　Interessanterweise müssen die Einschätzungen der kommunikativen Nähe zum Vater durch das Kind nicht mit der Selbsteinschätzung der Väter übereinstimmen.

Abschließende Bemerkungen

Die Interviews mit Kindern zeigen, dass diese in der Lage sind, ein differenziertes Bild der Kind-Vater-Beziehung zu zeichnen. Im Nachvollziehen ihres Beziehungsverständnisses wird deutlich, dass sie sich durchaus auch kritisch mit ihrer Beziehung zum Vater auseinandersetzen, etwa dann, wenn sie seine Art, mit ihnen zu interagieren, bemängeln oder aber die Qualität ihrer eigenen Kind-Vater-Beziehung mit der von anderen Kindern vergleichen. Als besonders relevant signalisieren die Kinder zwei Aspekte: die gemeinsam verbrachte Zeit und die Kommunikation mit dem Vater. Erstere ermöglicht einen an aktuellen Bedürfnissen orientierten Austausch mit dem Vater. Dabei geht es ihnen nicht vorrangig um geplante Aktivitäten. Genauso wichtig sind Zeiten, in denen Vater und Kind verbunden durch alltägliche Handlungen *beiläufig* zusammen sind. Der zweite Aspekt, eine aktive Kommunikation zwischen ihnen, ist aus Sicht der Kinder besonders wichtig für die Entstehung von Gemeinsamkeit und Zugehörigkeit. Im gezielten Aufsuchen des Vaters für bestimmte Gesprächsthemen wird deutlich, wie Kinder aktiv an der Soziogenese der Kind-Vater-Beziehung mitwirken.

Um mehr über die subjektiven Sichtweisen von Kindern zu erfahren und zu einem besseren Verständnis kindlicher Deutungsmuster als eigenständiges soziokulturelles Phänomen zu gelangen, sollten Kinder – wann immer möglich – selbst zu Wort kommen können. In zukünftigen Projekten zur Sichtweise von Kindern auf Familie gälte es meiner Meinung nach, kritisch(er) zu reflektieren, inwieweit wissenschaftliche Paradigmen bezüglich Kinder, Familie, Väter etc. von Normalitätsvorstellungen durchzogen sind, die oft zu einer Verengung der Perspektive führen (z. B. wenn auf die grundlegende und besondere Bedeutung der Mutter geschlossen wird, ohne den Vater je in den Blick zu nehmen, wie am Beispiel der Kommunikation oben ausgeführt). Insofern wäre beispielsweise überprüfenswert, ob vor dem Hintergrund aktueller Transformationsprozesse von Familie und einem stärkeren Engagement von Vätern auch *in* der Familie die Achse *innerfamilial – außerfamilial* immer noch der Maßstab für die Bemessung (unterschiedlichen) elterlichen Engagements sein kann? Oder es ließe sich fragen, inwieweit es nicht auch Mütter gibt, die in ihrer Beziehungsgestaltung hauptsächlich auf Aktivitäten in der Freizeit fokussieren? Schlussendlich sollte es darum gehen, einen wissenschaftlichen Zugang zu entwickeln, der frei von geschlechtsspezifisch verengenden Zuschreibungen und damit verbundenen Hierarchien ist, damit das ganze Spektrum elterlichen wie kindlichen (Beziehungs-)Handelns sichtbar wird.

Literatur

Baumgarten, D. (2012). Väter von Teenagern. Sichtweisen von Vätern und ihren jugendlichen Kindern auf ihre Beziehung. Opladen u. a.: Budrich.

Bohnsack, R. (2007). Typenbildung, Generalisierung und komparative Analyse: Grundprinzipien der dokumentarischen Methode. In R. Bohnsack, I. Nentwig-Gesemann, A.-M. Nohl (Hrsg.), Die dokumentarische Methode und ihre Forschungspraxis. Grundlagen qualitativer Sozialforschung (2. erweiterte und aktualisierte Aufl., S. 225–253). Wiesbaden: VS Verlag für Sozialwissenschaften.

Eggebeen, D. J. (2002). Sociological perspectives on fatherhood: What do we know about fathers from social surveys? In C. S. Tamis-Lemonda, N. J. Cabrera (Eds.), Handbook of father involvement. Multidisciplinary perspectives. (p. 189–209). Mahwah, NJ a. London: Lawrence Erlbaum Ass.

Fuhs, B. (2000). Qualitative Interviews mit Kindern. Überlegungen zu einer schwierigen Methode. In: F. Heinzel (Hrsg.), Methoden der Kindheitsforschung. Ein Überblick über Forschungszugänge zur kindlichen Perspektive (S. 87–104). Weinheim u. München: Juventa.

Gabb, J. (2010). Researching intimacy in families. Houndmills: Palgrave Macmillan.

Gahtleitner, S. B. (2009). Persönliche Beziehungen aus bindungstheoretischer Sicht. In K. Lenz, F. Nestmann (Hrsg.), Handbuch Persönliche Beziehungen (S. 145–169). Weinheim u. München: Juventa.

Grunert, C., Krüger, H.-H. (2006). Kindheit und Kindheitsforschung in Deutschland. Forschungszugänge und Lebenslagen. Opladen: Verlag Barbara Budrich.

Harrington, M. (2009). Sport made good dads. Australian fathering through leisure and sport practices. In Kay, T. (Ed.), Fathering through Sport and Leisure. (p. 51–72). London: Routledge.

Heaton, J. (2004). Reworking qualitative data. London: Sage.

Kay, T. (Ed.) (2009). Fathering through Sport and Leisure. London: Routledge.

Klöckner, C. A., Beisenkamp, A., Hallmann, S. (2004). Familien aus der Perspektive von Kindern zwischen 9 und 14 Jahren. Zeitschrift für Familienforschung, 15 (2), 130–143.

König, E. (2002). Qualitative Sozialforschung im Bereich subjektiver Theorien. In E. König, P. Zedler (Hrsg.), Qualitative Forschung (2. Aufl., S. 55–69). Weinheim u. Basel: Beltz Verlag.

Krüger, H.-H., Grunert, C. (2001). Biographische Interviews mit Kindern. In
     I. Behnken, J. Zinnecker, (Hrsg.), Kinder. Die biopraphische Perspektive. Ein
     Handbuch (S. 129–143). Seelze-Velber: Kallmeyer Verlag.

Lamb, M. E., Poole, D. A. (1998). Investigative interviews of children. A guide for
     helping professionals. Washington DC: American Psychological Association.

Lenz, K., Nestmann, F. (2009). Persönliche Beziehungen – eine Einleitung. In
     Dies. (Hrsg.), Handbuch Persönliche Beziehungen (S. 9–25). Weinheim u.
     München: Juventa Verlag.

Lucius-Hoene, G., Deppermann, A. (2004). Rekonstruktion narrativer Identität.
     Wiesbaden: VS Verlag für Sozialwissenschaften.

Maihofer, A. (2014). Familiale Lebensformen zwischen Wandel und Persistenz.
     Eine zeitdiagnostische Zwischenbetrachtung. In C. Behnke, D. Lengersdorf,
     S. Scholz (Hrsg.), Wissen-Methode-Geschlecht: Erfassen des fraglos Gege-
     benen (S. 313–334). Wiesbaden: VS Verlag für Sozialwissenschaften.

Matzner, M. (2004). Vaterschaft aus der Sicht von Vätern. Wiesbaden: VS Ver-
     lag für Sozialwissenschaften.

Mayring, P. (2002). Einführung in die qualitative Sozialforschung. Weinheim:
     Beltz.

Meuser, M. (2003). Rekonstruktive Sozialforschung. In R. Bohnsack, W. Marotzki,
     M. Meuser (Hrsg.), Hauptbegriffe Qualitativer Sozialforschung. Ein Wörter-
     buch (S. 140–142). Opladen: Leske u. Budrich.

Nohl, A.-M. (2006). Interview und dokumentarische Methode. Anleitungen
     für die Forschungspraxis. Wiesbaden: VS Verlag für Sozialwissenschaften.

Notz, P. (2005). Sekundäranalyse von Interviews am Beispiel einer Untersuchung
     über das Spannungsfeld von Beruf und Familie bei Managern. Forum: Qua-
     litative Social Research, 6 (1), Art. 34. Auch online verfügbar, Zugriff am
     20.1.2015 unter http://www.qualitative-research.net/index.php/fqs/article/
     view/506/1088.

Ruppert, S., Schneewind, K. A. (1995). Familien gestern und heute. Ein Genera-
     tionenvergleich über 16 Jahre. München: Quintessenz Verlag.

Sander, U., Vollbrecht, R. (1985). Zwischen Kindheit und Jugend. Träume, Hoff-
     nungen und Alltag 13- bis 15jähriger. Weinheim u. München: Juventa.

Schuster, B. H., Uhlendorff, H. (2009). Eltern-Kind-Beziehung im Kindes- und
     Jugendalter. In K. Lenz, F. Nestmann (Hrsg.), Handbuch Persönliche Bezie-
     hungen (S. 279–296), Weinheim u. München: Juventa Verlag.

Starrels, M. E. (1994). Gender Differences in Parent-Child Relations. Journal of
     Family Issues, 15 (1), 148–165.

Wolde, A. (2007). Väter im Aufbruch. Deutungsmuster von Väterlichkeit und
     Männlichkeit im Kontext von Väterinitiativen. Wiesbaden: VS Verlag für
     Sozialwissenschaften.

Die Bedeutung des Vaters im Erleben weiblicher Adoleszenter

Alba Polo

Teresa, 15, erzählt:
»Ähm, also ja, ich bin im Dezember geboren, von der Geburt weiß ich eigentlich nicht so viel. Ich weiß nur, dass mein Papi mir so einen kleinen weißen Delphin in me- in mein Bettchen getan hat. Das ist sein erstes Geschenk gewesen, ähm für mich [Schnalzlaut].«

Aktueller Stand und Probleme der Adoleszenzforschung

Bis heute gibt es kaum entwicklungspsychologische Studien zur Vater-Tochter-Beziehung in der Adoleszenz. Obwohl in dieser Lebensphase tief greifende Veränderungen in der Eltern-Kind-Beziehung stattfinden, unterscheiden die meisten Arbeiten nicht zwischen weiblicher und männlicher Adoleszenz, ebenso wenige differenzieren zwischen Vater und Mutter. Dieser Missstand wird schon seit Langem kritisiert, ohne dass sich daran grundlegend etwas geändert hat (Erdheim, 1991, S. 235; Bohleber, 1996, S. 33; Hosley u. Montemayor, 1997, S. 174; Seiffge-Krenke, 2001, S. 394; Flaake, 2003, S. 405). Die wenigen Studien, die zwischen den Geschlechtern unterscheiden, beschäftigen sich größtenteils mit pathologischen Beziehungen. So beschäftigen sich über zwei Drittel der Studien zur Vater-Tochter-Beziehung in der Adoleszenz mit den Themen Inzest, Abwesenheit, Drogen-, Alkoholsucht oder psychische Krankheit des Vaters (Polo, 2013, S. 72, 79 ff.).

Diese fehlende Differenzierung zwischen den Geschlechtern in der Adoleszenzforschung ist problematisch, zumal das Geschlechtliche in dieser Lebensphase eine einschneidende Rolle spielt: Mit der geschlechtlichen Reifung und der Ablösung von den Eltern verändert sich auch das Selbst- und Weltbild des Adoleszenten; die verinnerlichten Vater- und Mutterbilder sowie die Beziehungsmuster aus der Kindheit werden nachträglich überarbeitet (Erdheim, 1993;

Bohleber, 1996). Zu Letzteren gehört auch das, was die Psychoanalyse den Ödipuskomplex nennt.

Im psychoanalytischen Verständnis ist die ödipale Phase, ca.
zwischen dem dritten und fünften Lebensjahr, ein entscheidendes
Entwicklungsstadium für die psychische Organisation: Das Kind
entwickelt Liebes- und feindselige Wünsche den Eltern gegenüber
und kann dadurch im Dreieck zwischen Vater und Mutter verschiedene Beziehungskonstellationen ausprobieren. Dies ermöglicht ihm,
wiederum die Geschlechter zu differenzieren, sich mit Vater- und
Mutterbildern zu identifizieren und sich schließlich als sexuelles
Subjekt zu konstituieren (Laplanche u. Pontalis, 1986, S. 351; Freud,
1905/2000). Dabei hat der Vater eine wichtige Funktion, wie dies
auch empirische Studien belegen: Väter unterscheiden nicht nur früher zwischen Mädchen und Jungen als Mütter, sondern auch stärker
(Seiffge-Krencke, 2001, S. 52; siehe auch Abelin, 1971, S. 347). Mit
ihren »distinktiven Charakteristiken« (Seiffge-Krencke, 2001, S. 52)
fördern Väter die Selbstständigkeit der Kinder sowie die Bildung
ihrer Geschlechtsidentität (S. 52).

In der Adoleszenz werden eben diese kindlichen Identifizierungen
und ödipalen Beziehungsmuster überarbeitet – der junge Mensch
probiert neue Beziehungsmodi aus, entwirft neue Identitätsfacetten,
revidiert oder verwirft sie. Die schwierigste Entwicklungsaufgabe
für weibliche Adoleszente sehen psychoanalytische Autoren darin,
sich nun definitiv von der engen kindlichen Bindung an die Mutter
zu lösen und ihre Eigenständigkeit als erwachsene Frau zu erlangen
(Blos, 1980; Anzieu, 1995; Flaake u. King, 1992). Die Entwicklung der
Geschlechtsidentität und die Autonomieentwicklung sind dabei eng
miteinander verbunden: Indem die Adoleszente Identifizierungen
mit der Mutter überarbeitet und teilweise abstreift, erlangt sie auch
mehr Eigenständigkeit. In diesem Prozess ist der Vater ein bedeuten-
der Dritter (Blos, 1980; Anzieu, 1995; Flaake, 2003) – er verkörpert
wichtige aggressive Eigenschaften wie Initiative, Autonomie, Rivalität, Ehrgeiz und Expansionsstreben, mit denen sich die Tochter identifizieren kann und die auch für eine erwachsene Frau unerlässlich
sind (Boothe u. Heigl-Evers, 1997, S. 88).

Ist eine Vaterfigur nicht genügend präsent oder im Gegenteil zu
besitzergreifend und vereinnahmend oder er verbündet sich etwa

mit der Adoleszenten gegen die Mutter, so kann dies für die erwachsene Frau problematisch werden: Der Trennungskonflikt mit der Mutter kann sich in Beziehungen zu anderen Frauen perpetuieren (Anzieu, 1995, S. 894) oder die Tochter kann die Vaterfigur bis ins Erwachsenenalter idealisieren (King, 2002, S. 64; siehe auch Steffens, 1986; Flaake, 2003). Daher ist auch eine aggressive Auseinandersetzung der Adoleszenten mit dem Vater notwendig, damit diese sich nicht nur von der Mutter, sondern auch vom Vater lösen kann (Poluda, 2000). In diese Richtung weisen die wenigen entwicklungspsychologischen Studien, die sowohl zwischen Mutter und Vater als auch zwischen Tochter und Sohn unterscheiden: Sie beobachteten, dass Väter mit adoleszenten Töchtern mehr und intensivere Konflikte haben als mit Jungen, und auch mehr als die Mütter (Shulman u. Seiffge-Krenke, 1997, S. 76; Hosley u. Montemayor, 1997, S. 170).

Abgesehen von diesem Mangel an entwicklungspsychologischen Studien hat sich die Adoleszenzforschung auch methodologisch in eine problematische Richtung entwickelt: Die meisten Studien konzipieren die Eltern-Kind-Beziehung in der Adoleszenz als »Verhaltenseinheit« (von Klitzing, Simoni u. Bürgin, 1999, S. 74), das heißt, sie beobachten und messen vorwiegend das Verhalten der Eltern-Kind-Paare auf Kosten des subjektiven Erlebens der Beteiligten. Mehrere Autoren kritisieren zudem, dass der Großteil der Studien von einem rationalen und bewussten Handlungsmodell ausgeht (Erdheim, 1991, S. 223; Flaake u. King, 1992, S. 17). In der Adoleszenz jedoch bildet der junge Mensch seine private, intime Welt, die nicht mehr allen zugänglich ist. In diesem Prozess der »Abschirmung« (Streeck-Fischer, 1994) erlangt das subjektive Erleben große Bedeutung. So belegt Levine Coley (2003) in einer Studie, dass für die psychische Gesundheit der adoleszenten Tochter nicht so sehr äußere Umstände in der Beziehung zum Vater relevant sind, wie zum Beispiel dessen An- oder Abwesenheit, sondern vielmehr die affektive Bindung der Tochter *zum* Vater (S. 871): Psychische Störungen konnten nur bei Mädchen gefunden werden, die subjektiv eine Bindung zum Vater hatten, diese aber vom Vater nicht erwidert wurde.

Aus oben genannten Gründen geben einige Autoren zu bedenken, dass quantitative Studien sowie Fragebogenstudien, die die adoleszente Entwicklung zu messen und zu »objektivieren« versuchen, ihren Forschungsgegenstand verfehlen (Mey, 2005, S. 12; siehe auch Mey, 2001, 2007; Valsiner, 2000, S. 77; Reichertz, 2007). In der Adoleszenzforschung sind daher dringend qualitative Methoden erforderlich, die den Adoleszenten viel Freiraum lassen, ihre Subjektivität zu entfalten, ihre Lebensgeschichte und ihre Erfahrungen darzustellen (Mey, 2007, S. 58–60). Für die Erhebung werden daher offene narrative Interviews bevorzugt (S. 58 ff.; siehe auch Polo, 2013, S. 70 ff., 79 ff.), für die Auswertung Verfahren, die sich nicht nur auf den Inhalt, sondern auch formal auf den Prozess der Interaktion ausrichten (Mey, 2001, S. 8): Erst in der Interaktion mit einem Gesprächspartner wird der Suchprozess der Identitätskonstruktion, werden subjektive Interpretationsmuster ersichtlich. In meiner Untersuchung, die ich in diesem Beitrag präsentiere, habe ich dementsprechend eine Methodologie entwickelt, mit der sich subjektive und unbewusste Prozesse in der Interaktion feinsprachlich untersuchen lassen (Polo, 2013).

Intersubjektive Erkenntnis – Ein psychoanalytisch-diskursiver Ansatz

Wir sind nicht unsere unmittelbare Erfahrung – erst indem wir unsere Erfahrungen, Eindrücke und Erinnerungen nachträglich verarbeiten, symbolisieren und erzählen, erschaffen wir unsere subjektive und soziale Wirklichkeit. In diesem Verständnis sind sich die Psychoanalyse und ein sozialkonstruktivistisch-diskursiver Ansatz, als meine beiden methodologischen Herangehensweisen, einig. Erzählungen geben daher nie nur Ereignisse wieder, vielmehr gestaltet ein Erzähler seine Geschichte im Hinblick auf eine moralische Ordnung und eine soziale Welt, in der er sich verortet. Dazu organisiert und strukturiert er die Ereignisse narrativ und verleiht ihnen dadurch erst Sinn: Er gewichtet, lässt weg, er rafft und schmückt aus, kurz, der Erzähler führt Regie (Boothe, 2006, S. 18). In diesem Verständnis ist das Erzählen ein performativer Akt (Bamberg, 1997), das heißt, es vollzieht eine Handlung: Erzählend konstruieren wir die Ereignisse so, wie wir sie verstanden wissen wollen, erzählend konstruieren wir unsere Identität (Bamberg, 1997; Lucius-Hoene u. Deppermann, 2004; siehe auch Straub, 2010).

Für unsere Identität hat dies wiederum entscheidende Folgen – Identität braucht jemanden, dem sie erzählt werden kann. Wir können uns unserer Identität immer nur *vor jemandem* vergewissern; erst wenn das Gegenüber überzeugt, umgestimmt, besänftigt etc. ist, aber auch, wenn wir uns vor dem Gegenüber behaupten, von ihm abgrenzen, distanzieren, können wir uns unserer subjektiven Wirklichkeit vergewissern, uns definieren. Und sei es nur in einem inneren Dialog. Das sozialkonstruktivistische Verständnis geht daher mit der Psychoanalyse überein – Erzählen ist existenziell. Der Psychoanalytiker Laplanche (2007) hat diese grundlegende anthropologische Situation das »Primat des Anderen« genannt: Meine subjektive Wirklichkeit entsteht erst im Anderen.

Das Sprechen ist aber noch in viel radikalerer Hinsicht ein performativer Akt. Ohne es begrifflich gefasst zu haben, haben Gesprächsanalytiker Parallelen beobachtet zwischen dem, *was* erzählt wird und dem, *wie* etwas erzählt wird (vgl. Wortham, 2000, S. 181; Deppermann, 2013, 18). Die Psychoanalyse hat dieses Phänomen schon lange als »Übertragung« konzeptualisiert: Wir erzählen nicht nur von unserer psychischen Wirklichkeit, sondern wiederholen das inhaltlich Erzählte in der Interaktion mit unserem Hörer, *wir übertragen* unsere subjektive Wirklichkeit in die Interaktion. Übertragung geschieht an der Schwelle vom Intrapsychischen zum Intersubjektiven, im Akt des Sprechens (Lacan, 1966, S. 266 ff.). Durch den performativen Akt der Übertragung kann ein Erzähler weit über die Mitteilung hinaus seinen Hörer in sein Erleben involvieren und es ihm dadurch regelrecht spürbar machen.

Für meine Forschungszwecke habe ich eine empirische Methode der Übertragungsanalyse konzipiert, die auch die Funktion des Hörers und Interviewers miterfasst. Grundlegend ist darin, dass der Sprecher seine Erzählung nicht nur in Bezug darauf gestaltet, was er vom realen Hörer weiß, sondern auch in Bezug auf die Vorstellungen, die er sich von ihm macht. Das Gegenüber verkörpert immer auch einen »bedeutsamen Anderen«, eine imaginäre Person mit bestimmten Erwartungen, einem bestimmten Weltbild etc. Nur wenn man *voraussetzt*, dass das Gegenüber eine eigene Innenwelt hat, kann man sich sinnhaft an es wenden. Daher ermöglicht der Hörer dem Erzähler erst, sinnvoll zu sprechen. Diese imaginäre Person, die das Gegenüber für den Erzähler ist, auf die er moralische Werte, Erwartungen und vieles mehr *überträgt*, habe ich den *intendierten Hörer* genannt (Polo, 2013, S. 135 ff.). Der intendierte Hörer ist in der Struktur des Erzählten angelegt und hat eine Wirkungsabsicht: Er spricht den realen Hörer emotional und kognitiv an, involviert ihn auf ganz bestimmte Weise und beteiligt ihn dadurch an der Sinnkonstruktion des Erzählten (Polo, 2013, S. 138; siehe auch Polo, 2011).

Dieses Verständnis des Erzählens als Übertragungsprozess hat zentrale Konsequenzen für die Auswertung von Interviews, aber auch für die Sozialforschung schlechthin: Indem der Interviewer auf seine individuelle Weise auf den ihm angebotenen intendierten Hörer reagiert, ist er unweigerlich selbst daran beteiligt, die subjektive Wirklichkeit zu erschaffen, die er untersuchen möchte. Diese »intersubjektive Erkenntnis« (Polo, 2013, S. 53 f.) ist keinesfalls eine Sackgasse für die Sozialforschung, sondern im Gegenteil ihre Bedingung: Subjektive Wirklichkeit ist nur zugänglich, wenn sich der Forscher berühren lässt – als Subjekt, das er ist. Wir können das Erleben der Erforschten erst nachvollziehen, wenn wir uns in die Position des Adressaten versetzen, für den die Erzählung bestimmt ist, wenn wir die Position des intendierten Hörers einnehmen. Dies gilt nicht nur für den Prozess der Datenerhebung, sondern auch für die Auswertung: Betrachtet der Forscher sozialwissenschaftliche Daten, zum Beispiel einen Interviewtext, aus »objektiver« Distanz, riskiert er, dass ihm die subjektive Wirklichkeit, die er erforschen möchte, verwehrt bleibt (siehe auch Devereux, 1984).

Forschungsfrage und Ziel der Studie

Meine Studie fragt danach, wie adoleszente Mädchen ihren Vater erleben. Die Forschungsfrage wurde bewusst weit gefasst, mit der Absicht, das Erleben der Adoleszenten möglichst frei von entwicklungstheoretischen Vorannahmen zu explorieren. Entsprechend den vorausgehenden theoretischen und methodologischen Überlegungen untersuchte ich die Bedeutung des Vaters aus einem radikal interaktiven Gesichtspunkt: Die Adoleszenten richten ihre Geschichte mit ihrem Vater an mich als Interviewerin; die Beziehung, die sie zu mir herstellen, ist daher die kommunikative Bedingung für die Erforschung ihres »erlebten Vaters«. Das Ziel meiner Untersuchung war folglich, Vater-, Selbst- und Beziehungsbilder der Adoleszenten so zu erfassen, *wie sie sich zwischen den Adoleszenten und mir im Gespräch ereigneten.*

Stichprobe, Erhebungs- und Auswertungsmethoden

Die Adoleszenten wurden an Schulen und Jugendtreffs mittels Flug-blattausschreibung rekrutiert. Die *Stichprobe* bilden zehn klinisch unauffällige, sozial integrierte Mädchen zwischen 14 und 18 Jahren. Die Adoleszenten sind heterogen in Bezug auf das Alter, den sozio-ökonomischen Hintergrund, die Bildungsstufe, ob Migrationshinter-grund oder Schweizerin, vier von ihnen hatten geschiedene Eltern. Das *Interviewdesign* ist ein offenes biographisches Interview mit Fokus auf den Vater. Die Interviews dauerten ein bis zwei Stunden, je nachdem wie viel die Adoleszenten erzählten (Polo, 2013, S. 145 ff).

Zur Auswertung dienten zwei rekonstruktive Methoden, die Posi-tionierungsanalyse (Bamberg, 1997; Lucius-Hoene u. Deppermann, 2004) und die Erzählanalyse JAKOB (Arboleda et al., 2010). Diese beiden Ansätze habe ich anschließend zu einer empirischen Über-tragungsanalyse integriert. Im Rahmen dieses Beitrags kann ich die Methoden wie auch Ergebnisse nur stark zusammengefasst präsen-tieren, sie sind in der Monografie der Studie ausführlich nachzulesen (Polo, 2013, S. 163 ff.). Im Folgenden erläutere ich die Auswertungs-methode exemplarisch an einer Erzählung der 16-jährigen Sofia: »Shoppen mit dem Vater«.

Sofia besucht zum Zeitpunkt des Interviews die zweite Sekun-darklasse; ihre Eltern stammen aus einem nahöstlichen Land. Der Erzählung geht eine Episode voraus, in der Sofia schildert, dass ihre Mutter ihr eine Jacke, die ihr gefällt, nicht kaufen möchte. Sie muss lange mit der Mutter diskutieren, bis diese sie ihr doch kauft. Die Erzählerin charakterisiert dabei ihre Mutter deutlich als bestimmend, zurückweisend und restriktiv. Im Anschluss an diese Erzählung frage ich Sofia, ob sie einmal mit ihrem Vater einkaufen war, worauf sie Folgendes erzählt (aus dem Schweizerdeutschen ins Schriftdeut-sche überführt)[1]:

---

1   Die Transkriptionsregeln sind am Ende des Beitrags aufgeführt.

```
 1  E/  ja, mi- ich bin mit meinem Va- vor einem Jahr bin ich mit meinem Vater
 2      und mit meine Schwester Einkaufen gegangen, ist im Winter gewesen, dann
 3      hat er u- hat er mit dem Kollegen auch noch abgemacht der ist auch
 4      mitgekommen, und dann ähm, si- hat er uns Geld gegeben und sie sind in
 5      Cafeteria u- unten gegangen und haben, getrunken und wir sind dann
 6      Einkaufen gegangen ich und meine Schwester, und er hat uns noch
 7      Kreditkarte von ihm gegeben, er so, ja falls etwas nicht reicht und so,
 8  I/  hm
 9  E/  könnt ihr noch (lächelnde Stimme) mit dem +Kreditkarte
10  I/  hm+
11  E/  bezahlen, ja und dann haben wir gedacht 'ja machen wir uns einfach mal
12      einen schönen Mädchennachmittag und, kaufen uns einfach alles was gefällt
13      (lächelnde Stimme), und dann haben wir so richtig gekauft und so, und meinen
14      Vater hat es eigentlich gar nicht gestört und so, aber als wir es, als wir, nachher
15      er so an mein, an mich als wir im Tram gewesen sind, ‚aber du weisst wenn du
16      jetzt mit diesen Tüten nach Hause gehst dass deine Mutter ausrastet?', ich so ‚ja
17      das kann schon sein aber sie regt sich dann, wieder runter kommt wieder runter
18      wegen dem', dann haben wir auch noch für meinen Bruder ein paar Sachen
19      gekauft gehabt; er ist aber nicht mitgekommen,
20  I/  hm
21  E/  und, das hat sie auch gefreut gehabt dass wir auch: an an +meinen Bruder
22  I/  ja+
23  E/  gedacht haben dass wir auch für ihn etwas gekauft gehabt +haben,
24  I/  hm+
25  E/  also mein Vater ist eigentlich, in solchen Sachen besser als meine Mutter,
26      sagen wir mal so. (lächelnde Stimme)
```

© Der Abdruck erfolgt mit freundlicher Genehmigung des Psychosozial-Verlags, Gießen.

Die Positionierungsanalyse

Die Positionierungsanalyse ist ein formal-sprachliches Verfahren zur Untersuchung von Gesprächsprotokollen, es wurde von Bamberg (1997) begründet und von Lucius-Hoene und Deppermann (2004) weiterentwickelt. Positionierungen sind Zuschreibungen sich selbst oder anderen gegenüber, dies können Bestimmungsstücke wie persönliche Attribute oder Motive sein, aber auch soziale Rollen, moralische Werte und vieles mehr. Im Vergleich zu anderen Analyseverfahren fokussiert die Positionierungsanalyse viel stärker den interaktiven Aspekt: Wenn jemand spricht, positioniert er sich immer auf eine bestimmte Art vor seinem Hörer und macht deutlich, wie er verstanden werden will. Das übergeordnete Ziel der Positionierungsanalyse ist daher, in Makro- und Mikrostrukturen des

Gesprächs Positionierungen und Identitätsfacetten des Sprechers zu verdeutlichen, in anderen Worten,»das Mitgemeinte im Gesagten zu entfalten« (Lucius-Hoene, 2000, S. 4). Folgend präsentiere ich die für meine Arbeit zentralen methodischen Prinzipien der Positionierungsanalyse (für eine detailliertere Erläuterung siehe Lucius-Hoene u. Deppermann, 2004; Lucius-Hoene, 2010; siehe auch Polo, 2013).

Sofias Schilderung gehört der Textsorte der Erzählung an, die als solche immer eine einmalige und vergangene Handlung wiedergibt, mit einem Anfang, einer Komplikation und einem Ausgang. Das Erzählen hat daher immer zwei zeitliche Dimensionen: einerseits die erzählten Ereignisse im Damals, die erzählte Zeit, und andererseits die Erzählsituation zwischen Erzähler und Zuhörer, die Erzählzeit. Für die konkrete Analyse von Positionierungen ergeben sich daraus drei Untersuchungsebenen:

1. Wie sind die erzählten Figuren innerhalb des erzählten Ereignisses zueinander positioniert?
2. Wie positionieren sich die Sprecher in Bezug auf die Figuren und in Bezug auf sich selbst im erzählten Ereignis?
3. Wie positionieren sich Sprecher und Hörer in der Gesprächssituation?

Die Positionierungsanalyse untersucht auf feinsprachlicher Ebene zentrale Aspekte wie: Wie ein Erzähler die Ereignisse gliedert, in welcher Abfolge, ob erlebensnah erzählt wird oder aus einer distanzierten Retrospektive; ob und wie Dialoge wiedergegeben werden, welche Bewertungen vorkommen, ob Sätze abgebrochen werden oder wie die Redegeschwindigkeit und der Tonfall variieren und vieles mehr (Lucius-Hoene u. Deppermann, 2004, S. 179 ff., 181, 228).

Die Positionierungsanalyse geht dabei von einem zentralen Prinzip aus, dem sogenannten *Recipient-Design*: Die Schilderung eines Ereignisses wird von einem Erzähler in einem bestimmten Gesprächskontext spezifisch auf einen bestimmten Empfänger hin »zugeschnitten«, um bestimmte interaktive und argumentative Zwecke zu erfüllen. Alle Erzählsequenzen werden daher konsequent auf ihre jeweilige Funktion in der Interaktion hin befragt: Wozu wird – *das – jetzt – so* dargestellt? Warum nicht anders, warum nicht an anderer Stelle im Gespräch? Um die argumentative Funktion einer

Erzählung zu erfassen, habe ich mich in meiner Untersuchung von folgender Frage leiten lassen: Wovon will mich die Adoleszente überzeugen? Oder mit Bamberg (1997, S. 341): »What's the point of the story?«

Die Erzählanalyse JAKOB

Die Erzählanalyse JAKOB, wie sie von Boothe und ihren Mitarbeitern (Arboleda et al., 2010) entwickelt wurde, ist ein qualitatives Vorgehen, um Erzählepisoden zu untersuchen. In einem ersten Analyseteil, der »Erzähldynamik«, werden Struktur sowie formal-sprachliche Aspekte der Erzählung untersucht. So wird unter anderem nach der »Handlungsmacht« gefragt: Wie oft ist die Ich-Figur im erzählten Geschehen grammatikalisch in Subjektposition? Wie oft ist es die Erzählerin in der Gesprächssituation? Ein besonderes Augenmerk erhält die Startdynamik und die Entwicklung der Handlung: Welche Erwartungen und Befürchtungen weckt der Einstieg einer Erzählung beim Hörer? Welche Komplikationen und welche destabilisierenden Aspekte präsentieren der Fortgang und das Ende der Handlung?

Aufbauend auf der formal-sprachlichen Analyse werden in einem zweiten Analyseschritt untersucht, welche Wünsche und Ängste, welcher intrapsychische Konflikt der Erzählung dramaturgisch zugrunde liegen könnten. Für diesen Analyseschritt, der »Konfliktdynamik«, stützt sich die Erzählanalyse JAKOB auf einen psychoanalytischen Ansatz. Wichtig dabei ist, dass der intrapsychische Konflikt im psychoanalytischen Verständnis keinesfalls pathologisch verstanden wird, sondern vielmehr als grundlegender »Funktionsmodus des Subjekts«: Wünsche und Ängste machen uns Menschen konstitutiv aus, treiben uns kontinuierlich an und destabilisieren immer wieder unser psychisches Gleichgewicht. Dabei helfen uns Abwehrstrategien, dieses zu erhalten oder wieder herzustellen. Die Innovation der Erzählanalyse JAKOB ist es, die Funktion der Erzählung als innerpsychische Regulationsstrategie zu verdeutlichen (Arboleda et al., 2002).

Das Übertragungsangebot und der narrative Konflikt

Für meine Forschungszwecke habe ich die Positionierungsanalyse und die Erzählanalyse JAKOB zu einer Übertragungsanalyse erweitert. Diese Zusammenführung ist naheliegend, denn die Psycho-analyse arbeitet seit ihren Anfängen mit der grundlegenden Idee des »Recipient-Design« – es ist die Frage nach dem Übertragungs-geschehen: Wie spricht der Analysand mich Analytikerin an? Und wie involviert er mich durch seine Zuschreibungen in sein Erleben?

Um die intendierte Wirkung der Erzählung zu explorieren, ist es ausschlaggebend, dass ich als Auswerterin eine ganz bestimmte Haltung einnehme – ich muss mich in die Position der *intendier-ten Hörerin* versetzen: Ich muss davon ausgehen, die Erzählung ist für mich bestimmt, für mich »designed«. Die Übertragungsana-lyse stützt sich daher auf folgende Leitfragen: Wie soll die Erzäh-lung von mir als Hörerin aufgenommen werden? Welche Vorstellun-gen, Erwartungen, moralischen Werte verlegt der Erzähler in mich? Warum soll die Erzählung so wirken, wie sie wirkt?

Aber Übertragung geschieht bei Weitem nicht nur zum Selbst-zweck, sondern hat auch eine *Bewältigungsfunktion*: Indem ein Erzähler seinen Hörer performativ in sein Erleben involviert, ihn von seiner Auffassung, seiner Interpretation, seiner Sichtweise über-zeugt, bringt er ihn dazu, mit ihm gemeinsam die problematischen Aspekte seiner Erfahrung zu bearbeiten und zu bewältigen (Polo, 2013, S. 183 f.). Somit lässt sich aus der Übertragungsanalyse rekons-truieren, was für einen Erzähler innerpsychisch destabilisierend und konflikthaft ist.

Aus dieser interaktiven Perspektive heraus entfaltet sich der intra-psychische Konflikt performativ im Sprechen, dies bedeutet, der intrapsychische Konflikt wird erst interaktiv als »erzählter Konflikt« fassbar. Diese narrative Aktualisierung des intrapsychischen Kon-flikts habe ich den »narrativen Konflikt« genannt (Polo, 2013, S. 200). Die Übertragung ist dabei das »Förderband«, auf dem sich der intra-psychische Konflikt *über* die psychische Schwelle nach außen *tragen* lässt, um sich dort Gehör zu verschaffen (S. 200).

Der narrative Konflikt in »Shoppen mit dem Vater«

Sofias Erzählung beginnt mit einer für adoleszente Mädchen denk-bar tollen Einkaufssituation – ganz von sich aus händigt der Vater den beiden Töchtern Geld und Kreditkarte aus und lässt sie vertrau-ensvoll ziehen. Mit dieser Initialhandlung kennzeichnet die Erzählerin ihren Vater als absolut großzügig, gewährend und vertrauend. Auffallend ist dabei, dass die Ich-Figur passiv präsentiert wird: In der ganzen Erzählung ist sie nur drei Mal alleine in Subjektposition (Z 1, 6, 16), meistens verbindet sie sich im »Wir« mit der Schwester, der Vater ist Hauptakteur (11 Mal alleine). Daraus lässt sich vermuten, dass ein Akteurstatus in dieser Situation für die Erzählerin problematisch wäre.

Ein Hinweis dazu liefert der Vorwurf der Mutter, den die Erzählerin indirekt durch den Vater anbringt – die Mutter hätte Grund zum »ausrasten« (Z 15–16). Das Anführen solcher Einwände dient Erzählern strategisch dazu, etwaige Bedenken der Hörer prophylaktisch zu entkräften, dies macht auch Sofia: Ein Akteurstatus der Ich-Figur könnte mir als intendierter Hörerin etwa den Eindruck geben, dass Sofia aktiv und willentlich vom Vater viel Geld fordern würde; die Erzählerin entkräftet dies, indem sie die Ich-Figur passiv und mehrfach altruistisch (Z 18, 23) präsentiert – sie teilt die Gaben des Vaters mit den Geschwistern. Dass die Erzählerin die Subjektposition auf sich und die Schwester aufteilt, lässt zudem darauf schließen, dass es für sie interaktiv problematisch sein könnte, alleine in der väterlichen Gunst zu stehen, alleine von ihm beschenkt zu werden. Die Erzählerin legitimiert einerseits ihren Einkaufsspaß (Z 12) als ganz durch den Vater initiiert und lenkt andererseits von sich als alleinige Empfangende der väterlichen Gaben ab.

Weiter fällt auf, dass die Erzählerin den Vater maximal mit der Mutter kontrastiert: Während der Vater zu lustvollem und unbegrenztem (Einkaufs-)Spaß ermutigt, sind moralische Bedenken ganz bei der Mutter untergebracht, die mit dem Ausdruck »ausrastet« als jähzornig und missgünstig kategorisiert wird. Die dieser Erzählung vorausgehende Episode mit der Mutter bestärkt die Gegenüberstellung der Eltern. Die Schlussevaluation der Erzählung bringt es auf den Punkt und kann als These gelten (Z 25): »also mein Vater ist eigentlich, in solchen Sachen besser als meine Mutter«. Was genau »solche Sachen« sind, überlässt die Erzählerin jedoch der Vorstellung der Hörerin. Die hervorragenden Eigenschaften des Vaters sollen jedenfalls nicht für sich betont werden, die Erzählerin evaluiert nicht etwa: »mein Vater ist eigentlich in solchen Sachen ganz toll«, sondern der Vater soll sich explizit von der Mutter abheben.

Dem ist aber nicht genug, denn die Erzählerin präsentiert den Vater auch noch mit der Mutter uneinig: Er beschenkt die Tochter *ganz im Wissen*, dass er damit gegen die Erwartungen der Mutter handelt. Sofias Schilderung zufolge stellt der Vater die Wünsche der Tochter über seine Loyalität zu seiner Ehefrau. Hier zeigt sich auf deskriptiver Ebene, was die Psychoanalyse als »ödipale Konstellation« bezeichnet: Die Tochter ist mit dem Vater liebevoll und mit der Mutter feindlich verbunden. Diese ödipale Konstellation wird nicht zuletzt durch eine implizite Schlussfolgerung besiegelt – wenn sowohl die Schwester als auch der Bruder beschenkt werden, ist die Einzige, die leer ausgeht, die Mutter. So verstanden legt das Erwähnen eines »Ausrastens« der Mutter möglicherweise auch Neid- und Eifersuchtsgefühle der Mutter nahe. Psychoanalytisch betrachtet, handelt es sich hier um einen ödipalen Wunsch, als Liebesobjekt privilegiert zu werden, und zwar rivalisierend mit der Mutter (siehe auch Polo, 2013, S. 442).

Den vorausgehenden Überlegungen folgend, kann die implizite Argumentation, mit der die intendierte Hörerin überzeugt werden soll, in etwa so explizit werden: »Schau, mein Vater beschenkt mich bedingungslos und übergeht dabei sogar seine Ehefrau!« Dass es sich hier um einen ödipalen Wunsch handelt, bestätigt schließlich auch Sofias dreimaliges Lächeln (Z 9, 13, 26), das an diesen Stellen einen triumphierenden Charakter zu haben scheint – es untermalt ihre Identität als vom Vater privilegierte Tochter. Interaktiv destabilisierend ist für die Erzählerin jedoch, dass ich Hörerin einen solchen Wunsch als verpönt ansehen könnte. Sie bewältigt diesen narrativen Konflikt geschickt, indem sie eine bestimmte Sichtweise auf mich überträgt: Ich soll sie als privilegiert anerkennen, aber auch verstehen, dass dies ganz allein vom Vater ausgeht, ohne selbstsüchtige Absichten und Privilegierungswünsche ihrerseits.

Resultate: Drei entwicklungspsychologische Konflikte mit dem Vater

Aus den zehn Interviews wurden insgesamt 44 Textausschnitte feinsprachlich untersucht: nebst den Anfangspassagen der Interviews weitere kurz darauffolgende Passagen sowie Erzählungen mit dem

Vater aus der Kindheit und der Adoleszenz, sowohl mit positivem
als auch mit negativem Ausgang. Das Ziel der vorliegenden Untersuchung waren nicht Einzelfallanalysen, sondern die problemtheo-
retische Bildung fallübergreifender Kategorien (vgl. Deppermann,
2008, S. 94). Dazu wurden in mehrmaligen Durchgängen die Ergebnisse aus den einzelnen Textanalysen über alle zehn Interviews hinweg verglichen und typische Merkmale, Gemeinsamkeiten sowie
Unterschiede herausgearbeitet. Ein solches Vorgehen ermöglicht
fallunabhängige Aussagen (vgl. Kelle u. Kluge, 2010, S. 76; zu den
Gütekriterien meiner Untersuchung siehe Polo, 2013, S. 202, 205 ff.).
    Aus der Analyse sind drei große Kategorien hervorgegangen, es
sind dies maßgebende Qualitäten der Beziehung zu ihrem Vater, die
mir die Adoleszenten relevant machen: »Verbundenheit«, »Selbstbehauptung« und »Privilegierung«. Ich habe diese Kategorien
»Dilemmas« genannt, da sie alle mit ihrer Kehrseite konflikthaft
zusammenhängen, das heißt mit »Trennung«, »Unterwerfung« und
»Beschämung« (Polo, 2013, S. 205). Diese Kategorien sind nicht an
einzelne Interviews gebunden, sondern finden sich wie erwähnt fall-
übergreifend ebenso wie altersunabhängig; sie schließen sich auch
innerhalb eines Interviews nicht gegenseitig aus.
    Wiederum gilt es zu präzisieren, dass ich die Dilemmas nicht
als ungelöste »neurotische Konflikte« verstehe, im Sinne pathologi-
scher frühkindlicher Beziehungserfahrungen, sondern als »entwicklungspsychologische Konflikte«, die die Mädchen in der Adoleszenz
durchlaufen. Gleichzeitig sind diese Dilemmas aber auch narrative
Konflikte, das heißt solche, die die Adoleszenten in der Interaktion
mit mir verdeutlichen und bewältigen.

Das Dilemma der Verbundenheit

In dieser Kategorie wurden Erzählungen zusammengefasst, in
denen die Adoleszenten ihre Verbundenheit mit ihrem Vater geltend machen: Alle Adoleszenten wünschen sich einen verständnis-
vollen, zugewandten, »verbundenen« Vater. Typisch für die Erzähldynamik in diesem Dilemma ist, dass die Adoleszenten inhaltlich
wie formal stark bestrebt sind, von mir Interviewerin als mit dem
Vater verbundene Tochter anerkannt zu werden. Die destabilisierenden Ereignisse, die die Adoleszenten in diesem Dilemma inter-

aktiv bewältigen, sind Trennungssituationen vom Vater, Missbilligung, Zwist, Abwendung oder Desinteresse des Vaters. Dabei erzählen sie besonders in der Adoleszenz von einem solch problematischen Verhalten des Vaters und verurteilen dieses dezidiert als unerwünscht.

So zum Beispiel berichten zwei Adoleszente von schlechten Noten in Mathematik, die eine befürchtet Rüge vom Vater, die andere erhält diese tatsächlich (Polo, 2013, S. 381 ff., S. 390 ff.). Dies sagt nicht so sehr etwas über eine real bestehende Entzweiung aus, sondern vielmehr darüber, dass eine solche im Zentrum des *Erlebens* der Adoleszenten steht. Die Adoleszenten bewältigen diese destabilisierenden Situationen interaktiv mit einem Übertragungsangebot: Sie bemühen sich stark darum, mein Verständnis als Hörerin zu erwirken, indem sie ihre schlechte Note vor mir rechtfertigen. Dadurch holen sie sich bei mir das Verständnis, das sie im erzählten Ereignis vom Vater nicht bekommen haben; sie schaffen stellvertretend Verbundenheit mit mir.

Das Dilemma der Selbstbehauptung

In den Erzählungen aus dem Dilemma der *Selbstbehauptung* zeigen sich die Adoleszenten selbstbestimmt und verteidigen ihren eigenen Willen vor dem Vater. Sie wünschen sich dabei, dass der Vater ihren Willen ernst nimmt, ihre Wünsche nach Selbstbestimmung anerkennt und gewährend ist. Die destabilisierenden Ereignisse in diesem Dilemma sind Situationen, in denen der Vater autoritär oder willkürlich etwas verfügt, befiehlt oder durchsetzt. Interaktiv bewältigen die Adoleszenten Verbote durch den Vater, Restriktionen in ihrer Freizeit sowie in ihrer Entscheidungs- und Handlungsfreiheit. Sie inszenieren ihre Selbstbehauptung dabei massiv formal-sprachlich: Es sind die längsten Erzählungen aus allen Interviews mit vielen Wiederholungen.

Ihre Selbstbehauptung ist für die Adoleszenten jedoch problematisch, denn sie bemühen sich auffallend stark, ihr vehementes Sich-Durchsetzen vor mir als Hörerin zu rechtfertigen. Sie erwirken dafür mein Verständnis, indem sie ihren Vater als ungerecht und irrational präsentieren und seine Entscheidungen als sture Schikane verstanden wissen wollen. Auf diese Weise diskreditieren sie die Glaubwürdigkeit ihres Vaters in meinen Augen als Hörerin: Ihre Erzählweise holt mich auf ihre Seite und fordert mich dazu auf, die autoritären Handlungen des Vaters ebenfalls zu missbilligen und als ungerecht zu beurteilen. Ich soll *anstelle* des Vaters ihre Selbstbehauptung als berechtigt erachten und ihre Eigenständigkeit anerkennen. Sie haben so in mir eine Garantin und müssen die elterlich-autoritären Einschränkungen durch den Vater nicht länger akzeptieren.

Das Dilemma der Privilegierung

Die Erzählungen aus dem Dilemma der Privilegierung betreffen ein ödipales Werben und Bevorzugt-Werden: Die Adoleszenten unterstreichen darin die Besonderheit und Ausschließlichkeit ihrer Beziehung zu ihrem Vater. Die Adoleszenten wünschen sich insgesamt einen Vater, der sie als seine »Prinzessin« behandelt, wie ich es genannt habe (Polo, 2013, S. 216). Die erzählten Ereignisse sind eher unproblematisch und freudig, wie Sofias »Shoppen mit dem Vater«. Es sind Situationen, in denen der Vater seine liebevolle Zuwendung beweist, indem er die Tochter vor den Geschwistern oder vor der Mutter bevorzugt, eigene Anliegen hinter jene der Tochter stellt oder für sie gar Gefahren in Kauf nimmt. So zum Beispiel lässt Laras Vater sie im Auto vorne sitzen, obwohl dies für Kleinkinder in der Schweiz nicht erlaubt ist. Sofias Vater wiederum riskiert, als politischer Flüchtling von der Polizei gefasst zu werden, nur um bei ihr zu sein.

Destabilisierend ist in diesem Dilemma einerseits eine Zurückweisung durch den Vater in einer ödipalen Situation, eine Art »Liebesbeschämung«. Andererseits ist der Privilegierungswunsch selbst problematisch für die Adoleszenten, wie bei Sofia deutlich wurde. Typisch für die Erzähldynamik in diesem Dilemma ist, dass die Adoleszente die intendierte Hörerin davon überzeugen möchte, dass sie die Auserwählte eines Vaters ist, der sie bedingungslos liebt.

Zum Dilemma der Privilegierung gehört aber auch eine Subkategorie von Erzählungen, die in der Kindheit nicht zu finden ist, sondern nur in Schilderungen aus der Adoleszenz vorkommt: In diesen Erzählungen lehnen die Adoleszenten das väterliche Angebot einer exklusiven Beziehung ab. So zum Beispiel möchte Helene als Adoleszente ihren Vater zur Begrüßung nicht mehr küssen. Als weiteres Beispiel sei hier eine Erzählung der 17-jährigen Lea aufgeführt, die nicht mehr mit dem Vater in den Urlaub fahren möchte. »Der Vater macht die Tochter eifersüchtig«:

E/ und ähm eben mein mein Vater ist jetzt mit meinem Bruder drei Wochen auf Hawai*,
I/ mhm
E/ eben das erste Mal, ohne mich
I/ ja
E/ (lächelt leicht) und ähm, eben er hat mich auch probiert, eifersüchtig zu machen,
I/ ah ja?
E/ und darum bin ich jetzt sehr froh wenn der Urlaub, einmal, eben wenn sie jetzt, im Urlaub sind und, ja … [spricht von etwas anderem]
I/ was heisst das er hat sie probiert eifersüchtig zu machen?
E/ Hm! Er hat einfach, immer wieder, Bemerkungen fahren lassen, die einfach total daneben sind er hat ähm, wann es nur gegangen ist von diesem Urlaub geredet nur noch von diesem Urlaub geredet,
I/ jetzt auf von Hawai*?
E/ ja
I/ mhm
E/ und das ist äh
I/ ja wo sie gesagt haben sie wollen
E/ ge- +genau
I/ nicht mitgehen+
E/ und hat äh, hat, übermässig Prospekte! mitgebracht und, dann hatte er noch Geburtstag gehabt wo er einen Gutschein, ähm, bekommen hat also Geldgutschein, für diesen Urlaub
I/ mhm
E/ und äh ah! hat einfach ein riesen! Brimborium um das gemacht, und nur noch das, und, das ist schon ein wenig zum mir auch, eins auswischen das +merk ich ja,
I/ mhm, mhm
E/ oder also+
E/ wie er auch und äh
I/ mhm
E/ oje! und am Telefon hat er gesagt,
I/ So quasi, da siehst du mal, was du +verpasst.
E/ ja+ genau: so ist es und äh, ja. und ich habe mich dann lernen müssen wirklich auch, abzugrenzen und sagen 'ja, wunderschön!, genießt! ihr das' (leichtes Lachen) und äh weil; am Anfang habe ich mich, sehr, fest aufgeregt habe ich auch +gesagt
I/ mhm+
E/ du musst es nicht immer vor mir sagen du kannst mich nicht eifersüchtig machen ich will! nicht mitkommen und ich komme! nicht mit,
I/ mhm
E/ und äh, weil das bei ihm überhaupt nichts bringt, habe ich dann einfach gesagt 'ja das ist, das ist toll!, was ihr für Angebote! habt' und so 'das ist super!' (lacht)

© Der Abdruck erfolgt mit freundlicher Genehmigung des Psychosozial-Verlags, Gießen.

Ich habe diese Art von Konflikten in einer etwas »technisch« anmu-
tenden Formulierung Konflikte nach einem »aktiv-destruktiven«
ödipalen Modell genannt: einer Bezeichnung aus der Erzählanalyse
JAKOB, wobei »destruktiv« meint, dass die liebevolle und exklusive
Verbundenheit mit dem Vater mit einer gewissen Aggression beendet
wird. Auch hier wiederum schließt es sich nicht aus, dass dieselben
Adoleszenten an anderer Stelle im Interview von einer »angenom-
menen« Privilegierung durch den Vater in der Adoleszenz erzählen.

In diesen Erzählungen ist für die Adoleszenten ihre Zurückweisung der väterlichen Liebe jedoch stark problematisch. Diese bewältigen sie interaktiv, indem sie ihre Zurückweisung vor mir als intendierter Hörerin rechtfertigen und mein Verständnis dafür erwirken,
ich soll ihre Handlung als berechtigt legitimieren. Typisch für die
Erzähldynamik ist hier, dass die Adoleszenten mir vehement klar-
zumachen versuchen, dass ihr Vater trotz ihrer Zurückweisung
zugewandt bleibt; er wirbt um sie oder ist durch ihre Zurückweisung gekränkt, wie dies an Leas Beispiel deutlich wird. Die Adoleszenten lassen nur ihre eigene Zurückweisung zu und wünschen
sich einen Vater, der sie trotz ihrer aggressiven Zurückweisung
weiterhin liebt.

Diskussion

Wie sind nun diese drei Dilemmas entwicklungspsychologisch zu
verstehen und wie stehen sie miteinander in Beziehung? Durch alle
drei Dilemmas hindurch hat sich ein zentraler Unterschied gezeigt,
nämlich zwischen Erzählungen aus der Kindheit und Erzählungen aus der Adoleszenz. Im Dilemma der Verbundenheit sowie im
Dilemma der Privilegierung werden die Ich-Figuren *in der Kindheit* mit wenig bis keiner Handlungsmacht dargestellt – als »passi-
ves« und fügsames Mädchen zeigen sie sich zum Beispiel abhängig
vom Tadel des Vaters, von seiner Zuneigung oder der Privilegierung
durch ihn. Für das Dilemma der Selbstbehauptung ist bezeichnend,
dass solche Situationen aus der Kindheit praktisch ganz fehlen, die
Erzählerinnen behaupten sich erst als Adoleszente gegen ihren Vater.

Hingegen präsentieren sich die Ich-Figuren *in der Adoleszenz*
ebenso wie die adoleszenten Erzählerinnen in den Dilemmas der

Verbundenheit und der Selbstbehauptung durchgehend aktiv und handlungsmächtig. Im Dilemma der Verbundenheit nutzen die Erzählerinnen eben ihre Handlungsmacht, um die für sie destabilisierenden Situationen der Entzweiung mit dem Vater zu bewältigen und Verbundenheit wieder herzustellen. Nur im Dilemma der Privilegierung verhalten sich die Ich-Figuren als auch die Erzählerinnen passiv, in der Kindheit ebenso wie in der Adoleszenz. In der Subkategorie von Erzählungen jedoch, in denen der Vater durch die Tochter zurückgewiesen wird, präsentieren sich die Adoleszenten ebenfalls handlungsmächtig; sie setzen ihre Handlungsmacht dazu ein, um sich narrativ vom Vater zu distanzieren und diese Distanzierung vor mir als Hörerin zu vertreten. Der durchgehende Unterschied zwischen Erzählungen aus der Kindheit und solchen aus der Adoleszenz liegt somit in der von den Ich-Figuren und Erzählerinnen performierten Handlungsmacht.

Handlungsmacht und Selbstbehauptung in Bezug auf den Vater gehen aus den Ergebnissen als wesentliche Eigenschaften der Identität der Adoleszenten hervor. Demgegenüber mag es zunächst paradox erscheinen, dass die Erzählerinnen auch in der Adoleszenz auf ihrer Verbundenheit mit dem Vater beharren. Dies deutet darauf hin, dass die Selbstbehauptung und die Demonstration ihrer Handlungsmacht nicht oder zumindest nicht nur als Ablösungs- und Distanzierungsbestrebungen der Adoleszenten gedeutet werden können. Im Gegenteil, die Adoleszenten bekämpfen eine solche Distanzierung durch den Vater und wollen zudem noch von ihm privilegiert behandelt werden. Wie sind aber dann die starke Handlungsmacht und die Selbstbehauptung zu verstehen, einschließlich jener im »aktiv-destruktiven« Modus, die die Erzählerinnen in der Adoleszenz mir als intendierter Hörerin so stark verdeutlichen?

In den Dilemmas der Selbstbehauptung und der Privilegierung im »aktiv-destruktiven« Modus drückt sich ein und derselbe Aspekt aus, wenn auch in verschiedenen Qualitäten: Die Adoleszenten weisen ihre kindlich-fügsame Positionierung in der Beziehung zum Vater von sich, sie bekämpfen diese sowohl im erzählten Ereignis als auch vor mir als Hörerin vehement. Ebenso vehement setzen sie sich aber dafür ein, Verbundenheit und Privilegierung zu erhalten, sie beharren darauf, dass ihr Vater sie weiterhin liebt. Daraus lässt sich schließen, dass es ihnen nicht einseitig darum geht, Distanz und Unabhängigkeit zu erlangen. Ihnen liegt noch viel an der Verbundenheit und Liebe des Vaters, im Unterschied zur Kindheit jedoch wollen sie vom Vater als ebenbürtige Erwachsene anerkannt werden – väterliche Liebe ja, aber nicht ohne Selbstbestimmung (Polo, 2013, S. 489).

Der Übergang von einer kindlich-fügsamen zu einer ebenbürtigen Beziehung zum Vater erweist sich somit als fundamentale Charakteristik der Tochter-Vater-Beziehung in der Adoleszenz, wobei der ödipale Aspekt darin eine zentrale Rolle spielt. Meine Hypothese ist nun, dass diese Beobachtungen damit in Zusammenhang stehen, was die Psychoanalyse als zentrale Entwicklungsaufgabe der Adoleszenz definiert hat – dem »Untergang des Ödipuskomplexes«: In meiner Untersuchung kann der Untergang des Ödipuskomplexes genau in der Zurückweisung der kindlich-fügsamen Position gesehen werden, die den Ödipuskomplex und von der elterlichen Dyade ausgeschlossenem Kind charakterisiert; anders gesagt, im »Abstreifen« einer fügsamen, idealisierenden Haltung der Tochter gegenüber dem Vater.

Meine Resultate haben jedoch gezeigt, dass die Adoleszenten dafür die Verbundenheit, Anerkennung und Liebe des Vaters geltend machen und brauchen. Daraus lässt sich wiederum schließen, dass der Untergang des Ödipuskomplexes nicht von einem Verzicht auf väterliche Liebe gekennzeichnet ist, sondern von der Verschiebung der Liebe zwischen Tochter und Vater jenseits einer ödipalen Situation auf ein und dieselbe Augenhöhe. Mit dem Untergang des Ödipuskomplexes lässt sich erklären, warum adoleszente Töchter besonders intensive Konflikte mit dem Vater haben, wie dies in anderen Studien beobachtet wurde (z. B. Shulman u. Seiffge-Krenke, 1997). Es könnte sich dabei um entwicklungspsychologische Konflikte nach den drei Dilemmas handeln – in ihnen ist der »Untergang des Ödipuskomplexes« *in Aktion*.

Damit lässt sich auch die *Ablösung* in der Adoleszenz neu definieren als das Herauswachsen aus einer ödipalen Eltern-Kind-Beziehung und dem Übergang in eine erwachsene Liebe, die von Ebenbürtigkeit geprägt ist. Was die Adoleszenten im Interview mit mir »probebewältigen«, ist möglicherweise genau die Herausforderung der weiblichen Adoleszenz: Die Frage, wie sich die Adoleszenten in ihrer Beziehung zu ihrem Vater von ihrer kindlich-fügsamen ödipalen Position lösen und Ebenbürtigkeit schaffen können, ohne die Verbundenheit zum Vater und seine Liebe aufgeben zu müssen.

Selbstverständlich sind diese Schlussfolgerungen vorläufig und einzuschränken dadurch, dass sie nur aus Interviews mit weiblichen Adoleszenten hervorgegangen sind. Eine ähnliche Studie mit männlichen Adoleszenten würde die Resultate durch die Vergleichsmöglichkeit schärfer umgrenzen, ebenso wie eine Untersuchung von Erzählungen mit Müttern. Nichtsdestotrotz konnten die Resultate wichtige Aspekte des Erlebens weiblicher Adoleszenter erhellen, insbesondere, was für Wünsche, Ängste und Konflikte sie in dieser Lebensphase innerpsychisch bewältigen und wie sie sich daraus ihre Identitätsfacetten und ihre Beziehung zu ihrem Vater neu erarbeiten. Nicht zuletzt konnte die Studie aber auch veranschaulichen, auf welche Art und Weise sich dieser konflikthafte Prozess im Hier-und-Jetzt der intersubjektiven Begegnung ereignet.

Regeln der Transkription nach Mergenthaler (1992)

E/	Explorandin
I/	Interviewerin
*	Pseudonym, verschlüsselte Bezeichnung
+	gleichzeitiges Sprechen
///(?:möchte)	unverständlich, Anzahl Schrägstriche = Anzahl Wörter, in Klammern der vermutete Wortlaut
!	Betonung, Hervorhebung
:	Dehnung
?	Frage, steigend oder hoch endende Stimmführung
.	Abgeschlossener Gedanke, auf dem Grundton endende Stimme
,	kurzes Zögern, Gedanke wird jedoch fortgesetzt
;	abgebrochener Gedanke, gefolgt von einem anderen Gedanken
merkwü-	Wortabbruch

Literatur

Abelin, E. L. (1971). The role of the father in the separation-individuation process. In A. McDevitt, C. F. Settlage (Eds.), The role of the father in the separation-individuation Process (pp. 229–252). New York: Aronson.

Anzieu, A. (1995). Beunruhigende Weiblichkeit. Zum Thema Adoleszenz. Psyche, 49 (9/10), 886–902.

Arboleda, L., Boothe, B., Grimm, G., Hermann, M.-L., Luder, M., Neukom, M., Stärk, F. (2010). Kurzanleitung zur Erzählanalyse JAKOB (Vol. Oktober 10/10). Zürich: Universität Zürich, Lehrstuhl für Klinische Psychologie, Psychotherapie und Psychoanalyse.

Bamberg, M. (1997). Positioning between structure and performance. Journal of Narrative and Life History, 7 (1–4).

Blos, P. (1980). Modifications in the traditional psychoanalytic theory of female adolescent development. Adolescent Psychiatry, (8), 8–24.

Bohleber, W. (1996). Einführung in die psychoanalytische Adoleszenzforschung. In W. Bohleber (Hrsg.), Adoleszenz und Identität (S. 7–40). Stuttgart: Verlag Internationale Psychoanalyse.

Boothe, B. (2006). Narrative Intelligenz und Konfliktdynamik. In V. Luif, G. Thoma, B. Boothe (Hrsg.), Beschreiben – Erschließen – Erläutern. Psychotherapieforschung als qualitative Wissenschaft (S. 17–38). Lengerich: Pabst Science.

Boothe, B., Heigl-Evers, A. (1997). Der Körper als Bedeutungslandschaft. Die unbewusste Organisation der weiblichen Geschlechtsidentität. Bern: Huber.

Deppermann, A. (2008). Gespräche analysieren (4. Aufl.). Wiesbaden: VS Verlag für Sozialwissenschaften.

Deppermann, A. (2013). Interview als Text vs. Interview als Interaktion 61 Absätze. Forum Qualitative Sozialforschung, 14 (3), Art. 13, http://nbn-resolving.de/urn:nbn:de:0114-fqs1303131

Devereux, G. (1984). Angst und Methode in den Verhaltenswissenschaften. Frankfurt a. M.: Suhrkamp.

Erdheim, M. (1991). Psychoanalytische Jugendforschung. In M. Erdheim (Hrsg.), Die Psychoanalyse und das Unbewusste in der Kultur: Aufsätze 1980–1987 (2. Aufl., S. 215–236). Frankfurt a. M.: Suhrkamp.

Erdheim, M. (1993). Psychoanalyse, Adoleszenz und Nachträglichkeit. Psyche, 47 (10), 934–950.

Flaake, K. (2003). Körperlichkeit und Sexualität in der Adoleszenz junger Frauen: Dynamiken in der Vater-Tochter-Beziehung. Psyche – Zeitschrift für Psychoanalyse, 57 (5), 403–425.

Flaake, K., King, V. (1992). Psychosexuelle Entwicklung, Lebenssituation und Lebensentwürfe junger Frauen. In K. Flaake, V. King (Hrsg.), Weibliche Adoleszenz. Zur Sozialisation junger Frauen (S. 13–39). Frankfurt a. M.: Campus.

Freud, S. (1905/2000). Drei Abhandlungen zur Sexualtheorie. In A. Mitscherlich, J. Strachey, A. Richards (Hrsg.), Sigmund Freud Studienausgabe, Sexualleben (Bd. V, S. 39–145). Frankfurt a. M.: Fischer.

Hosley, A. C., Montemayor, R. (1997). Fathers and Adolescents. In M. E. Lamb (Ed.), The Role of the Father in Child Development (pp. 162–178). New York: Wiley-Interscience.

Kelle, U., Kluge, S. (2010). Vom Einzelfall zum Typus. Fallvergleich und Fallkontrastierung in der qualitativen Sozialforschung (2., überarb. Aufl.). Wiesbaden: VS Verlag für Sozialwissenschaften.

King, V. (2002). Tochterväter. Dynamik und Veränderungen einer Beziehungsfigur. In H. Walter (Hrsg.), Männer als Väter: sozialwissenschaftliche Theorie und Empirie (S. 519–554). Gießen: Psychosozial.

Klitzing, K. von, Simoni, H., Bürgin, D. (1999). Child development and early triadic relationships. International Journal of Psychoanalysis, 80, 71–89.

Lacan, J. (1966). Fonction et Champ de la parole et du langage. In: Ecrits I. Paris: Editions du Seuil.

Laplanche, J. (2007). Sexual. La sexualité élargie au sens freudien. Paris: Presses universitaires de France.

Laplanche, J., Pontalis, J.-B. (1986). Das Vokabular der Psychoanalyse (7. Aufl.). Frankfurt a. M.: Suhrkamp.

Levine Coley, R. (2003). Daughter-Father Relationship and Adolescent Psychosocial Functioning in Low-Income African American Families. Journal of Marriage and Family, 65 (4), 867–875.

Lucius-Hoene, G. (2000). Konstruktion und Rekonstruktion narrativer Identität. Forum + Qualitative Sozialforschung, 1 (2).

Lucius-Hoene, G., Deppermann, A. (2004). Rekonstruktion narrativer Identität. Ein Arbeitsbuch zur Analyse narrativer Interviews (2. Aufl.). Wiesbaden: VS Verlag für Sozialwissenschaften.

Mergenthaler, E. (1992). Die Transkription von Gesprächen (3. Aufl.). Ulm: Ulmer Textbank.

Mey, G. (2001). Bestimmungsversuch einer »Qualitativen Entwicklungspsychologie«. In G. Mey (Hrsg.), Qualitative Forschung in der Entwicklungspsychologie. Potentiale, Probleme, Perspektiven. Forschungsbericht aus der Abteilung Psychologie im Institut für Sozialwissenschaften der Technischen Universität Berlin, Nr. 2001-1, 5–11.

Mey, G. (2005). Grundlinien einer Qualitativen Entwicklungspsychologie. Eine Einführung. In G. Mey (Hrsg.), Handbuch Qualitative Entwicklungspsychologie. Positionen und Verfahren (S. 9–31). Köln: Kölner Studien Verlag.

Mey, G. (2007). Qualitative Research on »Adolescence, Identity, Narration«: Programmatic and Empirical Examples. In M. Watzlawick, A. Born (Eds.), Capturing Identity: quantitative and qualitative methods (pp. 54–69). Lanham: University Press of America.

Polo, A. (2011). Das erotische Verhältnis zwischen Leser und Text. Wie Heinrich von Kleists Penthesilea zum Rezeptionsdrama wurde. Psyche – Zeitschrift für Psychoanalyse, 65 (4), 351–379.

Polo, A. (2013). Die Bedeutung des Vaters in der weiblichen Adoleszenz. Psychoanalyse als narrative Untersuchungsmethode in der Entwicklungspsychologie. Gießen: Psychosozial.

Poluda, E. S. (2000). Weibliche Adoleszenz gestern und heute. Kinderanalyse, 8 (1), 41–60.

Reichertz, J. (2007). Qualitative Sozialforschung – Ansprüche, Prämissen, Probleme. EWE Erwägen Wissen Ethik, 18 (2), 1–14.

Seiffge-Krenke, I. (2001). Väter in der Psychoanalyse. Väter und Söhne, Väter und Töchter. Forum der Psychoanalyse, 17, 51–63.

Shulman, S., Seiffge-Krenke, I. (1997). Fathers and adolescents, Developmental and Clinical Perspectives. London: Routledge.

Steffens, W. (1986). Zur Psychodynamik der Vater-Tochter-Beziehung in der Adoleszenz. Psychother. med. Psychol., 36, 215–220.

Streeck-Fischer, A. (1994). Entwicklungslinien der Adoleszenz. Narzissmus und Übergangsphänomene. Psyche – Zeitschrift für Psychoanalyse, 48, 509–528.

Straub, J. (2010). Handlungstheorie. In G. Mey, K. Mruck (Hrsg.), Handbuch qualitative Forschung in der Psychologie (S. 107–122). Wiesbaden: VS Verlag für Sozialwissenschaften.

Valsiner, J. (2000). Culture and human development. London: Sage.

Wortham, S. (2000). Interactional positioning and narrative self-construction. Narrative Inquiry, 10, 157–184.

Alle Drei. Wie Kind, Mutter und Vater die Beziehungen in ihrer Familie erleben

Ein Streiflicht auf die »emotionale Randposition des Vaters«

Mathias Graf, Joulios Liacopoulos und Heinz Walter

In ihrer umfangreichen Recherche bezüglich des aktuellen Spektrums väterlicher Leitbilder und väterlicher Praxis schenkten Bambey und Gumbinger (2006) dem von ihnen so genannten »randständigen Vater« besondere Aufmerksamkeit. Für die das Forschungsprojekt eröffnende Fragebogenerhebung mit 1524 Vätern entwickelten sie unter anderem eine eigene Skala, die deren mögliche »Randständigkeit« differenziert erfassen sollte. Gefragt wurde nach der vom Vater wahrgenommenen Tendenz der Mutter, ihn aus der Beziehung zum Kind mehr oder weniger auszuschließen. Im Untersuchungsfortgang schlossen sich detaillierte Interviews mit Vater *und* Mutter *und* Kind an. Diese Interviews ermöglichten die Zuordnung der Väter aus dieser Triade zu jeweils einem der sechs, zwischenzeitlich per Clusteranalyse gefundenen Vatertypen. Darin zeigten sich die als »Randständige« ein eigenes Cluster bildenden Väter (10,4 % der gesamten Untersuchungsgruppe) »als auf spezifische Weise an dem vermeintlich stark durch die Mutter geförderten Ausschluss beteiligt. Allerdings blieb ihnen der Blick auf die eigene Motivlage und der daraus resultierende Anteil an dieser Konstellation verstellt« (Bambey u. Gumbinger, 2006, S. 218). Die Autoren sehen hier eine »Beziehungskonstellation zwischen den Eltern, die sich aus vielerlei Gründen ergeben kann und die in der Konsequenz durchaus auch zu einem Rückzug des Vaters gegenüber dem Kind führen kann« (S. 226).

Auf solcherlei familiale Beziehungsgestaltung, die in ihrer Komplexität weit über das von Allen und Hawkins (1999) beschriebene »Maternal Gatekeeping« hinausweist, sind auch wir im Rahmen unserer Forschungsbemühungen gestoßen (Graf, Knotte u. Walter, 2000). Sie sollte deshalb weiter geklärt werden.

Durch den Einsatz eines geeigneten Untersuchungsverfahrens wird es uns nicht nur möglich, die subjektive Beziehungswahrnehmung aller Familienmitglieder aufeinander zu beziehen und sie vergleichend zu analysieren. Auch in verschiedenen Stichproben gewonnene Datensätze können systematisch einander gegenübergestellt werden. Entstammen diese Stichproben verschiedenen Lebensabschnitten, können Hypothesen bezüglich der Individual- und der Familienentwicklung geprüft werden.

Dass menschliche Entwicklung nicht etwa mit dem Eintritt ins Erwachsenenalter abgeschlossen ist, sondern als lebenslanger Prozess aufgefasst werden muss, kann als konsensfähiges Paradigma psychologischer Sozialisationsforschung angesehen werden (z. B. schon Goldhaber, 1986). Es sind jedoch nicht nur die Individuen, die einer beständigen Veränderung unterworfen sind, sondern auch die sozialisierenden Systeme, in denen sie leben. Für die Familie als ein solches Sozialisationssystem bedeutet dies, dass auch sie kein statisches Gebilde darstellt, sondern je nach Status quo spezifische Transitionsprozesse durchläuft und sich damit beständig ändert (Carter u. McGoldrick, 1989; Fthenakis, 1999). Der Übergang von einer Familienentwicklungsphase in die nächste ist dabei jeweils mit entsprechenden Familienentwicklungsaufgaben verknüpft, deren Bewältigung dem familiären System das Durchlaufen einer Phase der Instabilität abverlangt, um sich schließlich auf einer nächsten Entwicklungsstufe zu stabilisieren (Kreppner, 2000, 2002). Familie wird damit zu einem Entwicklungsraum, der in der Auseinandersetzung mit den einzelnen Familienmitgliedern gestaltet wird und seinerseits die Entwicklungsoptionen dieser Mitglieder selbst reguliert. Sie steht ihrerseits in einem weiteren einflussreichen Kontext – wie die einzelnen Familienmitglieder auch (Bronfenbrenner, 1979; Walter, 1980, 1981).

Familienentwicklungsmodelle versuchen unter anderem zu erkunden, welches die zentralen Qualitäten einer Familie sind, die von den einzelnen Mitgliedern kontinuierlich geprägt und moduliert werden und damit gleichzeitig wieder zu wesentlichen Voraussetzungen für die Entwicklungsmöglichkeiten eben dieser Mitglieder werden. Mattejat (1993) identifiziert in seinem *Entwicklungs-Kohäsions-Modell der Familienbeziehungen* als solche zentralen Qualitäten von familialen Entwicklungsräumen die Erfahrungen von »emotionaler Verbundenheit« und »individueller Autonomie«. Diese beiden Dimensionen sind nicht als einander ausschließend konzipiert, sondern stehen im Sinne der von Stierlin (1980) geprägten Begrifflichkeit der »bezogenen Individuation« in einem dialektischen Ergänzungsverhältnis. Nach dem Entwicklungs-Kohäsions-Modell herrschen im Familiensystem dann entwicklungsförderliche Bedingungen, wenn sowohl die Bedürfnisse nach emotionaler Nähe und einfühlendem Verstandenwerden als auch nach individueller Selbstabgrenzung gelebt werden können.

Bei der empirischen Überprüfung seines Modells findet Mattejat (1993) zwar den häufig replizierten Befund, dass Familienbeziehungen von Jugendlichen als überwiegend positiv geschildert werden. Er berichtet aber auch von sehr klaren Differenzierungen zwischen den einzelnen Familienbeziehungen. Eine der klarsten Konfigurationen stellt dabei die »emotionale Randposition des Vaters« dar: Jugendliche Familienmitglieder nehmen ihre Beziehung zum Vater als weniger warmherzig, verständnisvoll und interessiert wahr als die zur Mutter. Auch dieser Befund wird durch weitere gestützt. So befragte beispielsweise Rosenmayer (1963) in einer schon weiter zurückliegenden Untersuchung männliche österreichische Jugendliche nach deren emotionalen Beziehungen zu ihren Eltern. Die Daten sprechen klar für die emotionale Bevorzugung der Mutter. Rosenmayer stellte einen Zusammenhang her zwischen der stärkeren positiven Bewertung der Mutter gegenüber dem Vater und dem Befund, dass die Jugendlichen sich von ihren Müttern mehr geliebt und akzeptiert fühlen als von ihren Vätern. Dies entspricht den Befunden und der Argumentation, welche bei Mattejat (1993) drei Jahrzehnte später zu finden sind. Hinweise auf die größere Nähe Jugendlicher zur Mutter lieferten auch Youniss und Smollar (1985) in ihrer groß angelegten Untersuchung Jugendlicher beiderlei Geschlechts über die Beziehungen mit ihren Müttern und Vätern: Neben dem Befund, dass die Beziehung zur Mutter als warm und verständnisvoll und diejenige zum Vater als distanziert und respektvoll charakterisiert wurde, ergab sich insgesamt für nordamerikanische weiße Mittelschichtfamilien Anfang der 1980er Jahre das Bild einer stereotyp traditionellen Rollenaufteilung zwischen Müttern und Vätern. Und eine vergleichende Befragung Adoleszenter in Kanada, Belgien und Italien durch Claes (1997) zeigte ebenfalls, dass die emotionale Benachteiligung des Vaters in der Familie ein stabiles Phänomen über kulturelle Grenzen hinweg darstellt.

Die Forschungslage zeigt also überwiegend einheitlich, dass Jugendliche auf emotionaler Ebene ihre Mütter den Vätern vorziehen. Darüber hinaus zeigen Graf, Knotte und Walter (2000), dass dies auch für weibliche junge Erwachsene gilt; und dass sich die »emotionale Randposition des Vaters« im jungen Erwachsenenalter im Vergleich zum Jugendalter insofern verschärft, als nun *auch die Mutter* dem Vater weniger Interesse, Verständnis und Wärme entgegenbringt als dem Kind – wiewohl dieses ganz oder den Großteil seiner Zeit vom Elternhaus abwesend ist.

Um Familienbeziehungen auf die im Zurückliegenden besprochenen Unterschiede hin zu überprüfen, wurden bislang nahezu ausschließlich Söhne und Töchter befragt. Wurde zugunsten einer großen Stichprobe darauf verzichtet, auch die Sichtweisen der Eltern zu erheben? Jugendliche sind erfahrungsgemäß leichter für die Teilnahme an einer psychologischen Studie zu gewinnen als Erwachsene, zumal als deren Eltern. Daher ist es von besonderem Interesse zu überprüfen, ob sich die bislang aus Kindersicht häufig replizierten Ergebnisse auch mit der Sichtweise der Eltern decken oder ob es sich dabei um ein altersspezifisches Phänomen in der Wahrnehmung der heranwachsenden Töchter und Söhne handelt. Es wäre dann eher als ein entwicklungspsychologisch zu interpretierendes Faktum im Verlauf der Individualentwicklung aufzufassen, weniger als ein Spezifikum von familialen Beziehungen und deren Entwicklung.

1994 haben Mattejat und Scholz mit dem »Subjektiven Familienbild (SFB)« ein Instrument vorgelegt, das den Vorteil bietet, dass die Familienbeziehungen aus der Sicht aller Familienmitglieder in gleicher Weise erhoben werden können. Somit wird ihr Vergleich und eine entsprechende statistische Verrechnung problemlos möglich. Das SFB zeichnet sich darüber hinaus insbesondere dadurch aus, dass es die Beziehungen innerhalb der Triade Vater – Mutter – Kind in einer sehr gewinnbringenden Differenziertheit erhebt: Es versteht beispielsweise die Beziehung zwischen Vater und Sohn nicht als *eine* Beziehung, sondern konzipiert diese zum einen als Beziehungsangebot des Vaters an den Sohn, zum anderen als Beziehungsangebot des Sohns an den Vater.

Mit dem SFB wird es also möglich zu überprüfen, ob sich die emotionale Randposition des Vaters auf beides bezieht: dass nicht nur das Kind dem Vater weniger emotionale Zuwendung entgegenbringt als der Mutter, sondern dass auch das Kind vom Vater weniger emotionale Zuwendung erhält als von der Mutter. Diese differenzielle Sichtweise ist mit anderen Fragebögen in aller Regel nicht zu erfassen, da dort vornehmlich nach *der* Beziehung gefragt wird. Beispielsweise legten Allerbeck und Hoag (1985) ihren Probanden Items vor wie: »Wir haben uns lieb und bedeuten uns alles.«

Theoretische Überlegungen zur Erklärung des Phänomens der »emotionalen Randposition des Vaters« haben immer wieder Bezug auf das soziologisch-rollentheoretische Paradigma von Parsons und Bales (1955) genommen (so bereits Rosenmayr, 1963; Youniss u. Smollar, 1985; Montemayor u. Brownlee, 1987). Dieses differenziert bekanntlich zwischen einer mütterlichen »expressiven« und einer väterlichen »instrumentellen« Elternrolle. Das SFB eignet sich insofern zur Falsifikation dieses postulierten familialen Rollenprofils, als es die Familienbeziehungen entlang zweier, hierfür geeignet erscheinender Dimensionen erhebt: der Dimension »emotionale Verbundenheit« und der Dimension »individuelle Autonomie«. Erstere wird als Interesse, Verständnis und emotionale Wärme wahrgenommen, unter der zweiten lässt sich ein Gefühl eigener Souveränität, Selbstständigkeit und Entscheidungssicherheit im Austausch mit den anderen Familienmitgliedern verstehen. Die instrumentelle Rolle sollte sich demnach in einem höheren Wert für »individuelle Autonomie« als für »emotionale Verbundenheit« niederschlagen, bei der expressiven Rolle sollte sich ein Wert genau andersherum finden lassen.

Die Forschungsfragen

In der vorliegenden Arbeit soll nun geklärt werden, ob – so unsere Hypothesen –
1. auch *männliche* junge Erwachsene ihre emotionale Bevorzugung der Mutter gegenüber dem Vater berichten,
2. diese Bevorzugung insofern einer wahrgenommenen Gegenseitigkeit entspricht, als die Kinder mehr emotionale Zuneigung von den Müttern erleben als von den Vätern,

3. die Sicht der Eltern der ihrer Kinder entspricht, ob also auch die Eltern die Familienbeziehungen in der angesprochenen Weise wahrnehmen,

4. sich die »emotionale Randposition des Vaters« auch darin niederschlägt, dass die Mutter dem Kind mehr emotionale Zuwendung angedeihen lässt als dem Vater,

5. die Befunde schlussendlich mit den skizzierten rollentheoretischen Überlegungen kompatibel sind.

Das Erhebungsverfahren

Für die Erhebung der Daten wurde der von Mattejat und Scholz (1994) auf der Grundlage des Semantischen Differenzials (Osgood, Suci u. Tannenbaum, 1957) entwickelte und standardisierte Fragebogen »Subjektives Familienbild« (SFB) eingesetzt. Dessen Autoren haben die Dimension »emotionale Verbundenheit« in Form der Skala *Valenz* und die Dimension »individuelle Autonomie« in Form der Skala *Potenz* operationalisiert. Jede der sechs gerichteten Beziehungen innerhalb der familialen Triade Mutter – Vater – Kind wird mit Blick auf beide Dimensionen jeweils anhand dreier gegensätzlicher Adjektivpaare beschrieben, wie sie in Abbildung 1 wiedergegeben sind.

selbstständig	vs.	unselbstständig	*Potenz*
uninteressiert	vs.	interessiert	*Valenz*
warmherzig	vs.	kühl	*Valenz*
unentschlossen	vs.	entschieden	*Potenz*
verständnisvoll	vs.	intolerant	*Valenz*
sicher	vs.	unsicher	*Potenz*

Abbildung 1: Die Operationalisierung des »Subjektiven Familienbildes« in Form von sechs gegensätzlichen Adjektivpaaren und deren Zuordnung zu den beiden Skalen *Valenz* und *Potenz* (Abfolge der Adjektivpaare identisch mit jener in der Befragung)

Die Beziehungsrichtung wird im Untersuchungsinstrument jeweils durch ein kurzes Statement vorgegeben; wie in folgender Form für das Kind:

– »Ich verhalte mich meiner Mutter/meinem Vater gegenüber«
– »Meine Mutter/Mein Vater verhält sich mir gegenüber«
– »Meine Mutter/Mein Vater verhält sich meinem Vater/meiner Mutter gegenüber«

Für Vater und Mutter werden die Statements entsprechend umformuliert. Anhand eines siebenstufigen Ratings von – 3 über 0 bis + 3 werden von jedem Familienmitglied total 36 Wahrnehmungsbeurteilungen abgegeben. Die Werte werden dann getrennt nach den zwei Dimensionen für die einzelnen gerichteten Beziehungen zum »Valenzwert« und »Potenzwert« addiert und liegen entsprechend zwischen – 9 und + 9.

Das Untersuchungsprozedere scheint ab einem Alter von zwölf Jahren problemlos vermittelbar, da Mattejat von mehreren von ihm selbst rekrutierten Stichproben ab dieser Altersgruppe berichtet (Mattejat u. Scholz, 1994, S. 105 ff.). Einer Durchführung in Gruppen steht nach Mattejats und unseren Erfahrungen nichts entgegen. Die Durchführungszeit beträgt in der Regel nicht mehr als 10 bis 15 Minuten, die für die Auswertung erforderliche Zeit etwa fünf Minuten. Damit ist das SFB als extrem ökonomisches Untersuchungsverfahren zu charakterisieren. Dies darf über die Komplexität seiner methodologischen Begründung und der dem SFB-Ansatz zugrunde liegenden theoretischen Auseinandersetzung nicht hinwegtäuschen (Mattejat, 1993).

Unsere Stichproben

Als Jugendlichenstichprobe dienten die 123 Jungen aus der »Schülerstichprobe Marburg-Grünberg«, welche von Mattejat (1993, S. 110) im Juni 1990 befragt worden waren. Es handelt sich hierbei um Schüler der Jahrgangsstufen 7 bis 12 (Durchschnittsalter 15,5 Jahre). Die Stichprobe junger erwachsener Söhne bestand aus 402 Studenten der Universität sowie der Fachhochschule Konstanz, deren Daten von der AG Pädagogische Psychologie der Universität Konstanz in den

Jahren 1994–1998 erhoben wurden (Durchschnittsalter 25,1 Jahre). Außerdem wurden diese Studenten um die Adressen ihrer Mütter und Väter gebeten. Von 164 Studenten antwortete mindestens ein Elternteil, das heißt nahm postalisch an der Untersuchung teil. Insgesamt erhielten wir von den Müttern 121 vollständige Fragebögen zurück, von den Vätern 116.

Die Ergebnisse

Zur Überprüfung, ob sich spezifische gerichtete Beziehungswerte *innerhalb* der einzelnen Stichproben unterscheiden, wurden t-Tests für abhängige Stichproben gerechnet, wobei die einzelnen gerichteten Beziehungen als Messwiederholungen gehandhabt wurden. Unterschiede in den gerichteten Beziehungswerten *zwischen* verschiedenen Stichproben bzw. Gruppen wurden mittels ANOVA bzw. des t-Tests für unabhängige Stichproben analysiert. In allen Fällen wurde das Signifikanzniveau nach Bonferroni adjustiert.

Zunächst wurden gemäß den ersten drei Fragestellungen die Valenzbeziehungen zwischen Vater und Kind mit denen zwischen Mutter und Kind verglichen (Tabellen 1 und 2: Ergebnisse der ersten beiden Spalten). Es zeigt sich sehr eindeutig, dass die ersten drei Fragestellungen bejaht werden können: Die männlichen jungen Erwachsenen berichten, dass sie sowohl von der Mutter mehr emotionale Zuwendung erfahren als vom Vater, als auch, dass sie sich der Mutter gegenüber emotional zugewandter verhalten als dem Vater gegenüber. Auch die Eltern teilen diese Sichtweise. Vergleicht man diese »emotionale Randposition des Vaters« mit der der Schülerstichprobe, so scheint sie sich dem Trend nach zwar mit zunehmendem Alter zu verschärfen. Dieser Trend ist aber in keiner Weise signifikant (auch nicht auf dem Fünf-Prozent-Niveau).

Um Fragestellung 4 zu klären, wurde der Unterschied in den emotionalen Angeboten, die die Mutter dem Kind beziehungsweise dem Vater entgegenbringt, auf Signifikanz untersucht (Tabellen 1 und 2: Ergebnisse der dritten Spalte). Es zeigt sich, dass es im jungen Erwachsenenalter sehr wohl zu einer Verschärfung der »emotionalen Randposition des Vaters« kommt, und zwar aufgrund einer spezifischen Entwicklung bei der Mutter: Während Mattejat in seiner

Schülerstichprobe noch keinen Unterschied zwischen dem emotionalen Beziehungsangebot gefunden hat, das die Mutter dem Sohn beziehungsweise dem Vater entgegenbringt, zeigt sich in unserer Studentenstichprobe, dass die Mutter nun das Kind klar dem Vater gegenüber emotional bevorzugt. Auch diese Einschätzung der familialen Beziehungskonstellation teilen alle drei Familienmitglieder.

Tabelle 1: Fragestellungsbezogene Mittelwertsdifferenzen familialer Valenzbeziehungen und die Unterschiede dieser Differenzen aus der Sicht der Schülerstichprobe beziehungsweise der Studentenstichprobe (gesamt); *** p<0,001; ** p<0,01

		untersuchte Differenzen in den gerichteten Beziehungen		
		Valenz Kind→Mutter – Valenz Kind→Vater	Valenz Mutter→Kind – Valenz Vater→Kind	Valenz Mutter→Kind – Valenz Mutter→Vater
berichtende Personen	**Schüler** N = 123	0,9**	2,5***	0,2
	Studenten N = 402	1,5***	3,2***	1,9***
Unterschiede der untersuchten Differenzen		0,6	0,7	1,7***

Tabelle 2: Fragestellungsbezogene Mittelwertsdifferenzen familialer Valenzbeziehungen aus der Sicht der Studenten, beziehungsweise aus der Sicht von deren Müttern und deren Vätern. Studentenstichprobe: nur Studenten, für die auch Daten von deren Eltern vorliegen; *** p<0,001; ** p<0,01

		untersuchte Differenzen in den gerichteten Beziehungen		
		Valenz Kind→Mutter – Valenz Kind→Vater	Valenz Mutter→Kind – Valenz Vater→Kind	Valenz Mutter→Kind – Valenz Mutter→Vater
berichtende Personen	**Studenten** N = 164	1,2***	3,2***	1,3***
	Mütter N = 121	0,7***	2,1***	1,2***
	Väter N = 116	1,0***	1,2***	1,5***

Um die Hypothese zu prüfen, ob das rollentheoretische Paradigma
als Erklärung für das Phänomen der »emotionalen Randposition des
Vaters« herangezogen werden kann, testen wir, ob die Beziehung der
Mutter zum Kind gemäß einem »expressiven« Rollenverständnis
von mehr Valenz als Potenz geprägt ist und ob in der Beziehung des
Vaters zum Kind entsprechend einem »instrumentellen« Rollenverständnis der Potenzwert den Valenzwert überwiegt (Tabellen 3 und
4). Das Ergebnis zeigt, dass zumindest nicht alle Berechnungen diese
These stützen. Die Mutter wird zwar von den Studenten und deren
Eltern klar im Sinne des erwähnten Rollenverständnisses wahrgenommen, bei den Schülern ist dieses Muster jedoch noch nicht in
signifikanter Form zu finden. Die Mutter-Kind-Beziehung scheint
also bei Söhnen am Übergang vom Jugend- zum jungen Erwachsenenalter an »Expressivität« zuzunehmen. Die Vater-Kind-Beziehung
sehen alle Befragten eindeutig »instrumentell« ausgerichtet, außer
einem: dem Vater selbst, der sich hier signifikant von Mutter und
Sohn unterscheidet (Tabelle 5). Er sieht seine Beziehung zu seinem
Sohn ausgeglichen, vom Trend her überwiegt für ihn sogar die emotionale Verbundenheit (Tabelle 4).

Tabelle 3: Fragestellungsbezogene Mittelwertsdifferenzen familialer Valenz-/
Potenzbeziehungen und die Unterschiede dieser Differenzen aus der Sicht
der Schülerstichprobe beziehungsweise der Studentenstichprobe (gesamt);
*** p<0,001; ** p<0,01

| | | untersuchte Differenzen in den gerichteten Beziehungen | |
		Valenz Mutter→Kind – Potenz Mutter→Kind	*Potenz* Vater→Kind – Valenz Vater→Kind
berichtende Personen	**Schüler** N = 123	0,9	2,6***
	Studenten N = 402	2,4***	2,2***
Differenz zwischen Studenten und Schülern		1,5**	0,4

Tabelle 4: Fragestellungsbezogene Mittelwertsdifferenzen familialer Valenz-/ Potenzbeziehungen aus der Sicht der Studenten, beziehungsweise aus der Sicht von deren Müttern und deren Vätern. Studentenstichprobe: nur Studenten, für die auch Daten von deren Eltern vorliegen; *** p<0,001; ** p<0,01

| | | untersuchte Differenzen in den gerichteten Beziehungen | |
		Valenz Mutter→Kind – Potenz Mutter→Kind	*Potenz* Vater→Kind – Valenz Vater→Kind
berichtende Personen	**Studenten** N = 164	2,5***	1,8***
	Mütter N = 121	2,3***	0,9**
	Väter N = 116	2,1***	– 0,4

Tabelle 5: Die unterschiedlichen Sichtweisen von Vater, Mutter und Sohn bei der Beurteilung der Differenz bezüglich Valenz und Potenz in der Beziehung Vater – Kind; *** p<0,001; ** p<0,01

| | | untersuchte Differenzen in den gerichteten Beziehungen |
		Potenz Vater→Kind – Valenz Vater→Kind
Unterschiede der untersuchten Differenzen zwischen …	**Student – Vater**	2,2***
	Mutter – Vater	1,3***

Diskussion

Zunächst lässt sich die oben gestellte Frage, ob es sich bei der »emotionalen Randposition des Vaters« um ein entwicklungspsychologisch zu interpretierendes Phänomen im Verlauf der Individualentwicklung handelt oder um ein Spezifikum der Familie schlechthin, sehr klar beantworten, wenn wir folgende Definition einführen: Als »emotionale Randposition des Vaters« soll das Phänomen bezeichnet werden, dass das Kind die Mutter dem Vater gegenüber emotional bevorzugt und dass der Vater dem Kind seinerseits weniger emotionale Verbundenheit entgegenbringt als die Mutter. Wenn wir diese Definition verwenden, zeigen die vorliegenden Daten (zusammen mit den eingangs recherchierten Befunden), dass die »emotionale Randposition des Vaters« geradezu als konstitutiv für das Sozialgebilde Familie angesehen werden kann. Zumindest bis zur Familienentwicklungsphase, in der das Kind das junge Erwachsenenalter erreicht, kann dies nun für jede Altersgruppe etwa ab dem Eintritt in die Pubertät und für beiderlei Geschlechter als gültig angesehen werden. Dies sehen nicht nur die Kinder so, es entspricht auch der Wahrnehmung der Eltern.

Der Befund, dass *auch die Mutter* den Vater dem Kind gegenüber emotional benachteiligt, kann nicht als Bestandteil eines überdauernden Phänomens »emotionale Randposition des Vaters« gewertet werden. Wir finden diese Konstellation erst im jungen Erwachsenenalter der Kinder, dort jedoch auch wieder sehr einheitlich. Bei einer weiblichen Stichprobe (Graf et al., 2000) hatten wir aufgrund der dort vorliegenden Befunde spekuliert, dies könne wesentlich aus einer Reduktion der emotionalen Verbundenheit resultieren, die sich die Eltern nach dem Auszug des Kindes wechselseitig entgegenbringen. Auch in der nun vorliegenden männlichen Stichprobe zeigt sich, dass die Studenten tatsächlich weniger emotionale Verbundenheit zwischen Vater und Mutter wahrnehmen als dies die Schüler tun. Da nun auch die Eltern das ungleiche Verhältnis der emotionalen Angebote der Mutter dem Sohn und dem Vater gegenüber sehen, scheint dies eher aus einer tatsächlichen Verschiebung der Vater-Mutter-Beziehung zu resultieren als aus einer veränderten Wahrnehmung des Kindes. – In der bis hierher geführten Diskussion bleibt stets zu berücksichtigen, dass es sich bei dem Vergleich der Schüler- und der Studentenstichprobe lediglich um eine Querschnittstudie handelt. Daher wäre es sicherlich zunächst erforderlich zu prüfen, ob sich die berichtete Entwicklung auch in einer Längsschnittstudie finden lässt, bevor man über weitere Erklärungen spekuliert.

Im vorliegenden Beitrag soll nun im Weiteren der Zusammenhang zwischen dem Phänomen »emotionale Randposition des Vaters« und dem rollentheoretischen Paradigma vor dem Hintergrund der berichteten Befunde diskutiert werden. Nützlich ist es, sich hierfür zunächst zu vergegenwärtigen, dass sich die rollentheoretische Terminologie von »expressiv« und »instrumentell« nicht auf *absolute Ausprägungen* der beiden Dimensionen »individuelle Autonomie« und »emotionale Verbundenheit« bezieht, sondern jeweils eine spezifische *Relation* zwischen den beiden Konstrukten im oben angeführten Sinne bezeichnet. Gemäß dieser Definition zeigen die vorliegenden Daten, dass die expressive Rollengestaltung der *Mutter* dem Kind gegenüber von niemandem bezweifelt wird. Zwar weisen die Ergebnisse der Schüler nur von der Tendenz her in diese Richtung, sie verfehlen die Signifikanz jedoch so knapp, dass es ebenso gewagt erscheinen würde, daraus einen substanziellen Zweifel abzuleiten. Um hier fundierteres Datenmaterial für eine entsprechende Überprüfung zu erhalten, werden weitere gezielte Studien mit dieser Altersgruppe erforderlich sein.

Dagegen fällt die Wahrnehmung des *Vaters* bezüglich der Rolle, die er dem Sohn gegenüber einnimmt, sehr klar aus dem Rahmen. Alle weisen dieser Rolle klaren instrumentellen Charakter zu, außer ihm selbst. Dieses Ergebnis bedarf daher einer weiteren Interpretation. Zieht man die gesellschaftlich vorherrschenden Konnotationen der instrumentellen beziehungsweise der expressiven Elternrolle in Betracht, wie sie unter anderem in Eltern- und Familienzeitschriften vermittelt werden, dann fällt auf, dass die expressive Rolle deutlich positiver konnotiert ist als die instrumentelle. Dies spiegelt sich auch im Semantischen Differenzial des SFB wider: Es ist recht schwer ein Zuviel an Interesse, Warmherzigkeit und Verständnis vorstellbar, das ein Elternteil seinem Kind entgegenbringen könnte. Dagegen mag ein Höchstmaß an Selbstständigkeit, Entschlossenheit und Sicherheit, das ein Elternteil seinem Kind gegenüber an den Tag legt, leicht

Gefahr laufen, als despotische Rücksichtslosigkeit verstanden zu werden. Es scheint daher unter dem Gesichtspunkt von sozialer Erwünschtheit kein Problem, wenn sich die Mütter zu einer expressiven Rollengestaltung bekennen, sich in dieser Wahrnehmung also nicht vom Sohn und vom Vater unterscheiden. Die Väter können aber als unter Druck stehend gesehen werden, das Eingeständnis einer zu klaren Instrumentalität ihrer Rolle zu vermeiden. Gattin und Sohn »denunzieren« ihn hier in entwaffnender Einhelligkeit.

Zieht man jedoch das Entwicklungs-Kohäsions-Modell von Mattejat (1993) zurate, so lässt sich folgendes Bild zeichnen und zur Diskussion stellen: Dieses Modell identifiziert ein Familienklima dann als besonders entwicklungsförderlich, wenn es durch *beides* geprägt ist: emotionale Verbundenheit *und* individuelle Autonomie. Die instrumentelle Rollengestaltung des Vaters lässt sich dann als besondere Ressource im Familiensystem auffassen: Sie stellt den wichtigen Ausgleich zum durch die Mutter expressiv gefärbten Familienklima dar. Schon länger argumentieren Jugendforscher wie Youniss und Smollar (1985) oder Shulman und Seiffge-Krenke (1997) in vergleichbarer Richtung. Sie betonen, dass Väter durch ihre Neigung zu distanzierteren Beziehungen eher dem Wunsch der Jugendlichen nach Ablösung entsprechen können. Die Autoren sehen hierin allerdings kein Anzeichen von Desinteresse oder Bindungslosigkeit, sondern eine besondere Funktion des Vaters als Vorbild für Unabhängigkeit in engen Beziehungen.

Neu an unseren Ergebnissen wäre jedoch, dass die Väter diese besondere Ressource, die sie damit in das Familiensystem einbringen, kaum zu realisieren scheinen; sie sich stattdessen sogar (bewusst oder unbewusst) unter Druck sehen, ihre charakteristische Beziehungsgestaltung zu leugnen, sie in eine mütterliche Richtung »umzubiegen«.

Doch werden wir mit dieser Interpretation den Vätern tatsächlich gerecht oder »denunzieren« auch wir sie?[1] Sind wir zu sehr auf ein altehrwürdiges familiensoziologisches Paradigma festgelegt, freuen

---

1   Im Rahmen einer Längsschnittstudie wäre unter anderem zu klären, ob die Väter auch bereits auf früheren Altersstufen ihres Kindes dazu tendieren, die mitgeteilte Beziehung zu ihm »umzubiegen«.

uns, seine (fast) ungebrochene Gültigkeit über ein halbes Jahrhundert hinweg belegen zu können? – Versuchen wir es mit einem das Paradigma modifizierenden Blick auf unsere Daten:

Die Mehrheit – Söhne und Mütter – nimmt die Beziehungsgestaltung der Väter ihren Söhnen gegenüber übereinstimmend wahr: ein sicheres und entschiedenes Auftreten »übertönt« die (durchaus auch wahrgenommenen) Signale von Interesse und Verständnis. Das haben beide – Söhne und Mütter – immer schon so erlebt. Warum sollte sich jetzt etwas daran geändert haben, zu einem Zeitpunkt, an dem es selten oder kaum mehr zu einem Direktkontakt mit dem Sohn kommt? – Wenn sich aber doch etwas daran geändert hätte: Würde das nicht auch etwas an einer bevorzugten Selbst- und Fremdwahrnehmung der Mütter ändern?

Die Minderheit – die Väter – gibt an, Veränderung zu erleben. Doch warum sollte sich diese denn gerade in jener Phase der familiendynamischen Entwicklung ergeben, ja vielleicht sogar gezielt gesucht, gewünscht werden? – Weil in den mehr als zwanzig Jahren davor – bei aller immer schon gegebenen emotionalen Zugewandtheit dem Sohn gegenüber – auch ein kontinuierliches Verweisen auf das »Realitätsprinzip« erforderlich schien, dies dem jeweiligen Alter des Kindes entsprechend. Soweit sich der junge Erwachsene zurückerinnern kann, war dieses »Nein« oder »Schau, so ist das Leben eben« immer wieder da, auch wenn es in der jeweiligen Situation oft nicht gerade willkommen war.

Nun, da der Sohn an seinen Studienort hinausgegangen ist, er sich für einen Weg jenseits der Herkunftsfamilie entschieden hat, ist die vom Vater quasi als »richtig« oder als abverlangt erlebte Funktion innerhalb des Familiengefüges nicht mehr erforderlich, keinesfalls in einem davor realisierten Ausmaß. Verweise auf die Notwendigkeit von »Dranbleiben« und »Durchziehen«, auf die der Vater aus Überzeugung beharrt hatte, scheinen nicht mehr erforderlich, auch kaum mehr möglich. Stattdessen möglich geworden ist ein gedankliches und emotionales Begleiten aus (auch räumlich sich manifestierender) Distanz. Aus dieser können Gedanken und Gefühle zum Sohn schweifen. Vielleicht werden sie begleitet von etwas Stolz auf das bis zu diesem für den Sohn entscheidenden Lebensabschnitt »erzieherisch Gelungene«. Gefühle inniger emotionaler Verbundenheit erhalten mehr Raum.

Soweit die modifizierte Interpretation unserer Daten. Es ließe sich sagen: Sie »dynamisiert« das rollentheoretische Paradigma, stellt es nicht grundlegend infrage.[2] Nachdem dieses im Wesentlichen aber nur eine Beschreibung von statistisch häufig vorkommenden Ausprägungen der Eltern-Kind-Beziehung darstellt, sind für weitere Klärungen auf dem hier eingeschlagenen Forschungspfad auch rekonstruktionslogisch operierende qualitative Studien dringend angezeigt, die in der Lage sind, auch latente Sinnstrukturen für soziale Phänomene aufzuspüren.

Ein Blick auf den Erhebungszeitraum der von uns ausgewerteten Daten (1990, 1994–1998) macht deutlich, dass die Mütter und Väter, die an der Untersuchung teilnahmen, noch zur Kriegs- und Nachkriegsgeneration gehörten, während die teilnehmenden Schüler und Studenten in einem Zeitraum deutlicher gesellschaftlicher Veränderung aufwuchsen, in dem auch Aufrufe zu einer Veränderung in den Geschlechterbeziehungen zunehmend häufiger und deutlicher wurden, aber erst allmählich in breiteren Kreisen ein Echo fanden (Martin, 1979; Busch, Hess-Diebäcker u. Stein-Hilbers, 1988; Walter, 2002). So können sowohl bei den Studenten und ihren Eltern als auch den Schülern überwiegend traditionelle Vorstellungen bezüglich Elternrollen angenommen werden, die sich in unseren Befunden und ihrer Interpretation niederschlagen.

Auch die Männer, die heute erstmals Vater werden, sind noch weit jenseits der Jahrtausendgrenze geboren, die unseres Erachtens die Demarkationslinie zum ersten »Väter-Jahrzehnt« markiert. In diesem hat jedoch das Reden von und über und mit Vätern in Riesenschritten erstaunliche »Verbindlichkeit« erhalten – in den Medien, in der Politik, in der Wirtschaft, in den Sozialwissenschaften, in pädagogischen Einrichtungen, … in Partnerschaften (Federal Ministry of Social Security, Generations and Consumer Protection, 2004; Habeck, 2008; Walter, 2012a, 2012b).

---

2   Allerdings findet eine theoretisch und empirisch anders ansetzende Forschungsgruppe eine deutlich ausgeprägtere Veränderungsdynamik väterlicher Orientierungen über die ersten 15 Jahre der Familienentwicklung hinweg (Werneck, Rollett, Pucher, Schmitt u. Nold, 2012; Walter, 2012a, S. 681 ff.).

Heute kann man mit Fug und Recht behaupten, ein Großteil der Männer an der Schwelle zu einem Vatersein tut den Schritt über diese Schwelle bewusst (Baumgarten, Kassner, Maihofer u. Wehner, 2012; Schorn, 2003). Das Leitbild »neuer Vater« ist plötzlich allgegenwärtig: Er pflegt gleich intensiven Kontakt mit dem Kind/den Kindern wie die Mutter, packt in gleichem Ausmaß wie sie im Haushalt an, trägt in etwa gleichem Umfang zum Familieneinkommen bei. Gemäß verschiedenen Umfrageergebnissen kommen immer mehr junge Männer in ihren Zukunftsplänen, soweit sie Vaterschaft einschließen, diesem Leitbild immer näher (z. B. Pro Familia Schweiz, 2011). Die Realisierung der Pläne nimmt sich im Vergleich dazu dann aber oft noch recht bescheiden aus. Die Gründe hierfür sind vielfältig, wechseln von Fall zu Fall, von Milieu zu Milieu (Wippermann, Calmbach u. Wippermann, 2009). Doch geben Statistiken auch konkreten Anlass zu Zuversicht, wie beispielsweise diese: Die Zahl der in der Schweiz in Teilzeit arbeitenden Frauen nahm in den letzten fünf Jahren in absoluten Zahlen zwar etwas stärker zu als die Zahl der in Teilzeit arbeitenden Männer (119.000 vs. 100.000), gleichzeitig überholten die Männer die Frauen um 23 Prozentpunktwerte (33 % vs. 10 %).[3] Zudem: »Heutige Väter mit Kindern im Alter von 0 bis 6 Jahren arbeiten deutlich häufiger Teilzeit als Väter mit Kindern im Alter von 7 bis 14 Jahren. Die These dazu: Wer heute Vater wird, ist womöglich zugänglicher für Teilzeitarbeit, als es die frischgebackenen Väter noch vor wenigen Jahren waren« (Lettau, 2014, S. 26).

Als wir uns in der zweiten Hälfte der 1990er Jahre bemühten, an SFB-Daten von möglichst vielen vollständigen Vater-Mutter-Kind-Triaden zu kommen, haben wir nicht nach dem ehelichen Status der beiden Eltern gefragt. Hier ergäben sich weitere Forschungsperspektiven zur Differenzierung der »emotionalen Randposition« des Vaters: Paare, die Elterschaft egalitär leben, Patchworkfamilien

---

3 Die Ausgangslage war ja eine deutlich unterschiedliche (300.000 vs. 1.255.000). Die Zunahme wird zum Teil auf das Erfolgskonto des seit 2013 realisierten, vom Eidgenössischen Büro für die Gleichstellung von Frau und Mann (EBG) finanzierten Projekts »Teilzeitmann« verbucht werden können (http://www.teilzeitmann.ch).

oder gleichgeschlechtliche Partnerschaften mit Kindern bieten sich hierfür als neue Forschungsfelder an. – Ob man auch in ihnen überzufällig sich zeigende Zusammenhänge zwischen biologischem Geschlecht, »expressiver« vs. »instrumenteller« Elternrolle und einer »mütterlichen« vs. »väterlichen« Wahrnehmung der gerichteten familialen Beziehungen finden wird? Ob es weiterhin angemessen sein wird, das Geschlechtsrollenmodell für die Erklärung der Befunde zu bemühen?[4]

Neue Fragestellungen tun sich auf. Ressourcen für die Realisierung von Forschungsanstrengungen, die sie beantworten wollen, sind zu suchen. Lassen sie sich finden, vergessen wir nicht, immer *alle Drei* im Blick zu behalten!

Literatur

Allen, S. M., Hawkins, A. J. (1999). Maternal gatekeeping. Mothers' beliefs and behaviors that inhibit greater father involvement in family work. Journal of Marriage and the Family, 61 (1), 199–212.

Allerbeck, K., Hoag, W. (1985). Jugend ohne Zukunft? München: Piper.

Bambey, A., Gumbinger, W. (2006). Der randständige Vater. Sozialwissenschaftliche Erkundung einer prekären Familienkonstellation. In F. Dammasch, H.-G. Metzger (Hrsg.), Die Bedeutung des Vaters. Psychoanalytische Perspektiven (S. 218–254). Frankfurt a. M.: Brandes & Apsel.

Baumgarten, D., Kassner, K., Maihofer A., Wehner N. (2012). Warum werden manche Männer Väter, andere nicht? Männlichkeit und Kinderwunsch. In H. Walter, A. Eickhorst (Hrsg.), Das Väter-Handbuch (S. 415–443). Gießen: Psychosozial.

Bronfenbrenner, U. (1979). The ecology of human development. Cambridge/ Mass.: Harvard University Press.

Busch, G., Hess-Diebäcker, D., Stein-Hilbers, M. (1988). Den Männern die Hälfte der Familie, den Frauen mehr Chancen im Beruf. Weinheim: Deutscher Studien Verlag.

Carter, B., McGoldrick, M. (Eds.) (1989). The changing family life cycle (2nd ed.). Toronto: Allyn and Bacon.

Claes, M. (1997). Adolescents' closeness with parents, siblings, and friends in three countries: Canada, Belgium, and Italy. Journal of Youth and Adolescence, 27 (2), 165–184.

4　Zu einer vertiefenden Diskussion regen unter anderem an: Fenske (2012), Schweizerischer Nationalfonds (2014).

Federal Ministry of Social Security, Generations and Consumer Protection, Unit of Men's Affairs (Eds.) (2004). First European Fathers' Conference. Vienna.

Fenske, U. (2012). Männlichkeiten im Fokus der Geschlechterforschung. Ein Überblick. In U. Fenske, G. Schuhen (Hrsg.), Ambivalente Männlichkeit(en). Maskulinitätsdiskurse aus interdisziplinärer Perspektive (S. 11–26). Opladen: Barbara Budrich.

Fthenakis, W. E. (1999). Transitionspsychologische Grundlagen des Übergangs zur Elternschaft. In Deutscher Familienverband (Hrsg.), Handbuch Elternbildung. Bd. 1: Wenn aus Partnern Eltern werden (S. 33–68). Opladen: Leske & Budrich.

Goldhaber, D. (1986). Life-span human development. New York: Harcourt Brace Jovanovich.

Graf, M., Knotte, G., Walter, H. (2000). Vom Jugend- zum Erwachsenenalter. Eltern-Kind-Beziehungen werden ausgeglichener, die emotionale Randposition des Vaters verschärft sich. System Familie, 13, 178–182.

Habeck, R. (2008). Verwirrte Väter. Oder: Wann ist der Mann ein Mann. Gütersloh: Güterloher Verlagshaus.

Kreppner, K. (2000). Entwicklung von Eltern-Kind-Beziehungen: Normative Aspekte im Rahmen der Familienentwicklung. In K. Schneewind (Hrsg.), Familienpsychologie im Aufwind (S. 174–195). Göttingen: Hogrefe.

Kreppner, K. (2002). Väter in ihren Familien. Differentielle Aspekte für die Sozialisation. In H. Walter (Hrsg.), Männer als Väter (S. 345–380). Gießen: Psychosozial.

Lettau, M. (2014). Teilzeit arbeitende Männer legen zu, liegen aber noch weit im Hintertreffen. »Der Bund« vom 29.11.14, S. 26.

Martin, R. (1979). Väter im Abseits. Mutter und Kind in der vaterlosen Gesellschaft. Stuttgart: Klett-Cotta.

Mattejat, F. (1993). Subjektive Familienstrukturen. Göttingen: Hogrefe.

Mattejat, F., Scholz, M. (1994). Leipziger-Marburger Familientest. Handanweisung. Göttingen: Hogrefe.

Montemayor, R., Brownlee, J. R. (1987). Fathers, mothers, and adolescents: Gender-based differences in parental roles during adolescence. Journal of Youth and Adolescence, 16 (3), 281–291.

Osgood, Ch. E., Suci, G. J., Tannenbaum, P. H. (1957). The measurement of meaning. Urbana: University of Illinois Press.

Parsons, T., Bales, R. F. (1955). Family socialization and interaction process. Glencoe, Ill.: Free Press.

Pro Familia Schweiz (2011). Was Männer wollen! Zur Vereinbarkeit von Beruf und Privatleben.

Rosenmayer, L. (1963). Familienbeziehungen und Freizeitgewohnheiten jugendlicher Arbeiter: Eine Untersuchung von 800 Lehrlingen in Wien und Niederösterreich. Wien: Verlag für Geschichte und Politik.

Schorn, A. (2003). Männer im Übergang zur Vaterschaft. Das Entstehen der Beziehung zum Kind. Gießen: Psychosozial.

Schweizerischer Nationalfonds (2014). Gleichstellung der Geschlechter. Nationales Forschungsprogramm NFP 60. Ergebnisse und Impulse. Syntheseberichte. Bern.

Shulman, S., Seiffge-Krenke, I. (1997). Fathers and adolescents: Developmental and clinical perspectives. London: Routledge.

Stierlin, H. (1980). Eltern und Kinder. Das Drama von Trennung und Versöhnung im Jugendalter. Frankfurt a. M.: Suhrkamp.

Walter, H. (1980). Ökologische Ansätze in der Sozialisationsforschung. In K. Hurrelmann, D. Ulich (Hrsg.), Handbuch der Sozialisationsforschung (S. 285–298). Weinheim u. Basel: Beltz.

Walter, H. (Hrsg.) (1981). Region und Sozialisation. Beiträge zur sozialökologischen Präzisierung menschlicher Entwicklungsvoraussetzungen. Zwei Bände. Stuttgart: frommann-holzboog.

Walter, H. (2002). Deutschsprachige Väterforschung – Sondierungen in einem weiten Terrain. In H. Walter (Hrsg.), Männer als Väter. Sozialwissenschaftliche Theorie und Empirie (S. 13–78). Gießen: Psychosozial.

Walter, H. (2012a). Väter – bis hierher. Und wie weiter? In H. Walter, A. Eickhorst (Hrsg.), Das Väter-Handbuch (S. 671–700). Gießen: Psychosozial.

Walter, H. (2012b). Väter heute, Väterforschung heute – alles gehetzt? In H. Prömper, M. M. Jansen, A. Ruffing (Hrsg.), Männer unter Druck: ein Themenbuch (S. 85–123). Opladen: Barbara Budrich.

Werneck, H., Rollett, B., Pucher, M., Schmitt, G., Nold, G. (2012). Die ersten 15 Lebensjahre: Stabilität und Wechsel väterlicher Einstellungen. In H. Walter, A. Eickhorst (Hrsg.), Das Väter-Handbuch (S. 325–342). Gießen: Psychosozial.

Wippermann, C., Calmbach, M., Wippermann, K. (2009). Männer: Rolle vorwärts, Rolle rückwärts? Identitäten und Verhalten von traditionellen, modernen und postmodernen Männern. Opladen: Barbara Budrich.

Youniss, J., Smollar, J. (1985). Adolescent relations with mothers, fathers, and friends. Chicago: The University of Chicago Press.

Die Thematisierung der Eltern in den Zeichnungen von Vorschulkindern

Heike Drexler und Rita Balakrishnan

Für viele Kinder ist das Malen eine sehr beliebte Beschäftigung, die neben der sehr frühen und entwicklungspsychologisch bedeutsamen Erfahrung *Spuren zu hinterlassen,* die Gelegenheit bietet, Wünsche, Weltwissen und erlebte Ereignisse, aber auch Ängste oder Probleme zu thematisieren. Aus diesem Grund steht die Kinderzeichnung als kindliches Ausdrucksmedium seit Beginn des 20. Jahrhunderts immer wieder im Fokus wissenschaftlicher Aufmerksamkeit.

Bei der Betrachtung von Kinderzeichnungen ist jedoch nicht nur das fertige Bild von Interesse. Gerade bei thematisch freien Zeichnungen sind der Entstehungsprozess und der Entstehungskontext wichtige zusätzliche Informationsquellen (vgl. Billmann-Mahecha, 2010). Denn zentrale Erlebnisse, wie zum Beispiel die Geburt eines Geschwisterkindes, eine große Urlaubsreise oder die Scheidung der Eltern, aber auch unmittelbar vor der Bildentstehung erlebte Ereignisse, wie etwa ausgetragene Streitigkeiten oder aktuelles Wohlbefinden, können sowohl die Themen- und Farbwahl als auch die Darstellungsweise bedeutsam beeinflussen. Zudem sind Kenntnisse über die zeichnerische Entwicklung des Kindes (z. B. zu aktuell verfügbaren Malschemata)[1], aber auch Informationen zur gegebenen Malsituation (z. B. zur Art verfügbarer Zeichenmaterialien) aufschlussreich.

---

1   Die zeichnerische Entwicklung von Kindern wird häufig als Phasenabfolge beschrieben. Nach Schuster (2000) lassen sich drei wesentliche Phasen unterscheiden: Nach einer häufig vorausgehenden *Kritzelphase* (vom ersten bis ca. dritten Lebensjahr) beginnen Kinder in der sogenannten *Schemaphase* (ab einem Alter von ungefähr drei bis vier Jahren) zunehmend gegenständlich zu zeichnen. In dieser Phase entwickeln die Kinder *Malschemata,* das heißt vereinfachte Darstellungsweisen von Motiven, wie beispielsweise die Konstruktion eines Menschen als Strichfigur (siehe Abbildung 1). Einmal gefundene Malschemata werden häufig lange beibehalten, auch wenn das Kind bereits zu komplexeren Darstellungen fähig ist. Zudem sind schematische Darstellun-

Darüber hinaus bietet eine videographische Aufzeichnung der Bildentstehung die Möglichkeit, (Um-)Deutungen oder Übermalungen direkt während des Malprozesses zu erfassen, die später womöglich auch durch das Kind selbst nicht mehr rekonstruierbar wären.

In einer Längsschnittstudie zur Entwicklung von Kinderzeichnungen[2] wurden daher die Entstehungsprozesse von über tausend spontanen, thematisch nicht angeleiteten Zeichnungen drei- bis sechsjähriger Vorschulkinder (N = 57) videographiert und eine Vielzahl von Kontextinformationen erhoben (vgl. Balakrishnan, Drexler u. Billmann-Mahecha, 2012).

Hierbei wurde deutlich, dass sich die Bilder der Kinder nach deren Abbildungsintention unterscheiden lassen. So können Zeichnungen identifiziert werden, in denen Kinder primär die Absicht haben, einzelne Motive abzubilden oder darzustellen, wie beispielsweise ein Haus oder einen Menschen. Diese Darstellungen müssen nicht notwendigerweise figurativ sein. Die Benennung des Kindes ist ausreichend, um nicht-figurative Motive von unbenannten Kritzeln oder Bewegungsspuren abzugrenzen (Typ I).

Einen zweiten Typ bilden Zeichnungen, in denen Kinder Weltwissen zum Ausdruck bringen, ihre Lebenswelt beschreiben oder mehrere Elemente in einem klaren Sinnzusammenhang präsentieren (Typ II). In diesen Bildern *erklären* Kinder etwa ihr Verständnis von der Funktionsweise bestimmter Gegenstände, berichten über Familienangehörige oder erlebte Ereignisse.

In einer dritten Kategorie lassen sich schließlich Bilder zusammenfassen, in denen Kinder eine Geschichte nacherzählen oder eigenständig konstruieren (Typ III). Hierbei nutzen die Kinder die visuelle Darstellung als Unterstützung für ihre Erzählung (vgl. Drexler, Balakrishnan u. Billmann-Mahecha, 2012).

Im Folgenden sollen nun der Blick auf die Darstellung und The-

---

gen oft auch durch (sub-)kulturelle Einflüsse geprägt. Die Schemaphase wird in der späten Kindheit (ca. zwischen achtem und elftem Lebensjahr) häufig allmählich von dem zunehmenden *Versuch realistischer Zeichnungen* abgelöst.

2   Kinderzeichnungen im Kulturvergleich. Die Entwicklung der Kinderzeichnung in verschiedenen subkulturellen Kontexten – Eine interpretative Längsschnittstudie. Gefördert durch das Niedersächsische Institut für frühkindliche Bildung und Entwicklung (10/2009–09/2011).

matisierung der Eltern in Kinderzeichnungen gerichtet und in einer ersten Annäherung Unterschiede in der kindlichen Darstellungsabsicht herausgestellt werden. So gibt es Zeichnungen, in denen die Mutter, der Vater oder auch weitere Familienmitglieder offenbar in primärer Abbildungsintention dargestellt sind. Hierbei werden zwar manchmal markante Details hervorgehoben, die aus Sicht des Kindes zur Wiedererkennung der dargestellten Person beitragen (»Ich male eine Brille, weil mein Papa hat auch eine Brille«), jedoch müssen keineswegs alle wesentlichen, zur abgebildeten Person oder generell zur menschlichen Figur gehörigen Merkmale visualisiert sein. Ferner ist auch eine figurative Darstellung keine notwendige Voraussetzung. So können auch Kritzelzeichnungen »Mama« oder »Papa« darstellen.

Ein Junge, 5;11 Jahre (= fünf Jahre und elf Monate) alt, visualisierte beispielsweise seine Familie und achtete dabei darauf, dass die Frisuren aller Familienangehörigen der Realität entsprechen sowie auf die erwähnte Brille des Vaters (siehe Abbildung 1). Andere Merkmale, die für die Identifizierung der Personen offenbar weniger bedeutsam waren, wie etwa die Farbigkeit der Bekleidung oder allgemeine Kennzeichen der menschlichen Figur, wurden hingegen kaum visualisiert. Jedoch malte der Junge nicht einfach alle Familienangehörigen auf, sondern präsentierte diese in einem Bilderrahmen, ähnlich einem Familienfoto (Typ II). Neben den farbigen Übermalungen mag in diesem Beispiel vor allem die Andersfarbigkeit der Vater-Darstellung auffallen, deren Grund im Entstehungsprozess deutlich wird: Der Junge zeichnete zunächst ausgiebig Regenbogen und Bilderrahmen. Anschließend malte er alle Familienmitglieder mit demselben Malstift, wirkte dabei jedoch zunehmend unkonzentriert. So malte er der Schwester (F.) versehentlich drei statt zwei Beine und dem Vater lange statt kurze Haare. Über dieses Missgeschick war der Junge so verärgert, dass er die Darstellung der Schwester leicht übermalte, sich später jedoch zur Fortsetzung des Motivs entschied, die ursprüngliche Stelle des Vaters aber sehr stark überdeckte (oben rechts). Nach dieser letzten Übermalung vergaß er für einen Augenblick die erneute Darstellung des Vaters und legte seinen Stift zurück in die Malkiste. Als er das Fehlen des Vaters schließlich bemerkte, griff er wahllos nach einem neuen Stift und malte den Vater auf die noch verbleibende freie Stelle. In anderen Bildern des

Jungen scheint die Farbwahl oft noch stärker zufällig. So benutzt der Junge häufig nur einen einzigen, spontan gefundenen farbigen Stift.

Die auf den ersten Blick ungewöhnlichen Größenverhältnisse wurden vom Jungen nicht thematisiert, womöglich sind sie jedoch Ergebnis des begrenzt zur Verfügung stehenden Platzes.

Abbildung 1: Junge, 5;11 Jahre

Von dieser Darstellungsweise abgrenzen lassen sich Zeichnungen, in denen das Kind zwar primär eine Abbildungsintention verfolgt, jedoch bewusst Merkmale verändert oder überzeichnet, die die Mutter oder den Vater eben gerade *nicht* auszeichnen. Hierfür kann es sehr unterschiedliche Gründe geben, denen sich mithilfe von Befragungen und den bereits angesprochenen Kontextinformationen angenähert werden kann. So erklärte beispielsweise ein Mädchen, 4;10 Jahre alt, es male gerade seine Mama (Typ I). Das Mädchen malte zunächst die roten Schuhe und die Beine der Mutter und anschließend einen großen, runden Bauch. Hierbei erklärte es freudig, dass die Mutter in Wirklichkeit eigentlich nicht so einen großen Bauch habe, welchen sie auch tatsächlich nicht hat. Das Mädchen hatte offenkundig einfach Spaß daran, seine Mutter mit einem großen, runden Bauch darzustellen (siehe Abbildung 2). Ein weiteres Beispiel hierfür ist ein Mädchen, welches seine Mutter zwar im Kleid malte, jedoch anschließend bemerkte, dass die Mutter eigentlich auch Hosen trage, Hosen aber einfach nicht so leicht zu malen seien.

Abbildung 2: Mädchen, 4;10 Jahre

Es mag eine ganze Reihe weiterer Gründe geben, warum Kinder bestimmte Merkmale ihrer Eltern überzeichnen, weglassen oder verändern. Kinderzeichnungen können hierbei als Gesprächsanlass dienen, um mögliche Motive erörtern zu helfen.

Darüber hinaus gibt es Zeichnungen, in denen Kinder ihre Eltern in erlebten oder ausgedachten Situationen darstellen oder Ereignisse thematisieren (Typ II/Typ III): die Mutter, die die Blumen gießt oder von der Arbeit kommt; der Vater, der ein Geschenk mitbringt oder daheim kocht. So malte beispielsweise ein Mädchen, 5;4 Jahre alt, zunächst eine Blumenwiese, ergänzte anschließend ein Haus und erklärte auf Nachfrage der Beobachterin[3], dass da jemand ausgezogen sei – und zwar der Papa. Dieser wird jedoch nicht visualisiert. Dargestellt wird lediglich die Mutter, die mit dem Mädchen und seinen Geschwistern nun allein im Haus wohne. In diesem Beispiel sind die Familienverhältnisse während des gesamten Erhebungszeitraumes nicht eindeutig geklärt. Zum Zeitpunkt der Bildentstehung scheint der Vater jedoch tatsächlich ausgezogen zu sein. Auch hier könnte die Zeichnung einen Gesprächseinstieg bieten.

Wie diese Beispiele illustrieren, können in Kinderzeichnungen spontane wie auch gezielt erfragte Sichtweisen von Kindern auf ihre Eltern zum Ausdruck kommen. Natürlich sind dabei detailliertere und auch tiefgründigere Darstellungen denkbar, als sie mithilfe des hier vorgestellten Materials gezeigt werden konnten. Obwohl Eltern-Darstellungen in der erwähnten Studie nicht im Fokus standen – und entsprechend auch keine weiterführenden Informationen zu diesen Motiven eingeholt wurden –, zeigen die Beispiele das Potenzial dieses

---

3 Unser gewähltes Setting – die Beobachtung spontaner Zeichnungen in ge-wohnten und alltäglichen Situationen (i. d. R. am Maltisch der Kindergar-tengruppe) – ermöglichte häufig auch die spontane Verständigung mit dem Kind über seine Bildinhalte. Durch ein aktives Zuhören und das gelegentli-che Stellen von Verständnisfragen sollte eine möglichst natürliche Mal- und Gesprächssituation aufrechterhalten werden. In diesem Beispiel berichtete das Mädchen während des Malens über verschiedene Begebenheiten, die je-doch nicht alle in einen direkten Bezug zum Bild gebracht werden konnten. Nachdem das Mädchen sein Bild für beendet erklärte und von sich aus kei-ne weiteren Angaben machte, wurde es daher etwas genauer befragt. Hierzu wurde die Frage gestellt, ob denn in dem gemalten Haus jemand wohne.

Zugangs. Denn gerade für Vorschulkinder ist das Malen Teil eines in der Regel bekannten und angstfreien Settings.

Ein vorsichtiger Umgang mit der Kinderzeichnung scheint aber dennoch geboten. So mag beispielsweise die Darstellung vermeintlich symbolischer Motive – wie etwa die im Verhältnis zu kleine Figur des Vaters oder der überzeichnete Bauch der Mutter – gerade bei jüngeren Kindern Gründe haben, die der erwachsene Betrachter mit seinem (kulturell) erworbenen Symbolwissen missverstehen kann. Denn zum einen entwickeln sich das Verständnis und der Umgang mit symbolischen Zeichen erst im Laufe der Kindheit (vgl. Billmann-Mahecha, 2014), zum anderen müssen Kinder auch die entsprechende Zeichenfähigkeit erst erwerben, um derartige Symbole intentional einsetzen zu können.[4] Daher ist eine ausführliche Verständigung über den Inhalt einer Zeichnung (Was sagt das Kind selbst? Gibt es beiläufige Kommentare des Kindes?) notwendig und in vielen Fällen schon sehr aufschlussreich. Ist eine Verständigung mit dem Kind jedoch nicht möglich oder sollen auch nicht verbalisierte Sinngehalte erfasst werden, ist die Berücksichtigung weiterer Kontextinformationen unabdingbar (vgl. Billmann-Mahecha, 2010). So sind beispielsweise Kenntnisse zur aktuellen Zeichenfähigkeit des Kindes (z. B.: Über welche Malschemata verfügt das Kind?), Informationen zur Entstehungssituation des Bildes (z. B.: Wurde allein oder in der Gruppe gemalt? Ging ein aktuelles Ereignis der Bildentstehung voraus? Welche Zeichenmaterialien standen zur Verfügung?), Kenntnisse zum Entstehungsprozess (z. B.: Wurden Motive übermalt? Welche Erklärungen wurden abgegeben?) oder auch Informationen über weitere Zeichnungen hilfreich (z. B.: Wie werden die Motive von befreundeten Kindern dargestellt? Wie wurden die Motive in früheren Zeichnungen des Kindes dargestellt?). Darüber hinaus können Informationen zum kulturellen Hintergrund des Kindes, zur aktuellen Familiensituation oder auch Kenntnisse über andere lebensweltliche Bereiche – beispielsweise über Fernseh-

---

4   Kinder können in ihren Zeichnungen auch unbewusste Motive zum Ausdruck bringen, allerdings ist es höchst problematisch, von der zeichnerischen Darstellung ohne weitere Kontextinformationen direkt auf unbewusste Motive zu schließen.

oder Computerspielerfahrungen – zu einem genaueren Verständnis kindlicher Darstellungsabsichten im Allgemeinen und kindlicher Elternsicht im Besonderen beitragen. Dies alles ist jenseits von Forschungsinteressen vor allem dann wichtig, wenn Kinderzeichnungen im Rahmen diagnostischer Prozesse berücksichtigt werden sollen. Kinderzeichnungen können zu Beginn eines diagnostischen Prozesses den Zugang zum Kind sehr erleichtern, weil Kinder der Bitte: »Magst Du mir was malen?«, meist gern entsprechen. Aufgrund der gebotenen Vorsicht bei der Interpretation verbieten sich allerdings rein standardisierte Auswertungen.

Literatur

Balakrishnan, R., Drexler, H., Billmann-Mahecha, E. (2012). Rekonstruktion der kommunikativen Bedeutung von Kinderzeichnungen: Typen kindlicher Bildproduktion. Journal für Psychologie, 20 (3), 1–36.

Billmann-Mahecha, E. (2010). Auswertung von Zeichnungen. In G. Mey, K. Mruck (Hrsg.), Handbuch Qualitative Forschung in der Psychologie (S. 707–722). Wiesbaden: VS Verlag für Sozialwissenschaften.

Billmann-Mahecha, E. (2014). Symbolkompetenz. In J. Grabowski (Hrsg.), Sinn und Unsinn von Kompetenzen. Fähigkeitskonzepte im Bereich von Sprache, Medien und Kultur (S. 171–188). Opladen: Budrich.

Drexler, H., Balakrishnan, R., Billmann-Mahecha, E. (2012). Erzählbilder und Bilderzählungen. Nicht evozierte Erzählungen in Kinderzeichnungen. sozialer sinn, 1, 101–127.

Schuster, M. (2000). Die Psychologie der Kinderzeichnung (3. überarb. Aufl.). Göttingen: Hogrefe.

Zur Psychodynamik des Einzelfalls im therapeutischen Setting

Pavel empfängt das Trojanische Pferd oder Die Unausweichlichkeit transgenerationaler Traumata

Bernd Traxl

Der zugleich anspruchs- wie reizvolle Auftrag der Herausgeber an die Autorinnen und Autoren war es, die kindliche Perspektive auf Väter und Mütter einzunehmen und angemessen darzustellen. Dieses Bemühen, die psychische Innenwelt zu erfassen und zu beschreiben, ist der Psychoanalyse seit ihrer Entstehung inhärent und stellt nach wie vor ihr zentrales Erkenntnisinteresse innerhalb der Scientific Community dar. Mit der originär psychoanalytischen Zugangsweise, nämlich das Erleben von männlichen wie weiblichen Therapeuten und Patienten aus dem je speziellen intersubjektiven Zusammenspiel zu verstehen, ist es möglich, subjektiv bedeutsamen Positionen auf die Spur zu kommen. Dabei etablierte sich die Tradition von Fallgeschichten, durch die es möglich wurde, Annahmen über den Zusammenhang von innerem Erleben und äußerem Verhalten darzustellen. Jedoch bleibt zu bedenken, dass es sich immer um eine vorsichtige Annäherung an die Erlebenswelt des Gegenübers handelt, welche Psychoanalytiker versuchen, mit größtmöglicher Plausibilität und Nachvollziehbarkeit einzufangen.

Im folgenden Fallbeispiel soll nun ebenfalls die intersubjektive Konstituierung des kindlichen Erlebens anhand von kasuistischem Material reflektiert werden. Dieses Erleben ist, wie ich zeigen möchte, immer auch durchdrungen von den Psychodynamiken der Eltern, die in Form von Interaktionsformen (Lorenzer, 1973) das tagtägliche Selbst- und Fremderleben[1] der Kinder mitbestimmen. Dies führt im besten Fall zu einer vorwiegend positiven Ausgestaltung des Erlebens, das sich in der weiteren Entwicklungsgeschichte beispielsweise in Form einer sicheren Bindung, Explorationslust und einer Identifi-

---

1 Das Fremderleben wird in der Psychoanalyse mit den Termini Objekt, Objektwahrnehmung und Objekterfahrung gefasst.

zierungsbereitschaft[2] mit bedeutsamen anderen niederschlägt. Beim Vorhandensein ungelöster innerer und äußerer Konflikte oder gar traumatischer Erfahrungen der Eltern wird die Entwicklung jedoch auch hierdurch mitbestimmt. Im Fall von Pavel werde ich versuchen, die komplexe Verschränkung von elterlichen Erfahrungen, Phantasien und Ängsten mit der Konstitution der kindlichen Erlebenswelt aufzuzeigen. Die psychische Entwicklungslinie führt in diesem Fall entlang der unverarbeiteten Traumatisierung der Eltern und damit in die Pathologie des Kindes.

Exkurs: Die transgenerationale Transmission von Traumata

Ich möchte nun, in theoretischer Hinsicht, die Weitergabe von Traumata beschreiben, da dies meinem Verständnis nach den ausschlaggebendsten Faktor für das spezielle Erleben und die Symptomatik von Pavel darstellt. Welche konkreten Erfahrungen der Eltern die Entwicklung von Pavel beeinflusst haben dürften, werde ich anschließend an den theoretischen Exkurs erläutern.

Einführung

Bereits bei Freud (1912–13a/1999) finden sich Anmerkungen zur psychischen Kontinuität in der Generationenreihe und der Transmission abgewehrter seelischer Inhalte. Doch auch später, durch Forschungen innerhalb der Kriegsgenerationen und Holocaust-Überlebenden konnten die Auswirkungen von Traumata beobachtet werden. Hierbei wurden, neben den offensichtlichen Traumatisierungen der ersten Generation, auch Phänomene der Weitergabe von Traumata auf die nachfolgenden Generationen deutlich. Seit Mitte der 1960er Jahre wurden diese Zusammenhänge vor allem durch die therapeutische Behandlung von Vertretern der zweiten und dritten Kriegsgeneration sichtbar (Moré, 2013). Doch nicht nur Kriegserlebnisse, sondern auch andere Formen von Traumatisierun-

---

2   Identifizierung meint dabei, sich bestimmte Wesenszüge, Haltungen oder Motive eines Objekts eigen zu machen, also eine aktive Modifikation von Selbstrepräsentanzen (Bohleber, 2009).

gen wirken sich auf die nächste Generation aus: »Sowohl bei psychischer Krankheit der Eltern, bei Erfahrungen von Misshandlungen
und Missbrauch wie auch bei Kriegs- oder Foltererfahrungen treten
transgenerationale Übertragungsphänomene in den nachfolgenden
Generationen auf« (Moré, 2013, S. 2). Die nachfolgenden Generationen wachsen durch die Nicht-Verarbeitung und die Abspaltung
von traumatischen Erfahrungen ihrer Eltern in einer Familienat-
mosphäre auf, die von biographischen Lücken und der Vermeidung
bedrohlicher, immer wiederkehrender Inhalte gekennzeichnet ist.
Diese bei Volkan (Bohleber, 2009, S. 112) als »deponierte Repräsentanzen« und bei Abraham und Torok (zit. nach Steck u. Bürgin, 1996,
S. 356) als »Phantome« bezeichneten Inhalte »sind die ›Wegweiser‹
der unbewussten und ungewollten Übermittlungen zwischen den
Generationen« (Moré, 2013, S. 11). »Das Wirken solcher Phantome
kann Generationen durchziehen und das Schicksal der Nachkom-
menschaft bestimmen« (Steck u. Bürgin, 1996, S. 359). Unterschiedliche Begrifflichkeiten wurden für den Vorgang der Übermittlung
eines Traumas in die nächste Generation gewählt. So spricht Faimberg (1985) von »Telescoping«, Kestenberg (1989) von »Transposition« und Hirsch (2011) von »transgenerationaler Transmission«.

Der Einbruch elterlicher Fähigkeiten

Unverarbeitete Traumata von Eltern bewirken vielfach eine Einschränkung ihrer elterlichen Fähigkeiten und verhindern eine ange-
messene Wahrnehmung und Interpretation der spontanen Geste[3]
des Kindes (Winnicott, 1974/2002). Damit können sie in Form einer
kumulativen Traumatisierung (Khan, 1963) auf die Entwicklungsgeschichte des Kindes negativen Einfluss nehmen. »Dieser Mangel
eines präsenten und die kindliche Entwicklung fürsorglich begleiten-
den, unterstützenden Elternteils kann als eine eigene Form der kindlichen Traumatisierung betrachtet werden« (Rauwald u. Quindeau,

---

3 Die »spontane Geste« ist eine Bezeichnung von Winnicott, in der die unmittelbaren Ausdrücke des Säuglings eine erste Verbindung zwischen ihm und
   den Ereignissen der Welt erkennen lassen. Aus der Spontaneität des Säuglings und der Interpretation der Bezugsperson entstehen so die frühesten
   Bedeutungen und Symbole.

2013, S. 75). Vor allem in jenen Momenten, die das Potenzial haben, das abgekapselte Trauma der Eltern wieder zu entfachen, beispielsweise getriggert durch den hilfesuchenden und bedürftigen Säugling, können die elterlichen Einfühlungs-, Spiegelungs- und Regulierungsfähigkeiten dermaßen beeinträchtigt sein, dass daraus ein Zusammenbruch des gesamten intersubjektiven Zusammenspiels resultiert (Brisch, 2013). Die Bedürfnisse der Kinder rühren zu stark an den eigenen abgespaltenen Anteilen der Eltern und eigenes Erleben rückt in den Vordergrund. Der traumatisierte Elternteil ist in diesen Momenten affektiv nicht mehr erreichbar, sondern zeigt ein für das Kind nicht zu interpretierendes Verhalten innerer Distanziertheit, körperlicher Ausnahmenzustände und panischer Reaktionen. »In ihrem akuten emotionalen Zustand signalisiert diese Bezugsperson eine Gefahr, vor der sie das Kind nicht zu schützen vermag. Das Kind erlebt dadurch eine paradoxe Situation: die Person, die normalerweise für die Lösung von beängstigenden Situationen aufgesucht wird, wird selbst zur Quelle der Angst« (Moré, 2013, S. 13). Insbesondere verschärft sich diese Konstellation, wenn Entwicklungsstörungen und Krankheiten der Kinder massive Ängste und Unsicherheiten bei den Eltern auslösen. Aufgrund ihrer eigenen traumatischen Erfahrungen von Hilflosigkeit können sie sich kaum empathisch einfühlen und entwickeln alternative Bewältigungsformen. Laut Brisch (2013) führt dieser Kreislauf deshalb überproportional häufig zur Ausbildung eines desorganisierten Bindungsstils bei Kindern mit Entwicklungsstörungen, deren Eltern von Traumata betroffen sind. Behinderungen und Krankheiten von Kindern verschärfen also die Wahrscheinlichkeit, dass die traumatischen Erfahrungen der Eltern diese in ihren grundlegenden entwicklungsfördernden Funktionen beeinträchtigen. Durch diese Defizite und Einbrüche der elterlichen Responsivität entstehen für den Säugling Lücken im Erleben, die auch Lücken in deren Selbstrepräsentanz hinterlassen (Fonagy u. Target, 2003) und zu einer ausgeprägten Symptomatik führen können.

»Die klinischen Manifestationen beim Kind resultieren aus der psychischen Arbeit, die es leisten muß, um die Lücken in einem seiner fundamentalen Primärobjekte zu füllen (Nachin, 1993). Lücken in der

Objektrepräsentanz haben auch Lücken in der Selbstrepräsentanz zur Folge« (Steck u. Bürgin, 1996, S. 357 f.).

Die Intentionalität des Säuglings, seine Affektivität und sein Aktivitätszustand werden vernachlässigt und nicht responsiv beantwortet, es fehlt folglich an Symbolisierung und der Möglichkeit, diese Zustände zum Gegenstand mentaler Aktivität zu machen. »Was nicht benennbar ist für die Eltern, ist für das Kind nicht denkbar« (Steck u. Bürgin, 1996, S. 358).

Anstelle der Intentionalität des Säuglings dominiert in diesen Momenten die Gefühlswelt des traumatisierten Erwachsenen, die über ihn hereinbricht. Die traumatisierten Eltern vermitteln somit Gefühle des Ausgeliefertseins und der Ohnmacht, das heißt essenzielle Erfahrungen ihrer eigenen Geschichte, an ihre Kinder weiter und bewirken eine sequenzielle, von außen kaum sichtbare Traumatisierung ihrer Kinder (Moré, 2103).

Identifikation mit dem Fremdkörper

Die moderne Säuglingsbeobachtung hat nachvollziehbar beschrieben, inwieweit der Säugling auf ein responsives Gegenüber angewiesen ist, welches seine Bedürfnisse, Affekte und Zustände angemessen interpretiert und aktiv darauf eingeht. Darüber hinaus haben die Forschungen aber auch eindrücklich gezeigt, mit welchen interaktionellen Fähigkeiten Affektabstimmungen bereits vom Säugling hergestellt werden können (Dornes, 1993). Dieser stimmt sich jedoch nicht nur auf entwicklungsförderliche Prozesse ein, sondern eben auch auf pathologische Beziehungsangebote der Eltern:

»Das Vokabular der unbewusst wirksamen Affektsprache sind der traurige, leere, abwesende Blick oder ein Ausdruck von Ekel, Zorn oder Scham in Blick, Mimik und Stimme, sind die zusammengepressten Lippen, die stillen Seufzer, unwirsche oder müde Gesten, resignierte Körperhaltungen und viele andere körpersprachliche Mitteilungen in der Begegnung und Berührung mit dem Kind« (Moré, 2013, S. 17).

So kann unter anderem die Anpassung von zwölf Monate alten
Kleinkindern an die Affektivität von Müttern mit depressiver
Erkrankung nachgewiesen werden, welche sich dann als »Gefühls-
erbschaft« im weiteren Selbsterleben der Heranwachsenden bemerkbar macht. Die »Einschwingungsfähigkeiten« des Säuglings auf den
Zustand des Gegenübers sind bei traumatisierten Eltern das troja-
nische Pferd, durch das das traumatische Erleben ungefiltert in dessen Psyche gelangt. Anstatt den »Glanz im Auge der Mutter« (Kohut,
1973, S. 141) wiederzufinden, entdeckt der Säugling den Schrecken
im Auge der Mutter, welches deren Trauma hinterlassen hat. Diesen
Zustand muss der Säugling unweigerlich mit sich in Zusammenhang
bringen, er versteht diesen als Reaktion auf sich (Moré, 2013). Die
Repräsentanz dieser Erfahrung stellt nun, da internalisiert, einen
Teil seiner Selbstrepräsentanz dar und wirkt als Fremdkörper weiter. Die bereits von den Eltern unverstandene und eingekapselte
Realität (Rauwald u. Quindeau, 2013) setzt sich also über Identi-
fizierungsprozesse nun auch in der Psyche des Kindes fest. Diese
Anverwandlungsprozesse (also die Transformation des Selbst durch
den anderen) stellen den wesentlichen Faktor für die transgenerationale Weitergabe von Traumata dar. Sie entsteht durch die Ein-
fühlung des Kindes in die traumatischen und abgewehrten Inhalte
des Elternteils, die nun als sogenanntes Phantom im psychischen
Binnenraum des Kindes perpetuieren. Das Kind wird somit zum
»Träger des transgenerationalen Mandats« (Bürgin u. Steck, 1996,
S. 374) und die noch nie verstandenen Inhalte werden zur »genera-
tionenverflechtenden Verknüpfung ungelöster, geheimnisgebunde-
ner Affekte« (Steck u. Bürgin, 1996, S. 359). Was bei Laplanche (1988)
generell den Kern des Unbewussten bildet, also die intersubjektive
Einschreibung unbewusster Inhalte, stellt in diesem Fall eine gewaltvolle und nicht integrierbare Implantation eines Fremdkörpers dar
(Rauwald u. Quindeau, 2013; Moré, 2013). Die Identifizierung mit
dem versehrten Elternteil (Kogan, 2009) konstituiert damit die Weitergabe traumatischer Erfahrungen, bedingt das tyrannische Ein-
dringen einer fremden Geschichte in das Subjekt (Faimberg, 1985):
»Indem die Geschichte eines anderen in das Kind hinein projiziert
wird und es sich damit identifiziert, erlebt es in einem Teil seines
Selbst ein Gefühl der Entfremdung. Diese Identifizierungen können

nicht im Selbst assimiliert werden, sondern bilden einen Fremdkörper« (Bohleber, 2009, S. 112).

Dieses transgenerationale Introjekt[4] (Hirsch, 2011) wird als ichfremd, vereinnahmend und überwältigend wahrgenommen und führt zu immensen inneren Spannungen, die den inneren Raum okkupieren und nur noch symptomatisch abgeführt werden können (Moré, 2013). Die Gewalt perpetuiert im Innenleben der Kinder (Hirsch, 2011) und sie werden stellvertretend gezwungen, sich kontinuierlich damit auseinanderzusetzen und ihre je eigenen Bewältigungsmöglichkeiten zu nutzen. Unbewusst nähern sie sich den traumatischen Inhalten an, um die »inkonsistenten affektiven Reaktionen auf Erinnerungsreize« (Romer, 2012, S. 559) in einen Sinnzusammenhang zu stellen. Die sadistische und destruktive Qualität dieser Phantasien resultiert aus den nur unzureichend verarbeiteten, traumatischen Erfahrungen der Eltern und überfordert die kindliche Psyche. Die inadäquaten Bewältigungsformen reichen von psychosomatischen Symptomen, autoaggressivem Verhalten, bizarren Handlungen bis hin zu Ängsten und Zwängen. Die Kinder sind gezwungen »das Unbegreifliche in der diffus erahnten traumatischen Vergangenheit ihrer Eltern in sich aufzunehmen und im Hier und Jetzt durch aktives Reinszenieren begreifbarer zu machen« (Romer, 2012, S. 559).

Grenzverletzungen

Aufgrund der Bedürftigkeit des traumatisierten Elternteils entwickelt sich vielfach eine starke Abhängigkeitsbeziehung, die eine »Trennung von der beschädigten Mutter« (Rauwald u. Quindeau, 2013, S. 67) unmöglich macht. Hirsch spricht von der »Aneignung der Lebendig-

---

4   Als Introjektion wird in der Psychoanalyse die psychische Aufnahme einer Objekterfahrung (Erfahrung mit bedeutsamen anderen) bezeichnet, die sich im Gegensatz zur Identifikation nicht vollständig in das eigene Identitätserleben integrieren lässt, sondern als eigenständige Repräsentation (man denke beispielsweise an Über-Ich-Strukturen) existiert und weiterhin Einfluss auf das Ich nimmt.

keit des Kindes« durch die traumatisierte Mutter[5] mit einer drohenden Wut bei Nichterfüllung ihrer (!) Beziehungswünsche oder einer Entfernung durch das Kind (Hirsch, 2011, S. 49). In dem kindlichen Bemühen, das gute mütterliche Objekt[6] wiederherzustellen, versorgt es die Mutter anstatt versorgt zu werden und verzichtet damit auf die eigenen Entwicklungsbedürfnisse. Anstatt von den containenden[7] Fähigkeiten (Lazar, 1993) der Bezugspersonen zu profitieren, werden die nicht integrierbaren, traumatischen Erfahrungen eines Elternteils internalisiert und Teil des kindlichen Erlebens. Diese Parentifizierung[8] soll die lebensgeschichtliche Kontinuität des traumatisierten Elternteils wiederherstellen, die emotionalen und personalen Lücken schließen und das Vergangene ungeschehen machen (Moré, 2013). Durch ihr empathisches Einschwingen und im Versuch, die Defizite der Eltern auszugleichen, versuchen sie »für die Eltern die Brücke zum Leben zu sein« (Grubrich-Simitis, 1979, S. 1008; siehe auch Hirsch, 2011, S. 49), auch »in der Hoffnung, durch den Liebesdienst einer solchen Übernahme seinerseits besser verstanden und geliebt zu werden« (Steck u. Bürgin, 1996, S. 357).

»Das Kind wird in seinem unbedingten Bedürfnis, die Bindung an seine Eltern aufrechtzuerhalten, all seine psychische Energie aufwenden, um diese zu verstehen. […] In einem zweiten Schritt wird weitere Arbeit dafür aufgewendet, alles zu vermeiden, was das Wiedererwachen des Leidens der Eltern hervorrufen könnte« (Steck u. Bürgin, 1996, S. 358). Die so verursachte Grenzverletzung (Kogan, 2009) in der beiderseitigen Nicht-Anerkennung der Generationengrenzen (Bohleber, 2009) führt in weiterer Folge zu massi-

---

5   Wenn in diesen Zusammenhängen von Müttern gesprochen wird, soll darauf aufmerksam gemacht werden, dass es sich bei primären Bezugspersonen prinzipiell ebenso um Väter handeln kann.

6   Das Kind versucht also das gute Bild der Mutter, die positiv verinnerlichte Repräsentation, aufrechtzuerhalten.

7   Mit Containing wird eine komplexe, innerpsychische Fähigkeit von Bezugspersonen bezeichnet, negative Selbstzustände ihrer Säuglinge aufzunehmen, zu verarbeiten und in transformierter (bestenfalls auch symbolisierter) Form ihren Säuglingen wieder zur Verfügung zu stellen, sodass diese eine Abmilderung und positive Veränderung ihrer Selbstzustände erfahren.

8   Mit »Parentifizierung« wird die Übernahme elterlicher Funktionen durch das Kind bezeichnet, also eine teilweise Umkehrung der Beziehungsstruktur.

ven Entwicklungseinbußen und schwerwiegenden pathologischen Konsequenzen.

Pavel und das Trauma seiner Eltern

Die Lehrerin von Pavel (11 Jahre) legt den Eltern aufgrund der anhaltend problematischen sozial-emotionalen Entwicklung eine kinderpsychotherapeutische Behandlung nahe und kann sie schließlich auch von deren Notwendigkeit überzeugen. Pavel hat zu diesem Zeitpunkt keine Freunde und läuft ständig Gefahr, zum Mobbingopfer zu werden. Die Eltern berichten im Erstgespräch, dass die Entwicklungsgeschichte von Pavel immer schon schwierig gewesen sei. Im Gegensatz zu seinen Geschwistern verlief bei ihm bereits die Schwangerschaft problematisch und aufgrund pränataler Unterversorgung wies er ein sehr geringes Geburtsgewicht auf. Postnatal folgten mehrere medizinische Eingriffe aufgrund einer angeborenen Herzproblematik, Fehlbildungen und Beeinträchtigungen der Sinnesorgane. Pavel sei ein Schreikind gewesen, das kaum zu beruhigen war und auch nachts nie durchschlafen konnte. Während der Schilderung seiner Entwicklungsgeschichte bricht die Mutter immer wieder in Tränen aus und fährt sichtbar belastet und stockend mit der Erzählung fort. Mit Beginn des zweiten Lebensjahres fielen erste autoaggressive Tendenzen auf. Pavel habe gegen Möbel geschlagen und sei kopfvoraus auf den Boden gesprungen, ohne sich mit den Händen zu schützen. Zeitgleich mit der Herausnahme aus dem elterlichen Bett beginnt eine sekundäre Enuresis, im Schulalter kommen Tics und nervöse Zuckungen hinzu.

Das Ausmaß an elterlicher Traumatisierung wurde erst im Laufe mehrerer Elterngespräche deutlich. Beide Elternteile wuchsen als Kriegskinder in einem sehr kargen und teils lebensbedrohlichen Klima auf, sie waren langfristig traumatischen Erfahrungen ausgesetzt, die nie bearbeitet wurden. Der Vater war seit seiner Geburt wechselnden Unterbringungsvarianten mit unterschiedlichen Bezugspersonen und emotionaler Unterversorgung ausgesetzt. So konnte bis auf einzelne Erinnerungsfragmente auch kein biographisches Verständnis entstehen, das sich aus den eigenen erinnerbaren Erfahrungen zusammengesetzt hätte. Der Verlauf seiner Kindheit

musste daher größtenteils aus Erzählungen aus dem Bekannten-
kreis rekonstruiert werden. Erst ab dem frühen Jugendalter sind
Erinnerungsspuren an vor allem massiv gewaltvolle Erlebnisse mit
dem Vater geknüpft, die in ihrer Heftigkeit schwer beschreibbar sind.
Die Mutter wurde jahrelang von ihrem Vater sexuell missbraucht,
begleitet von Gewalterfahrungen und einem drastischen Ausmaß
an Vernachlässigung. Die traumatischen Erlebnisse, die ständige
Bedrohungssituation und die kontinuierlich anhaltenden Angstzu-
stände führten bei ihr bereits im Jugendlichenalter zu starkem Alko-
holabusus, mehreren Suizidversuchen und einer posttraumatischen
Belastungsstörung[9]. Beide Elternteile konnten ihre Kindheitserleb-
nisse nie aufarbeiten, mussten diese abspalten und ihren je eigenen
Umgang damit finden. Während dies beim Vater zu einer Bezie-
hungslosigkeit und totaler emotionaler Abkapselung führte, suchte
die Mutter weiterhin Nähe, Geborgenheit und Schutz in ihren Beziehungen. So mussten sich die traumatischen Erlebnisse der Eltern
zwangsläufig auch auf ihre elterlichen Fähigkeiten auswirken und
die Beziehungsgestaltung zu ihren Kindern beeinflussen, vor allem
mit fatalen Folgen für die Selbstentwicklung von Pavel. Denn bis
zu einem bestimmten Alter[10] verfügen Kinder eben nicht über die
Fähigkeit, die Verhaltensweisen der Eltern aus einer dezentrierten
Position zu betrachten und damit nicht auf sich zu beziehen. Wie
die Nährstoffe durch die Muttermilch entnehmen sie das Selbst- und
Welterleben unmittelbar aus den Beziehungserfahrungen mit ihren
Eltern. In welcher Weise die unverarbeiteten traumatischen Erfahrungen der Eltern deren Beziehungsverhalten und ihren Phantasie-
raum mitbestimmt haben, soll im Folgenden verdeutlicht werden.

---

9 Damit wird ein bestimmter Symptomkomplex (z. B. Erinnerungslücken,
   Flashbacks, Schlafstörungen, erhöhte Wachsam- bzw. Erregbarkeit, Vermeidung bestimmter Situationen etc.) bezeichnet, der sich nach Traumatisierungen einstellen kann.

10 Eine vollständige Perspektivenübernahme, welche kognitive und emotionale
   Aspekte eines anderen Menschen integriert und diese in Verbindung zum
   eigenen Erleben und Verhalten setzt (»Mentalisierung«), entwickelt sich aus
   Sicht der Befunde zur Theory-of-Mind-Forschung erst ab etwa dem vierten bzw. fünften Lebensjahr. Vor allem aber in der Adoleszenz kommt es
   vermehrt zu einer tiefer gehenden Reflexion und Infragestellung elterlicher
   Motive.

Wenn wir uns die Anamnese von Pavel vergegenwärtigen, so wirkt seine Lebensgeschichte von Beginn an belastet. Seien es die Schwierigkeiten während der Schwangerschaft, die pränatale Unterversorgung des Embryos oder die mehrfachen medizinischen Eingriffe nach der Geburt. Alles an dem Jungen scheint kaputt und die elterliche Versorgung nicht ausreichend. Die Lebensbedrohung dringt zuerst intrauterin und später in Form postnataler Komplikationen ein. Zudem werden im Laufe der Entwicklung noch weitere Einschränkungen und Fehlbildungen festgestellt. Das »beschädigte« Kind erinnert an die eigenen »beschädigten« Anteile der Eltern und knüpft an die bisher mühsam abgewehrten Erlebensinhalte an. In der weiteren Beziehung zu Pavel habe dann »nie was gepasst«, er konnte nicht beruhigt werden und kaum schlafen. Hier wird die Regulationsstörung in der Eltern-Kind-Beziehung deutlich, die sich von Beginn an manifestiert. Weder der Mutter noch dem Vater ist es möglich, aufgrund der eigenen Erfahrung von Hilflosigkeit und deren Abspaltung sich dem Innenleben des Kindes responsiv zuzuwenden. Die Interaktionsangebote von Pavel können so nicht abgestimmt beantwortet werden. Das fehlende Echo schreibt sich als kumulatives Trauma in die psychische Innenwelt des Kindes ein. Das Leck an Spiegelung, affektiver Abstimmung und Regulierung wird gefüllt mit Botschaften und Bedürftigkeiten, die sich aus den unverarbeiteten traumatischen Erfahrungen der Eltern speisen. Die Mutter habe von Beginn an Angst um Pavel gehabt, sie habe sich auf ihn fixiert und eine sehr enge Beziehung zu ihm entwickelt. Die Intimität zwischen ihr und dem Sohn wird als etwas ganz Besonderes und vor allem als unantastbar gepriesen. Im Gegensatz dazu beschreiben beide Eltern eindrücklich die Unmöglichkeit des Vaters, in Beziehung zu seinem Sohn zu treten. Viel zu bedrohlich wären für den Vater wohl die emotionalen Folgen, die sich aus der emotionalen Beschäftigung mit seinem Sohn (und damit auch mit der Identifikation mit seinem eigenen Vater) ergeben würden. Der Junge ist gezwungen, all diese elterlichen Resonanzen als Widerspiegelung auf seine Selbstaktivität zu begreifen. Er kann gar nicht anders, als das, was von den Eltern kommt, als Reaktion auf sich zu begreifen. Der entwicklungspsychologisch bedingte Egozentrismus des Kindes lässt kein anderes Verständnis zu, als dass die Missachtung durch den Vater oder der Schrecken im Auge der Mutter etwas mit ihm zu tun haben müssen. Vor allem die wiederkehrenden Momente, in denen das Affektleben der Mutter wie eingefroren ist und mit massiven Zustandsveränderungen (vor allem durch das Wiedererleben traumatischer Erinnerungsfragmente) einhergeht, führen bei Pavel zu mentalen fremdkörperartigen Erfahrungen, die nicht an sein intentionales Erleben gekoppelt sind. Das Phantom zeigt sich in dem Versuch, sich selbst und damit den mentalen Fremdkörper zu zerstören. Das transgenerationale Introjekt macht sich von frühester Entwicklung an bei Pavel bemerkbar und führt zu schwer aushaltbaren inneren Zuständen, die zu Angriffen auf das eigene Selbst führen. Die Vernichtungserfahrungen, die Vater und Mutter erleben mussten, werden nun reinszeniert. Pavel schlägt mit dem Kopf gegen Wände und Möbel und stürzt sich ungeschützt mit dem Kopf auf den Boden. In der Identifikation mit den unverstandenen, unbenannten und qua phantasmatischer Externalisierung[11] von den Eltern beim Kind deponierten Anteilen versucht er diese stellvertretend für die Eltern endgültig zu lösen.

»Die Auswirkungen des Phantoms sind für die Entwicklung eines Kindes hochgefährlich, da sein Träger konstant und letztlich vergeblich seelische Energie für einen Elternteil ausgibt. Das Leben des Phantomträgers wird gleichsam durch den Tod überflutet. Die Affekte des Kindes werden vom Unheimlichen überschattet« (Steck u. Bürgin, 1996, S. 359).

Missbrauch, Trennung und die Überflutung des Königreichs

In der kleinkindlichen Entwicklung stagniert die Sprach- und Intelligenzentwicklung von Pavel. Mit der erstmaligen Herausnahme aus dem elterlichen Bett (Pavel ist zu diesem Zeitpunkt vier Jahre alt)

---

11 Mit phantasmatischer Externalisierung wird in diesem Zusammenhang der unbewusste Versuch bezeichnet, die unverarbeiteten, traumatischen Erlebnisinhalte in ein anderes Objekt (in unserem Fall das beschädigte Kind) zu verlagern, um es dorthin loszuwerden, zu bekämpfen oder zu heilen.

manifestieren sich die Schwierigkeiten in der Autonomieentwicklung unter Vernachlässigung von Generationengrenzen: Der neu
eingeführte Abstand zwischen Mutter und Kind wird rasch wieder
zurückgenommen und geht mit der Etablierung einer sekundären
Enuresis einher. Pavel hat offensichtlich die unbewusste Botschaft
empfangen, nach der eine Trennung zu katastrophalen Zuständen
der Mutter führen würde.

»Die Zerstörung bzw. der mangelnde Aufbau interpersonaler Grenzen
führt zu einem Aufrechterhalten einer Ungetrenntheit, einer symbio-
tischen Verschmelzung von Mutter und Kind, das sich in einer primiti-
ven, globalen Identifizierung des Kindes mit der Mutter niederschlägt«
(Rauwald u. Quindeau, 2013, S. 67 f.).

Die im Laufe der Therapie durch die Elterngespräche von mir for-
cierte Trennung in ein Elternbett und ein Bett für Pavel stellt für alle
Beteiligten eine große Herausforderung dar. Pavel bettelt mich an
und versucht mit mir zu verhandeln, wie oft er bei der Mutter schlafen könne, und die Mutter möchte, dass ich das Verbot ausspreche.
Scheinbar bedarf es einer externen Instanz, die ein Entzerren von
Mutter und Kind ermöglicht und dabei hilft, den laufenden affektiven Missbrauch zu stoppen. Der Vater kann diese Aufgabe nicht
übernehmen, entzieht sich jeglicher Beteiligung und überlässt das
elterliche Bett kampflos dem Jungen. Die Einheit mit der Mutter
kann somit wiederhergestellt werden und jedwede Begrenzung verschwindet. Dieses Bemühen um eine Aufhebung von Grenzen zeigt
sich nun auch in der therapeutischen Übertragungssituation, indem
Pavel auch die Beziehung zu mir grenzenlos gestalten möchte. Jede
Form der Einschränkung wird bekämpft, um eine zeitlose Verbindung zu schaffen. Er will mehrere Stunden bei mir bleiben, dreimal
die Woche kommen und viele Jahre bei mir bleiben. Es wird mir
geschmeichelt, wie toll es denn bei mir ist und deshalb alle Begrenzungen doch unnötig seien. Ich werde gelobt und mir wird gesagt,
ich sei der beste Therapeut der Welt, bestimmt würden mich alle
Menschen mögen und er würde mich so sehr lieben. Er würde durch
mich gesund werden, aber dafür brauche er noch Jahre: »Ich will bei
dir bleiben für immer, jede Woche, bis ich sterbe«. Pavel will sich

versichern, dass wir uns nie trennen, und stellt fest: »Wir werden
uns niemals streiten oder uns verlassen«, »Wir mögen uns so gerne,
als wie wir uns lieben würden«, »Es fühlt sich so an, als ob ich dich
liebe, du bist der Beste«. In meiner Gegenübertragung bin ich erst
erleichtert[12] und erfreut über die Zuneigungsbekundungen, fühle
mich zunehmend aber auch übergangen, sodass sich erster Wider-
stand bei mir regt. Die Ankündigung einer zweiwöchigen Therapie-
pause kommentiert Pavel folgendermaßen:»Das ist der schlimmste
Alptraum«. Seine Zuckungen brechen daraufhin verstärkt über ihn
herein und er überflutet das gesamte Königreich. Dazu füllt er ein
Gefäß mit Wasser und schüttet es über die in dieser Stunde gemeinsam konstruierte Spiellandschaft. Wie bei der Enuresis[13] wird Trennung mit Überflutung beantwortet. Ich kann Pavel meine Gedanken zur Verfügung stellen:»Nun, da wir uns trennen müssen, wird
das Reich des Königs überflutet, so wie du dein Königreich jede
Nacht flutest«.

Grenzverletzungen, Geheimnisse und die Entstehung eines psychischen Innenraums

Die abgewehrten biographischen Inhalte beider Elternteile spielen
eine zentrale Rolle in der Beziehungsgestaltung mit Pavel. Die Erfahrung, abgelehnt und nicht angenommen zu werden, gibt der Vater
unreflektiert an seinen Sohn weiter. Er schafft es zu keiner Zeit, einen
Bezug zu Pavel herzustellen. Es wirkt beinahe so, als hätte er sich für
einen Nicht-Kontakt zu seinem Sohn entschieden, da ein emotio-

---

12 Denn es gibt im Gegensatz dazu in der therapeutischen Alltagsrealität eben
   auch Kinder mit beispielsweise aggressiver Problematik, die den Therapeuten und das Setting bereits von Beginn an bekämpfen und damit eine weit
   konfliktreichere Ausgangsposition schaffen.
13 Ich kann in diesem Zusammenhang nicht ausreichend auf die umfassende
   Bedeutung dieses Symptoms eingehen. Betonen möchte ich aber, dass es
   sich um eine Rücknahme bereits vorhandener Fähigkeiten (Regression ins
   Säuglingsstadium) handelt und damit einem Angriff auf bereits bestehende Ich-Strukturen gleichkommt. Mit der eigenverantwortlichen Übernahme körperlicher Funktionen (wie auch bei der Sphinkterkontrolle) wird ein
   Übergang (und damit auch eine Grenze) von der Regulierung durch die primäre Bezugsperson hin zur Selbstregulation manifestiert.

nales Einlassen auf ihn auch ein Einlassen auf seine eigene Kindheit und die damit in Zusammenhang stehenden katastrophalen Erfahrungen bedeuten würde. Die Mutter hingegen involviert den kleinen Jungen in ihre Bedürftigkeit und führt damit eine spezifische Variante von emotionalem Missbrauch fort. Pavel geht auf dieses Angebot ein und bietet sich ihr als warmes, weiches, aber beschädigtes Objekt an, das sich niemals entwickeln und von ihr trennen wird. Sowohl die körperlichen (Enuresis) als auch die psychischen Inhalte werden inflationär preisgegeben, die bereits eingeführten Entwicklungsschritte wieder zurückgenommen. Dies zeigt sich auf Pavels Seite an der immer wiederkehrenden Frage, wie viel vom Therapiegeschehen seine Mutter erfahren sollte; er beteuert, dass sie immer alles wissen könne. Pavel erzählt zu Beginn der Therapie alle Inhalte ausnahmslos weiter, der potenziell private Raum zwischen uns wird ohne innezuhalten preisgegeben. Er versucht, sich immer wieder bei mir zu versichern, dass er auch alles der Mutter erzählen dürfe, und verkehrt die anfangs aufgestellte Vereinbarung und damit potenziell auftretende Schuldgefühle[14] ins Gegenteil. Ich bestätigte ihm, dass er alles sagen dürfe, aber eben nicht müsse, und Teile auch für sich behalten könne. Erst im Laufe der Zeit beginnt er, sich mit der Möglichkeit auseinanderzusetzen, kleine Details bei sich zu behalten. Diese werden in Absprache mit mir fein säuberlich vorbereitet, jedoch gelingt es ihm nicht immer, an dem Plan festzuhalten. Der Aufbau eines von der Mutter getrennten therapeutischen Raums und in der Folge psychischen Innenraums dauert einige Monate, bis Pavel schließlich sicherer darin wird, damit zu spielen beginnt und mich schließlich fragt, welches Geheimnis wir dieses Mal teilen wollen. In diesem Rahmen tauchen nun neue Inhalte, wie gewaltvolle Phantasien oder erste Wünsche nach Muskelkraft und Stärke auf. Diese männlich konnotierten Themen muss Pavel jedoch strikt vor der Mutter geheim halten und beginnt statt-

---

14 Durch die Vereinbarung ist für Pavel gesichert, dass ich nichts von den Therapieinhalten an seine Eltern weitergebe, außer er gibt mir dafür sein Einverständnis. Aufgrund der bisherigen Entwicklungsgeschichte ist aber anzunehmen, dass die Geheimhaltung der Therapieinhalte und die damit zusammenhängende Etablierung einer Grenze vorerst zu massiven Schuldgefühlen führen würde.

dessen, alternative Therapieinhalte zu erfinden, die er ihr präsentieren kann. So erzählte er ihr beispielsweise, dass wir mit Puppen gespielt oder auch etwas geschlafen hätten. Pavel beginnt also, eine erste Differenz zwischen sich und seiner Mutter einzuziehen, mit der Eröffnung eines Übergangsraums (Winnicott, 1971) im Rahmen des therapeutischen Settings.

Gewalt, Zerstörung und der Wunsch nach Wiedergutmachung

Pavel inszeniert nun zunehmend bedrohliche Inhalte in seinen selbst erfundenen Spielszenen. Er beginnt, ein kleines Männchen mit Helm in die Therapiestunden mitzubringen. Denkt man an die frühen autoaggressiven Tendenzen in seiner Entwicklung, in denen er vor allem seinen Kopf attackiert hatte, liegt die Annahme einer unbewussten Identifizierung mit dem Männchen nahe. Im Spiel wird es zum Retter der bedrohten Prinzessin, die daraufhin zur Königin werden kann. Dieses Grundthema der Rettung bestimmt in unterschiedlichen Variationen immer wieder den Spielverlauf, meist in Anwesenheit bedrohlicher Figuren. Pavel versucht so offensichtlich, die erlebten Traumata der Mutter ungeschehen zu machen, sie vor dem Bösen zu beschützen und verbalisiert dies auch entsprechend: »Ich bin ihr Diener und Beschützer.« Im Gegensatz zum Vater nimmt er es mit der mütterlichen Bedrohung auf und wird zu ihrem phantasierten Retter:

»Durch Identifikationen, die Übernahmen von elterlichen Rollen für die eigenen Eltern (Parentifizierung) und durch Versuche, die personalen und emotionalen Lücken in der Familie zu füllen, versuchen sie, ohne sich dessen bewusst zu sein, die lebensgeschichtliche Kontinuität der eigenen Eltern und Großeltern wieder herzustellen. Damit ist auch die in gewisser Weise omnipotente (Wunsch-)Phantasie verbunden, nachträglich in den Ablauf der vergangenen Geschichte eingreifen und diese ungeschehen oder wiedergutmachen zu können« (Moré, 2013, S. 7).

So taucht beispielsweise ein böser Zauberer auf, der sich und seinen Gehilfen verwandelt, sodass sie als gute Objekte erscheinen. Sie dringen in das Schloss der Prinzessin ein und nehmen sich alles, was sie brauchen können. Schließlich ersticht sie der Zauberer und nimmt ihr damit die heilige Kraft. Sie wird zum Stein und die Kraft ist nun beim Zauberer. In beeindruckender Weise wird hier die Missbrauchssituation der Mutter reinszeniert. In unzähligen Wiederholungen tauchen in der Folge Szenen über die Hilflosigkeit und Ohnmacht der Prinzessin auf; bis sie schließlich in Gefahr gerät, »aus Versehen« den »Selbstzerstörungsknopf« zu drücken. Unschwer zu erkennen sind hier die Suizidversuche der Mutter, die auf diese Weise reinszeniert werden. Pavels Phantasietätigkeit reicht scheinbar aus, die unausgesprochene Vergangenheit und die wiederkehrenden katastrophischen Zustände seiner Mutter (Alkoholexzesse, panische und dissoziative Zustände) in einen Zusammenhang zu bringen. In symbolischer Überarbeitung stellt er deren Affektlage als »versteinert« (siehe oben) beziehungsweise »gefroren« dar: Die Prinzessin wird beispielsweise von einem bösen Zauberer vereist und kann sich selbst nicht mehr davon befreien. Ein Retter muss nun kommen, um die vereiste Prinzessin ganz langsam mittels Wärme wieder aufzutauen, bevor sie mit unglaublicher Kraftanstrengung von den letzten Eisbrocken befreit werden kann. In unzähligen Varianten muss die Prinzessin also vor Angreifern beschützt oder gerettet werden. Die in unterschiedlichen Varianten wiederkehrenden männlichen Aggressoren stellen wohl eine phantasmatische Verdichtung aus den Vatererfahrungen der Eltern dar. In einer weiteren Spielsequenz legt die Prinzessin den stärksten Kriegern (»die niemals besiegt werden können«) Handschellen an und bindet diese »für immer« an sie. Ein weiterer Lösungsversuch also, sich vor dem Bösen zu schützen, indem sie starke Krieger, wie wohl Pavel auch einer sein möchte, für immer an sich bindet. Das kleine Männchen mit Helm, die Krieger und später ein König sind die positiven Figuren, die allmählich in den Geschichten von Pavel auftauchen. Wie fragil und brüchig diese Figuren jedoch noch sind, zeigt sich, indem er diesen einen »normalen« und einen »verrückten« Modus (die Spielfiguren sind dann ihrer Fähigkeiten beraubt und zeigen ein unvorhersehbares und irrationales Verhalten) unterstellt. Eine Differenz, die Pavel von seiner Mutter (normale versus katastrophische Zustände) gut kennt und auch in der Übertragungsbeziehung zu mir inszeniert. Als ich beispielsweise einmal ein Wort versehentlich nicht richtig ausspreche, überfällt Pavel die Angst, er hätte meine Fähigkeiten zerstört. Er ist besorgt, dass ich seinen Namen nicht mehr weiß und alle meine Kräfte verliere. Offensichtlich droht ihm das gute, aber noch fragile Objekt unter dem Einfluss der traumatischen Inhalte zu zerbrechen. Daraufhin verschärft sich seine Symptomatik, er wird geplagt von Tics und Zuckungen und verliert plötzlich meinen Namen. In rührender Weise kämpft Pavel dagegen an, verliert jedoch den Kampf gegen seine inneren zerstörerischen Objekte, wirkt erschöpft und schämt sich am Ende dafür. Sowohl in den Spielszenen, in der Interaktionsgestaltung mit mir, als auch in seinen Träumen tauchen immer wieder große Ängste vor Zerstörung auf. Die Verdichtung dieser Inhaltsthemen deutet auf die dominante Präsenz von traumatischen Phantasien hin, welche Pavel versucht, mit seinen kindlichen Bewältigungsmethoden in den Griff zu bekommen.

Individuation, Anerkennung und Geschlechtsidentität

Den Eltern zufolge hat sich Pavel immer schon sehr feminin verhalten. Wenn er Kontakt zu anderen Kindern gehabt hatte, waren es Mädchen gewesen, zu Jungs gab es so gut wie keine Anbindung. Die nicht stattgefundene Identifizierung mit seinem Vater wird an dieser Thematik besonders deutlich. Pavel habe immer viel mit Puppen gespielt und sich gerne auch feminin gekleidet. Mit der Etablierung einer Grenze zwischen sich und der Mutter und der Einführung eines geschützten Therapieraums dürfen langsam auch männlich konnotierte Inhalte auftauchen. Pavel macht sich zunehmend darüber Gedanken, wie man zum Mann wird und Muskeln bekommt. Dieses Thema muss aber vor der Mutter geheim gehalten werden, weil »Mama mag nicht, dass ich trainiere«. Jede Stunde soll ich seine Muskeln begutachten, ob sie denn schon gewachsen sind. Nach einigen Monaten nimmt er auch kleine Trainingsgeräte mit in die Therapie, um sie in meinem Raum zu deponieren. Außerdem beschäftigt ihn die Frage, ob er denn die Muskeln wieder verliere, wenn er eine Zeit lang nicht trainieren würde. Seine noch labile männliche Geschlechtsidentität hängt sich am Thema Muskelkraft auf und wird in jeder Stunde neu verhandelt. Pavel beschäftigt sich nun viel damit, ob sein Körper nicht zu weich und dick sei, ob er wirklich Muskeln bekommen würde; ihn begleitet die Angst, dass auch ich zu dick werden könnte. Vor allem die in die Therapie mitgebrachten Kuchenstücke der Mutter[15] sieht er als Gefahr, dass ich meine Muskeln und damit meine Männlichkeit verlieren würde. Hier deutet sich eine unbewusste phantasmatische Verbindung von ambivalent besetzter mütterlicher Nahrung (köstlich und gefährlich zugleich) und dem Verlust von Männlichkeit an. Des Weiteren beschäftigt ihn die Frage, ob man Kuscheltiere verbrennen könne. Ich frage ihn, ob damit auch das Kuscheln vernichtet werden würde. Er bekräftigt: »Ja, das Kuschelige an Kuscheltieren.«

Pavel scheint sich langsam aus der selbstobjekthaften Verklammerung (Nahrung und Kuscheln) mit der Mutter zu lösen und neue Identifikationsmöglichkeiten zuzulassen. Seine Begeisterung, dass sich ein männliches Objekt nun dafür anbietet, kann Pavel nach einigen Monaten auch ohne die anfangs überzogene Idealisierung verbalisieren und sagt: »Danke, dass du mich angenommen hast.« Damit tauchen nun aber auch Rivalitätsgefühle und Verlustängste auf. Pavel fragt, ob er denn das einzige Kind in der Therapie sei und wen von den Kindern ich am liebsten mögen würde. Er sagt, er wolle nämlich ein besonderes Therapiekind sein, und fragt: »Wen magst du am meisten von den Kindern?« »Gibt's bessere als mich?« und hört nicht mehr auf zu reklamieren, dass er die Nr. 1 sei.

Resümee

Pavel ist mittlerweile seit eineinhalb Jahren in Therapie und bringt nach wie vor seine großen Themen der Trennung und Grenzziehung, der Etablierung eines psychischen Innenraums, der Zerstörung und der Wiedergutmachung sowie der Individuation und Anerkennung ein, indem er von seinen Träumen erzählt, konflikthafte Inhalte im Spiel inszeniert oder diese mit mir austrägt. In diesen symbolischen

---

15 Auf die Bedeutung dieses Enactments kann in diesem Rahmen nicht ausreichend eingegangen werden, da es sich um eine Inszenierung der Mutter handelt, die offensichtlich dazu dient, Einfluss auf das Therapiegeschehen zu nehmen.

und interaktionellen Momenten wird die Verzahnung des Unbewussten (Troje, 2000) deutlich, welche die Grundlage psychoanalytischen Arbeitens darstellt. Die Hauptsymptomatik von Pavel, in
Form seiner sozio-emotionalen Schwierigkeiten, der Enuresis und
einer Ticstörung, änderte sich kontinuierlich im Verlauf der Therapie. So wurde von der Schule berichtet, dass Pavel ruhiger als früher
sei und nicht mehr alles erzählen würde (!). Darüber hinaus weisen erste vorsichtige Kontakte im Klassenverband auf beginnende
Beziehungs- und Identitätsbildungsprozesse jenseits der mütterlichen Beziehungsmatrix hin. Mit den symbolischen Bearbeitungs-
möglichkeiten in der Therapie konnte sich vermutlich auch Wesent-
liches an innerer Bedrohlichkeit bei Pavel auflösen. So veränderte
die Ticstörung erst immer wieder ihre äußere Gestalt, bis sie in den
Therapiestunden gänzlich und den außertherapeutischen Kontexten
passager verschwindet; nur in für Pavel emotional anspruchsvollen
Momenten kehrt sie wieder zurück. Pavel schläft seit etwa einem
halben Jahr, abgesehen von wenigen Ausnahmen, alleine und meis-
tert diese Herausforderung sehr gut. Im Laufe der letzten Monate
setzte die Enuresis erstmals seit acht Jahren für ein paar Tage aus,
um schließlich seit mehreren Wochen ganz zu verschwinden. Die
weitere Entwicklung wird zeigen, ob Pavel bereit ist, die Verantwortung für seinen Körper und seine Psyche weiterhin selbst zu übernehmen und damit seine Mutter ein Stück weit alleine zu lassen.
Diese begann in der Zwischenzeit selbst eine Therapie, was ein wenig
Hoffnung aufkommen lässt, dass sie ihre traumatischen Kindheits-
erfahrungen in einem geschützten Rahmen erstmalig verarbeiten
kann. Sollten diese an Bedrohlichkeit verlieren, würde dies vermutlich auch Pavels Entwicklung sehr zugutekommen. Aufseiten des
Vaters gibt es leider keine vergleichbaren Anhaltspunkte, die eine
Motivation zur Auseinandersetzung mit seiner bisherigen Lebensgeschichte anzeigen würden.

Ich hoffe, dass ich mit meinem Beitrag zeigen konnte, wie sehr
das Erleben eines Kindes von der elterlichen Geschichte beeinflusst wird und wie wichtig es ist, den determinierenden, insbesondere stark konflikthaften und traumatischen Inhalten auf die Spur
zu kommen. Er impliziert ein Plädoyer für einen konsequent an
der subjektiven kindlichen Innenwelt orientierten und verstehen-

den Zugang. Ein lediglich an den Symptomen orientiertes Training würde die transgenerationalen traumatischen Inhalte in keinster Weise tangieren und die Aufrechterhaltung einer pathologischen Konstellation begünstigen. Als relevanteste Quellen der psychotherapeutischen Arbeit mit Kindern bleiben demnach die Berücksichtigung von Übertragung und Gegenübertragung im interaktionellen Geschehen, im Spiel und in den Träumen. Dies sind nach wie vor die zentralen Möglichkeiten, um Unbewusstes zu verstehen und im Kontext einer therapeutischen Beziehung zu bearbeiten.

Literatur

Bohleber, W. (2009). Wege und Inhalte transgenerationaler Weitergabe. Psychoanalytische Perspektiven. In H. Radebold, W. Bohleber, J. Zinnecker (Hrsg.), Transgenerationale Weitergabe kriegsbelasteter Kindheiten. Interdisziplinäre Studien zur Nachhaltigkeit historischer Erfahrungen über vier Generationen (2. Aufl., S. 107–118). Weinheim, München: Juventa.

Brisch, K. H. (2013). Die Weitergabe von traumatischen Erfahrungen von Bindungspersonen an die Kinder. In M. Rauwald (Hrsg.), Vererbte Wunden. Transgenerationale Weitergabe traumatischer Erfahrungen (S. 38–46). Weinheim: Beltz.

Bürgin, D., Steck, B. (1996). Das Gespenst von Canterville (nach O. Wilde) oder Vom Leben und Sterben eines Phantoms in Abhängigkeit von der Adoleszenz einer jungen Frau. Kinderanalyse, 4 (4), 362–384.

Dornes, M. (1993). Der kompetente Säugling. Die präverbale Entwicklung des Menschen. Frankfurt a. M.: Fischer.

Faimberg, H. (1985). Die Ineinanderrückung (Telescoping) der Generationen. Zur Genealogie gewisser Identifizierungen. Jahrbuch der Psychoanalyse, 21, 8–17.

Fonagy, P. (2003). Bindung, Holocaust und Ergebnisse der Kinderanalyse. In P. Fonagy, M. Target (Hrsg.), Frühe Bindung und psychische Entwicklung (S. 161–193). Gießen: Psychosozial.

Fonagy, P., Target, M. (2003). Frühe Bindung und psychische Entwicklung. Gießen: Psychosozial.

Freud, S. (1912–13a/1999). Totem und Tabu. GW 9. Frankfurt a. M.: Fischer.

Grubrich-Simitis, I. (1979). Extremtraumatisierung als kumulatives Trauma. Psyche – Zeitschrift für Psychoanalyse, 33, 991–1023.

Hirsch, M. (2011). Trauma. Gießen: Psychosozial.

Kestenberg, J. (1989). Neue Gedanken zur Transposition. Klinische, theraputische und entwicklungsbedingte Betrachtungen. Jahrbuch der Psychoanalyse, 24, 163–189.

Khan, M. R. (1963). Selbsterfahrung in der Therapie. München: Kindler.

Kogan, I. (2009). Der stumme Schrei der Kinder. Gießen: Psychosozial.

Kohut, H. (1973). Narzißmus. Frankfurt a. M.: Suhrkamp.

Laplanche, J. (1988). Die allgemeine Verführungstheorie und andere Aufsätze. Tübingen: Edition diskord.

Lazar, R. A. (1993). »Container-Contained« und die helfende Beziehung. In M. Ermann (Hrsg.), Die hilfreiche Beziehung in der Psychoanalyse (S. 68–91). Göttingen: Vandenhoeck & Ruprecht.

Lorenzer, A. (1973). Über den Gegenstand der Psychoanalyse oder: Sprache und Interaktion. Frankfurt a. M.: Suhrkamp.

Moré, A. (2013). Die unbewusste Weitergabe von Traumata und Schuldverstrickungen an nachfolgende Generationen. Journal für Psychologie, 21 (2), 1–27.

Nachin, C. (1993). Les fantômes de l'âme. À propos des héritages psychiques. Paris: Editions l'Harmattan.

Rauwald, M., Quindeau, I. (2013). Mechanismen der transgenerationalen Weitergabe elterlicher Traumatisierungen. In M. Rauwald (Hrsg.), Vererbte Wunden. Transgenerationale Weitergabe traumatischer Erfahrungen (S. 66–76). Weinheim: Beltz.

Romer, G. (2012). Editorial. Transgenerationale Psychotraumatologie. Praxis für Kinderpsychologie und Kinderpsychiatrie, 61, 559–563.

Steck, B., Bürgin, D. (1996). Über die Unmöglichkeit zu trauern bei Kindern trauerkranker Eltern. Kinderanalyse, 4 (4), 351–361.

Troje, E. (2000). Die Weitergabe psychischer Inhalte von Generation zu Generation und ihre potentielle Auswirkung auf die Entstehung einer Psychose. In S. Mentzos, A. Münch (Hrsg.), Die Bedeutung des psychosozialen Feldes und der Beziehung für Genese, Psychodynamik, Therapie und Prophylaxe der Psychosen (S. 26–52). Göttingen: Vandenhoeck & Ruprecht.

Winnicott, D. W. (1971). Vom Spiel zur Kreativität. Stuttgart: Klett-Cotta.

Winnicott, D. W. (1974/2002). Reifungsprozesse und fördernde Umwelt. Gießen: Psychosozial.

Angst verstellt den Blick

Die getrübte Sicht eines Kindes auf Vater und Mutter

Arne Burchartz

Die Perspektive von Kindern auf ihre Eltern ist sehr entwicklungs-abhängig – und auch abhängig von dem Bild, das sich Mutter und Vater jeweils von ihrem Kind machen.

Bereits pränatal macht das Kind Erfahrungen mit der Stim-mungslage der Mutter, aber auch mit der Art und Weise, wie der Vater in der Triade vorkommt. Der Fetus kann die Stimmen von Vater und Mutter unterscheiden, man hat sogar Geruchsstoffe des Vaters im Fruchtwasser gefunden. Es gibt, wenn ein Kind zur Welt kommt, bereits Vorläufer von dem, was wir später als das innere Bild von Mutter und Vater, als sogenannte Objektrepräsentanzen erkennen. Dabei geht es nicht um eine Eins-zu-Eins-Abbildung der »realen« Objekte, sondern um Niederschläge aus den Beziehungs-erfahrungen mit diesen primären Bezugspersonen.

Entsprechend zieht sich durch die Entwicklung des Kindes je nach Entwicklungsstand eine spezifische Wahrnehmung von Mut-ter und Vater. Diese Wahrnehmung orientiert sich daran, in welcher Weise die Entwicklungsbedürfnisse befriedigt oder auch nicht befrie-digt werden, welche regulierenden Funktionen Mutter und Vater in der jeweiligen Entwicklungsphase haben, wie sie mit den phasenty-pischen Konflikten umgehen. Das Bild, das sich ein Kind von Mutter und Vater macht, ist also nicht »realitätsgerecht«, sondern verzerrt. Das gehört zu einer normalen Entwicklung dazu. Stehen zu Beginn die Versorgungsfunktionen der Eltern im Vordergrund, so geht es in einem nächsten Abschnitt um die Regulation von Trennung und Wiederannäherung, um die Frage der Kontrolle, des Gewährens und Versagens, um die Integration der aversiven Funktionen der Objekte. Auch die notwendige ödipale Liebe und der ödipale Hass sind entwicklungsspezifische »Bildgeber« für die Objektrepräsen-tanzen, ebenso wie in der Latenz das Bedürfnis, von Mutter und Vater die Welt erklärt zu bekommen, aber auch sich ihres mächti-gen Schutzes zu versichern und sich zugleich entfernen zu dürfen.

Auch für das Kind besteht (wie mutatis mutandis für die Eltern) eine durchgängige Entwicklungsaufgabe darin, die »Wuscheltern« angesichts der »realen Eltern« zu überarbeiten, eine Aufgabe, die umso schwerer ist, je gravierender eine etwaige psychische Erkrankung der Eltern oder auch des Kindes hineinwirkt. Mit der Adoleszenz schließlich rückt das Bild der Eltern mit der Überarbeitung der Identifikationen in die Nähe einer realitätsgerechten, ganzheitlichen Wahrnehmung. Damit wird der Jugendliche gewahr, dass die einst so großen und mächtigen Eltern, die Bedürfnisse befriedigen, Wünsche erfüllen und Sicherheit gewähren konnten, auf das Maß ganz normaler Zeitgenossen schrumpfen, ausgestattet mit ihren eigenen persönlichen Schwächen und Grenzen. Eine Erfahrung, die Verlustangst, Enttäuschung und Zorn auslöst, im besten Fall einen Trauerprozess in Gang setzt, der in eine verträgliche Separation mündet. Hier sei noch vermerkt, dass sich die Perspektive auf Mutter und Vater selbstverständlich auch noch in der weiteren Entwicklung des Lebens wandelt, besonders dramatisch wohl, wenn die Eltern gebrechlich oder pflegebedürftig werden.

In der Konzeption der Triangulierung steht der Vater in der so skizzierten Entwicklung für die Triade. In gewissem Sinn ermöglicht er überhaupt erst einen Perspektivenwechsel: Von dem Blick des Anderen aus sieht die Welt auch anders aus. Das Kind auf dem Arm des Vaters sieht die Mutter mit anderen Augen, auf den Schultern des Vaters hat man einen anderen Überblick über die Welt als am Rockzipfel der Mutter. Das Bedürfnis nach, aber auch die Furcht vor dem trennenden (aber auch neu wieder verbindenden!) Anderen, der auch in der Lage ist, Triebregungen und Ängste zu moderieren, bleibt auch dann bestehen, wenn der reale Vater abwesend ist oder innerlich wenig zur Verfügung steht. Diese Überlegungen[1] bilden den Hintergrund für den vorliegenden kasuistischen Beitrag über ein zu Beginn der Therapie 11-jähriges Mädchen mit einer schweren Angststörung.

---

1 Wer sich mit der psychoanalytischen Entwicklungstheorie und der Therapie von Entwicklungsstörungen näher auseinandersetzen will, findet in folgenden Werken gute Zusammenfassungen der Theoriebildung: Burchartz (2012), Heinemann u. Hopf (2012), Hopf (2009), Hurry (2002), Leuzinger-Bohleber (2009).

Danielas Schweigen

Vor mir sitzt ein dünnes blasses Mädchen auf der Couch. Wenn ich nicht wüsste, dass sie 12 Jahre alt ist, würde ich sie für jünger halten, vielleicht für neun. Daniela hat ihren grauen Mantel nicht ausgezogen, auch ihre Umhängetasche hat sie nicht abgelegt. Sie hält den Kopf gesenkt, ihr langes blondes Haar fällt nach vorne und verstellt wie ein Vorhang vollständig den Blick auf ihr Gesicht. Sie schweigt. Ein tastendes Spiel mit ihren Fingern ist die einzige Regung ihres erstarrten Körpers. Sie schweigt, seit wir uns am Beginn ihrer Therapiestunde begrüßt hatten. Die Zeit verrinnt. Sie schweigt und zeigt keinerlei Initiative, als gäbe es um sie herum nichts, was sie irgendwie mit Interesse besetzen könnte. In mir steigen Bilder auf, Phantasien, wie sie am Rande des Schulhofs steht und jeglichen Kontakt mit Mitschülerinnen vermeidet. Ich frage mich, was für dieses Kind an der Welt so furchterregend ist, dass alle Objekte gemieden werden müssen, auch die dingliche Umwelt. Oder steht sie unter einem inneren Verbot, etwas für sich zu nehmen? Ich stelle mir ihre innere Welt als leer und verarmt vor. Oder angefüllt mit angsterregenden Monstern, die sie nicht zu bändigen weiß und sorgfältig vor meinem Blick verbirgt. Ich phantasiere, was wohl geschehen würde, wenn ich anfinge, ihr etwas anzubieten, sie zu motivieren suchte, letztendlich zu bearbeiten unternähme, damit sie etwas zum Spielen, zum Gestalten heraussucht, oder wenigstens sich einmal umsieht, was es in dem Raum so alles gibt. Ich stelle mir vor, dass sie das gut kennt, diese Versuche eines anderen, sie aus ihrem Schneckenhaus herauszulocken – und kann diesen Sog gut verstehen. Die schweigende Abweisung, die sie mit ihrer ganzen Haltung demonstriert, hat auch etwas Verächtliches, und das macht ärgerlich und man will diesen Zustand beenden. Dann wiederum komme ich mir vor wie eine Mutter oder ein Vater eines ganz kleinen Kindes, eines Säuglings, eine Mutter, die sich intuitiv und ohne Worte in das Baby einfühlen muss, um herauszufinden, was das kleine Wesen jetzt braucht, welche Bedürfnisse vordringlich befriedigt werden müssen. Aber ein Baby gibt Laute von sich und zappelt, das sind Signale, mit denen man in der Regel etwas anfangen kann. Daniela schweigt und sitzt starr da. Ich sage: »Zwischen uns breitet sich Schweigen aus. Vielleicht können wir herausfinden, was

es für dich bedeutet?«, und ernte beharrliches Schweigen. Ich teile
etwas von meinen Phantasien mit: »Vielleicht wünscht du dir, dass
ich etwas vorschlage. Nun kann es aber passieren, dass ich etwas vorschlage, was dir dann gar nicht gefällt. Und dann habe ich das Falsche
erwischt und bin schließlich schuld daran, dass es dir dabei nicht so
gut geht.« Daniela hebt kurz den Kopf, der Vorhang fällt zurück und
ich sehe ein kurzes Grinsen über ihr Gesicht huschen. Dann senkt
sie den Kopf wieder, der Vorhang zieht sich zu. Sie schweigt. Meine
Gedanken wandern zurück, noch vor ihre Zeit als Baby.

Im Mutterleib

Daniela war ein Zwillingskind. Ihr Zwillingsgeschwister starb in der
neunten Woche ab. Plötzlich verschwand da etwas, ein Leben, das
sich neben ihr regte und ausdehnte. Nun fühlte sich das leer an, aber
auch so, dass sie nun mehr Raum hatte und vielleicht auch mehr
Nahrung, die in sie floss. Aber das dürfte nur die eine Seite gewesen sein. Denn zugleich wurde es auch wieder eng um sie, von der
sie umgebenden Welt des mütterlichen Leibes ging eine irritierende
Ungeborgenheit aus, die körperlich spürbar war und sich bis in den
Stoffwechsel hinein mitteilte. Das kleine Wesen war dem völlig ausgeliefert, ohne die Möglichkeit, etwas zu verstehen oder einzuord-
nen. Sonst hätte sie den Gedanken denken können, dass die Mutter
sehr traurig war und auch eine große Angst hatte. Ihr wurde von
einem Arzt gesagt, dass das Kind möglicherweise mit einem offenen
Rücken zur Welt kommen würde, das haben Untersuchungen ergeben, und dass »die Werte« sehr schlecht seien. Aber davon verstand
das Kind im Leib natürlich nichts, was sich ihm mitteilte war, dass
diese mütterliche Umgebung voller Angst und Bedrohungsgefühle
war. Zugleich aber wuchs der Fetus, erlangte immer mehr Fähigkeiten, unterschied hell und dunkel, nahm nicht nur die Geräusche des
mütterlichen Körpers wahr, sondern auch die Stimmen von außen,
eine dunkle Stimme, die beruhigte, helle Stimmen, die Lebendigkeit
da draußen signalisierten.
    Immer wieder drangen in diese verwirrende Welt aus Angst und
Bedrohung und Leben und Mut und Hoffnung auch andere Signale
ein, Hände, die den Bauch der Mutter abtasteten, etwas Kaltes darü-

ber führten, eine Stimme, die ohne die gewohnten Affekte erklang. Nach einer solchen Sequenz wurde die Behausung wieder besonders eng, die Angst der Mutter schnürte alles ein, eine Angst, welche die schwachen Kräfte zu lähmen drohte.

Aber allmählich regte sich auch Eigenes. Die kleinen Hände berührten das Gesicht, die Lippen, die sich öffneten für einen Finger, die Arme und Beine zappelten und stießen an eine weiche Wand und probierten einen Spielraum aus; konnte sich so die bedrohliche Stimmung abmildern? Kamen auch Signale der Freude, des Stolzes?

Was für ein »Bild« entstand wohl in dem noch namenlosen kleinen Menschen von der Mutter? Der mütterliche Leib und was ihn umgibt ist das vorgeburtliche Universum. Ob es ängstigend und bedrohlich ist oder sicher und vertrauenerweckend, traurig oder heiter, schmerzvoll oder Lust vermittelnd, ob es da ein Willkommen gibt oder überwiegend Ablehnung – das alles prägt die »Sicht« des Kindes auf die Welt, die dic Mutter ist. Es ist freilich keine »bewusste« Sicht, es ist eine physio-psychisch engravierte Welterfahrung, mit der man dem Künftigen begegnen wird. Daniela kommt mit einem »Er-Leben« zur Welt, dass diese überwiegend ängstigend und bedrohlich ist, vielleicht auch, dass sie selbst zu schwach ist, dieser Angst ausreichend Vitalität entgegenzusetzen, und dass man sich hüten und schützen muss oder eben jemanden braucht, der einen Mantel schützender Geborgenheit um einen legt. Und wer sollte das besser können als die Mutter? So wird die Mutter von Beginn an in zweifacher Weise wahrgenommen: als eine Welt voller Angst und als dringend benötigter Schutz gegen die Angst. Bei dieser Vermutung gehen wir davon aus, dass die Mutter nicht allein als ein primäres Universum in der Wahrnehmung des Fetus und später des Säuglings vorkommt, sondern von Beginn an auch rudimentär als Objekt oder als Vorläufer eines solchen, weil schon die Grenzen des uteralen Raumes eine Andersheit repräsentieren. Gleichwohl dürften beide Aspekte oszillieren, mal der eine und mal der andere in den Vordergrund treten.

Wie kommt der Vater in dieser frühen Welt der kleinen Daniela vor? In dieser Welt, in der sich ein »Urvertrauen« (vgl. Erikson, 1959/1979) so schwer entwickeln kann? – Es gibt keine denk- oder fühlbare Welt für einen Menschen ohne die Dreiheit, die Triade (vgl. Lang, 2011). Es ist nicht nur der Vater in seiner konkreten Gestalt und Erlebbarkeit, es sind Väterlichkeit und Mütterlichkeit, welche das Kind hervorbringen. Allenfalls kann die triadische Struktur des Daseins verzerrt wahrgenommen oder verleugnet werden. Es gibt wohl eine entwicklungsbedingte schrittweise Integration von mütterlichem und väterlichem Raum – aber sie existieren beide immer zugleich. Wie also wird das Väterliche, das anders ist als das Mütterliche, wahrgenommen?

Danielas Vater ist ein ruhiger Mann, der die Dinge des Lebens sachlich angeht und wenig von seiner Emotionalität erkennen lässt. Er bemühte sich sehr, die Angst seiner Frau zu beruhigen, etwa indem er sich darüber informierte, wie das mit dem »offenen Rücken« ist. Er fand heraus, dass so etwas äußerst selten vorkommt, und vertrat die Haltung, es werde wohl schon nicht so schlimm kommen, und wenn, dass man auch dann Lösungen finden werde. Aber die Mutter ist eine ängstliche Frau, ihre Angst füllt sie fast vollständig aus, und diese entstammt kindlichen Erfahrungen von Ungeborgenheit und emotionaler Abweisung. Die »katastrophale« Schwangerschaft mit Daniela war nur ein weiterer Baustein in einer langen und leidvollen Geschichte einer früh entstandenen Angst, einer Existenzangst, die sich nun projektiv auf das Ungeborene richtete und – da sie ja keine Gewissheit durch eigene Anschauung haben konnte – in der Phantasie ins Unermessliche wuchs. So konnte sie die beruhigende Haltung ihres Mannes nicht annehmen, eben weil sie eher rational daherkam und ihre emotionale Aufgewühltheit nicht erreichte. Ja, sie empfand es als ein Im-Stich-gelassen-Werden, etwas, was sie nicht brauchen konnte, sogar als etwas, was ihre leidvolle frühere Erlebenswelt lediglich bestätigte – man hat niemanden, der sich wirklich einfühlend einlässt, innerlich ist man immer allein, auch wenn äußerlich jemand da ist.

Was also bedeutet diese tiefe, ruhige Stimme, die im frühen Universum des heranreifenden Kindes erklang? War sie durchmischt mit einem Gefühl der Nicht-Dazugehörigkeit, das von der Mutter stammte, einem Fremdheitsgefühl, das nun aber nicht neugierige Aufmerksamkeit evozierte, sondern eher eine ängstliche oder gar barsche Abweisung? Sie wird wohl gefiltert gewesen sein von der mütterlichen Einstellung zu Väterlichem, das als unbrauchbar beiseitegeschoben werden musste. Die Triade konnte zunächst nicht anders gefühlt, erlebt werden als gebrochen durch die mütterliche Haltung zu ihr, wie ein Lichtstrahl im Wasser gebrochen wird. Sie war bereits in der Mutter beschädigt – und kam so in der aufkeimenden Psyche des Kindes an.

Mein Gedankenausflug kehrt zurück in unseren stillen Raum. Ich komme mir vor, als hätte ich das Schneckenhaus und das Schweigen bewacht, die Zeit für das Stundenende ist gekommen. Ich sage: Heute haben wir eine Schweigestunde miteinander erlebt. Daniela blickt auf und schaut mich an und nickt. Sie steht auf, gibt mir freundlich und schüchtern eine schlaffe Hand und geht aus dem Raum, umhüllt von ihrem grauen Mantel, den sie die ganze Zeit über nicht ausgezogen hatte, und mit ihrem kleinen Täschchen, das ihr über der Schulter hängt und das sie fest an sich presst. Den Weg die dunkle Treppe hinunter, wo die Mutter wartet, geht sie allein.

Wie sieht die Welt draußen aus?

In ihre nächste Stunde kommt Daniela, wie mir scheint, mit festem Schritt. Den Mantel behält sie an, das Täschchen bleibt über die Schulter gehängt. Ich frage sie, ob ihr kalt ist, und komme mir im gleichen Moment dumm vor, denn eigentlich weiß ich, dass mein Raum ausreichend geheizt ist. Aber es regt sich der Impuls, für dieses zerbrechliche Geschöpf irgendwie zu sorgen. Erwartungsgemäß verneint sie. Ich sage: »Dein Mantel ist für dich wie ein Schutz, ähnlich wie dein Schweigen ein schützendes Schneckenhaus ist.« Sie nickt und sagt mit fester Stimme: »Ich möchte heute Obstgarten spielen.« In diesem Spiel bilden die Spieler ein Team. Sie müssen vier Obstbäume abernten, bevor ein gefräßiger Rabe ihnen das Obst wegfrisst. Man kann also zusammen gewinnen – oder verlieren, dann bekommt man zu wenig zu essen. Ein spannendes Spiel, oft gewinnt oder verliert man erst mit dem letzten Zug. Daniela spielt ohne sichtbare emotionale Regung. Gewinnt der Rabe, so nimmt sie dies ohne Kommentar hin, als wollte sie signalisieren: So ist es halt, das ist das Leben, da kann man nichts machen und es lohnt sich nicht, sich darüber aufzuregen. Gewinnen wir, ist ebenso wenig zu spüren, was in ihr vorgeht, keine Freude, kein Triumph – wie wenn ein solcher Sieg ohnehin nur vorübergehend sei und lediglich bestätigt, was man schon weiß: Was man bekommt, kann einem jederzeit auch wieder genommen werden, sich zu freuen zieht unweigerlich die Enttäuschung nach sich. Die Welt ist voller verfolgender, gefräßiger Raben, die letztlich doch immer die Oberhand behalten, und es ist besser, auf diese Welt nicht allzu viele Gefühle zu verschwenden. Lust und Unlust, Freude und Ärger, Spannung und Entspannung – das alles erlebe anscheinend nur ich und soll es wohl an ihrer Stelle, für sie erleben.

Im Spiel sind wir zwei eine Einheit, die gegen einen missgünstigen Verfolger kämpft. Da kommt keine differenzierte Zweiheit vor, keine Unterscheidung von Wünschen und Interessen – und vor allem keine Rivalität. Immer wieder spielt Daniela dieses Spiel, eine endlose Wiederholung, die mich fest an sie bindet. Ich komme mir mehr und mehr wie ein Gefangener vor, den sie braucht, um in ihrem Kampf gegen verfolgende Gestalten nicht allein zu sein. In mir regt sich das Bedürfnis, mich aus der Gefangenschaft zu befreien, jemand anders sein zu dürfen mit eigenen Motiven und Absichten. Ich ertappe mich dabei, zu wünschen, dass der Rabe gewinnt, als ob nur durch diesen Wunsch eine Andersheit rekonstituiert werden könnte – und komme mir dabei zugleich boshaft und verfolgend vor.

In dieser Stunde – so kommt es mir vor – kommt Daniela gleichsam zur Welt, die sie festen Schrittes betritt. Bald aber wird die Welt bedrohlich, man kann sich seiner Versorgung, seiner Unversehrtheit nicht sicher sein. Ein gefräßiger Verfolger betritt den Plan und raubt einem die Grundlage für alle weiteren Schritte, großzügig nährend ist diese Welt nicht.

Als Daniela geboren wurde, erblickte ein unversehrtes Kind das Licht der Welt. Wie groß muss die Erleichterung der Eltern gewesen sein, dass sich die schlimmen Befürchtungen nicht bewahrheitet hatten: Das Kind hatte keinen offenen Rücken. Zierlich zwar, fast zerbrechlich – aber gesund und lebensfähig betritt sie den weiten Raum. Aber die Freude war nicht von langer Dauer. Daniela wurde schon bald von Infektionen heimgesucht, denen ihr Körper nicht gewachsen war. Ihre ganze Säuglings- und Kleinkinderzeit über wurde sie von Krankheiten geplagt, die Eltern konstatieren erschöpft und verzweifelt, es habe so ziemlich keine Krankheit gegeben, die sie nicht durchgemacht habe. Von acht Jahren sei sie fünf krank gewesen. Dabei nahmen diese Krankheiten regelmäßig einen dramatischen

Verlauf: Das Kind wurde geschüttelt von Fieberkrämpfen und konnte wochenlang das Bett nicht verlassen, geschweige denn die Wohnung. Die Mutter schwebte in ständiger Angst, der Vater stand oft ratlos am Bett seiner Tochter. Die zwei älteren Schwestern von Daniela gerieten in dieser sorgenvollen Atmosphäre zeitweilig aus dem Blick der Eltern. Ihre Ansprüche, ihrerseits gesehen und verstanden zu werden, mussten zurückstehen und man kann sich vorstellen, welche Gefühle von Neid, Eifersucht und Hass aufkeimten und mühsam in Schach gehalten werden mussten. So wurden die beiden ihrerseits in der Wahrnehmung von Daniela zu verfolgenden Konkurrenten um die lebenserhaltende Dauerpräsenz der Mutter.

Danielas Krankheiten sind wie der gefräßige und verfolgende Rabe: Sie fressen einem die Lebensenergie weg, sie zehren an Körper und Seele, sie sind Verfolger, die aus dem Körperinneren kommen und gegen die man wehrlos, schutzlos ist und die – lassen sie sich schließlich einmal vertreiben – doch immer wiederkommen. Daniela konnte sich nicht entwickeln wie andere Kinder, in Bewegung und Sprache blieb sie zurück, also in den Funktionen, mit denen man sich die Welt erobert und differenzierte Erfahrungen mit ihren Realitäten macht. Schließlich entbehrte Daniela das Erleben von Selbstwirksamkeit, also die innere Überzeugung, die Welt um sich herum beeinflussen zu können und ihr eine eigene Prägung zu geben. Damit büßte sie auch erheblich an Selbstwertgefühl ein, die Herausbildung eines gesunden Narzissmus, in dem auch Hoffnung und Zuversicht wachsen, blieb auf der Strecke.

Das Bild von Mutter und Vater

In dieser Zeit war die Mutter für Daniela nicht allein Garantin der Versorgung basaler oraler Bedürfnisse, sondern vor allem von Schutz vor den lebensbedrohlichen Verfolgern. Die Mutter wurde zu einem Teil von ihr, dem Teil, der ihr körperlich und psychisch fehlte: nämlich die Abwehrkräfte sowohl körperlicher als auch psychischer Natur. Und weil die Bedrohung so immens war, durfte dieser Teil nicht von ihr weichen, durfte nicht mit jemandem geteilt werden, weder mit dem Vater noch mit den Geschwistern. Die Not erzwang einen exklusiven Besitzanspruch. In der inneren Welt des Kindes

kam die Mutter somit in ihrer Funktion als Versorgerin und Boll-
werk gegen die angsterregenden Einflüsse aus inneren und äußeren
Welten vor. Eine Sicht, die sich lange nicht verändern sollte.

Dem Vater kommt in der Entwicklung eines Kindes in der Regel
eine trennende und eine schützende Funktion zu.[2] Er repräsentiert
das, was anders ist als die Mutter, und darin vermittelt er auch eine
Erfahrung von Fremdheit. Um sich als etwas Eigenes, von der Mutter Getrenntes erleben zu können, braucht es eine Beziehung zum
Väterlichen. Über diesen Weg erschließt sich eine andere Welt, sie
ermöglicht Begegnungen mit der Realität außerhalb des mütterlichen
Universums (das dann schon nicht mehr so universal ist) und ihren
Gesetzmäßigkeiten. Für dieses Wagnis braucht das Kind die Sicherheit, dass der Vater nicht nur über die Bewahrung der frühen Mut-
ter-Kind-Bindung wachen, sondern auch vor den Fährnissen dieser
anderen Realität schützen kann. Für Daniela jedoch war der Vater
eingebunden in die Sorge um ihr Gedeihen, ja um ihr Überleben – er
nahm zwangsläufig die Stelle der Mutter ein, wenn diese, erschöpft,
nicht mehr konnte, er war präsent in einer mütterlichen Haltung von
Versorgung und Bewahrung in verfolgenden Phantasien. Seine trennende Funktion war für beide, Mutter und Kind, viel zu angstbesetzt –
es schien schließlich beständig um Leben und Tod zu gehen –, als dass
sie hätte zugelassen und wirksam werden können. Ein energischeres
Eingreifen hat er sich auch deshalb selbst verboten, weil er natürlich
die Gefährdung spürte. Die Bilder von Mutter und Vater verschwom-
men auf diese Weise ineinander, der Vater blieb ohne eigene Konturen und wurde so schließlich wirklich zum entbehrlichen Objekt, das
sich teils resigniert zurückzog, teils weggeschickt wurde.

Separation – eine neue Perspektive

Nun lässt sich Entwicklung, auch wenn sie retardiert ist, nicht vorstellen ohne die Notwendigkeit innerer und äußerer Separations-
schritte. Auch Daniela lernte schließlich laufen und – mithilfe einer

---

2 Zur Vertiefung der hier im Folgenden vorgetragenen Gedanken über den
   Vater, Väterlichkeit und väterliche Funktionen: Bly (1991), Dammasch et al.
   (2008), Dammasch u. Metzger (2006), Diamond (2010), Garstick (2013),
   Hopf (2014), Metzger (2008), Metzger (2013), Walter u. Hierdeis (2013).

Logopädin – sprechen. Auch sie überschritt die Schwelle zum Kindergarten – mit fünf Jahren. Von Ferne sehen die Dinge anders aus als aus der Nähe – das gilt auch für die Eltern. Wenn sich die Mutter entfernt und Daniela soll im Kindergarten bleiben, dann reißt sich ein Teil, das zu ihr gehört, von ihr los – und das tut weh. Aber wer ist die Mutter ohne sie? Was macht sie? Haben vielleicht gar andere auch Ansprüche an sie – denen sie sich jetzt zuwendet? Die Geschwister? Der Vater? Nachbarn, Freundinnen …? Denkt sie überhaupt noch an sie, an Daniela? Die Mutter bekommt ein Eigenleben, sie wird zu einer Person mit eigenen Absichten und Wünschen, die Daniela schwer einschätzen und kaum kontrollieren kann. Und war da nicht im Blick der Mutter, als sie sich verabschiedete, neben der üblichen Angst und der Sorge, ob das mit dem Kindergarten auch gutgehen würde, auch ein Funken Erleichterung zu sehen? Und nun ist sie auf sich gestellt, allein in einer noch fremden Umgebung, ohne den gewohnten Schutz der Mutter. Die Mutter ist nicht da, und die Zeit, in der sich Daniela an ihr inneres Bild von der schützenden, allgegenwärtigen Mutter klammern kann, wird ungewohnt lang, so lang, dass dieses Bild allmählich zu verblassen beginnt und ihr zerrinnt. Aber sie ist ja am Leben und um sie herum gibt es Leben und so wird sie sich nun tapfer an dieses noch fremde Leben heranwagen. Die anderen Kinder und die Erzieherinnen scheinen ja dieses fremde Leben gewohnt zu sein, sie nehmen das als ganz selbstverständlich, als ob es nie etwas anderes gegeben hätte. Nur – wie geht es zu in diesem neuen Leben? Daniela ist irritiert. Und ihrer Mittel, dieses neue Leben zu erkunden, ist sie sich durchaus nicht sicher. Ihre Bewegungen sind linkisch und zaghaft, ihre Kontaktaufnahme schüchtern, ihre Stimme leise und ihrer Sprache fehlen noch viele Laute, Wörter und Sätze. Selbst die Kleineren scheinen da geschickter, gewandter.

In den Therapiestunden mit Daniela etabliert sich eine Art Ritual. Sie spielt abwechselnd zwei Spiele: Obstgarten und noch ein anderes Spiel, bei dem wir ebenfalls ein Team bilden, das Marienkäfern zu einem lustvollen Maskenball verhelfen und diese vor (wiederum gefräßigen!) Ameisen schützen soll. Hier ist es ein vergnügliches Miteinander, das vor fremden Eindringlingen bewahrt werden muss. Das Spiel im Spiel braucht einen geschützten Raum, und das

Spiel im Raum der Therapie braucht eine Sicherheit, die im festen
Ritual und in der stetigen Wiederherstellung des Gewohnten und
Bekannten besteht. Diese Wiederholung Stunde um Stunde kommt
mir vor wie bei einem kleinen Kind, das Lust hat an den immer
gleichen Zyklen von Worten und Handlungen, auf denen es besteht
und dadurch Sicherheit und Vertrauen in die Welt und ihre Objekte
gewinnt. Wortspiele, Fingerspiele, Reime, Lieder, kleine Geschichten – kleine Kinder pflegen sie immer wieder von den Eltern zu ver-
langen, frönen ihrer mit Hingabe und ahnden auch noch die kleinsten Abweichungen. Aber Daniela ist doch schon 12! Was mit einem
zwei- oder dreijährigen Kind lustvoll ist, gerät hier allmählich zur
Ödnis eines unguten, unlebendigen Kontrollierens und Kontrol-
liert-Werdens.

Erlebe ich da etwas, was vielleicht auch ein Teil der Kinder im
Kindergarten schon erlebt hat? Dass das schüchterne, linkische Mädchen mit der komischen Sprache uninteressant wird, jemand, mit
dem man nicht recht spielen kann? Und den man deshalb links liegen lässt, zum Ziel abfälliger Bemerkungen macht? Und auf den man
Wut entwickelt ob ihrer demonstrativen Hilflosigkeit, mit der sie die
Zuwendung der Erzieherinnen erheischt?

So mutieren die Kinder im Kindergarten in der Sicht von Daniela
allmählich zu einer undifferenzierten Masse mobbender Monster,
denen sie sich hilflos ausgeliefert fühlt. Und wenn die Mutter schon
nicht da ist und es auch nur flüchtige und instabile innere mütterliche und väterliche Gestalten gibt, dann hilft nur noch die Flucht
zurück zur realen Mutter. Die Mutter ihrerseits, ohnehin unsicher
und womöglich von Schuldgefühlen geplagt, übernimmt rasch die
Sicht ihrer Tochter, dass die anderen Kinder sich gänzlich unmöglich gegen diese benehmen und auch die Erziehrinnen anscheinend
unfähig sind, das zerbrechliche Kind hinreichend gegen die gemei-
nen Angriffe einer mobbenden Meute zu schützen. So sind sich Mutter und Tochter, in einem Angstkreislauf gefangen, einig darüber,
dass die Welt »da draußen« gefährlich und bösartig ist, voll von
Verfolgern, und dass es besser ist, sich in einen schützenden Kokon,
gesponnen aus den Fäden der Angst, zurückzuziehen.

Kippbilder

Abgesichert wird dieser Kokon fatalerweise durch etwas, was vordem selbst eine bedrohliche Plage war: durch Krankheiten. Wer krank ist, verdient Schonung. Wer krank ist, kann nicht aus dem Haus, kaum aus dem Bett. Die Krankheit schweißt Eltern und Kind zusammen – in einer Trutzburg. Nun ist es nicht mehr die Krankheit, die primär bedroht, sondern die Welt da draußen, und die Krankheit sichert die Festung ab.[3] Unter diesen Umständen kann, ja darf man nicht gesund sein. So quälend sie ist, sie bewahrt doch vor der noch größeren Qual, sich den eigenen Ängsten zu stellen, auch den Herausforderungen der sozialen Umwelt, ihren – zugegeben – Unannehmlichkeiten, ihren aggressiven Auseinandersetzungen, aber auch ihren reizvollen und lustvollen Herausforderungen und Erweiterungen. Und sie bewahrt davor, die Sicht auf das bedrohlich »Fremde« zu differenzieren, zu entdecken, dass das Aggressive da draußen vielleicht nicht nur zu den anderen gehört – nun, aber zu wem denn dann?

Die Mutter, die nicht da ist, etwa weil sie Daniela allein im Kindergarten zurücklässt – oder in die Schule schickt, ist in der Sicht des Kindes eine böse Mutter. Sie ist ja auch nicht nur einfach nicht da, Daniela fühlt sich nicht nur einfach verlassen, vielmehr aktiv und in voller Absicht in ein Haifischbecken voller uneinschätzbarer Gefahren geschubst. »Das musst du jetzt aushalten!«, lautet die ausgesprochene oder unausgesprochene Botschaft. Aber wie soll man es in einem Haifischbecken aushalten? Das Bild der Mutter wird zu einem Kippbild: Zum einen ist sie der schützende Hafen, die wärmende Hülle, die nährende Brust – zum anderen die grausam Ausstoßende, die Verlassende, die eigensüchtig Verratende. Möchte Daniela mit jener eins werden und ihr Ein und Alles sein, so möchte sie diese – erfüllt von Neid und Rachegelüsten – zerstören. Ein Konflikt, der kaum lösbar erscheint.

Aber es gibt einen Ausweg, wie man das einst so freundliche und wärmende Mutterbild vor der eigenen Destruktivität bewahren kann: Man schließt sich fest zusammen und wirft alles Enttäuschende,

---

3   Krankheit bringt also nicht nur Leiden hervor, sondern kann auch, gleichsam nachträglich, unbewusst als Vorteil benutzt werden. Wir sprechen hier vom »sekundären Krankheitsgewinn«.

Aggressive, Destruktive aus der Beziehung zur Mutter hinaus, man
»projiziert« (projizieren, lat. »hinauswerfen«) es in die Außenwelt,
in die Personen, die sich außerhalb des Kokons befinden. Und da
nun »glücklicherweise« auch die Mutter zu solch einer Konfliktlö-
sung neigt, sind sich beide, Mutter und Tochter rasch einig, dass
das Böse außerhalb ihrer selbst zu finden ist – keinesfalls im eigenen Innenleben oder zwischen ihnen. Die Folge dieses Vorgangs ist
zwar zunächst eine Entlastung vom Innendruck aggressiver Regungen, aber nun haben phantasmatisch die anderen die böse Aggression und kommen einem, aufgeladen durch die eigenen Projektio-
nen, bedrohlich vor. Projektion von aggressiven Gefühlen ziehen
regelmäßig paranoide Ängste nach sich – und verstärken auf diese
Weise kreislaufartig die Angst, der man eigentlich entkommen wollte.

Als Erstes trifft es den Vater. Er ist ja nicht nur irgendwie anders
als die Mutter, seine Berührungen fühlen sich anders an, er fordert
mehr heraus zu Bewegung und Spiel, seine Stimme ist tiefer und
fester, seine Worte zeigen Dinge auf, die über den Kokon hinaus-
weisen auf eine andere Realität, die in ihrer Gesetzmäßigkeit unab-
änderlich ist. Man muss in die Schule gehen, man muss essen, was
auf dem Tisch steht, man muss aufstehen und sich anziehen und
waschen und die Zähne putzen. Man hat es mit Begrenzungen zu
tun, mit den ökonomischen Grenzen des Familienbudgets, mit den
zeitlichen Grenzen des Tagesablaufs, mit Verpflichtungen, denen
die Eltern unabhängig von den Wünschen der Kinder nachgehen
müssen. Man muss sich mit anderen Menschen auseinandersetzen.
Allein schon in diesem »man« steckt ein Gesetz, das sich nur mit
Einbußen an Entwicklung umgehen lässt. Es weist aber auch auf
eine Freiheit hin, die für Daniela jedoch wenig verlockend, vielmehr ängstigend und erschreckend ist. Hinter dem Bild des Vaters,
der schützt und bewahrt, scheint eine ganz andere Welt auf, die eben
dieses Bild zwiespältig macht, ambivalent. Und nicht zuletzt flößt der
Vater Furcht ein, weil er ja auch Ansprüche auf die Mutter hat, diese
von Daniela und Daniela von dieser zu lösen trachtet.

Während Daniela mit mir spielt, taucht immer wieder eine Hand
in ihre Manteltasche. Unversehens und wie nebenbei kommt sie wieder hervor und birgt eine kleine Figur darin. Einen kleinen weichen
Eisbär oder eine Feenfigur oder ein kleines Känguru. Diese Figuren,

so erfahre ich, sind Geschenke vom Vater, der sie seiner Tochter mit-
brachte, wenn sie wieder einmal elend und krank im Bett lag. Es sind
Symbole für den Vater, der so oft weg ist, mit denen sich Daniela
tröstet und die es ihr erleichtern, bei mir zu sein, ohne die Eltern.
Sie sind auch Symbole einer Liebe, die sie zum Vater empfindet und
die der Vater erwidert. Aber die Liebe zum Vater ist nicht so einfach.
Es ist eine geteilte Liebe, eine, die auf Exklusivität verzichten muss.

Die Sicht auf den Vater gerät also ebenfalls zu einem Kippbild.
Der sehnsüchtig Geliebte ist zugleich der Trennende, der Repräsen-
tant einer bedrohlichen Welt. Das Bild enthält einen Konflikt, der
nicht nur in äußeren Gegebenheiten liegt, sondern mitten durch die
Seele des Kindes geht. Es ist der ödipale Konflikt zwischen Liebe und
Hass, der für Daniela noch kaum zu lösen ist.

Jedes Mädchen durchläuft in ihrer Entwicklung diesen Konflikt.
Wenn es gutgeht, kann ein Kind die beiden Aspekte des Vaters integrieren zu einem Ganzen: Die Liebe und Anerkennung durch den
Vater mischt sich mit aversiven Gefühlen. Das Mädchen kann den
begrenzenden Vater, der Verzicht fordert und das Gesetz der Realität vertritt, als gute und bewahrende innere Instanz errichten –
als Summe von Fähigkeiten, die Realität anzuerkennen, sich ihren
Herausforderungen zu stellen, eigene Zukunftsperspektiven zu entwickeln und sich gerade darin geliebt und anerkannt zu fühlen. Es
ist dann der Stolz des Vaters, das Leuchten in seinem Auge, wenn
er seine erblühende Tochter betrachtet, der sich zu einer inneren
Gewissheit verdichtet, als Mädchen und werdende Frau wertvoll
und wirksam zu sein.

Eine wichtige Voraussetzung für diese aufkeimende Selbstgewiss-
heit ist die Haltung der Mutter zum Vater. Wenn in ihrer inneren
Welt der Vater als ein Anderer, ein »Dritter im Bunde« geliebt und
anerkannt werden kann, begegnet die Tochter in ihr einem Vater, der
liebevoll mit der Mutter verbunden ist. Das gilt mutatis mutandis
auch für den Vater. Voraussetzung für eine gelungene Dreiheit und
damit für gelingende Separation, also innere und äußere Trennungs-
und Ablösungsvorgänge, und für Symbolbildung[4], ist demgemäß,

---

4 Trennungen von den primären Bezugspersonen, die ohne allzu großen Stress
   und Angst erlebt werden, fördern, wie erwähnt, die Errichtung eines inneren Bildes von der Beziehung zu jenen. Diese »Objektrepräsentanz« wird

dass in beiden Eltern ein inneres Bild von einem Paar wirksam ist, das ein Drittes, eben das Kind, aufnehmen und mit den je eigenen Beziehungsqualitäten fördern kann (vgl. Dammasch, Katzenbach u. Ruth, 2008; Walter u. Hierdeis, 2013).

Die zerbrochene Triade

Die Konstellation für Daniela ist eine andere. Die alles beherrschende Angst, in die Mutter und Tochter miteinander verstrickt sind, verzerrt das Bild des Vaters: Er erscheint nur noch in seiner furchterregenden Funktion der Trennung, die den schützenden Kokon zerreißt. Er muss ausgeschlossen werden, sofern er nicht lediglich die Ersatzmutter ist. Am Ende ist er der böswillig Versagende oder der Unbrauchbare, den man besser los wird. Fatalerweise konnte Danielas Vater mit dieser Tragödie nicht anders umgehen, als dass er nun erst recht misstrauisch wurde, streng regulierend auftrat und versuchte, seine Frau und die Töchter zu kontrollieren, wenn er das Gefühl bekam, in seinen Bestrebungen, die »nüchternen Realitäten« geltend zu machen, umgangen zu werden. So verlor er nach und nach das Herz seiner Frau und wusste in seiner emotional eher kargen Art sie nicht zurückzuerobern – bis er schließlich aufgab und sich einer anderen Frau zuwandte. Und auch seine Frau, verständlicherweise schwer gekränkt, wusste sich nicht anders zu helfen, als ihn schlussendlich wegzuschicken. Nun hatte es Daniela mit zwei Eltern zu tun, die kein Paar mehr waren, bei denen einer im anderen als Objekt hasserfüllter Gefühle vorkam. Die Liebe zum Vater

im Laufe einer günstigen Entwicklung stabiler, sodass sie auch über längere Trennungszeiten hinweghilft. Dieses »innere Bild« ist Vorläufer für alle späteren Symbolbildungen, mit deren Hilfe wir uns psychisch ein Bild von der Realität machen – bis hin zu sprachlichen und mathematischen Zeichen. Lange braucht ein Kind noch ein äußeres Symbol für die Bezugspersonen: Ein Kuscheltier, ein Schnuffeltuch sind solche »Übergangsobjekte« von der äußeren zur inneren Symbolbildung. Das Wort »Symbol« stammt vom griechischen »symballein«: zusammenwerfen, zusammenfügen. Wenn zwei Freunde voneinander schieden, so zerbrachen sie ein beschriebenes Tontäfelchen – jeder bekam eine Hälfte mit – und fügten sie beim Wiedersehen zusammen. So hatte jeder in Zeiten der Trennung ein »Symbol« für ihre Beziehung bei sich!

musste nun heimlich geschehen, denn wie kann Daniela das Wohl-
wollen der Mutter erhalten, wenn sie doch spürt, dass derjenige, den
sie liebt, der Mutter wehgetan hat? Und sie braucht ja die Mutter und
ihre Zuwendung mit allen Fasern ihres Daseins, mit ihr darf sie es
sich nicht verderben!

Dieses Bild des Vaters ist in nuce in der Geste enthalten, mit der
Daniela vorsichtig, fast meinem Blick entzogen, ihre kleinen Figuren
aus der Tasche nimmt. Eine Frage steckt in dieser Geste, die Frage
an mich: Darf ich hier, vor dir, zeigen, dass ich ihn liebe, selbst wenn
ich ihn auch hasse, weil er mich verlassen hat? Hältst du das mit mir
aus, dass ich auch einen anderen liebe, ohne dass du mir dafür böse
wirst und dich mir entziehst? Kannst du akzeptieren, dass es woanders, beim Vater, lustig und lebendig zugeht? Oder ist der Preis dafür,
dass du mir gut bist und ich dich ganz für mich haben will, dass auch
du mich ganz für dich haben musst?

Bedrohte Exklusivität

In eine ihrer Stunden wird Daniela von ihrer Mutter gebracht, ihre
ältere Schwester Nicole ist auch dabei, denn die Mutter nutzt die
Zeit der Therapiestunde, um mit Nicole einen Arzttermin wahrzunehmen. Daniela ist es ganz und gar unmöglich, sich von ihrer
Mutter zu trennen. Sie klammert sich an sie, schluchzt und weint,
ein tränenüberströmtes Bild des Elends. Daniela kann – entgegen
ihrer sonstigen Gewohnheit – mir nicht einmal die Hand geben, ja
sie schaut mich gar nicht an, sondern verbirgt ihr Gesicht im Mantel der Mutter. Die redet auf sie ein, sie solle doch jetzt wie üblich in
ihre Stunde gehen, und sie habe jetzt einen Termin, dabei hält sie
das Kind ihrerseits fest umschlungen – ein plastisches Bild für ein
»double bind«, also ein widersprüchliches Bindungsverhalten mit
zwei sich widersprechenden Botschaften: Ich halte dich in deiner
Angst ganz fest – aber du sollst dich von mir lösen. Endlich kommt
die Mutter mit in den Therapieraum, beide sitzen eng umschlungen
auf meiner Couch, Daniela, das aufgeschossene dünne Mädchen,
ebenso groß wie ihre Mutter, auf deren Schoß. Ich muss an eine
Pieta denken. Nicole wartet inzwischen draußen, mir ist ihr wüten-
des Gesicht nicht entgangen.

Warum kommt mir eine Pieta in den Sinn? Ich erinnere mich an eine Erzählung des Vaters: Daniela kam eines Tages aus der Schule und legte sich ins Bett, drehte sich zur Wand und sprach kein Wort mehr. Sie aß nicht mehr, sie trank nicht mehr. Das ging tagelang, alle Bemühungen des Vaters waren vergeblich, prallten ab an einer Wand des Schweigens. Vorausgegangen war, so fand der Vater heraus, eine Mobbingszene in der Schule. Schließlich sagte der herbeigeholte Arzt, wenn das so weiterginge, müsse Daniela in eine Klinik eingewiesen und künstlich ernährt werden. Erst da konnte Daniela einlenken. Später habe sie gesagt, sie habe nicht mehr leben wollen.

Aber dies ist keine Pieta. Daniela ist am Leben, und das zeigt sie ganz vital mit ihrer exklusiven Inbesitznahme der Mutter, wodurch sie ihre Schwester ausschließt. Die Szene zeigt auch etwas von dem Bild, das sich Daniela von ihren zwei Schwestern macht: Sie mutieren bisweilen zu unerträglichen Rivalen um die Liebe der Mutter. Nicole, die zum Arzt muss, wagt es, das Feld zu besetzen, in dem Daniela Meisterin ist: die Krankheit als Absicherung der mütterlichen Präsenz und Schutz vor Rivalität. Das ist unerträglich. Das dramatische Vorkommnis, das der Vater erzählt hatte, zeigt: Wenn der sekundäre Krankheitsgewinn nicht mehr ausreicht, steigen Todesphantasien auf. Wir können unschwer erkennen, dass sich hier eine Wendung gegen die eigene Person vollzieht: Die Todeswünsche gelten ursprünglich den verhassten Rivalinnen, aber sie passen so wenig zum Selbstbild des leidenden und verfolgten Opfers, dass die Aggression sich schließlich gegen das eigene Ich wendet und so die »bösen« aggressiven Regungen unkenntlich gemacht werden.

Nach einer Weile sage ich, dass diese Stunde für Daniela allein da ist und es zwar gut ist, dass ihr die Mutter heute über die Schwelle geholfen hat, aber nun müsse sie wohl gehen, denn draußen wartet die Schwester. »Und deine Wut, dass die Mutter heute auch für Nicole da ist, werden wir hier schon zusammen aushalten.« Da reißt sich die Mutter los, nicht ohne ein verzweifeltes und schuldgeplagtes Gesicht, und überlässt mir eine schluchzende Daniela. Sie sitzt in ihrer zusammengesunkenen Haltung da, das Schluchzen verebbt, der Vorhang ist zugezogen. Ich sage: »Du bist mir wohl ziemlich böse, weil ich die Mutter weggeschickt habe. Und du kannst dir gar nicht vorstellen, dass wir hier vielleicht auch etwas Interessantes finden könnten, während die Mutter mit Nicole zusammen ist und nicht mit dir.« Es braucht noch eine Zeit des Schweigens, bis Daniela ein Puzzle beginnt. Es ist, als versuche sie, ihr von Wut und Angst zerrissenes Ich wieder zusammenzusetzen.

Verwöhnung und Schuldgefühle

Allmählich wird es auch im schönsten Kokon ungemütlich. Denn eigentlich ist er ja ein Entwicklungsraum, ein Behältnis der Wandlung. Am Ende wird er, wenn es gutgeht, überflüssig und heraus kommt ein schöner Schmetterling, der seine Schwingen ausbreitet und sich in die luftige Freiheit einer bunten und blütenreichen Welt erhebt. Auch in Daniela steckt ein solches Entwicklungsbedürfnis, und wenn es dauerhaft von der Angst gelähmt wird, regt sich der Wunsch nach Befreiung, ein Wunsch, der nicht ohne aggressive Impulse denkbar ist. Mit dem Anwachsen der Aggression in dem engen Behältnis wächst aber gleichermaßen die Angst vor dem Verlust der schützenden Hülle. Auch der Mutter wird es allmählich zu eng: Sie hat ja noch andere Bedürfnisse und Verpflichtungen als die stetige Aufmerksamkeit für das schwächliche Kind. Sie muss einen Beruf ausüben, sie möchte mit Freundinnen ausgehen oder sie möchte einfach mal allein und ungestört ihren eigenen Interessen nachgehen. Daniela mit ihrer ewigen Angst, mit ihrer piepsigen Schüchternheit, ihren dauernden Klagen über die bösen ausgrenzenden Mitschülerinnen geht ihr allmählich auf die Nerven und sie wird ärgerlich, bisweilen wütend. Auch sie bekommt es nun mit der Angst zu tun – ob sie mit diesen ablehnenden, aggressiven Gefühlen und Wünschen nicht ihre zerbrechliche Tochter überfordert, ihr gar schadet und ihr Vertrauen zerstört. Dass liebevolle und aggressive Gefühle zusammengehören, hat auch sie in ihrer Kindheit nicht erfahren können. Aggressiv zu sein, gar ablehnend empfindet sie als böse und schlecht, und gerade für Daniela will sie auf gar keinen Fall eine schlechte Mutter sein. Wie aber kann man die Aggression des Kindes besänftigen, die gefährliche Befreiung aus dem Kokon verhindern und zugleich die eigene Aggression kaschieren?

Zwischen der Mutter und Daniela etabliert sich eine unangemessene Verwöhnung. Danielas Unersättlichkeit, was die Präsenz

der Mutter anbelangt, verschiebt sich auf materielle Dinge. Sie hat
viele Wünsche, welche die Mutter prompt erfüllt. Daniela werden
nicht nur viele Verpflichtungen abgenommen, Aufgaben der Alltagsbewältigung, die sie eigentlich übernehmen könnte. Sie wird
auch großzügig versorgt mit allen möglichen Sachen und Vergüns-
tigungen, die sich ein Mädchen so wünscht. Sie darf – anders als die
Schwestern – reiten gehen. Nicht nur zu Festtagen wie Geburtstag
und Weihnachten darf sie sich selbst aussuchen, was ihr die Mutter
kauft und schenkt – und das ist nicht das Billigste. Willig fügt sich
die Mutter – das »arme Kind« habe ja sonst so wenig vom Leben –
und strapaziert das schmale Familienbudget aufs Äußerste. »Für
mich«, so die Mutter, »brauche ich nicht viel.« Dass derlei natürlich
den Neid und den Ärger der Schwestern beständig anstachelt, ist
ein störendes Nebenprodukt. Es gibt viel Streit unter den Geschwistern, und wenn es nicht nach Danielas Kopf geht, kann sie, das zarte
kränkliche Kind, zu einer wütenden Furie werden, die schreit und
tobt und endlich Türe schlagend in ihr Zimmer flüchtet, aus dem sie
dann stundenlang nicht hervorkommt, ihren Groll pflegend.

Verwöhnung unterläuft nicht allein die Separation und besänftigt die Trennungsangst. Sie besänftigt vor allem auch die Schuldgefühle, die angesichts der anwachsenden Aggressionen entstehen
(vgl. Burchartz, 2008). Ein klares »Nein« ruft nicht nur die Aggression des Kindes auf den Plan, die dann ausgehalten werden müsste.
Es evoziert die Befürchtung, als Mutter nicht mehr geliebt zu werden, am Ende keine gute Mutter zu sein. Das Schuldgefühl sitzt tief:
Dem eigenen Kind keinen guten Start ins Leben geben zu können,
greift das mütterliche Selbst in gravierender Weise an. Alles, was in
der Entwicklung des Kindes hernach eine notwendige Versagung
wäre, triggert das Schuldgefühl an: Ich konnte meinem Kind nicht
genug zum Leben geben.

Noch ein anderes Schuldgefühl darf nicht ins Bewusstsein dringen, eine Schuld, die sich in Danielas Seele vermutlich so früh und
tief eingenistet hat, dass es sprachlich nicht zu fassen ist. Daniela hat
überlebt, während der Zwilling starb. Hat sie nur deshalb überleben
können? Es ist auffallend, dass sich Daniela kaum etwas in gesun-
der Weise vom Leben nehmen kann. Sie lebt mit einer beständigen
Hemmung, sich aus eigener Initiative etwas vom Leben zu nehmen.

Und wenn wir Krankheiten auch als Ausdruck eines psychischen Geschehens verstehen, so hat sie unbewusst ein Leben in andauernder Selbsteinschränkung gewählt, so als müsste sie ein Leben lang für die Schuld büßen, nur auf Kosten eines anderen leben zu können. Und so holt sie sich auf sehr versteckte Weise, gleichsam über einen Umweg und unter Maskierung ihres Überlebenstriebs, was sie sich selbst versagen muss – nun verschoben auf die dingliche Welt, deren Segnungen anscheinend so reichlich zur Verfügung stehen. Ein Zusammenhang, den die Mutter wohl unbewusst ebenfalls wahrnimmt und in eben der Schuldvermeidung beantwortet. Eine Kollusion, ein unbewusstes Zusammenspiel: Wir müssen versorgen und versorgt werden, möglichst ohne Grenzen, damit wir die Schuld nicht spüren müssen, die mit schicksalhaften Trennungen und Verlusten einhergeht.

Die Sicht auf die Mutter in der Verwöhnung ist wieder eine doppelte. Verwöhnung ist ein goldenes Gefängnis, die Mutter ein Gefängniswärter, der zwar reichliche Nahrung serviert, aber eine solche, die letztlich unbekömmlich ist. Aber sie ist auch eine, die den Schlüssel zur Freiheit besitzt und nicht hergibt. Sie wird gebraucht und vereinnahmt, aber auch gehasst und verachtet. Noch wird sie nicht geliebt im Sinne einer reifen Objektliebe, die den anderen Menschen in seiner Ganzheit, aber auch in seinen Grenzen anerkennt.

Schlussbemerkungen

Angst verstellt den Blick: In einem Zustand chronifizierter Angst kann sich die Sicht auf die Eltern nicht zu einer altersentsprechenden realistischen Objektwahrnehmung entwickeln. Die inneren Repräsentanzen der Eltern bleiben voneinander gespalten. Sie werden von Daniela als unvereinbar erlebt. Es entstehen miteinander konkurrierende innere Vorstellungen von Mutter und Vater. Die Sichtweise auf die Eltern kippt von einer Perspektive in die andere, wobei die gegensätzlichen inneren Bilder nicht integriert werden können zu einem Ganzen. In ähnlicher Weise geht auch ein Riss durch die Psyche: Gegensätzliche Affekte und Emotionen können nicht amalgamieren, weder kann der Hass durch Liebe abgemildert werden noch die Liebe durch den Hass in zielgerichtete Bahnen zur Eroberung und libidinösen Besetzung der Welt gelenkt werden. Letztlich gelingt es nicht, sich im sozialen Feld gekonnt zu bewegen – die innere und äußere Isolation verstärkt kreislaufartig die Spaltung und diese wiederum die Isolation. Um diesen Kreislauf zu unterbrechen, ist es wenig hilfreich, die Angst beruhigen oder beseitigen zu wollen – vielmehr muss sie in verträglichen Portionen zugemutet und ausgehalten werden. Die Angst selbst muss geheilt werden im Sinne einer Wandlung von einer neurotischen, lebensbehindernden Angst zu einer realistischen, hilfreichen Angst, die vor Gefahren warnt, ohne die Lebenskräfte lahmzulegen.

Literatur

Burchartz, A. (2008). Verwöhnung. Eine psychoanalytische Annäherung. Analytische Kinder- und Jugendlichen-Psychotherapie, 138 (39), 207–239.

Burchartz, A. (2012). Psychodynamische Psychotherapie bei Kindern und Jugendlichen. Das tiefenpsychologisch fundierte Verfahren: Basiswissen und Praxis. Stuttgart: Kohlhammer.

Bly, R. (1991). Eisenhans. Ein Buch über Männer. München: Kindler.

Dammasch, F., Katzenbach, D., Ruth, J. (Hrsg.) (2008). Triangulierung. Lernen, Denken und Handeln aus psychoanalytischer und pädagogischer Sicht. Frankfurt a. M.: Brandes & Apsel.

Dammasch, F., Metzger, H.-G. (Hrsg.) (2006). Die Bedeutung des Vaters. Psychoanalytische Perspektiven. Frankfurt a. M.: Brandes & Apsel.

Diamond, M. J. (2010). Söhne und Väter. Eine Beziehung im lebenslangen Wandel. Aus dem Amerikanischen übersetzt von Elisabeth Vorspohl. Frankfurt a. M.: Brandes & Apsel.

Erikson, E. H. (1959/1979). Identität und Lebenszyklus. Frankfurt a. M.: Suhrkamp.

Garstick, E. (2013). Junge Väter in seelischen Krisen. Wege zur Stärkung der männlichen Identität. Stuttgart: Klett-Cotta.

Heineman, E., Hopf, H. (2012). Psychische Störungen in Kindheit und Jugend. Symptome – Psychodynamik – Fallbeispiele – psychoanalytische Therapie. Stuttgart: Kohlhammer.

Hopf, H. (2009). Angststörungen bei Kindern und Jugendlichen. Diagnose, Indikation, Behandlung. Frankfurt a. M.: Brandes & Apsel.

Hopf, H. (2014). Die Psychoanalyse des Jungen. Stuttgart: Klett-Cotta.

Hurry, A. (2002). Psychoanalyse und Entwicklungsförderung von Kindern. Frankfurt a. M.: Brandes & Apsel.

Lang, H. (2011). Die strukturale Triade und die Entstehung früher Störungen. Stuttgart: Klett-Cotta.

Leuzinger-Bohleber, M. (2009). Frühe Kindheit als Schicksal? Trauma, Embodiment, Soziale Desintegration; psychoanalytische Perspektiven. Mit kinderanalytischen Fallberichten von Angelika Wolff und Rose Ahlheim. Stuttgart: Kohlhammer.

Metzger, H.-G. (Hrsg.) (2008). Psychoanalyse des Vaters. Klinische Erfahrungen mit realen, symbolischen und phantasierten Vätern. Frankfurt a. M.: Brandes & Apsel.

Metzger, H.-G. (2013). Fragmentierte Vaterschaften. Über die Liebe und die Aggression der Väter. Frankfurt a. M.: Brandes & Apsel.

Walter, H., Hierdeis, H. (2013). Väter in der Psychotherapie. Der Dritte im Bunde? Stuttgart: Schattauer.

Reflexionen zum Artikel
»Angst verstellt den Blick«

Mit einem Epilog von Arne Burchartz

Beate Kunze

Arne Burchartz hat einen eindrucksvollen Behandlungsbericht der zwölfjährigen Patientin Daniela vorgelegt. Die Patientin berührt durch ihr besonderes Schicksal: das des vorgeburtlichen Überlebenskampfes und des Verlusts.

Der Analytiker entwickelt auf der Grundlage des therapeutischen Prozesses und seines Verständnisses der inneren Problematik von Daniela deren Sicht auf ihre Eltern. Es ist ihm für den feinfühligen und emphatisch reflektierenden Bericht sehr zu danken.

Der Titel des Artikels »Angst verstellt den Blick« formuliert und nimmt zunächst die Situation der Mutter während ihrer Schwangerschaft mit Daniela auf. Sie erwartet ein drittes Kind. Dann erhält sie die Mitteilung, dass zwei Kinder in ihr heranwachsen. Wie reagieren die Eltern, wie die Mutter darauf? Darf sie Ambivalenz und Sorge zulassen, wie die Familie mit vier Kindern leben kann, oder muss sie zwiespältige Gefühle ängstlich abwehren?

Es kommt anders, ein Kind stirbt zu Beginn der Schwangerschaft. Dieser Verlust des einen Kindes und die Annahme einer schweren und bedrohlichen Behinderung beziehungsweise Infragestellung der Überlebensfähigkeit des zweiten Kindes hat der Mutter psychisch Enormes abverlangt.

Es lässt sich vorstellen, dass sie dieses Kind mit hoher Ambivalenz ausgetragen hat: mit dem Wunsch, es möge überleben und gesund sein. Aber vielleicht gab es auch Gedanken, es möge sterben, bei der befürchteten schweren Behinderung, besonders im Hinblick auf die zwei älteren Geschwister.

Der Vater vermochte die Mutter nicht zu beruhigen, vielmehr hat sie sich in ihren Sorgen alleingelassen gefühlt. Die liebevolle Vorfreude der Mutter auf das Ungeborene könnte deshalb sehr wechselhaft gewesen sein, immer den Verlust fürchtend. Nicht Vorfreude,

sondern Angst bestimmte diese Schwangerschaft und prägte die sich
entwickelnde Mutter-Tochter-Beziehung. Dies ist einfühlsam von
Arne Burchartz beschrieben.

Ein Dilemma entsteht: Intrauterin, in der körperlichen Einheit
mit der Mutter geht es dem Kind weitgehend gut, nach der Geburt ist
mit Behinderung oder Tod zu rechnen, sodass die erste Trennung –
die Geburt – mit extremer Spannung und Angst erwartet wurde. Wie
die innere Belastbarkeit sowie das psychische Verarbeitungspoten-
zial der Mutter, abhängig von deren eigenen lebensgeschichtlichen
Erfahrungen, einzuschätzen ist, ist nur zu vermuten.

Diese frühen widerstreitenden Erfahrungen von Mutter und
Kind, geprägt von Hoffnung, Angst, möglichen unbewussten Todes-
wünschen, bilden die Grundlage einer sehr engen Beziehungsgestaltung, die einen ängstlichen, den Verlust beziehungsweise Tod anti-
zipierenden Blick und eine beschattende Verwöhnung durch die
Mutter hervorbrachte.

Angst verstellt den Blick der Mutter auf die eigene Persönlichkeit
der Tochter mit den ihr eigenen Bedürfnissen und Lebenswünschen.

Die Angst der Tochter verstellt den Blick auf ihr eigenes gesundes
Leben in Unterschiedenheit und Abgrenzung zur Mutter. So kann
sich ein Kind psychisch nicht gesund entwickeln, wenn Todesphantasien und Krankheitsängste als ständiger innerer Begleiter in der
Mutter wirksam sind.

Zu Behandlungsbeginn befindet sich die Patientin Daniela als
Zwölfjährige in der Präadoleszenz. Dies ist nach P. Blos (1983) eine
sensible pubertäre Entwicklungsphase, die altersspezifische Konflikte
im Selbsterleben und in den Beziehungen zu den Eltern hervorbringt.
Die Zunahme von sexuellen und aggressiven Triebimpulsen, bedingt
durch die pubertären hormonellen Veränderungen, wiederbelebt
erlittene Erfahrungen aus den zurückliegenden Entwicklungsphasen.
Fresslust, Schmutzlust, Lust an dreckigen Witzen sowie ausgeprägter
Trotz (zweite Trotzphase) prägen und dominieren die Beziehung zu
den Eltern und außerfamiliären Bezugspersonen. Mädchen/Töchter
suchen gleichgeschlechtliche Beziehungen (»beste Freundin«), die
ausschließlich und eng gepflegt werden. Die ausschließliche Bindung
an die »beste Freundin« ähnelt der frühen Bindung an die Mutter
während der ersten Lebensjahre. So wechselt das Mädchen das Lie-

besobjekt von der Mutter zur Freundin, um sich von ihr innerlich und äußerlich ablösen zu können und doch nicht allein zu bleiben. Häufig zeigen sich die Mädchen frech, burschikos, abenteuerlustig im Verbund mit einem Aktivitätsschub.

Der Blick auf die Eltern wird kritischer, wenn es darum geht, sich vor allem von der Mutter zu unterscheiden und sich von ihr mit aggressiver Distanzierung abzulösen. Dies ist eine entwicklungsfördernde Aggression, die zur Selbsterfahrung, Selbstabgrenzung und Identitätsentwicklung notwendig ist. Die Adoleszenz ist angesichts der zentralen Aufgabe von Akzeptanz der eigenen Identität ein Entwicklungsabschnitt, der in besonderer Weise die schmerzhafte Forderung mit sich bringt, die Realität des Getrenntseins, die eigene Verantwortung und die Möglichkeit eigener Schuld anzuerkennen.

Nichts davon zeigt sich bei Daniela: Ihr Aussehen, ihr Auftreten erinnert den Analytiker an eine Neunjährige. Die Patientin zeigt sich entwicklungsverzögert, in einem Entwicklungsstopp gefangen. Stumm und in einer Art von Büßerhaltung begegnet sie dem Analytiker. Erwartet sie einen Ankläger, einen Richter?

Deutlich wird in der Erstbegegnung zwischen Analytiker und Daniela, sie darf sich nicht zeigen, sie darf nicht lebendig sein. Auch kann sie nicht auf diese neue Person neugierig werden und sich auf die Begegnung einlassen, sondern verharrt im Rückzug. Der Analytiker hält das Schweigen aus, innerlich mitschwingend, voller Phantasien und Gefühle. In seiner Deutung zum Stundenende versteht er einen der Patientin unbewussten inneren Anteil ihres Selbst: Man kann sich schuldig machen, wenn man aktiv wird, mit eigenen Wünschen und Interessen *lebendig* ist.

Er nimmt aber auch auf, dass Daniela ihr Eigenes, ihre Lebendigkeit fürchtet, weil dies eine Selbstvertretung und Ablösung von der Mutter bedeuten würde und sie Ablösung unbewusst schuldhaft erlebt.

Man fragt sich, muss Daniela klein bleiben, weil das Wachsen Trennung, Verlust sowie die Übernahme von Verantwortung, das heißt die Übernahme von Schuld, impliziert? Deutet sich hier bereits ein wichtiges Thema von Daniela an: die Frage nach der Schuld? Warum starb das Geschwister, während sie überlebte?

Es stellt sich mir eine weitere Frage: Haben die Eltern mit Daniela über das Versterben des Zwillingsgeschwisters gesprochen? Wenn ja, wie alt war sie bei der Mitteilung und wie hat sie die Mitteilung vor dem Hintergrund der altersspezifischen Phantasien, den Vorstellungen von sich selbst und den Bezugspersonen, den realen Beziehungserfahrungen und phasenspezifischen Ängsten psychisch verarbeitet? Entwicklungspsychologisch entscheidend ist, wann eine solche Mitteilung erfolgt, um die psychische Verarbeitung dessen einschätzen zu können.

Oder haben die Eltern geschwiegen, um Daniela und vielleicht auch sich selbst zu schonen, weil sie annahmen, ein Kind merkt und versteht das sowieso nicht? Das Fehlen dieser Information im Behandlungsbericht des Analytikers ist ein Beleg für letztere Vermutung.

Nun greife ich vor: In dem meinem Kommentar zeitlich nachfolgend verfassten Epilog von Arne Burchartz erfahren wir, dass die Eltern tatsächlich nie bewusst über den Tod des Geschwisters gesprochen haben. Das von den Eltern als unwichtig oder zu belastend eingeschätzte Geschehen hat sich jedoch ohne Sprache dem Kind mitgeteilt, das Schweigen der Eltern hat Daniela als eine Art Sprechverbot und ein Tabu verarbeitet. Danielas Schweigen im Erstgespräch ist somit eine unbewusste Mitteilung zum Schweigen/Verschweigen in der Familie.

Das Verschweigen des im Mutterleib verstorbenen Zwillingsgeschwisters verweist darauf, dass das Elternpaar, vor allem die Mutter, die Schwangerschaftserfahrungen nicht ausreichend verarbeiten konnte. In der Folge bildete sich heraus, dass Mutter und Tochter wie in einem psychischen Kokon funktionieren. Sie bilden eine psychische Einheit, in dem Sinne: Was die Mutter weiß, weiß auch Daniela. So verbleiben Mutter und Tochter in einer Art psychischen Zwillingseinheit, auch und vor allem um die entstandene Lücke zu füllen, um den Verlust des Geschwisters nicht zu spüren und nicht zu vergegenwärtigen. Wir wissen, Unausgesprochenes wirkt als *Familiengeheimnis,* das eine psychische Verarbeitung des Geschehenen verhindert und eine altersgerechte Entwicklung des Kindes blockiert (Tisseron, 1998).

Denn in der unausgesprochenen Angst der Mutter und deren Verwöhnung von Daniela transportiert sich unbewusst das Geheimnis, mit der Folge, dass Daniela den Verlust nicht betrauern und sich nicht von der Mutter innerlich lösen kann. Die im Epilog berichtete Gesprächssequenz zwischen Mutter und Daniela über deren Wissen vom verstorbenen Bruder belegt dies eindrücklich. Die beschriebene übergroße Nähe und Ungetrenntheit von Mutter und Tochter fußt zudem auf der nicht hinreichenden inneren und äußeren Anwesenheit und Verfügbarkeit des Vaters sowie dessen Entwertung durch die enttäuschte Mutter. Ein Vater, der ein anderer ist, einer, der anders als die Mutter denkt, fühlt, handelt und sich aktiv in die Erziehung und das Familiengeschehen einbringt, kann als bedeutsamer Dritter in der Vater-Mutter-Kind-Triade die psychische Nabelschnur zwischen Mutter und Kind durchtrennen. Daniela ist es jedoch nur schwer möglich, sich dem Vater zuzuwenden, sich in seinem liebevollen Blick gespiegelt zu erleben und ihn im Schutz der sicheren Vater-Tochter-Beziehung zu begehren und zu lieben, wenn die Mutter ihn ablehnt (Dammasch u. Metzger, 2014).

Umso wichtiger wird der Analytiker als eine neue männliche Bezugsperson, als stellvertretender Dritter im Bunde. Arne Burchartz beschreibt dieses väterliche Übertragungsangebot unter anderem mit der Szene, als er die Mutter und die klammernde Daniela voneinander trennt. Er zeigt ihr damit Grenzen auf und fordert ihr einen altersgerechten Verzicht auf die Anklammerung an die Mutter ab. So erfährt Daniela die Möglichkeit, Zugang zu ihrem aggressiv-ansprüchlichen Verhalten zu bekommen, was gemeinsam ausgehalten wird und wofür Worte gefunden werden. Dermaßen vom Analytiker begrenzt und gehalten zugleich, muss sie auch keine Schuldgefühle bekommen angesichts ihrer von der Mutter zugebilligten Macht über die Familie und die Geschwister.

Die zahlreichen Erkrankungen in den ersten Lebensjahren von Daniela weisen auf organischer Ebene auf eine Immunschwäche hin. Auf psychischer Ebene dienen sie unbewusst eventuell auch als Selbstbestrafung für die vermeintlich begangene Auslöschung des Geschwisters. Möglicherweise fürchtet Daniela mit ihrer fordernden Ansprüchlichkeit (Ängstlichkeit, Anklammerung an die Mutter, Kränklichkeit) sogar auch Vater und Mutter als Paar getrennt und den Vater vertrieben zu haben. Darf sie ein gesundes Selbst, eine kraftvolle Lebendigkeit entwickeln oder muss sie psychisch ungetrennt bei der Mutter bleiben, um zu überleben und sich und die Mutter zugleich vor Fragen der Verantwortung und vermeintlicher Schuld zu schützen?

Der Behandlungsbericht dokumentiert, dass die Patientin in der Beziehung zum Analytiker ihre unbewussten Konflikte reinszenieren, emotional durchleben und neue Lösungen entwickeln kann. Daniela macht neue Erfahrungen mit einem männlichen Therapeuten, der ihr zuhört, nicht verschweigt, sondern ausspricht, der ihre Bedürfnisse wahrnimmt, ohne sie zu befriedigen, und sie eingrenzt und altersgerecht fordert, damit sie sich entwickeln kann. Ohne eine intensive psychoanalytische Behandlung wäre ein psychischer Zusammenbruch von Daniela in der Adoleszenz zu befürchten gewesen. Es spricht für die Mutter, dass sie die Not der Tochter aufnehmen und Hilfe für sich und Daniela suchen und sich auf den therapeutischen Prozess mit aller Angst und Unsicherheit einlassen konnte. Wie sehr Daniela den Vater als einen zuverlässigen, grenzsetzenden und haltgebenden Mann gebraucht hätte, zeigt ihre tiefe Enttäuschung, als er sich in ihrem Erleben ganz der zweiten Frau zuwendet. Es ist Vater und Tochter zu wünschen, dass es ihnen zu einem späteren Zeitpunkt – wenn Daniela in ihrer Entwicklung zur jungen Frau fortgeschritten ist – möglich wird, sich miteinander auseinanderzusetzen und ihre Beziehung zu klären.

Epilog

Arne Burchartz

Die psychoanalytische Therapie mit Daniela befindet sich bei Abgabe des Artikels in der 51. Behandlungsstunde. Daniela profitiert sichtlich von der Therapie, sie wirkt abgegrenzter und selbstbewusster, inzwischen beginnt sie, altersentsprechende Beziehungen zu Peers aufzunehmen.

Das Thema der Überlebensschuld von Zwillingen taucht in psychotherapeutischen Behandlungen immer wieder auf (vgl. Lang-Langer, 2014, S. 97–116; Steinemann, 2007). Vermutlich sind zwischen 5 % und 12,5 % aller Schwangerschaften Zwillingsschwangerschaften, die Zwillingsrate ist jedoch nur 1,25 %. Eine wichtige Studie zum

Risiko für den überlebenden Zwilling hat Pharoah dazu vorgestellt (Pharoah, Gliniania u. Rankin, 2009).

Die Mutter teilte mir (nach der Abfassung des Artikels) in einer Sitzung Folgendes mit: Als Daniela vier oder fünf Jahre alt war, habe sie einmal unvermittelt gesagt: »Gell, Mama, ich habe noch ein Brüderchen, aber das ist im Himmel«. Die Mutter war überrascht, sie erinnert sich nicht, mit Daniela über dieses Thema gesprochen zu haben.

Literatur

Blos, P. (1983). Adoleszenz. Eine psychoanalytische Interpretation. Stuttgart: Klett-Cotta.

Dammasch, F., Metzger, H.-G. (2014). Die Bedeutung des Vaters. Frankfurt a. M.: Brandes & Apsel.

Lang-Langer, E. (2014). Spielraum und Rahmen. Abstinenz und Agieren in der psychoanalytischen Behandlung von Kindern und Jugendlichen. Göttingen: Vandenhoeck & Ruprecht.

Pharoah, P. O. D., Gliniania, S. V., Rankin, J. (2009). Congenital anomalies in multiple births after early loss of a conceptus. Human Reproduktion, (24), 726–731.

Steinemann, E. (2007). Der verlorene Zwilling. Wie ein vorgeburtlicher Verlust unser Leben prägen kann. München: Kösel.

Tisseron, S. (1998). Die verbotene Tür. München: Antje Kunstmann.

Töchter träumen ihren Vater

Hans Hopf

In meinem Beitrag möchte ich mich auf Träume konzentrieren, die Töchter von ihren Vätern hatten. Zu Beginn will ich einige Erkenntnisse zum Wesen und zur Funktion von Träumen darlegen, die für die psychoanalytische Arbeit mit Träumen von Kindern und Jugendlichen bedeutsam sind. Was ist ein Traum? Denken und Phantasieren begleiten uns unaufhörlich während des Wachlebens. Beides hört auch während des Schlafens nicht auf, allerdings herrschen jetzt andere Bedingungen, denn die Sinneswahrnehmungen sind gleichsam ausgeschaltet. Die Schlaf- und Traumforscherin Strauch (1981, S. 23) definiert darum als Traum alle jene »kognitiven und emotionalen Phänomene, an die sich jemand nach dem Aufwecken erinnert und diese dem vorangegangenen Schlafzustand zuordnet«. Strauch hat ihre Definition später noch mehr reduziert, indem sie meinte, dass es sich beim Traum um das Erleben während des Schlafes handele. Das sagt natürlich noch nichts über die Inhalte von Träumen aus. Doch müssen wir schon jetzt festhalten, dass kein Mensch die Träume eines anderen wirklich kennt, sondern jeder nur die eigenen bruchstückhaft aus der Erinnerung. Von anderen Menschen erfahren wir lediglich sprachliche Formulierungen von Erinnerungen an den Traum (Hopf, 2007, S. 18), auch Psychoanalytiker/innen, Psychotherapeuten und Psychotherapeutinnen erhalten von ihren Patienten nur ein sogenanntes Narrativ.

Sigmund Freud (1900a/1972, S. 175) hat den Traum als die »*verkleidete Erfüllung eines unterdrückten, verdrängten, infantilen Wunsches*« definiert. Auch innerhalb der Psychoanalyse wird inzwischen angezweifelt, ob ein infantiler verdrängter Wunsch immer zur Traumentstehung erforderlich ist, auch wenn es immer noch legitim erscheint, Träume als Ausdrucksgeschehen von Wünschen und Bedürfnissen zu betrachten (Thomä u. Kächele, 1985/2006, S. 158).

1934 hat Ferenczi der wunscherfüllenden Traumfunktion ein zweites Prinzip gegenübergestellt: die traumalösende Funktion. In ihr geht es um die Wiederkehr unerledigter, traumatischer, sensibler, oft präverbaler Eindrücke, die nach Verarbeitung und Erledigung drängen (Ferenczi, 1934). Auf diese Funktion werden wir vor allem im Fall Judith zu sprechen kommen.

Die Träume der Kinder und Jugendlichen haben aber noch vielerlei andere Funktionen. Eine bei Kindern besonders wichtige ist die kommunikative Funktion. Es ist von höchster Bedeutung, weshalb ein Traum jetzt erzählt wird, warum er mir erzählt wird oder warum er bereits einer anderen Person erzählt wurde (Morgenthaler, 1986, S. 79). Auch Winnicott hat sich eingehend mit der kommunikativen Funktion der Träume von Kindern befasst, wenn er schreibt: »Bei kleinen Kindern ist es normal, dass sie Angst- und Schreckensträume haben. Bei solchen Gelegenheiten brauchen die Kinder jemanden, der ihnen hilft, sich an das zu erinnern, was sie geträumt haben« (Winnicott, 1997, S. 68). Diese Aufgabe des Erwachsenen wird vor allem am Beispiel der kleinen Eva deutlich werden.

Träumen ist – wie Fromm es 1984 (S. 27) formulierte – eine sinn- und bedeutungsvolle Äußerung jeglicher Seelentätigkeit im Schlafzustand. Wir können die im Traum auftretenden Personen als die realen Beziehungspersonen des Träumenden auffassen. Der Traum liefert dann Hinweise auf die Qualität der erlebten Interaktionen mit den entsprechenden Empfindungen für die Beziehungspersonen. Dies wird auch »Deutung auf der Objektstufe« genannt.

Bereits 1900 hatte Freud festgestellt, dass die im Traum agierenden Personen, aber auch alle sonstigen Lebewesen *auch* als Persönlichkeitsanteile des Träumers verstanden werden müssen (S. 320). C. G. Jung (1928, S. 115) beschrieb diese Funktion des Träumens wie folgt: »Der Traum ist eine spontane Selbstdarstellung der aktuellen Lage des Selbst in symbolischer Ausdrucksform«. Damit rückte die von ihm so benannte »Deutung auf der Subjektstufe« in den Mittelpunkt seines Verständnisses vom Traum: Bei Anwendung dieses Aspektes wird der Traum als eine innere Bühne verstanden. Alle Figuren des Traumes werden auch als personifizierte Züge der Persönlichkeit des Träumers aufgefasst (Jung, 1928, S. 129). Diese Deutungsform wird insbesondere im Fall des Mädchens Rebecca angewandt.

Freud zufolge ist das in Traumbildern symbolisch Ausgedrückte ein Kompromiss zwischen den unbewussten Impulsen und deren Abwehr, die verhindern soll, dass etwa verpönte Triebwünsche erkennbar werden. Er begriff ein Symbol als Schöpfung des menschlichen Geistes, die kultur- und generationenübergreifend eine konstante Bedeutung beinhaltet (Mertens, 1999, S. 59). Eine Aufgabe der Traumarbeit ist es unter anderem, die für das Bewusstsein gefährlichen Fantasien und Gedanken in eine bildhafte Traumgeschichte umzugestalten. Dazu dienen bestimmte Abwehrmechanismen wie Verkehrung ins Gegenteil, die Verschiebung, vor allem jedoch die Verdichtung. Mit Verschiebung wird von Bedeutsamem auf Unwichtiges abgelenkt, damit kann auch ein bestimmtes Motiv durch ein anderes, ungefährliches ersetzt werden. Der Mechanismus der Verdichtung bewirkt, dass ein und dasselbe Motiv mehrere Bedeutungen erhält. Gemäß Mertens (1999, S. 54) entsteht Verdichtung, wenn bestimmte Vorstellungen eine gemeinsame Schnittmenge, das heißt eine gemeinsame Erlebniskategorie, haben. Die beiden letzteren Mechanismen tragen entscheidend zur symbolischen Chiffrierung eines Traumgedankens bei. Wie schon vorher beschrieben, haben Träume noch vielerlei andere Funktionen.

Auch gemäß Jung (1916/1991) spielen Symbole bei der Entstehung von Träumen eine entscheidende Rolle. Seiner Meinung nach kann der persönliche Kontext eines Traums noch mit einer allgemeingültigen Bildersprache, wie sie etwa in Märchen und Mythen vorkommt, verknüpft werden und erfährt so eine entscheidende Erweiterung.

Damit wird vermittels des Symbols das Bewusste und Vertraute mit dem Fremden und dem kollektiven Unbewussten verbunden.

»Identifizierung mit Differenz« – Eva und der Zwerg

Im zweiten Lebensjahr, mit Beginn der Autonomieentwicklung, fühlt sich das Mädchen der Mutter ausgeliefert, von ihr kontrolliert und abhängig. Es sucht sich von ihr zu lösen und entdeckt hierbei den Vater. Er wird zum ersehnten Objekt für das Mädchen und ist Repräsentant für Macht, Differenz und Loslösung (Benjamin, 1992, S. 825). Was Freud als Penisneid bezeichnet hat, die männliche Orientierung des Mädchens, reflektiert gemäß Benjamin (1990, S. 99) in Wirklich-

keit den Wunsch von Kindern beiderlei Geschlechts, sich mit dem
Vater zu identifizieren, der als Repräsentanz der Außenwelt erlebt
wird. Für das Mädchen ist es der Wunsch nach Auflehnung und
Trennung von einer mächtigen Mutter.

Über partielle Identifizierung mit dem Vater gewinnt es etwas
von jener Macht für das eigene Selbst. Vater und Phallus werden
mit idealisierten Eigenschaften besetzt, die nicht nur für die Konstitution des Selbst, sondern auch für die psychosexuelle Entwicklung entscheidend sind. Es ist daher wichtig, dass sich das Mädchen
auch mit eher männlichen Eigenschaften identifizieren kann, mit
Unabhängigkeit und Durchsetzungsvermögen, die Unabhängigkeit
und Selbstwertgefühl ermöglichen (Mertens, 1994, S. 104). Dieser
Prozess wird in dem folgenden Traumbeispiel eines kleinen Mädchens erkennbar:

Eva, drei Jahre und sechs Monate alt, war mit ihren Eltern in
einem Märchengarten. Als sie dort unvermittelt eine sprechende
Märchenfigur, das Rumpelstilzchen, sieht, erschrickt sie und weint.
Der Vater nimmt sie auf den Arm, tröstet und streichelt sie und
flüstert ihr Beruhigendes ins Ohr. Sie kuschelt sich ganz fest an den
Vater und genießt offensichtlich den Trost. Danach geht sie auf kein
Gespräch über den Vorfall mehr ein und tut, als sei nichts geschehen. Sie hat jedoch deutlich Angst, wieder in den Märchengarten
zu gehen.

Was mag da passiert sein? Eva ist über das plötzliche Auftauchen des Zwergs erschrocken und sie hat mit Vermeidungsverhalten
reagiert. Aber dieses Ereignis, es wird in der Traumtheorie »Tages-
rest« genannt, hat einen unbewussten Konflikt angeregt, der einen
Traum bildet. Einige Zeit später erzählt sie eines Morgens mit leuch-
tenden Augen das Folgende:

»Heute Nacht hat ein Zwerg zum Fenster hereingeschaut, der hat
gewusst, wo ich wohne. Er hat nur hereingeschaut und ist dann wieder gegangen.« Und nach kurzer Pause fragt Eva zur Überraschung
aller: »Papa, gehen wir heute in den Märchengarten?«

Die Träume der Vorschulkinder sind meist kurz und sehr verdichtet.
Denn ihre Möglichkeiten, sich auszudrücken, sind begrenzt; was sie

ausdrücken *wollen,* unterscheidet sich von dem, was sie ausdrücken *können.* Der Trauminhalt, den sie kommunizieren können, hängt von ihrem Wortschatz und der Fähigkeit zur Grammatisierung der Sprache ab. Insofern ist es wichtig, die verdichteten Inhalte zu erkennen und zu dechiffrieren, Symbolkenntnisse können weiterhelfen.

Im Traum hat der Zwerg Eva gesucht, und sie hat sich mit ihm versöhnt. Jetzt war er nicht mehr so furchterregend wie bei der ersten Begegnung, sondern recht anziehend. Die Eltern wissen zum einen, dass Eva das Erlebnis von nun an nicht mehr verdrängen muss, sondern die Angst im Traum »verdaut« und bewältigt hat. Aber noch ein anderer Konflikt wurde berührt und wird im Traum bebildert.

Etwa im vierten Lebensjahr ist zu beobachten, wie das Mädchen die Geschlechtsunterschiede und genitale Lust entdeckt (Mertens, 1994, S. 112 f.). Ich habe bereits zuvor erwähnt, dass Träume auch eine mächtige Symbolfunktion besitzen. Die Kleinheit des Zwergs steht im Gegensatz zu seiner ungeheuren Macht, die er in Märchen und Mythos besitzt, wie etwa der Alberich im Nibelungenlied. Er wirkt im Verborgenen und Unbewussten. In seiner Symbollehre hat C. G. Jung darum auch auf die phallische Symbolik des Zwergs verwiesen (Jung, 1940, S. 171 f.). Der Zwerg in dem Märchengarten erschreckt Eva, zunächst wegen seiner Fremdheit, aber auch, weil in ihrem Unbewussten das Zwergen-Symbol mit den ersten erotischen Phantasien verknüpft ist. Dieses Begehren des kleinen Kindes erzeugt aber auch Schuldgefühle, weil es verboten ist. So hat der Traum offensichtlich drei Konflikte bewältigt: Eva hatte mit dem Traum den Schrecken vor dem realen Zwerg überwunden. Vermutlich hat sie aber auch die Ängste wegen der auf den Vater gerichteten erotischen Wünsche beschwichtigt. Jetzt konnte sie sich außerdem vorstellen, sich mit seinen männlichen Eigenschaften zu identifizieren.

Wenn der liebende und anerkennende Blick des Vaters fehlt …

Im vorherigen Abschnitt wurde über die Bedeutung der Identifizierung des Mädchens mit den väterlichen Anteilen gesprochen. Nach Olivier (1991) sollte sich der Vater für seine Tochter gefühlsmäßig

verantwortlich fühlen, indem er sie liebt und »bevatert«. Er wird die
Körperlichkeit seiner Tochter begehrlich finden und ihr so einen
lustvollen Zugang zum eigenen Körper ermöglichen. Für die Entwicklung der Weiblichkeit einer Frau ist eine liebevoll-anerkennende
und erotisch-zärtliche Beziehung zwischen Vater und Tochter von
allerhöchster Bedeutung. Die Identifizierung mit der Mutter allein
schafft hier keinen genügenden Ausgleich. Ein Vater, der gut genug
ist, wird gleichzeitig alle inzestuösen Grenzen achten, *er liebt seine
Tochter grenzenlos – in allen inzestuösen Grenzen.*

Doch was geschieht, wenn ein Vater nicht ausreichend präsent ist
oder wenn er gar Angst vor der Sexualität seiner Tochter hat. Im folgenden Fallbeispiel war der Wunsch eines Vaters nach einem Sohn so
übermächtig, dass er seine Tochter regelrecht übersah – mit schlimmen Folgen. Frühe Entwertungen der Allmachtsgefühle von Töchtern, denen die Anerkennung durch den Vater fehlte, können gelegentlich dazu führen, dass solche Töchter später Männer bewundern,
die mit aufgesetzter Größe glänzen. Wenn sie selbst Mutter werden,
können sie sich als besonders nachsichtig und stolz auf die Grandio-
sität ihrer Söhne erweisen. Diese Bewunderung kann auch in einer
besonderen Beziehung zum eigenen Ideal ausgedrückt werden, die
häufig von Dienstfertigkeit oder Unterdrückung, auch von sexuellem Masochismus geprägt ist (Benjamin, 1992, S. 834). Im Folgenden
kann die Entwicklung einer solchen Problematik beobachtet werden.

Rebecca wurde als drittes von drei Mädchen geboren, und die
Eltern verhehlten nicht, dass das eine große Enttäuschung für sie
gewesen ist (Hopf, 2007). Insbesondere der Vater war lange traurig,
keinen Sohn zu haben, und er hatte immer Schwierigkeiten, Rebecca
anzunehmen. Überwiegend beachtete er seine beiden älteren Töchter, sodass Rebecca der Augapfel ihrer Mutter wurde. Sie sei angepasst und lieb gewesen und habe sich am liebsten zu Hause aufge-
halten, was der Mutter entgegengekommen sei. Vor der Schule, vor
Klassenarbeiten und vor Prüfungen hatte sie immer Angst. Sie war –
weil auch noch ein Jahr zu früh eingeschult – stets die Kleinste und
Schwächste in der Gruppe, was sie jedoch immer mit ihrem Intellekt
wettzumachen versuchte.

Seit ihrem sechsten Lebensjahr fiel den Eltern auf, dass Rebecca
anfing, sich wie ein kleiner Junge zu gebärden und auch so zu klei-

den. Damit versuchte Rebecca, sich in einen Jungen zu verwandeln, weil sie so hoffte, endlich die ersehnte Aufmerksamkeit und den liebenden Blick des Vaters zu bekommen. Bei einem Schulunfall erlitt Rebecca eine Gehirnerschütterung und brach sich das Nasenbein, das operiert werden musste. Seither fürchtete sie, nicht mehr ausreichend attraktiv zu sein, und begann zu grübeln. Ohne dass es die Eltern so recht bemerkten, begann sie, immer weniger zu essen. Während der großen Ferien fuhr Rebecca für vier Wochen auf einen Bauernhof. Als sie zurückkehrte, war die Familie hellauf entsetzt; die Schwestern und die Mutter brachen in Weinen aus. Rebecca war zum Skelett abgemagert, hatte ein bekümmertes »Totenkopf-Gesicht« und wirkte – nach Aussagen der Mutter – im Polohemd und in Shorts wie ein »Biafra-Kind«. Die Mutter drängte ihre Tochter, wieder mehr zu essen, was Rebecca auch folgsam tat, und sie begann, Rebecca rigide zu kontrollieren. Zum Zeitpunkt der Kontaktaufnahme mit mir hatte Rebecca zwar wieder etwas zugenommen, zeigte jedoch noch immer erhebliches Untergewicht. Mittlerweile war die Menstruation ausgeblieben. Rebecca, die früher gerne draußen gespielt hatte, vor allem mit Jungen Fußball, begann, sich wieder an die Mutter zu klammern. Sie ging mit ihr zum Einkaufen, half ihr bei allen häuslichen Angelegenheiten, kochte und buk, bis es dieser so richtig lästig wurde. Die Mutter cremte Rebecca – auf ihren Wunsch – ein, weil die Haut sehr rau war, und erst als Rebecca sogar bei ihr schlafen wollte, zog sie einen energischen Schlussstrich. Rebeccas Mutter vertraute mir schuldbewusst an, dass sie sich an der »Abnehmerei« Rebeccas mitverantwortlich fühlte. Sie und ihr Mann seien Schlankheitsfanatiker und verabscheuten dicke Menschen. Sie achteten immer sehr darauf, nicht zuzunehmen, um modische Kleidung tragen zu können. Sehr früh hätte sie den Hang Rebeccas zu Süßigkeiten etwas bremsen wollen, indem sie immer wieder warnte, dass sie zu dick würde. Einmal hätte sie gemeint, dass Rebecca doch reichlich stramme Schenkel habe. Diese Äußerung habe Rebecca vermutlich verletzt, sie sei rot angelaufen, und sie selbst sei sehr erschrocken darüber gewesen, Rebecca so sehr gekränkt zu haben.

In den ersten Therapiestunden wurden das Harmonisieren Rebeccas und ihre grundlegende Angst vor aggressiven Auseinandersetzungen überdeutlich. Es war schwer zu ertragen, wie sie die

Eltern idealisierte. Insbesondere den Vater schilderte sie mir in glü-
henden Farben, wie stark er sei, wie souverän er in seiner Baufirma
tätig sei und dass sie ihm oft helfe: Keine Stunde sei ihr zu viel, ihm
Steine zu reichen, Mörtel anzurühren usw. Ich spürte die chronische
Trauer des Mädchens darüber, dass sie vom Vater trotz aller Anstrengungen so wenig gesehen und beachtet wurde. Weil der Vater so
gerne Kaffee trank, backte sie ihm jeden Tag einen Kuchen, damit
er abends nach dem Essen etwas Süßes bekäme. Die Mutter wirkte
in den Augen ihrer Tochter streng, zwanghaft und wenig glücklich,
sodass sie kaum verlockende Weiblichkeit ausstrahlte, mit der sich
Rebecca identifizieren mochte. Rebecca hatte sich bislang lediglich
unterworfen, denn ein phallisches Rivalisieren bereitete ihr zu viel
Angst. Es war schwer für sie, sich mit der Mutter zu identifizieren,
aber sie kämpfte innerlich auch mit der ödipalen Enttäuschung an
ihrem Vater, der sie nie als liebenswerte kleine Tochter gesehen hatte.

So setzten wir die Therapie fort. Rebecca suchte die Aufmerksamkeit des Vaters, und im Zuge dieser positiven Übertragungen
auf mich als männlichen Therapeuten war sie natürlich auch eine
folgsame Patientin, die reichhaltiges unbewusstes Material ablie-
ferte. Gleich in der ersten Stunde nach den Vorgesprächen erzählte
Rebecca den folgenden Initialtraum:

»Ich sah viele Leute, sie standen vor einem großen Loch. Es war irgendwie eine halbe Baugrube. Ich habe darin eine weiße Hühnerfeder gesehen, aber kein Hühnchen. Ich dachte, es ist tot und es tat mir leid.«

Bereits in der Einleitung habe ich darüber gesprochen, dass Träume
zum einen objektstufig zu verstehen sind. Dann sind die im Traum
auftretenden Personen die realen Beziehungspersonen des Träumenden. Häufig werden sie aber auch subjektstufig interpretiert, dann
werden alle Figuren des Traums auch als personifizierte Züge der
Persönlichkeit des Träumers aufgefasst. Es ist kaum in Worte zu fassen, welch traurig-depressive Stimmung sich beim und nach dem
Erzählen dieses Traumes breitmachte. Rebecca zeigte mir die Baugrube des Vaters, der sie nie sah und nicht einmal das kleine Hühnchen genügend beachtet hatte, das abgemagert und gerupft vom
Bauernhof zurückgekehrt war. Nur eine weiße Feder war von ihr

übriggeblieben. Ich erschrak über die Leere, über die zugrunde liegende depressive Entwicklung und eine nicht zu übersehende Todessehnsucht. Das hatte ich bislang so noch gar nicht wahrgenommen, da Rebecca mit ihrer hohen Intelligenz und ihrem Funktionieren ja immer genügte und beschwichtigte – diese Verharmlosung war auch bei mir so angekommen. Ein Abgrund hatte sich – wie im Traum – aufgetan.

Rebecca hatte überall die besten Leistungen und war nicht nur fleißig, sondern vor allem auch ehrgeizig. Ich gewann den Eindruck, dass mittlerweile überall, wohin Rebecca kam, sie sich szenisch einen Vater geschaffen hatte, dem sie gefallen wollte. Doch immer wiederholte sich das Gleiche: Keiner beachtete sie so recht. Sie war nur ein kleines, unsicheres Mädchen, das man nicht sonderlich ernst nehmen musste. Jedermann wusste, dass sie trotzdem alles bestens machen werde. In einer der nächsten Stunden erzählte Rebecca wiederum einen Traum:

»Ich bringe einen selbstgebackenen Kuchen in die Schule mit. Er schmeckt nicht, er ist nicht süß genug.«

In diesem Traumbild wird zum einen die andauernde Beschäftigung des Mädchens mit dem Essen, Backen und Kochen erkennbar, aber auch ihre zentrale Problematik, es immer allen recht machen zu wollen. Doch letztendlich war es ihr nie gelungen, den Vater zufriedenzustellen – der Kuchen war nicht süß genug –, nie war sie für ihn seine »süße« Tochter gewesen. Ich sprach in diesem Zusammenhang die Enttäuschung Rebeccas an, dass sie es immer recht machen wolle, aber trotzdem so wenig Anerkennung erhalten würde. Das sei zu spüren, wenn sie mir vielsagende Träume mitteile, mit denen wir sie immer besser verstehen könnten. Rebecca lief rot an und strahlte.

Die Therapie lief über etwa 150 Stunden. In jener Zeit entwickelte sich Rebecca zu einem ausgesprochen hübschen Mädchen, das nicht nur vom Vater, sondern von vielen Jungen entdeckt wurde. Die ehedem harmonische positive Übertragung war sehr kritischen und aggressiven Auseinandersetzungen mit mir gewichen. Nach mehreren Jahren hat mich Rebecca noch einmal konsultiert. Sie kam mit einem schweren Motorrad und war eine schöne Frau geworden.

Im Gespräch gewann ich den Eindruck, dass sie ihre männlichen Identifizierungen gut integriert, aber nicht aufgegeben hatte, als sie über ihre Freude an den Außenwelten, der Lust am Abenteuer und gelegentlich auch am Risiko sprach. Manche erschienen auch ein wenig überakzentuiert, so als seien die männlichen Eigenschaften die besonderen.

Wenn der Vater die Inzestgrenze überschreitet und die Mutter die Tochter nicht schützt

Freud war ursprünglich davon ausgegangen, dass Hysterien, Zwangsneurosen, Phobien und Paranoia, aber auch andere funktionale Psychosen durch reale sexuelle Traumatisierungen in der Kindheit verursacht seien. Diese traumatischen Erlebnisse würden zwar zunächst wirkungslos bleiben, wirkten aber dann pathogen, wenn sie nach der Pubertät als unbewusste Erinnerungen geweckt würden (Freud, 1896c/1971, S. 457). Mit der Zeit begann Freud immer mehr an einer generellen Verursachung von realen sexuellen Traumatisierungen zu zweifeln, 1897 hat er schließlich diese Hypothesen wieder zurückgenommen.

Ferenczi hat Freuds »Verführungstheorie« wieder aufgegriffen. Er hat sexuellen und anderen seelischen Missbrauch als »Sprachverwirrung zwischen den Erwachsenen und dem Kind« beschrieben. Pathologisch veranlagte Erwachsene könnten das Spiel mit dem Kind verwechseln und sich zu Sexualakten hinreißen lassen. Solche Traumatisierungen in der frühen Kindheit können beim Kind zur Identifikation mit dem Angreifer, also zu seiner Introjektion, sowie zum Verinnerlichen seines Schuldgefühls führen, »das ein bisher harmloses Spiel dem Kind und späteren Erwachsenen als strafwürdige Handlung vorkommen lässt« (Ferenczi, 1972, S. 309).

Ein Erwachsener besitzt die Macht, die Sexualität eines Kindes auszubeuten. Ein Kind kann sich aber nur in einer Familie ungestört entwickeln, wenn das Inzestverbot und der Generationenunterschied als eherne Gesetze anerkannt werden. Der sexuelle Missbrauch durch einen Erwachsenen erzeugt eine extreme Dissonanz in der kindlichen Seele, und die Folgen werden umso dramatischer sein, je jünger das Kind und je gewalttätiger die sexuelle Attacke ist:

Jener Erwachsene, der beauftragt ist, ein Kind zu schützen, und dem das Kind arglos vertraut, nutzt Nähe und Intimität, um seine eigenen sexuellen Begierden zu befriedigen. Das Kind muss dieses Geschehen, um es einigermaßen zu überleben, von nun an durch Spaltung auseinanderhalten. Die Spaltung wird zur zentralen Abwehr, eine Borderline-Störung kann sich entwickeln.

Sexuelle und emotionale Übergriffe sowohl von der Mutter als auch vom Vater werden zur schweren Störung der psychosexuellen Entwicklung führen. Sie führen zur Zerstörung der psychischen Struktur und können posttraumatische Belastungsstörungen und Traumafolgestörungen nach sich ziehen. Die bereits von Ferenczi beschriebene Identifikation – mit dem Aggressor oder mit dem Opfer – wird in vielen Fällen zur wiederkehrenden Reinszenierung des Täter-Opfer-Geschehens führen. Das Opfer bietet sich entweder auch weiterhin als Opfer an, oder es wird selbst zum Täter.

Vater-Tochter-Inzest beginnt auch nicht erst bei manifesten sexuellen Handlungen. Bereits zotige und anzügliche Bemerkungen eines Vaters im Hinblick auf den Körper und die Sexualität der Tochter können schwere Verletzungen nach sich ziehen. Wenn der Damm einmal beschädigt wurde, ist er auch rasch völlig zerstört. Im folgenden Fallbeispiel der 18-jährigen Judith wurden die Inzestgrenzen von beiden Eltern nicht gewahrt, mit schlimmen seelischen Folgen für die Jugendliche.

Die 18,8-jährige Judith stellte sich bei einer Psychotherapeutin vor und erzählte, dass sie seit dem Alter von etwa 13 Jahren unter starken körperlichen Beschwerden leide. Häufig habe sie Bauchschmerzen, Kopfschmerzen oder sei ohne erkennbare Ursachen an Fieber mit grippeähnlichen Symptomen erkrankt. Seit einem Jahr sei ihre Stimmung herabgesetzt, sie habe auf nichts mehr Lust gehabt und habe nur noch gegrübelt und viel geschlafen. Alles habe sie nur noch »gehasst«, alle hätten sie »genervt« – besonders sie sich selbst. Aktuell müsse sie ständig etwas tun, um nicht traurig zu werden.

Im Alter von etwa zwölf Jahren hätten sich ihre Eltern scheiden lassen, die Mutter sei gemeinsam mit ihrer Tochter zu ihrem Lebensgefährten gezogen, mit dem sie den Vater zuvor betrogen habe. Kurze Zeit zuvor habe Judith nachts panische Angst bekommen. Der Vater sei verreist gewesen und sie habe an der verschlossenen Schlafzimmertüre der Mutter geklopft. Sie sei aber von ihr wieder ins Bett geschickt worden. Als die Mutter die Türe nach weiterem Klopfen schließlich öffnete, habe die Patientin einen fast nackten Mann hinter dem Bett verschwinden sehen und befürchtet, dass es ein Einbrecher sei. Bis zu diesem Ereignis habe die Patientin gedacht, dass die Beziehung ihrer Eltern in Ordnung sei. Kurz darauf brach der Kontakt zum Vater über zwei Jahre ab. Seit der neuen Partnerschaft der Mutter sei das Verhältnis zur Mutter irgendwie zerbrochen.

Der Vater hatte Judith schon immer mit anzüglichen Bemerkungen über ihre Brüste und ihr Aussehen beschämt. Als der Vater nach der Trennung wieder Kontakt zur Patientin aufnahm, belastete er die damals 14-Jährige mit Suiziddrohungen, die bis heute im Raum standen, wenngleich in abgeschwächter Form. Mittlerweile hatte auch er eine Lebensgefährtin, die eine Tochter im Alter von Judith hatte, die diese ihre Stiefschwester nannte. Der Vater besprach immer wieder mit Judith, dass er die Tochter seiner Lebensgefährtin sehr begehren würde. Er plane, mit ihr ein sexuelles Verhältnis anzufangen, eine Vorstellung, die Judith genauso ekelte und in Angst versetzte, wie das schamlose Verhalten der Mutter.

Schon der erste Traum des Mädchens, ihr Initialtraum, war ein wüstes Durcheinander von schamlosen Beziehungen und roher Sexualität. Judith erzählte:

»Ich war mit meiner Stiefschwester in einem Raum mit einem Mann. Wir wussten, warum wir da waren und kannten den Mann auch, er war nicht fremd. Der Mann hatte nur eine Unterhose, so 'ne Boxershorts, an. Wir lagen alle drei auf einem Bett, er hat irgendetwas erzählt. Er lag da, dann ich neben meiner Stiefschwester. Dann zog er mich her und fummelte mich an. Ich wollte das nicht und hab mich gewehrt. Plötzlich war da 'ne Katze, vielleicht weil meine Stiefschwester eine Katze hat. Der Mann hat den Kopf von der Katze abgedreht.«

Im Traum richten sich die sexuellen Absichten des Vaters (dessen Bild kaum verhüllt wird) sowohl gegen die Stiefschwester als auch gegen sie selbst. Auch wird die rücksichtslose Gewalttätigkeit des Vaters dargestellt, wenn er die Katze, vielleicht den Eigenwillen der Mädchen, ihre eigene Bedürftigkeit, ermordet.

Schon wenig später folgte ein zweiter Traum von Judith, nicht weniger erschreckend.

»Erst war ich im Krankenhaus, mein Hamster starb und wurde dort zerteilt. Da war auch so 'ne schwangere Frau mit Wehen und Schmerzen, die operiert werden sollte. Der Arzt sagte, ich soll mich nicht so aufführen, schließlich geht es mir nicht so schlecht wie der Schwangeren. Dann waren wir [Judith, der Lebensgefährte und die Mutter] in einer Wohnung. Vom Fenster aus hat man Weinberge gesehen, darin standen riesige Gestalten – wie im Fasching – die getanzt haben. Ich habe diese Sexgeräusche gehört und kam nicht raus. Die Wohnung war weiß und hell und ich erinnere so Vorhänge, die hingen aber nicht, weißer Stoff wehte durch die Wohnung.«

Nach dem Traum wollte Judith etwas erzählen, was ihr große Scham bereite. In der neuen Wohnung habe sie neben dem Schlafzimmer der Mutter und des neuen Lebensgefährten geschlafen. Jeden Abend habe es laute Geräusche beider beim Geschlechtsverkehr gegeben, was das Mädchen in helle Panik versetzte. Sie habe sich unglaublich davor geekelt und der Mutter gesagt, dass sie das nicht hören wolle. Diese habe nur gelacht und gemeint, dass das nicht leiser ginge, Judith würde das schon bald bei sich feststellen. Diese Aussage habe sie zusätzlich beschämt und Abend für Abend ging das so weiter. Judith wusste nicht, wie sie sich dagegen wehren konnte, akustischer Teilnehmer am Geschlechtsverkehr von der Mutter und ihrem Liebhaber zu sein. Und dann geschah das Entsetzlichste. Judith stellte fest, dass sie die Geräusche nicht nur abstießen, sondern zunehmend erregten. Sowohl die Inzestgrenzen wurden überschritten als auch die Generationenschranke. Es kam zu einer Dissonanz von Ekel und Lust, zwei völlig disparaten Affekten, die Judith mittels Spaltung auseinanderhalten musste. Die Fortsetzung erfolgte im folgenden Traum, in dem Judith bebilderte, wie die Mutter sie regelrecht dazu zwang, an ihrem Sexualleben teilzunehmen:

»Meine Mutter und ich waren im Puff und irgendwo im Zimmer von der Prostituierten. Wir mussten uns ausziehen, da waren auch noch zwei andere Prostituierte. Meine Mama war vor mir, nach mir kam eine alte

Frau mit langen dunklen Haaren. Die Prostituierte hat sich nach und
nach um alle gekümmert. Ich musste zuschauen und zuhören. Ich habe
gesagt, dass ich das nicht kann, und bin raus. Da die Türe eine Glas-
tür war, musste ich hinschauen, es war mal wieder widerlich. Meine
Mama hat gesagt, ›wenn sie [Judith] das nicht macht, muss ich das
nicht zahlen‹. Dann sollte ich [von der Mutter aus] ins Zimmer einer
anderen Prostituierten, die war nicht begeistert.«

In den ersten beiden Träumen werden Tiere getötet bzw. zerstückelt –
ein rücksichtsloser Umgang mit Lebendigem wird erkennbar. Die
Träume des Mädchens zeigen auf, dass es kaum mehr funktionsfä-
hige strukturierende Instanzen gab und kein verinnerlichtes »väter-
liches Gesetz«. Lacan (2006, S. 65 f.) meint damit, dass das Inzestverbot grundlegendes Gesetz für ein Zusammenleben in einer Familie
sei. Judith litt an depressiven Störungen und somatoformen Begleit-
symptomen. Vor allem war ihre sexuelle Identität gestört, ihren
jeweiligen Partnern lieferte sie sich in masochistischer Weise aus.

Achten Eltern weder Inzestgrenzen noch Generationenunterschiede, so kann ein Mädchen den »Ödipuskomplex« nicht bewältigen. Es lernt nicht, zu ertragen, von der elterlichen Paardyade
ausgeschlossen zu sein. Träume besitzen, wie bereits gesagt, eine
traumalösende Funktion. Zum einen verringern sie die Wirkung
des abgespaltenen Traumas. Wenn der Therapeut sie – gleichsam
mitträumend – aufnimmt, verringern sich auch die zugrunde liegenden Ängste.

Schlussüberlegungen

Drei Mädchen habe ich mit ihren Träumen vorgestellt. Eva, ein drei-
einhalb Jahre altes Mädchen, entdeckt den Vater als Dritten und als
Liebesobjekt. Ein anderes Mädchen, Rebecca, wird vom Vater nicht
gesehen, weil er sich einen Jungen gewünscht hat, und sie sucht in
der Adoleszenz ihren Körper zu zerstören. Judith, eine Jugendliche,
hat einen Vater, der inzestuöse Grenzen nicht achtet, und wird von
der Mutter nicht geschützt.

Die frühe Beziehung des Vaters zum Kind ist durch Nähe und
Zärtlichkeit ausgezeichnet. Anfänglich unterscheidet er sich mit

dem, was er tut, kaum von der Mutter. Langsam taucht er jedoch im
Bewusstsein des Kleinkinds als ein anderer auf. Zunehmend nimmt
er triangulierende Distanz ein und vermeidet auch nicht Aggressi-
vität. Der Vater wird durch sein bewegungsfreudiges Spielverhalten
immer deutlicher als »Dritter im Bunde« erkennbar. James Herzog
hat beobachtet, dass die Elternteile unterschiedliche Rollen im Spiel
mit dem Kind übernehmen. Mütter tendieren dazu, sich homöosta-
tisch einzustimmen und sich an das Ausmaß von Intensität, Komplexität und Affektivität des Kindes anzupassen. Väter neigen hingegen
dazu, sich durch abrupte Wechsel des Aktivitätsniveaus einzustimmen – die Intensität ist erhöht, die Komplexität vermindert und das
Affektivitätsniveau gesteigert. So kann gemäß Herzog ein Kind die
Erfahrung sammeln, dass sich die Umgebung ihm anpasst, als auch,
dass es sich selbst den anderen anzupassen versucht (Herzog, 1998,
S. 168 f.). Auch Benjamin meint, dass das Mädchen – lange bevor
der Geschlechtsunterschied symbolisch bewusst wird – den Vater
als einen erregenden anderen erlebt, der ihm bei der Ablösung von
der Mutter hilft. Wie Herzog meint sie, dass sein Spiel »stimulierend
und innovativ sei – weniger tröstend und weniger auf Einstimmung
bedacht« (Benjamin, 1990, S. 101).

Auch der weibliche Säugling erfährt Bindung, Beziehung und
Erotik zu allererst mit seiner Mutter. Dabei entsteht ein erotisch
gefärbter Austausch, der bei beiden zur sinnlichen Erregung führen kann. Für die Entwicklung einer sicheren Geschlechtsidentität
ist aber auch von klein an eine Identifizierung mit dem Gegengeschlechtlichen, also väterlich-männlichen Aspekten, unerlässlich
(Mertens, 1994, S. 103): Bereits in präödipalen Zeiten braucht also
das Mädchen den Vater, zur Identifizierung und zur »Triangulierung« (Dammasch, Katzenbach u. Ruth, 2008; Grieser, 2011).

Die Tochter kann sich mit der Differenz des Vaters positiv identifizieren, männliche Qualitäten in sich aufnehmen, und sie macht
eine neue, »andersartige« Beziehungserfahrung. Die Wahrnehmung
des anderen und die neue Beziehung ermöglichen zunehmend die
Loslösung von der Mutter und triadische Beziehungsmuster. Diese
Erfahrungen werden mit dem Traum des dreieinhalbjährigen Mädchens Eva illustriert; darin träumt sie zwar nicht manifest vom Vater,
jedoch über ihre Beziehung zu ihm. Noch eine Anmerkung:

Um den Traum eines kleinen Kindes gründlich verstehen zu können, brauchen wir Kenntnisse von seiner Lebensgeschichte, von den
familiendynamischen Konflikten, dem Stand der Entwicklung, was
wir – aus Platzgründen – hier nur begrenzt mitgeteilt haben. Natürlich greift es auch zu kurz, den Zwerg lediglich als ein phallisches
Symbol zu begreifen, denn er besitzt neben der sexuellen noch vielerlei kollektive Bedeutungen: Er repräsentiert unbewusste Mächte,
Weisheit, aber auch Unmoralisches und Bösartiges. Das Fremde löst
zwar zunächst Schrecken aus, es muss aber integriert werden, sonst
könnten wir Trennung nicht bewältigen. Der Hauptgrund, warum
sich der Traum eines kleinen Kindes nur schwer erschließt, ist, dass
dem Kind die Sprache nur unvollkommen zur Verfügung steht und
darum das manifeste Traumbild sehr verdichtet erscheint. Was das
Kind jedoch nicht aussprechen kann, fließt in ein handelndes Agieren, dessen Beobachtung in das Verstehen miteinbezogen werden
muss: Das Erschrecken über den Zwerg, das Hinkuscheln an den
Vater, das lange Verleugnen des Vorfalls, bis dann der Zwerg nachts
im Traum das Mädchen wiederfindet und seinen Schrecken verliert,
sind ebenfalls kommunizierte Traumgedanken. Eva kann ihrer Wei-
terentwicklung nicht entgehen, auch wenn diese zeitweilig bedrohlich ist und zur Vermeidung führen könnte.
    Der liebende Blick des Vaters, seine andere Körperlichkeit lassen
die Tochter zur Begehrten, aber auch zur Begehrenden werden. Ent-
fällt diese wichtige Funktion, weil der Vater das Weibliche gering-
schätzt oder entwertet oder weil er Angst vor Nähe hat, so kann das
für die Entwicklung des Mädchens zur Frau einschneidende Folgen
haben, wie an zwei Träumen des Mädchens Rebecca während einer
adoleszenten Krise verdeutlicht wird. Besonders zwanghafte und
schizoide Persönlichkeiten neigen dazu, die erotischen Bedürfnisse
ihrer Töchter zu übergehen (Flaake, 2003).
    Rebecca hat für die Entwicklung ihrer Weiblichkeit keine ausrei-
chenden erotisch-aufwertenden Blicke des Vaters bekommen. In sui-
zidaler Absicht hat sie versucht, den weiblichen Körper zu zerstören.
Eine lange Therapie hat ihr geholfen, ihre Weiblichkeit als etwas Wert-
volles zu schätzen. Sie hat das Männliche, das sie entwickelt hatte, um
dem Vater zu imponieren, nicht aufgegeben, sondern als eine positive
Männlichkeit integriert. Diese Entwicklung ist rundum erfreulich.

Die schrecklichsten Auswirkungen für die weibliche Psyche hat jedoch ein missbrauchender Vater, der inzestuöse Grenzen und die Generationenunterschiede missachtet. Es handelt sich dabei um graduelle Entwicklungen auf einer Geraden: Väter, die sich ihrer eigenen Männlichkeit unsicher sind, werden dazu neigen, unangemessene Verhaltensweisen zu zeigen. Sie sind besonders verführerisch und überschreiten inzestuöse Grenzen. Es kann dabei zu einfachen Grenzverletzungen kommen, sie können aber bis zum manifesten Missbrauch reichen. Die Traumbeispiele der 18-jährigen Judith verdeutlichen die destruktive Wirkung solcher Grenzüberschreitungen und die bleibenden seelischen Verletzungen.

Die Beachtung von Inzestgrenzen und von Generationenunterschieden betrachte ich als zentral für eine gesunde Identitätsbildung von Kindern und Jugendlichen. Ich beobachte in unserer Gesellschaft auf diesen Gebieten eine zunehmende Laxheit. Die übergroße und intime Nähe zu den Eltern – vor allem zum anderen Geschlecht – kann inzestuöse Phantasien beflügeln, wodurch die psychosexuelle Entwicklung eines Kindes gestört werden kann.

Die Missachtung von Generationenunterschieden wird von vielen Psychoanalytikern ebenfalls für eine problematische Entwicklung verantwortlich gemacht. Eltern sind die »Älteren« und keine Kumpel. Entwertungen, vor allem von Frauen, Distanzlosigkeiten und Übergriffigkeiten aller Art werden zusehends gebilligt, oft darum, weil ihre entschiedene Einschränkung unterbleibt und sie in der Folge Hilflosigkeit auslösen.

In meinem Artikel wollte ich verdeutlichen, dass weibliche Identität, wie die männliche, im Beziehungsdreieck Mutter – Vater – Kind entsteht. Sie wird – vereinfacht gesagt – von der Nähe und der Distanz zur Mutter und zum Vater bestimmt. Enid Balint (1973) war sogar der Meinung, dass die Qualität der Objektbeziehungen zwischen Mutter und Vater als Paar, wie sie vom Kind gesehen und gefühlt werden, eine wichtigere Vorstellung sei als die Funktion jedes Elternteils für sich genommen.

Mädchen und Jungen wünschen sich im Kleinkindalter beide Eltern als Objekte für Anlehnung und Anerkennung. Jetzt kann gegengeschlechtliche noch mit der gleichgeschlechtlichen Identifikation koexistieren, die Entscheidung fällt erst in der Adoleszenz

(Benjamin, 1990, S. 111). Diese Prozesse werden entscheidend von der Qualität der elterlichen Paarbeziehung beeinflusst.

Dabei ist es für ein Mädchen wichtig, einen starken Vater zu verinnerlichen, der gleichzeitig über inzestuöse Grenzen wacht. Dieser Vater wird seine Tochter zärtlich lieben und damit ihre Weiblichkeit aufwerten. Jene Eigenschaften eines Vaters werden Mädchen zur starken Vatertochter werden lassen, die sich als Frauen durchsetzen können und die geliebt werden.

Literatur

Balint, E. (1973). Gerechtigkeit und gegenseitige Anerkennung als Erziehungsziele. Psyche – Zeitschrift für Psychoanalyse, 27, 118–128.

Benjamin, J. (1990). Die Fesseln der Liebe. Psychoanalyse, Feminismus und das Problem der Macht. Basel, Frankfurt a. M.: Verlag Stroemfeld/Roter Stern.

Benjamin, J. (1992). Identifizierung mit Differenz. Ein Beitrag zur Geschlechter-Heterodoxie. Psyche – Zeitschrift für Psychoanalyse, 46, 821–846.

Dammasch, F., Katzenbach, D., Ruth, J. (Hrsg.) (2008). Triangulierung – Lernen, Denken und Handeln aus psychoanalytischer und pädagogischer Sicht. Frankfurt a. M.: Brandes & Apsel.

Ferenczi, S. (1934). Gedanken über das Trauma. Aus dem Nachlass von S. Ferenczi. Internationale Zeitschrift für Psychoanalyse, XX (1).

Ferenczi, S. (1972). Sprachverwirrung zwischen den Erwachsenen und dem Kind. Die Sprache der Zärtlichkeit und der Leidenschaft. In S. Ferenczi, Schriften zur Psychoanalyse, Bd. II, Frankfurt a. M.: S. Fischer.

Flaake, K. (2003). Körperlichkeit und Sexualität in der Adoleszenz junger Frauen: Dynamiken in der Vater-Tochter-Beziehung. Psyche – Zeitschrift für Psychoanalyse, 57, 403–425.

Freud, S. (1896c/1971). Zur Ätiologie der Hysterie. Studienausgabe Bd. VI. Frankfurt a. M.: Fischer.

Freud, S. (1900a/1972). Die Traumdeutung. Studienausgabe Bd. II. Frankfurt a. M: Fischer.

Fromm, E. (1984). Märchen, Mythen, Träume. Reinbek: Rowohlt.

Grieser, J. (2011). Architektur des psychischen Raumes. Die Funktion des Dritten. Gießen: Psychosozial.

Herzog, J. M. (1998). Frühe Interaktionen und Repräsentanzen: Die Rolle des Vaters in frühen und späten Triaden; der Vater als Förderer der Entwicklung von der Diade zur Triade. In D. Bürgin (Hrsg.), Triangulierung. Der Übergang zur Elternschaft. Stuttgart u. a.: Schattauer.

Hopf, H. (2007). Träume von Kindern und Jugendlichen. Diagnostik und Psychotherapie. Stuttgart: Kohlhammer.

Jung, C. G. (1916/1991). Allgemeine Gesichtspunkte zur Psychologie des Traumes. In C. G. Jung, Traum und Traumdeutung (3. Aufl., S. 89–131). München: Deutscher Taschenbuch Verlag.

Jung, C.G. (1928). Über psychische Energetik und das Wesen der Träume. Olten, Freiburg: Walter.

Jung, C.G. (1940). Zur Psychologie des Kindarchetypus. In Die Archetypen und das kollektive Unbewusste. Gesammelte Werke, Bd. 9/1. Olten, Freiburg: Walter.

Lacan, J. (2006). Namen des Vaters. Wien: Verlag Turia + Kant.

Mertens, W. (1994). Entwicklung der Psychosexualität und der Geschlechtsidentität. Band 1. Geburt bis 4. Lebensjahr (2. Aufl.). Stuttgart u. a.: Kohlhammer.

Mertens, W. (1999). Traum und Traumdeutung. München: C. H. Beck.

Morgenthaler, F. (1986). Der Traum. Fragmente zur Theorie und Technik der Traumdeutung. Frankfurt a. M., New York: Campus.

Olivier, C. (1991). F wie Frau. Psychoanalyse und Sexualität. Düsseldorf: Econ.

Strauch, I. (1981). Ergebnisse der experimentellen Traumforschung. In U. Baumann, H. Berfalk, G. Seidenstücker (Hrsg.), Klinische Psychologie, Bd. 4 (S. 22–47). Bern: Huber.

Thomä, H., Kächele, H. (1985/2006). Lehrbuch der psychoanalytischen Therapie, Bd. 1. Grundlagen (überarbeitete Auflage). Berlin u. a.: Springer.

Winnicott, D. W. (1997). Von der Kinderheilkunde zur Psychoanalyse. Frankfurt a. M.: Fischer.

Sensibilisierung für die Kinderperspektive als präventive Maßnahme

Der schwierige Weg zum Vater

Die Bedeutung des eigenen Vaterbildes für die Wahrnehmung kindlicher Bedürfnisse am Beispiel des Bindungstrainings für alleinerziehende Mütter »wir2«

Matthias Franz

Der lange Schatten des fehlenden Vaters

Die große Bedeutung des Vaters für die kindliche Entwicklung ist in den letzten 20 Jahren in den Fokus der Forschung wie auch der öffentlichen Wahrnehmung gerückt. Hierzu hat die Mannheimer Bevölkerungsstudie zur Epidemiologie psychogener Erkrankungen einen wichtigen Beitrag geleistet. Seit über vierzig Jahren werden in dieser Langzeituntersuchung Häufigkeit, Verlauf und Ursachen psychogener, das heißt vorwiegend psychosozial verursachter Erkrankungen untersucht. Zu diesen Erkrankungen zählen beispielsweise Angsterkrankungen, Depressionen, psychosomatische Körpersymptome, Suchterkrankungen oder auch Persönlichkeitsstörungen.

Ein Resultat unserer Mannheimer Studie bestand in der Entdeckung eines bis dahin kaum vorstellbaren Zusammenhangs: Infolge des Zweiten Weltkriegs waren bei fünfzig bis sechzig Prozent der Kriegskinder die Väter in den ersten sechs Entwicklungsjahren abwesend. Diese vaterlosen Kriegskinder litten noch über fünfzig Jahre später häufiger als die mit Vater aufgewachsenen unter Depressionen, Ängsten oder psychosomatischen Körperbeschwerden (Franz, Tress u. Schepank, 1998; Franz, Lieberz, Schmitz u. Schepank, 1999; Franz, Hardt u. Brähler, 2007).

Elterliche Trennung und Vaterlosigkeit

Angesichts der möglichen Langzeitfolgen der Vaterlosigkeit für die Kinder stellt sich die Frage nach der heutigen, zumeist durch Trennungskonflikte bedingten Vaterlosigkeit. In Deutschland erleben heute 200.000 Kinder jedes Jahr die Trennung ihrer Eltern, etwa jedes fünfte Kind wächst bei nur einem Elternteil auf, zu neunzig Prozent bei der Mutter.

Alleinerziehender Mütter leben oft in schwierigen finanziellen Verhältnissen und Armut. Zusammen mit einem emotional belasten-den Partnerkonflikt bewirkt dies erhöhte Krankheitsrisiken (Franz, Lensche u. Schmitz, 2003). Hierzu zählen chronische Krankheiten, Rauchen und auch seelische Belastungen. Insbesondere das Depres-sionsrisiko ist in der Gruppe alleinerziehender Mütter zwei- bis drei-fach erhöht.

Die Belastungen ihrer Eltern teilen sich den Kindern mit. Im Vergleich zu Kindern aus Paarfamilien leiden sie häufiger an Verhal-tensproblemen, Übergewicht, Schulleistungsstörungen oder Alko-hol- und Drogenproblemen. Elterliche Hochstrittigkeit, familiäre Gewalt und eingeschränkte elterliche Kompetenzen sind Risikofak-toren für die Entwicklung von Trennungskindern (Franz u. Karger, 2011; Franz u. Karger, 2013). Mütter in Trennungssituationen sind entsprechend oft selbst emotional gestresst oder depressiv. Dies kann ihre elterliche Empathiefähigkeit beeinträchtigen, sodass sie kind-liche Bedürftigkeitssignale weniger genau wahrnehmen und beant-worten können – insbesondere, wenn sie allein gelassen und ohne Unterstützung sind.

»wir2« – Alleinerziehende Mütter stärken, den Konflikt mit dem Partner begrenzen

Angesichts dessen wird deutlich, wie sinnvoll hier Prävention ist. Ein Schlüssel hierzu ist die Förderung einer sicheren Bindungsbezie-hung. Diese Strategie verfolgt das Bindungstraining »wir2« – früher PALME genannt (www.wir2-bindungstraining.de). Dieses Eltern-training für psychosozial belastete alleinerziehende Mütter mit Kin-dern im Vor- und Grundschulalter erstreckt sich über 20 wöchentli-che Gruppensitzungen. Es wird auf der Basis eines Manuals (Franz, 2014) von einem geschulten Leiterpaar durchgeführt (Franz, Weih-rauch u. Schäfer, 2011). Zentrale Ziele von »wir2« sind: Reduktion depressiver Beschwerden bei den Müttern, Stärkung ihrer intuitiven Elternfunktionen und emotionalen Kompetenzen, Stabilisierung der Mutter-Kind-Beziehung, Trennung des Paarkonfliktes von der gemeinsamen Elternverantwortung und die Einübung alltagsprak-tischer Kompetenzen.

Entsprechend dem auf der kindlichen Affektentwicklung und der Bindungstheorie basierenden Konzept durchlaufen die Teilneh-merinnen während des Trainings einen stark affektmobilisierenden emotionalen Lernzyklus. Eine deutlich spürbare eigene emotionale Bewegtheit ist Voraussetzung, um sich selbst wahrzunehmen und tief verankerte Muster zu ändern. Dieser emotionale Lernprozess wird erleichtert durch ein Wiedererleben und Bewusstmachen eigener kindlicher Gefühle, Wahrnehmungs- und Verhaltensmuster.

Mit Rollenspielen oder geleiteten Phantasiereisen werden Kind-heitserfahrungen der Mütter und die entsprechenden Affekte gezielt reaktualisiert und fokussiert. Das Wiedererleben eigener kindlicher Wünsche und Bedürfnisse erleichtert es den Teilnehmerinnen, sich mit den Gefühlen und Bedürfnissen ihres Kindes zu identifizieren. An die Stelle der »erzieherischen« kann eine mehr verständnisvoll-einfühlsame Haltung treten.

Das Programm gliedert sich in vier aufeinander aufbauende Module. Im ersten Modul steht die emotionale Selbstwahrnehmung der Mütter im Vordergrund. Im zweiten Modul geht es um die fein-fühlige Wahrnehmung der Affektsignale und Bedürfnisse des Kindes. Im dritten Modul weitet sich der Blick hin zur Gesamtfamilie. Hierzu gehört eine intensive Auseinandersetzung mit dem Partnerkonflikt und der Elternverantwortung. Auch die Bedeutung des Vaters wird zum Thema. Im vierten Modul schließlich geht es um den übenden Umgang mit konkreten Schwierigkeiten im Erziehungsalltag.

Die lebenslangen Auswirkungen des eigenen Vaterbildes – eine oft verleugnete Realität

Das dritte Modul steht ganz im Zentrum des »wir2«-Programms. Hier werden die entscheidenden emotionalen Themen des Tren-nungskonflikts bearbeitet: die heftigen Enttäuschungs- und Krän-kungsgefühle, die depressiven Selbstzweifel, die häufig bestehen-den quälenden Schuld- und Wutgefühle, die oft eine verarbeitende Trauer verhindern. Thematisiert wird in gruppendynamischen Übungen und Rollenspielen aber auch die Wahrnehmung eigener

Konfliktbeiträge bis hin zu einer im Nachhinein offensichtlich konflikthaften Partnerwahl und dem damit oft verbundenen eigenen Männer- und Vaterbild. Die häufige Verleugnung der Wichtigkeit der Beziehung zwischen Vater und Kind dient vielen Müttern auch zur Abwehr schmerzlicher Erinnerungen und Enttäuschungen in der eigenen Vaterbeziehung. Hierunter leiden besonders die Jungen in Trennungsfamilien (Franz u. Karger, 2013).

Um den Müttern die Wichtigkeit der Beziehung ihres Kindes zu seinem Vater trotz eines bestehenden Trennungskonflikts emotional erfahrbar zu machen, werden sie in Phantasiereisen und Rollenspielen auf anrührende Weise mit dem Vater ihrer Kindheit in einen Hinspürkontakt gebracht. Sie erleben – oft unter Tränen – ihre eigenen auf ihn bezogenen kindlichen Wünsche. Die anschließende Bearbeitung eröffnet den Müttern regelmäßig die emotionale Wahrheit, wie bedeutsam ihre – oft auch enttäuschende – Beziehung zu ihrem Vater war und ist. Und wie schmerzlich es sich bis heute anfühlen kann, wenn man sich dieser im Alltag meist überspielten Wahrheit nun in einem tragenden Beziehungsraum öffnet. Diese Einsicht wird im Gruppenprozess über identifikatorische Teilnahme emotionaler Konsens. Dann können manche Mütter auch sehen, dass sie ihrem Kind den Kontakt zum Vater erschweren, um ihre Trauer und Enttäuschung über den eigenen Vater nicht zu spüren.

Aus der in der Gruppe intensiv erfahrenen Tatsache, dass der eigene Vater der Kindheit und das, was mit ihm möglich und nicht möglich war, emotional lebenslang präsent bleibt, ergeben sich für die Mütter neue Orientierungsmöglichkeiten mit tiefgreifenden Auswirkungen auch für ihre Kinder:

»Wenn ich in einer so wenig aufwendigen Phantasieübung heute noch so stark spüren kann, wie wichtig die Beziehung zu meinem eigenen Vater noch 30 Jahre später für mich wirklich ist, dann wird das bei meinem Kind heute und später wohl auch so sein. Wenn aber der Vater so wichtig ist, was könnte ich dazu tun, damit mein Kind die Beziehungswünsche zu seinem Vater so leben kann, dass es nicht selber in 30 Jahren so traurig über die nicht gelebte Vaterbeziehung ist wie ich heute? Was könnte ich, was könnten wir als Eltern dazu tun, dass unser Streit nicht größer wird als die gemeinsame Elternverantwortung für unser Kind?«

Durch das Wiedererleben eigener kindlicher Wünsche können sich die Mütter leichter wieder mit den oft hinter Verhaltensproblemen verborgenen Wünschen ihrer Kinder nach einer Hinwendung zu beiden Eltern, auch zu ihrem Vater, identifizieren. Im identifikatorischen Perspektivwechsel hin zum Erleben des Kindes erlebt die Mutter dessen auf den Vater gerichtete Beziehungswünsche nicht mehr so leicht im Zusammenhang mit dem Paarkonflikt als Angriff auf sich selbst. Hierdurch kann sie ihrem Kind, das sich oft loyal an der depressiven Bedürftigkeit seiner Mutter orientiert, den in aller Regel ersehnten Weg zum Vater (wieder) erleichtern. Dies ist besonders für die oft in einem unlösbaren Loyalitätskonflikt zwischen Mutter und Vater stehenden Jungen wichtig. Wird dieser nicht kindgerecht verstanden und gelöst, kann es in der Pubertät des Jungen aufgrund der Vaterentbehrung zu einer tiefgreifenden Vorwurfs- und Protesthaltung der Mutter gegenüber kommen.

Mein Vaterbild, mein Männerbild und warum ich mich so unglücklich verliebe

Die Verdrängung der auf den eigenen Vater bezogenen kindlichen Wünsche und seine enttäuschenden, vielleicht auch seine bedrohlichen Seiten sind dann Ausgangspunkt für weitere Fragen, die viele alleinerziehende Mütter belasten:

»Warum habe ich mir damals diesen Mann als Partner ausgesucht? Warum gerate ich immer wieder an denselben Typ Mann, der mir nicht guttut? Warum schaue ich nicht genau hin und lasse mich eher von Wunschdenken leiten, wenn ich eine Partnerschaft eingehe? Bin ich selbst schuld? Stimmt mit mir etwas nicht? Werde ich überhaupt noch einmal einen netten Mann als Partner finden?«

Viele alleinerziehende Mütter sind innerlich durch solche Fragen und Selbstzweifel bedrückt. Meist reden sie nicht darüber, weil sie von ihrer Umgebung Zurückweisungen befürchten: Selbst schuld. Ebenfalls nicht selten dient die Wahl eines unkritisch idealisierten Partners, dessen schwierige Seiten man nicht wirklich sehen wollte, auch dazu, sich aus einer belasteten Herkunftsfamilie zu lösen. Manche Frauen befürchten, mit ihrer Partnerwahl ihre Situation tatsächlich selbst verschuldet zu haben. Andere erklären, um seelisch zu überleben, Männer generell zu Ungeheuern. Über solche Fragen wird im Vertrauensraum von »wir2«-Gruppen mit großer Offenheit gesprochen.

Ein wichtiges Thema ist hier auch der Zusammenhang zwischen dem eigenen Vaterbild und der späteren Partnerwahl. Manche Frauen suchen sich wiederholt Männer als Partner aus, die ihnen eigentlich nicht guttun. Tragischerweise suchen sie sich solche Partner aus, weil sie hinsichtlich problematischer Verhaltensweisen den eigenen Vätern ihrer Kindheit ähnlich sind. Stellvertretend »verlieben« sie sich in einen »vaterähnlichen« Mann, von dem sie sich vielleicht auch wieder misshandeln lassen. »Aber diesmal«, so die eigentlich kindliche Vorstellung, »werde ich ihn ändern können: Weil ich ihn ja so sehr liebe.«

Mithilfe dieser »Operation Wunschdenken« startet so im Geheimen der Versuch, den Partner stellvertretend für den Vater so selbstlos und unter Inkaufnahme auch wiederholter Misshandlungen zu »lieben«, dass er sich endlich doch noch zum guten Partner/Vater wandelt. Eine (wiederholte) destruktive Partnerwahl kann also auch den Versuch darstellen, sich durch extreme Anpassung im Nachhinein doch noch eine gute Vaterbeziehung frei von Misshandlung und Schuldgefühlen zu erhandeln.

Die Bearbeitung solcher Themen und Zusammenhänge eröffnet neue Sichtweisen und ein vertieftes Verständnis für zuvor oft nicht nachvollziehbare Wiederholungen. Für viele Teilnehmerinnen ist deshalb die aus »wir2« resultierende Einsicht auch hinsichtlich einer zukünftigen Partnerschaft hilfreich.

Emotionale Wahrheiten anerkennen: Der erste Schritt heraus aus der Depression in Richtung einer verarbeitenden Trauer und Neuorientierung

Wenn konflikthaft oder hochstrittig getrennte alleinerziehende Mütter innerhalb der »wir2«-Gruppensitzung emotional erfahren, wie prägend der Vater für ein Kind ist und welche Langzeitwirkungen eine belastete Vaterbeziehung selbst für die eigene Partnerwahl haben kann, werden tiefe Einsichten vermittelt und biographische Perspektiven geklärt. Manche Mütter verstehen zum ersten Mal die Sinnzusammenhänge ihrer ansonsten auch von anderen als »unvernünftig« oder »verrückt« etikettierten Verhaltensweisen. Das heißt, sie verzweifeln nicht mehr an sich und an ihren Wiederholungen, sondern sie entwickeln ein emotionales Verständnis für das in ihrem Inneren herumirrende Kind, dessen Schuldgefühle zu den heutigen Verwirrungen beigetragen haben. Manche Mütter erkennen dann das »große Bild« und können über das Nicht-Gewesene und/oder das Negativ-Gewesene trauern. Sie können glücklich darüber sein, dass sie mit den gewonnenen Einsichten die Chance zu einer kontrollierteren Partnerwahl, zu einem pragmatischeren Umgang mit dem getrennten Vater ihres Kindes und zu einem weniger durch eigene Abwehrbedürfnisse verzerrten Kontakt zu ihrem Kind haben. Dies wird auch möglich, da »wir2« – obwohl oder besser weil es ein präventives Elterntraining speziell für alleinerziehende Mütter ist – die triadische Perspektive im Hinblick auf die Bedeutung des Vaters in systematischer Weise integriert.

Von solchen emotionalen Integrationsprozessen und der durch »wir2« nachweisbar gesenkten Depressivität sowie wachsenden emotionalen Kompetenzen der Mütter profitieren natürlich auch deren Kinder (Franz, Weihrauch, Buddenberg u. Schäfer, 2009; Franz, Weihrauch, Buddenberg, Haubold u. Schäfer, 2010; Weihrauch, Schäfer u. Franz, 2014). »wir2« ist ein Beispiel für ein bindungsorientiertes präventives Elterntraining, das mit geringem Mitteleinsatz eine belastete Zielgruppe wirksam unterstützt, neue und gesunde Entwicklungen da zu wagen, wo ansonsten selbstschädigende Wiederholungen krankmachen können.

Literatur

Franz, M. (2014). wir2. Bindungstraining für Alleinerziehende. Göttingen: Vandenhoeck & Ruprecht.

Franz, M., Karger, A. (Hrsg.) (2011). Neue Männer – muss das sein? Risiken und Perspektiven der heutigen Männerrolle. Göttingen: Vandenhoeck & Ruprecht.

Franz, M., Karger, A. (Hrsg.) (2013). Scheiden tut weh. Elterliche Trennung aus Sicht der Väter und Jungen. Göttingen: Vandenhoeck & Ruprecht.

Franz, M., Hardt, J., Brähler, E. (2007). Vaterlos: Langzeitfolgen des Aufwachsens ohne Vater im Zweiten Weltkrieg. Zsch. Psychosom. Med., 53, 216–227.

Franz, M., Lensche, H., Schmitz, N. (2003). Psychological distress and socioeconomic status in single mothers and their children in a german city. Soc Psychiatry Psychiatr Epidemiol, 38, 59–68.

Franz, M., Tress, W., Schepank, H. (1998). Predicting extreme patterns of longterm course of psychogenic impairment: A ten-year-follow-up. Soc Psychiatry Psychiatr Epidemiol, 33, 243–251.

Franz, M., Weihrauch, L., Schäfer, R. (2011). PALME: A preventive parental training program for single mothers with preschool aged children. J Public Health, 19, 305–319.

Franz, M., Lieberz, K., Schmitz, N., Schepank, H. (1999). Wenn der Vater fehlt. Epidemiologische Befunde zur Bedeutung früher Abwesenheit für die psychische Gesundheit im späteren Leben. Zsch. psychosom. Med., 45, 260–278.

Franz, M., Weihrauch, L., Buddenberg, T., Schäfer, R. (2009). PALME. Wirksamkeit eines bindungsorientierten Elterntrainings für alleinerziehende Mütter und ihre Kinder. Psychotherapeut, 54, 357–369.

Franz, M., Weihrauch, L., Buddenberg, T., Haubold, S., Schäfer, R. (2010). Wirksamkeit eines bindungstheoretisch fundierten Elterntrainings für alleinerziehende Mütter und ihre Kinder: PALME. Kindheit und Entwicklung, 19, 90–101.

Weihrauch, L., Schäfer, R., Franz, M. (2014). Long-term efficacy of an attachment-based parental training program for single mothers and their children: A randomized controlled trial. J Public Health, 22, 139–153.

Die Kindesanhörung – ein Grundrecht

Zeit und Raum für die Sicht des Kindes

Sabine Brunner

Kinder als ernstzunehmende Persönlichkeiten mit einer eigenen Meinung anzusehen, stellt eine radikale Neuerung des ausgehenden 20. Jahrhunderts dar. Verankert wurde diese veränderte Stellung des Kindes in Familie und Gesellschaft auf rechtlicher Ebene im »Übereinkommen über die Rechte des Kindes«, welches 1989 den Vertragsstaaten der UNO vorgelegt wurde. In Artikel 12 wird explizit auf das Recht des Kindes auf freie Meinungsäußerung eingegangen. Konkret wird hier das Recht formuliert, dass Kinder ihre *Meinung in allen sie berührenden Angelegenheiten frei äußern* dürfen. Diese Meinung soll *angehört* und bei Entscheidungen dem Alter und der Reife entsprechend *angemessen berücksichtigt* werden. Als rechtliches Instrument wurde in der Folge die *Kindesanhörung* eingeführt.

Was ist eine Kindesanhörung?

Die Anhörung dient in gerichtlichen oder behördlichen Verfahren als Instrument, um ein Kind geeignet zu informieren sowie seine Meinung und seine Anliegen zu erfassen. Das Anhörungsrecht besteht immer dann, wenn Entscheidungen getroffen werden, welche die Interessen eines Kindes direkt betreffen. Dies berührt viele verschiedene Verfahren im Bereich des Kindesschutzes, bei Gerichtsverfahren bezüglich Trennung und Scheidung der Eltern, bei Verwaltungsverfahren wie etwa Einbürgerung, Asylverfahren oder Adoption sowie auch bei wichtigen Entscheidungen im Gesundheits- und im Bildungswesen.[1]

Eine Anhörung wird in der Regel bei Kindern im Alter ab sechs Jahren durchgeführt. In diesem Alter sind Kinder in ihrer kogniti-

---

1 Einzelne Passagen dieses Textes stammen aus den im Literaturverzeichnis erwähnten Broschüren der UNICEF zur Kindesanhörung von S. Brunner und T. Trost.

ven und sozialen Entwicklung genügend weit fortgeschritten, um ihre Situation zu reflektieren und ihre Gedanken dazu einer fremden Person schildern zu können. Je nach Verfahren erfolgt eine Kindesanhörung zu unterschiedlichen Zeitpunkten. Wichtig ist, dass der gewählte Zeitpunkt dem Kind die größtmögliche Chance zur Partizipation bietet. Es kann dabei durchaus sinnvoll sein, ein Kind mehrmals zu einer Anhörung einzuladen, je nach Komplexität und Länge eines Verfahrens oder Entscheidungsprozesses.

Der neunjährige Milan lebt im Haushalt seiner Mutter und seines Stiefvaters, welche vor fünf Jahren geheiratet haben. Seinen leiblichen Vater sieht Milan nur sehr selten, mit ihm zusammengelebt hat er nie. Der Stiefvater möchte Milan nun adoptieren. Milan wird von der entsprechenden Behörde dazu angehört. Er erklärt, dass er seinen Stiefvater als seinen eigentlichen Vater anschaue. Dennoch macht Milan sich Sorgen, ob er nach der Adoption auch mit seinem leiblichen Vater noch Kontakt haben kann, denn, so betont Milan, das wolle er. Auch befürchtet Milan, dass der leibliche Vater die Adoption nicht gut aufnimmt. Die »drei« Eltern werden mit den Bedenken von Milan konfrontiert.[2]

Wirkung auf Kinder

Zweifellos stellt eine Anhörung für die meisten Kinder eine neue Situation dar. Es ist jedoch erfahrungsgemäß nicht so, dass Kinder sie als belastend empfinden. Im Gegenteil haben Kinder ein starkes Bedürfnis, informiert und einbezogen zu werden. Sie wollen verstehen, was um sie und mit ihnen passiert. Sie möchten die Gelegenheit erhalten, ihre Lebensumstände mit konkreten Wünschen und Verbesserungsvorschlägen mitzugestalten (Büchler u. Simoni, 2009; Simoni, 2009). Die Erfahrung, dass eigene Ideen oder auch Befürchtungen gehört und berücksichtigt werden, stärkt Kinder nachweislich (Simoni, 2007). Es ist jedoch bei einer Kindesanhörung wichtig, dass sich alle Beteiligten über den Zweck und die Grenzen der

---

2   Bei dieser wie bei den folgenden Falldarstellungen handelt es sich um konstruierte Fallvignetten, welche den Einsatz der Kindesanhörung veranschaulichen sollen.

Anhörung im Klaren sind. So soll ein Kind keine grundsätzlichen
Entscheidungen treffen müssen und auch keine überfordernde Verantwortung aufgebürdet bekommen.

Die Eltern der 15-jährigen Eva und ihrer zehnjährigen Schwester Rose
lassen sich scheiden. Die Richterin des Zivilgerichts lädt die Mädchen
zu zwei getrennten Anhörungen ein und unterbreitet ihnen die Pläne
ihrer Eltern – jene möchten, dass beide Töchter hälftig bei ihnen wohnen – so wird es in der Familie seit der Trennung der Eltern praktiziert.
Während Rose erklärt, sie sei mit der Regelung voll und ganz einver-
standen, wichtig sei ihr einfach, dass sie zu Vater und Mutter eine gute
Beziehung haben könne, erklärt Eva, dass ihr das Hin- und Herwechseln
zwischen den Eltern nicht mehr behage. Sie könne so den Anforderungen aus Schule und Freizeit nicht gerecht werden und fühle sich nicht
wohl. Eva wünscht, vorerst unter der Woche bei der Mutter zu bleiben,
mit der Option, später einmal zum Vater zu wechseln. Die anhörende
Richterin nimmt die Äußerungen und Anliegen beider Mädchen auf und
verspricht, diese mit den Eltern zu besprechen.

Das Kind vorbereiten

Ein Kind soll ausreichend informiert und auf die Anhörung vorbereitet werden, damit es weiß, was es erwartet und damit es auch
entscheiden kann, ob es überhaupt angehört werden möchte. Nachdem das Kind eine persönliche Einladung mit Informationen zur
Anhörung erhalten hat, übernehmen üblicherweise die Eltern den
Part der Vorbereitung – zumindest beim jüngeren Kind. Sie sollten deshalb selbst frühzeitig informiert werden und Antworten auf
ihre Fragen zur Anhörung erhalten. So können sie mit dem Kind
Sinn und Zweck der Anhörung besprechen und ihm mitteilen, dass
seine Meinung zwar wichtig, seine Mitarbeit aber nicht zwingend
ist. Darüber hinaus sind die Eltern zu instruieren, dass sie dem Kind
weder Antworten vorgeben, noch es unter Druck setzen dürfen. In
Absprache mit den Eltern kann auch eine andere Person die Vorbereitung des Kindes auf die Anhörung übernehmen.

Umgang mit dem Kind

Um zum Kind eine Vertrauensbasis herzustellen und es zu verstehen, ist es nötig, dass die anhörende Person versucht, die Situation aus der Perspektive des Kindes zu sehen. Das Kind soll in der Anhörung erleben, dass man ihm zutraut, sich differenziert mit der eigenen Situation auseinanderzusetzen. Man soll ihm mit Respekt begegnen, auch wenn es eventuell Mühe zeigt, sich zu äußern oder wenn sein Verhalten nicht den Erwartungen entspricht. Kinder sollen überdies auch dann Gehör finden und zur Meinungsäußerung ermutigt werden, wenn der Eindruck besteht, dass sie sich nicht vollständig frei äußern können, weil sie stark in die Konflikte der Erwachsenen eingebunden sind.

Die anhörende Person ist verantwortlich, dass sich das Kind während der Anhörung wohlfühlt. Sie muss sich deshalb auch um die körperlichen Bedürfnisse des Kindes kümmern. Wenn ein Kind unruhig oder müde wird, sollen Pausen eingelegt werden. Ratsam ist es, zusammen mit dem Kind zu überlegen, was genau für sein Wohlbefinden getan werden kann.

Der 13-jährige Philipp stört mit seiner Verweigerungshaltung seine Schulklasse massiv. Nach vielen disziplinarischen Verweisen der Lehrpersonen beschließt die Schulleitung ein Time-Out – Philipp soll für zwei Wochen zu Hause bleiben. Dieser Beschluss wird Philipp in einer Anhörung mitgeteilt. Philipp reagiert entsetzt. Er betont, dass er lieber weglaufe, als zu Hause zu bleiben. Dort werde er doch nur von seinem Vater verprügelt. Die Schule hat noch nie davon gehört, dass Philipp geschlagen wird. Sie sucht dazu das Gespräch mit den Eltern.

Altersgerechte Gesprächsführung

Kinder zwischen sechs und 18 Jahren machen enorme Entwicklungsschritte. Deshalb gestaltet sich ein Gespräch mit einem jungen Kind anders als mit einer/einem Jugendlichen. Bei der Gesprächsführung mit jüngeren Kindern ist zu beachten, dass die Inhalte möglichst konkret formuliert werden. Auch wenn Fremdwörter eher vermieden werden sollen, so ist es doch auch beim jungen Kind wichtig, die Schlüsselwörter eines Verfahrens zu benennen. Zusammen mit erklärenden Worten kann das Kind nach und nach verstehen, um was es geht. Junge Kinder schätzen überdies eine humorvolle, spielerische Atmosphäre und der Einsatz von nonverbalen Methoden kann eventuell sinnvoll sein. Papier und Malstifte bieten sich gut an, sei es für eine freie Zeichnung, ein gemeinsames Kritzelspiel oder eine Familienzeichnung. Ebenfalls praktisch sind Spielfiguren und Gegenstände jeglicher Form, mit denen Familiensituationen szenisch dargestellt werden können.

Je älter Kinder werden, desto mehr erwarten sie, dass die Erwachsenen sie als gleichwertige Gesprächspartner anerkennen. Keinesfalls möchten Kinder als zu jung behandelt werden. Während Schulkinder im Allgemeinen gut zu ernsthaften Gesprächen zu motivieren sind und sie es mögen, konkrete Sachlagen zu erörtern, erweisen sich Jugendliche zwar etwas unzugänglicher in Bezug auf die Motivierbarkeit. Dafür haben sie in der Zwischenzeit gelernt, sich auch mit komplizierten, theoretischen Sachverhalten auseinanderzusetzen, und sie schätzen es in der Regel, wenn ihnen diese zugemutet werden. Für den Kooperationswillen von Jugendlichen ist es überdies sehr wichtig, dass sie Sinn und Zweck der Anhörung nachvollziehen und so eine eigene Motivation entwickeln können.

(Geschlechts-)spezifische Einflüsse

Aus dem Fokus der Genderthematik ergeben sich für die Durchführung von Kindesanhörungen folgende häufig gestellte Fragen:

Zum einen geht es um die Frage, ob Kinder tendenziell beim Vater oder bei der Mutter mehr Schwierigkeiten zeigen, sich frei zu äußern. Dazu ist zu sagen, dass ein Kind im Gespräch erfahrungsgemäß dann weniger offen ist, beziehungsweise eher die Meinung eines Elternteils vertritt, wenn es befürchten muss, dass die eigenen Äußerungen den betreffenden Elternteil zu sehr durcheinanderbringen oder verletzen könnten. Dies jedoch nur unter der Voraussetzung, dass dem Kind die Beziehung zum betreffenden Elternteil wichtig und erhaltenswert erscheint. Dieser (indirekte oder direkte manipulative) Einfluss kann sowohl seitens des Vaters als auch seitens der Mutter erwartet werden und in der Praxis konnten bisher keine geschlechtsspezifischen Häufungen bezüglich eines Elternteils beobachtet werden.

Die zweite Frage betrifft das Geschlecht der anhörenden Person und deren Auswirkungen auf eine Anhörung. Diez Grieser behandelt diese Frage im Rahmen des geschlechtsspezifischen Einflusses von Therapeuten auf die Psychotherapie von Kindern und Jugendlichen. Sie kommt zu dem Schluss, dass das Geschlecht in dieser Konstellation einen eher geringen Einfluss hat. Jedoch geht sie davon aus, dass beim Therapeuten/der Therapeutin ein Bewusstsein bezüglich geschlechtsspezifischer Empfindlichkeiten vorhanden sein sollte (Diez Grieser, 2002). Es ist gut möglich, dass sich diese Ergebnisse auf die Anhörungssituation übertragen lassen. Für die Anhörung ist deswegen zu betonen, dass ein Grundwissen bezüglich geschlechtsspezifischer Unterschiedlichkeiten in der kindlichen Entwicklung im Blickfeld der anhörenden Person sein sollte, damit für das Kind wichtige Fragen auch tatsächlich gestellt werden. Genauso wichtig erscheint es allerdings, dass die Gesprächsführung immer nahe am individuellen Kind und seinen aktuellen Entwicklungsthemen geführt wird – unabhängig vom Geschlecht des Kindes.

Die sechsjährige Jessica wünscht sich, ihren Vater wiederzusehen, der sich seit zwei Jahren nicht mehr gemeldet hat. Schließlich erwähnt sie den Vater nicht mehr, schwärmt nun aber sehr für einen Musikstar, den sie von Videoclips her kennt. Sie möchte unbedingt auf ein Konzert von ihm. Für die anhörende Person wichtig ist das Wissen darum, dass Jessica in ihrem Alter eine anwesende erwachsene, männliche Person (den Vater) als »gegengeschlechtliches Liebesobjekt« benötigt und dass ihre eigentliche Sehnsucht wohl immer noch dem Vater gilt.

Protokollierung der Kindesanhörung

Ein zusammenfassendes Protokoll hält für alle am Verfahren Beteiligten wichtige Äußerungen des Kindes fest. Was niedergeschrieben wird, ist gegen Ende der Anhörung zusammen mit dem Kind ausführlich zu prüfen. Die anhörende Person sollte einerseits klären, ob sie die Äußerungen des Kindes richtig verstanden hat. Anderseits braucht das protokollarisch Festgehaltene das Einverständnis des Kindes.

Kindeswille und Kindeswohl

Mit dem Klären der Meinung, Bedürfnisse und Wünsche eines Kindes wird sein *Wille* erfasst. Alle Kinder – auch die ganz jungen – können sich zu ihrem Erleben äußern und basierend auf ihrer Einschätzung einen eigenen Willen entwickeln. Bei Kleinkindern ist dieser Wille stark auf das Hier und Jetzt des Erlebens bezogen. Je älter Kinder werden, desto mehr Aspekte können sie rational in ihre Willensbildung einbinden. Hinter einem geäußerten Willen müssen jedoch weder Bewusstheit noch nachvollziehbare Reflexion oder »akzeptable« Motive feststellbar sein. Vielmehr geht es beim Kindeswillen um vom Kind selbst definierte Interessen – beim jüngeren wie beim älteren Kind (Dettenborn 2010).

Bei Überlegungen zum Kindeswohl gehören die Klärung und der Einbezug des Kindeswillens zwingend dazu. Damit für Kinder tragfähige Lösungen gefunden und gute Entscheidungen getroffen werden, müssen Bedürfnisse und Wünsche direkt mit ihnen abgeklärt werden. Dies ist nicht nur für ältere Kinder wichtig. Gerade auch junge Kinder sind aufgrund der Unmittelbarkeit ihres Erlebens besonders darauf angewiesen, dass ihre Anliegen angemessen und verbindlich berücksichtigt werden. Müssen aus Kindeswohlüberlegungen Entscheidungen deutlich gegen den Kindeswillen getroffen werden, kann dies als Gefährdungsmoment angesehen werden. Es ist nun an dieser Stelle besonders wichtig, dass das Kind die nötigen Schritte nachvollziehen und dass es wenigstens bei der Ausgestaltung seiner Situation Einfluss haben kann.

Dorian ist sieben Jahre alt. Seine alleinerziehende Mutter leidet unter einer depressiven Erkrankung und ist schon länger nicht in der Lage, Dorian ausreichend gut zu betreuen. Unterstützungsangebote der Familienhilfe scheiterten und ein unterstützendes soziales Netz ist nicht vorhanden. Nun erachtet die Kindesschutzbehörde einen Obhutsentzug als notwendig. Die Mutter wird angehört und Dorian ebenfalls. Er wird über den anstehenden Obhutsentzug informiert. Obwohl Dorian wenig Fragen stellt, wird ihm das geplante Vorgehen ganz konkret geschildert. Dorian erklärt, er wolle nicht von seiner Mutter weggehen. Wenn es aber dennoch sein müsse, wolle er unbedingt seinen Hasen mitnehmen und in seiner Schulklasse bleiben. Außerdem möchte er seine Mutter regelmäßig sehen. Die Behördenmitglieder versprechen, zu prüfen, ob Dorians Anliegen erfüllt werden können, und es wird ein neuer Termin vereinbart.

Literatur

Brunner, S., Trost, T. (2014a). Informationsbroschüren zur Kindesanhörung für Kinder, Jugendliche und Erwachsene. Zürich: UNICEF.

Brunner, S., Trost T. (2014b). Leitfaden zur Kindesanhörung für Fachpersonen und Behördenmitglieder im Rechts-, Bildungs- und Gesundheitswesen. Zürich: UNICEF.

Büchler, A., Simoni, H. (Hrsg.) (2009). Kinder und Scheidung. Der Einfluss der Rechtspraxis auf familiale Übergänge. Zürich u. Chur: Rüegger Verlag.

Dettenborn, H. (2010). Kindeswohl und Kindeswille (3. überarb. Aufl.). München: Ernst Reinhardt Verlag.

Diez Grieser, M. T. (2002). Die Bedeutung des Geschlechts des Therapeuten in Kinder- und Jugendlichenpsychotherapien. In Schweizer Charta für Psychotherapie. Fortbildungsausschuss (Hrsg.), Mann oder Frau? Wie bestimmend ist das Geschlecht in der psychotherapeutischen Interaktion? (S. 59–66). Tübingen: Edition diskord.

Simoni, H. (2007). Was Kinder in schwierigen Lebenslagen stärkt: Erkenntnisse zur Resilienz aus Forschung und Praxis. Zürich: mmi-Jahresbericht, S. 33–39.

Simoni, H. (2009). Kinder anhören und hören. Zeitschrift für Vormundschaftswesen, 5, 333–349.

Vereinte Nationen. Übereinkommen über die Rechte des Kindes. Zugriff am 25.1.2015 unter http://www.bmfsfj.de/RedaktionBMFSFJ/Broschuerenstelle/Pdf-Anlagen/_C3_9Cbereinkommen-_C3_BCber-die-Rechte-des-Kindes,property=pdf,bereich=bmfsfj,sprache=de,rwb=true.pdf

Die Autorinnen und Autoren

Rita Balakrishnan, M. A., ist wissenschaftliche Mitarbeiterin am Institut für Pädagogische Psychologie der Universität Hannover. Ihr Schwerpunkt in Forschung und Lehre liegt im Bereich der Entwicklung in der frühen Kindheit mit den Themengebieten Entwicklung von Kinderzeichnungen, vorschulische Schreibentwicklung, Sprachentwicklung und Gesundheitsförderung durch Selbstwertstärkung. Balakrishnan@psychologie.uni-hannover.de

Diana Baumgarten, Dr. phil., Soziologin, ist wissenschaftliche Assistentin am Zentrum Gender Studies der Universität Basel. Sie ist auf die Themenbereiche Familie, Mutterschaft und Vaterschaft, Konstruktionen von Geschlecht sowie qualitative Sozialforschung spezialisiert. Zu diesen Themen führt sie regelmäßig Seminare an verschiedenen Universitäten und Fachhochschulen in Deutschland und der Schweiz durch. Aktuell arbeitet sie im Projekt »Antizipierte Elternschaft und Berufstätigkeit, in dem die Frage, wie sich Familien- und Berufsvorstellungen junger Erwachsener gegenseitig beeinflussen, im Zentrum steht. d.baumgarten@unibas.ch

Andreas Borter, Theologe, diplomierter Organisationsberater und Genderfachmann, ist seit vielen Jahren selbstständig tätig als Berater, Supervisor, Projektleiter und Referent im Bereich der Männer-, Väter- und Geschlechterfragen. Er ist Leiter des von männer.ch gegründeten Schweizerischen Instituts für Männer- und Geschlechterfragen in Burgdorf, Schweiz. borter@besonet.ch

Sabine Brunner, lic. phil., Psychologin und Psychotherapeutin ist wissenschaftliche Mitarbeitern am Marie Meierhofer Institut für das Kind in Zürich. Sie beschäftigt sich dort mit der Partizipation und dem Schutz von Kindern in verschiedenen Kontexten.
brunner@mmi.ch

Arne Burchartz, Dipl.-Päd. und Mag. Theol., ist Analytischer Kinder- und Jugendlichen-Psychotherapeut und Psychodramaleiter. Er arbeitet niedergelassen in freier therapeutischer Praxis und als Dozent und Supervisor am Psychoanalytischen Institut Stuttgart sowie als Redakteur der Zeitschrift »Analytische Kinder- und Jugendlichen-Psychotherapie«.
arne.burchartz@gmx.de

Heike Drexler, Dr. phil., ist wissenschaftliche Mitarbeiterin am Institut für Pädagogische Psychologie (mit dem Schwerpunkt Entwicklungspsychologie) der Universität Hannover. Ihre Forschungsinteressen umfassen die Entwicklung von Identität und Selbstkonzept über die Lebensspanne, Bewältigungsprozesse und Prozesse der Selbstregulation sowie die Entwicklung von Kinderzeichnungen.
Drexler@psychologie.uni-hannover.de

Matthias Franz, Prof. Dr. med., Facharzt für Psychosomatische Medizin und Psychotherapie, Facharzt für Neurologie und Psychiatrie, Lehranalytiker (DPG, DGPT, D3G), ist Universitätsprofessor für Psychosomatische Medizin und Psychotherapie am Universitätsklinikum Düsseldorf und dort stellvertretender Direktor des Klinischen Instituts für Psychosomatische Medizin und Psychotherapie sowie Vorsitzender der Akademie für Psychoanalyse und Psychosomatik Düsseldorf.
matthias.franz@uni-duesseldorf.de

Mathias Graf, wissenschaftlicher Angestellter an der Universität Konstanz von 1997 bis 2002, ist als Diplom-Psychologe und psychologischer Psychotherapeut tätig. Seine Aufgabengebiete umfassen psychologische Beratung und Psychotherapie (vor allem Paar- und Sexualtherapie, sowie psychologische Beratung bei unerfülltem Kinderwunsch), Onlineberatung, Leitung von sexualpädagogischen Gruppen und Fortbildungen für Multiplikatoren.
Mathias.Graf@profamilia.de

Hans Heinz Hopf, Dr. rer. biol. hum., ist analytischer Kinder- und Jugendlichenpsychotherapeut, bis 1995 in eigener Praxis, danach als Therapeutischer Leiter im Therapiezentrum »Osterhof«, Baiersbronn. Dozent und Kontrollanalytiker an den Psychoanalytischen Instituten Stuttgart und Würzburg. Seit 2003 wieder in eigener Praxis tätig. Psychotherapie-Gutachter für analytische und tiefenpsychologisch fundierte Psychotherapie bei Kindern und Jugendlichen.
dr.hans.hopf@t-online.de

Johannes Huber, Dr. phil., Dipl.-Psych., Vater einer Tochter und eines Sohns. Nach mehrjähriger Berufspraxis im Bereich der Suchtprävention und Klinischen Psychologie widmet er sich seit 2006 wissenschaftlich – aktuell als Universitätsassistent an der Bildungswissenschaftlichen Fakultät der Universität Innsbruck – Fragestellungen zur (früh-)kindlichen Entwicklung und Sozialisation. Seine Schwerpunkte sind: Väterforschung, Grundlagen und Anwendungen der Bindungstheorie und psychoanalytischen Pädagogik, geschlechtsbezogene Aspekte kindlicher Entwicklung.
johannes.huber@uibk.ac.at

Beate Kunze, Analytische Kinder- und Jugendlichen-Psychotherapeutin, in eigener Praxis in Hofheim/Taunus tätig, ist Dozentin und Supervisorin am Anna-Freud-Institut Frankfurt und Redaktionsleiterin der Fachzeitschrift »Analytische Kinder- und Jugendlichen-Psychotherapie« (Brandes & Apsel Verlag).
redaktion-akjp@gmx.de

Birgit Langebartels, Diplom-Psychologin, arbeitet als Senior-Projekt-
leiterin und Beraterin im Kölner rheingold Institut und leitet dort
die Kinderforschung. Sie ist ausgebildete Therapeutin in analytischer
Intensivbehandlung und gründete 2007 die von ihr und Dr. Georg
Langebartels geführte psychologisch-medizinische Beratungsfirma
mediccoach® in Köln (Forschung und Beratung im Gesundheitswesen; www.mediccoach.de). Birgit Langebartels ist Mutter von drei
Söhnen.
langebartels@rheingold-online.de

Julius Liacopoulos, Studium der Psychologie in Konstanz 1996–2001,
Weiterbildung in Systemischer Familientherapie (DGSF), ist seit 2003
in der Jugendhilfe und dort aktuell im Fachdienst für Psychologie in
einer Einrichtung der stationären Jugendhilfe im Kreis Weilheim-
Schongau tätig.

Alba Polo, Dr. phil., ist Psychologin an der Psychologischen Bera-
tungsstelle für Studierende der Universität und der ETH Zürich
sowie Psychotherapeutin und Psychoanalytikerin in freier Praxis in
Zürich. Sie ist Mitbegründerin des Forums für Literatur und Psychoanalyse, gibt Workshops für Lehrer zum Thema Konfliktma-
nagement und forscht zur Epistemologie der Subjektivität und zur
Wirkung der Sprache.
a.polo@ad.uzh.ch

Mark Riklin, M. A., Sozialwissenschaftler, Vater von zwei Mädchen
im Alter von 6 und 8 Jahren, lebt und arbeitet in der Ostschweiz, ist
Lehrbeauftragter an verschiedenen Fachhochschulen im Bereich Storytelling, Medienpädagogik und Kreativität. Er ist künstlerischer Leiter und Herausgeber der »Stadt als Bühne«, Begründer des Archivs
für Vätergeschichten, Schweizer Landesvertreter des Vereins zur Ver-
zögerung der Zeit, Begründer und Leiter der Meldestelle für Glücks-
momente sowie Geschichtenkurier im SBW Haus des Lernens.
riklin@gmx.de

Julia Scholl, Erzieherin und Kindheitspädagogin B. A., arbeitet in einer Kindertagesstätte in Jülich.
toto.scholl@arcor.de

Bernd Traxl, Prof. Dr., Professor für Entwicklungspsychologie und Pädagogische Psychologie an der Medical School Berlin, Dozent am Mainzer Psychoanalytischen Institut (DPV) und am Institut für Psychosoziale Intervention und Kommunikationsforschung der Universität Innsbruck (PsyKo), Psychoanalytische Praxis am Institut für angewandte Psychoanalyse Innsbruck (IAP).
bernd.traxl@medicalschool-berlin.de

Heinz Walter, Vater dreier erwachsener Söhne, Psychologe, Psychoanalytiker (MAP), forschte und lehrte von 1968 bis 2007 an den Universitäten Göttingen und Konstanz zu Themen der menschlichen Entwicklung und ihrer Voraussetzungen. Von 2002 bis 2013 gab er mehrere Bände u. a. zum Themenkomplex »Väter« heraus, mit Blick auf Theorie, Forschung und Praxis. Diese Doppelperspektive auf wissenschaftliche Aussagen einerseits, familiäres wie professionelles Alltagshandeln andererseits findet ihre Integration auch in Vorträgen, Seminaren, Coaching, Networking und Medienkontakten.
heinz.walter@uni-konstanz.de